rowohlt
BERLIN

Willi Winkler

Der Schattenmann

Von Goebbels zu Carlos:
Das mysteriöse Leben des
François Genoud

Rowohlt · Berlin

1. Auflage Januar 2011

Satz Minion PostScript, InDesign
Gesamtherstellung CPI – Clausen & Bosse, Leck
Printed in Germany
ISBN 978 3 87134 626 2

MIX
Papier aus verantwortungsvollen Quellen
FSC® C083411

Das für dieses Buch verwendete FSC®-zertifizierte Papier
Schleipen Werkdruck liefert Cordier, Deutschland.

Inhalt

«Vernunft und Wissen jedoch
haben im Leben der Völker stets nur
eine zweitrangige, eine untergeord-
nete, eine dienende Rolle gespielt –
und das wird ewig so bleiben!»

Der Student Schatoff
in Fjodor M. Dostojewskis Roman
«Die Dämonen»,
wie ihn Joseph Goebbels zitiert[1]

Einleitung

Für eine gute Geschichte hat die folgende einfach zu viele Namen. Das buntscheckige Personal der letzten sechzig, siebzig Jahre tritt auf, Nationalsozialisten, Politiker, Kirchenleute, Bandenchefs, Terroristen, dazwischen auch Verleger und Anwälte. Der Schauplatz wechselt von Bonn am Rhein an den Genfer See, von München nach Buenos Aires, Jerusalem, Beirut, Moskau, Paris. Wer soll da den Überblick behalten?

Mitten in diesem Durcheinander befindet sich ein Mann, der so dicht von Legenden umwuchert ist, dass ihn niemand kennt. Alles Mögliche wird ihm zugeschrieben: dass er «Odessa» aufgebaut hat, die Fluchthilfeorganisation für ehemalige SS-Angehörige; dass er nach dem Zweiten Weltkrieg das fabulöse Nazi-Gold in die sichere Schweiz geschafft hat; und dass er von dort aus wie eine Spinne im Netz einer weltweit operierenden Verschwörung auf ein «Viertes Reich» hinarbeite. 1986 – fünfzehn Jahre vor dem Angriff auf das World Trade Center – soll er sogar versucht haben, die Freiheitsstatue in New York in die Luft zu sprengen.

Der Mann, um den es hier gehen soll, war aber kein Terrorist, sondern ein solider Geschäftsmann, ein Schweizer, wie er im Kontorbuch steht. Diskrete Geldgeschäfte waren seine Spezialität. Er verfügte über internationale Verbindungen, pflegte einen bescheidenen Lebensstil und war selbstverständlich ein liebevoller Familienvater.

François Genoud führte nicht nur ein unauffälliges, sondern ein mustergültig normales Leben und kam niemals mit den Gesetzen seines Landes in Konflikt. Trotz seines ungewöhnlichen Treibens, das ihn für mehrere Jahre ins Gefängnis hätte bringen müssen, ist er nie belangt worden. Er spazierte bei den Schweizer Bundesbehörden ebenso munter ein und aus wie im Hauptquartier von Wadi Haddad in Beirut, bei einem Mann, der tatsächlich das Gehirn einer schlagkräftigen, rücksichtslosen und international operierenden Terrorgruppe war.

Nein, Genoud war kein Großverbrecher, er hat kein Blut an den Händen, er war bloß ein freischaffender Nazi. Geschehen ist ihm nie etwas. In Algerien landete er zwar einmal kurz im Gefängnis, wurde jedoch mit Hilfe der Schweizer Regierung bald befreit. Er hatte regelmäßigen Umgang mit Waffenhändlern und Freischärlern, mit Luftpiraten und Erpressern, sogar ein Bombenanschlag wurde auf ihn verübt, doch er blieb unverletzt. Seine Freunde starben wie die Fliegen, wurden ermordet, fielen Anschlägen oder dubiosen Unfällen zum Opfer, verschwanden spurlos oder wanderten auf Lebenszeit ins Gefängnis, doch Genoud blieb immer ein freier Mann, der durch die Welt reiste, angeregte Gespräche führte und seine großen und kleinen Geschäfte machte. Wie ein Parzival ist er durch die Welt gegangen, ein weißer Ritter, der scheinbar ganz allein für seine Ideale kämpfte.

In früheren Zeiten hätte man einen Schutzengel am Werk gesehen, der einen vor jeder Art von Gefahr oder Nachstellung bewahrt. Für Genoud wirkten moderne Schutzengel. Bereits während des Zweiten Weltkriegs war er Geheimagent nicht nur einer Seite und flitzte munter zwischen der Schweiz und Deutschland, zwischen Belgien, Frankreich und wieder der Schweiz hin und her. Seine Schutzengel waren immer in der Nähe und traten in unterschiedlichster Gestalt auf: Revolutionäre, Gestapo-Leute, Geheimdienstoffiziere, gern auch Wissenschaftler und Verleger.

Genoud charmierte sie alle mit seiner Freundlichkeit, mit seinem ausgesucht höflichen Benehmen, seiner Hilfsbereitschaft und mit dem, was er seinen Idealismus nannte. So gelang es ihm, obwohl Doppel- und Tripel-Agent, ein klandestines Leben im vollen Licht der Öffentlichkeit zu führen.

Ende der sechziger Jahre beginnt die Schweizer Bundespolizei den Bürger Genoud zu überwachen. Allein in den Jahren 1969 und 1970 fährt er hundertneunundachtzig Mal durch die Schweiz, besucht sechzehn Mal Deutschland, fünfundzwanzig Mal Frankreich, drei Mal Großbritannien, neun Mal Italien, vier Mal Spanien, drei Mal Libyen, sechs Mal den Libanon und fünf Mal Ägypten.[2] Warum? Und nicht weniger interessant: Wer bezahlt das?

Geheimdienste verraten gewöhnlich nichts über ihre Mitarbeiter. Eine regelrechte Biographie dieses immer flüchtigen Agenten ist deshalb kaum möglich, zu unbestimmt ist sein flackerndes Erscheinen, zu wenig greifbar sind seine Taten. So lässt sich allenfalls ein Bewegungsbild nachzeichnen, auf dem wenigstens in Andeutungen zu erkennen ist, mit welcher Energie dieser Schattenmann seine dubiosen Anliegen betrieb. Akten müssen helfen, wo verlässliche Aussagen fehlen, Abhörprotokolle widersprüchliche Erinnerungen ergänzen, und ohne Spekulationen über diesen rätselhaften Menschen wird es nicht gehen.

Zunächst aber die Fakten: Zur Jahreswende 2004 auf 2005 erreichte die Rechtsanwältin Cordula Schacht auf Briefpapier der Eberhard-August-Universität Göttingen die Anfrage, ob sie mit dem Abdruck zweier Gedichte einverstanden sei. Professor Frank Möbus schrieb diesen Brief, und die Gedichte wollte er in einem wissenschaftlichen Aufsatz zitieren, als Beleg für jugendbewegte Lyrik, die Leser, zugegeben, auch ein wenig irreführen, weshalb der Aufsatz nicht gleich offenbart, wer der Autor war, der mit Anfang zwanzig so ekstatisch reimte: «Ich fluche Dir, dreieinger Gott, / Daß Du mich ließest werden, / Und hasse nichts, wie Dich, Phantom, / Auf dieser ganzen Erden./Gib mir ein Beil, und ich zerschlag / Dir Deine Paradeisen, / Und will der Menschheit einen Weg / Zu neuem Glücke weisen.» [3]

Das Reimpaar «Paradeisen / weisen» widerlegt sogleich die Vermutung, hier handle es sich womöglich um einen sträflich vernachlässigten Poeten oder wenigstens das unbekannte Jugendwerk eines berühmten. Das «Nachtgebet», aus dem die zitierten Zeilen stammen, liegt mit Hunderten weiterer Blätter im Bundesarchiv Koblenz und ist der Forschung zugänglich wie Millionen anderer Blätter auch, Verordnungen, Erlässe, Bescheinigungen, Aktennotizen, Vorgänge der banalsten Sorte. Lyrische Werke wie das zitierte sind in diesem Schatzhaus deutscher Regierungs- und Verwaltungsgeschichte seltener anzutreffen, falls sie nicht von einem anderweitig prominenten Autor stammen. Und so ist es auch hier, der Mann, der Gott sein blasphemisches Gebet entgegenschmetterte, heißt Joseph Goebbels, und war 1919, als er es heißen Herzens niederschrieb, ein ehrgeiziger, wenn auch seiner katholischen Herkunft noch kaum entronnener Dichter.

Einen Erstabdruck könne sie nicht kostenlos genehmigen,[4] schreibt die Anwältin nach Göttingen zurück. Sie habe die Interessen der Erben Goebbels', seiner Geschwisterkinder, zu wahren.[5] Frau Schacht wacht über das Urheberrecht des Dichters wie des Ministers Joseph Goebbels.[6] Als Juristin betrachtet sie dieses Recht selbstverständlich ohne Ansehen der Person und kümmert sich auch nicht darum, dass aus dem eifrigen Jüngling, der da so flehentlich schreibt (oder auch nur um Worte ringt), der berüchtigte nationalsozialistische Hetzer wurde, der niemals um ein pathetisches Wort verlegene Propagandaminister Hitlers, jener fanatische und fanatisierende Redner, der am 18. Februar 1943 im Berliner Sportpalast nach der Kapitulation der 6. Armee in Stalingrad erst recht zum «totalen Krieg» aufrief: «Nun, Volk, steh auf, und Sturm, brich los!»

Das Urheberrecht ist ein ehrwürdiges Rechtsgut, und nirgends wird es höher gehalten als in Deutschland. Der Schöpfer eines sprachlichen Werks – und als solches können bei großzügiger Auslegung auch Briefe, Tagebuchnotizen, Äußerungen in jeder, aber unbedingt fixierter Form gelten – erwirbt im Augenblick der Niederlegung ein ausschließliches Recht an seinen Worten, das er auch dann, wenn er diese Worte aus der Hand gibt und von einem Verlag drucken lässt, nur als Nutzungsrecht überträgt. Das ist die Voraussetzung für eine Honorierung, ein Entgelt für jeden Abdruck (so er überhaupt genehmigt wird), und zwar noch siebzig Jahre über den Tod des Urhebers hinaus. Das heißt in diesem wie im Fall jedes anderen Autors, dass jedes Mal, wenn urheberrechtlich geschützte Werke von Joseph Goebbels veröffentlicht werden, Tantiemen an seine Erben fällig werden. So werden seine Worte beispielsweise vom Bayerischen Rundfunk als «Kleines Senderecht» mit 3,34 Euro pro zehn Sekunden vergütet.[7] Bei Peter Longerichs Goebbels-Biographie (München 2010) werden die Erben sogar am Absatz beteiligt. Mit der historischen Person Goebbels, mit seinen bekannten Taten und Untaten, hat das Urheberrecht nichts zu schaffen.

Dieses rechtskonforme Verhältnis zu einem der größten Kriegsverbrecher nimmt manchmal groteske Formen an: Zwei Jahre lang ist die Schauspielerin Iris Berben durch Deutschland, Österreich und die Schweiz gereist, um parallel aus dem Tagebuch von Anne Frank und jenem von Joseph Goebbels zu lesen, in bester erzieherischer Absicht natürlich. Die Zuhörer sollten mit der Nase darauf gestoßen werden, was den verfolgten Juden im «Dritten Reich» geschah, denen der Propagandaminister unermüdlich drohte. Das Rechtsverhältnis ist eindeutig: Da sie nach wie vor beansprucht werden, sind für jeden der fünfzig Auftritte Tantiemen für Goebbels angefallen. «Um die Aufführungsrechte erhalten zu können», hat der Veranstalter Carpe Diem mit Cordula Schacht eine Pauschalvereinbarung getroffen, schon weil eine «Pauschale keinerlei Abrechnungsdifferenzen aufwirft».[8] An die Erben von Anne Frank musste übrigens keine wie immer geartete Pauschale gezahlt werden, anders als an die Erben des Mannes, der – um seine Rolle zu vereinfachen – für ihren Tod im Konzentrationslager Bergen-Belsen wenigstens mitverantwortlich ist. Goebbels kostet Geld, er bringt Geld, und er hat das Recht auf seiner Seite.

Goebbels ist lange tot; er starb 1945 mit seinem Herrn und Meister, aber das Urheberrecht lebt. Deshalb ist Goebbels bis heute (und noch bis Ende 2015) kostenpflichtig und ein gutes Geschäft. Dafür hat unser Mann aus der Schweiz gesorgt, ein glühender Nazi, dessen jugendliche Begeisterung für Hitler und das «Dritte Reich» ins Grenzenlose wuchs, als beide untergegangen waren. Dieser Herr – und natürlich handelt es sich um François Genoud – war kein Jurist und kein richtiger Verleger, nicht einmal Mitglied der NSDAP oder sonst einer Nazi-Verbindung war er, sondern bloß ein sympathisierender Außenseiter, dem es darum ging, ausgerechnet an den Größen des «Dritten Reiches» ein angebliches Unrecht gutzumachen, das die Besatzungsmächte, das die Geschichte und nicht zuletzt das ehrvergessene deutsche Volk ihnen angetan hatten.

Hitler, Goebbels, Bormann – diesen Männern, die nach seiner Meinung «so durchgreifend und groß auf den Gang der Weltgeschichte eingewirkt haben»,[9] galt sein ganzer Einsatz. François Genoud war ein Nazi, aber kein finsterer Weltverschwörer, sondern ein friedfertiger Mann, dem es bei allem, was er trieb, angeblich immer nur um das Gute ging. Ganz gleich, ob er sich um die alten Nazis und ihre Angehörigen kümmerte, ob er dafür sorgte, dass ein Massenmörder wie Klaus Barbie vor Gericht effektvoll vertreten wurde, oder ob er als Komplize arabischer Terroristen durch die Welt reiste – für ihn war das alles nur sein bescheidener Beitrag im Kampf der Armen gegen die Reichen, der Rechtlosen gegen die Machthaber.

Mit seinem Faible für den Nationalsozialismus stand er keineswegs allein, wenn es auch nach 1945 nicht mehr so viele gab, die ihrer Begeisterung derart leidenschaftlich Ausdruck verleihen mochten. Über Nacht war aus dem Volk, das dem Führer zugejubelt hatte, ein Volk von Widerstandskämpfern geworden, die alle von Anfang an dagegen gewesen waren. Genoud gehörte nicht dazu, aber er war ja auch kein Deutscher. Die Kapitulation des Deutschen Reiches begriff er nicht bloß als Niederlage, sondern als seinen Auftrag. Seine Arbeit begann erst jetzt.

Für Genoud war Hitler kein Menschheitsverbrecher, für ihn war er ein Idealist, einer, der es allenfalls bei den Juden übertrieben hatte, und mit Auschwitz habe er sowieso nichts zu tun. «Das ist alles falsch», behauptete er noch bis zum Schluss. «Es gibt doch sogar Dokumente dafür.» [10] Erst in der deutschen Niederlage fand Genoud seine Bestimmung und Berufung. Wenn ihn auch alle verraten hatten, er würde in Treue fest zu seinem Führer halten und in einer Welt von Feinden bewahren, was allgemein in Acht und Bann getan war. Jahrzehnte nach Hitlers Tod lebte und webte sein umtriebiger Handelsvertreter weiter und wirkt durch das Urheberrecht sogar über den eigenen Tod hinaus.

«The truth is, I loved Hitler»,[11] gestand er der britischen Journalistin Gitta Sereny. Diese Liebe kannte keine Grenzen. Ob einer seiner Helden dem Regime bis zuletzt angehört hatte wie Goebbels oder auch Bormann, ob er sich davon entfernt hatte wie Hjalmar Schacht, ob die Paladine untereinander verfeindet waren und sich gegenseitig bekämpften, ob sie die bequeme Mittellage des künstlerischen Desinteresses an der Politik vorschützten wie Leni Riefenstahl – das alles kümmerte Genoud wenig. Wie bei einem Reliquiensammler des ausgehenden Mittelalters begeisterte ihn alles, worauf einst das Auge der NS-Herren geruht, was ihre Hand berührt, ihr Kopf gedacht hat – und am besten war, dass sich mit diesen Relikten auch noch munter Handel treiben ließ. So wurde Genoud Gralshüter und Marketender zugleich und konnte seine beispiellose Verteidigung des Nationalsozialismus als Ehrensache verfolgen.

Sicherlich faszinierte ihn auch das Hasardspiel in der permanenten, staatlich geduldeten Illegalität, hatte er eine unbändige Freude an den Haken, die er zwischen der Schweiz und Deutschland, zwischen Europa und dem Orient, zwischen Links und Rechts schlagen konnte, ohne für irgendetwas belangt zu werden. Wie auch? Genoud wechselte seine Schauplätze, seine Themen, seinen Umgang oft mit dem Monat, und dann wieder ist über Jahre nichts von ihm zu hören.

Wer sich auf die Suche nach ihm macht, wundert sich, wie vielen François Genoud ein Begriff ist – und wie wenige sich zu ihm äußern wollen. Im Internet hat seine Figur inzwischen ungeheure Ausmaße angenommen, ist er zur *bête noire* des unausrottbaren Nationalsozialismus geworden, von der angeblichen Verschiffung Tausender Nazis nach Südamerika bis zur Rettung des fantastischen SS-Schatzes. Jenseits dieser immer wieder gern erzählten Kolportage ist allzu wenig darüber bekannt, wie das Geschäftsmodell Genoud funktionierte, wie es ihm gelang, sich urheberrechtliche Nutzungsrechte an Hitler, Bormann und Goebbels zu verschaffen – und vor allem, wer ihm dabei behilflich war. Ohne gute Freunde geht es nicht. Genoud hatte sein Leben lang gute Freunde in einflussreicher Position, ja, es scheint, als schützten sie ihn noch über den Tod hinaus.

Das Seltsamste bei alledem ist vielleicht gar nicht einmal der Mann jenseits von Links und Rechts, der sich in nationalsozialistische Unternehmen mit gleicher Begeisterung wie in terroristische stürzte, sondern das sind Männer und Frauen, die selber jeder Nähe zum – sei es deutschen, sei es arabischen – Nationalismus unverdächtig, Genouds Treiben über die Jahrzehnte nicht bloß geduldet, sondern gedeckt und immer wieder unterstützt haben.

Ein Mann, dem nachgesagt wird, Gäste in seiner Wohnung unter einer Nazi-Fahne empfangen zu haben,[12] der Hitler einen «Mann des Friedens» nannte und Martin Bormann als seinen «Helden» bezeichnete, der Bewunderung für Eva Braun empfand und den systematischen Judenmord bestritt, sollte in gesitteten Kreisen Mitteleuropas nicht mehr empfangen werden, jedenfalls nicht mehr in den sechziger oder siebziger Jahren. François Genoud war aber in diesen gesitteten Kreisen nicht bloß gerngesehener Gast und als Plauderer geschätzt, er war ein gesuchter Geschäftspartner bei renommierten Verlagen. Er ging, wenn er es wollte, bei Bischöfen, bei Ministern, bei staatlichen Einrichtungen ein und aus, unterhielt sich mit Geheimdienstbeamten, verhandelte mit

Fluggesellschaften – und beteiligte sich an Flugzeugentführungen, um dieselben Firmen zu erpressen.

Er nutzte Gelegenheiten und Freunde, beseelt (wenn man es so nennen will) von einem geradezu wahnhaften Idealismus, der ihm eingab, ausgerechnet Adolf Hitler und den Seinen müsse Gerechtigkeit werden.

Seine Geschäftspartner lachten über ihn, sie schüttelten den Kopf, fanden diese Nazi-Begeisterung aber dann doch recht amüsant und sahen darin gewiss kein Geschäftshindernis. Nazi geht immer, und Genoud saß nun einmal auf dem Material. Sein durchschlagender Erfolg wäre nicht möglich gewesen, hätte Genoud nicht immer und überall zumindest Förderer, Nutznießer und aus den verschiedensten Gründen Interessierte gefunden. Er hatte etwas anzubieten, was verboten und gleichzeitig begehrt war, Hehler-Ware gewissermaßen, die er im Verschwörer-Ton feilbot.

Genoud ist eine einmalige und trotzdem beispielhafte Figur, an der sich die ganze Unsicherheit der Nachkriegszeit zeigen lässt: das Schwanken zwischen Links und Rechts, das Liebäugeln mit der Gewalt, die Möglichkeit, mit Ideologie, wie extrem auch immer, Geld, viel Geld zu verdienen. So wenig er den nachhitlerischen, den demokratischen Staat achtete, so gründlich hat er sich des Rechtsstaats bedient, um im Namen der großen Verbrecher sein eigenes Recht durchzusetzen.

Ob das alles seine juristische Richtigkeit hat, ist zumindest zweifelhaft. Genoud hat keineswegs jeden der vielen Prozesse, die er führte, gewonnen, doch ein endlich erzielter Vergleich sichert bis heute den Zugriff auf dieses Erbe. Martin Broszat, damals als Leiter des Instituts für Zeitgeschichte (IfZ) sowohl Leidtragender wie Nutznießer des Genoud'-schen Sonderrechts, nannte dies 1989 einen «für die Zeitgeschichtsforschung moralisch-politisch nur schwer erträglichen Zustand»,[13] doch zahlte auch das IfZ Genoud «nach langem Hin und Her wohl oder übel eine hübsche Summe Geld»,[14] und das nicht nur einmal.

Mit etwas Takt, mit etwas politischer Entschlossenheit hätte sich das Ärgernis auch außerjuristisch bereinigen lassen. In einem Leserbrief an den *Spiegel* hatte Robert M. W. Kempner, der ehemalige Stellvertretende US-Hauptankläger in Nürnberg, schon 1973 darauf hingewiesen, dass bei den Tagebüchern des deutschen Ministers Joseph Goebbels von einem auf eigene Rechnung entstandenen künstlerischen Werk keine Rede sein könne: «Soweit Entschädigungen [für Schäden, die durch Goebbels mitverursacht wurden] durch die Bundesrepublik erfolgt sind, kann das Bundesfinanzministerium Regreßansprüche gegen die Erlöse aus der Goebbels-Erbschaft geltend machen.» [15]

Daraus ist bis heute nichts geworden. Bei der Frage, wie lang denn dieser Skandal noch andauern soll, zeigt ein Ministerium aufs andere, und jeder weist alle Verantwortung weit von sich. Im Innenministerium wollen sie sich «um die Beantwortung Ihrer Fragen bemühen, bitten jedoch um etwas Geduld»,[16] um diese Bemühungen nach vier Monaten und wiederholten Nachfragen lapidar zu beenden: «Für Urheberrechtsfragen ist das BMJ [Bundesministerium der Justiz] zuständig.» [17] Für die Rechte an Joseph Goebbels sei der «Beauftragte der Bundesregierung für Kultur und Medien (BKM)» zuständig, sagt das Bundesinnenministerium,[18] aber das Staatsministerium für Kultur kann sich «mangels eigener Zuständigkeit» nicht äußern.[19] Dem Justizministerium ist «der Sachverhalt nicht detailiert* bekannt», außerdem liege es «nicht in unserer Zuständigkeit, diesen Sachverhalt aufzuklären»,[20] was schon deshalb seltsam ist, weil das Finanzministerium dazu auffordert, sich «zuständigkeitshalber» an das Justizministerium zu wenden.[21]

Genoud lebt, auch wenn er gestorben ist, und mit ihm das nationalsozialistische Erbe.

* Hier wie in vielen folgenden Zitaten wird die alte oder fehlerhafte Schreibweise der Dokumente, Briefe und Notizen dem Original getreu beibehalten; auf das übliche [sic!] wird verzichtet.

1. Bildnis eines jungen Mannes

In ihrer Oktober-Ausgabe 1996 brachte die revisionistische Zeitschrift *L'Autre histoire* einen kurzen Nachruf auf den «Éditeur, révolutionnaire, croyant» François Genoud. Es ist ein schöner Brauch, über die Toten nichts Böses zu sagen, und so wusste auch dieser Nachruf nur Gutes zu melden. Der Verstorbene, hieß es da, «hat den Tod des großen Hannibal gewählt und ist in die letzte Ruhestätte der Helden eingegangen». Bei dem revolutionären Verleger handelte es sich offenbar um einen Idealisten: «Er hat seine ganze Existenz der Verteidigung seiner Ideale und dem Kampf für das Recht auf die Selbstbestimmung der Völker geweiht.»

Wäre da nicht die germanische Rune gewesen, unter der die Todesnachricht bekanntgemacht wurde, der unbefangene Leser hätte an einen Philanthropen, einen Menschheitsfreund, denken können. Denn hatte nicht auch der amerikanische Präsident Woodrow Wilson, auf den die Idee eines Völkerbunds zurückgeht, das «Selbstbestimmungsrecht der Völker» gefordert?

Aber François Genoud war kein Philanthrop, sondern ein Nazi.

François Genoud war zwar kein geborener, dafür aber ein gelernter und zudem erstaunlich lernfähiger Nazi. Die Grundlage für jene Ideale, die ihm in der völkischen Traueranzeige nachgerühmt wurden, hatte ihm Adolf Hitler vierundsechzig Jahre zuvor höchstpersönlich geliefert. Im Herbst 1932 [1] wird der siebzehnjährige Lehrling Genoud bei der Rückkehr von einem Ausflug in Bad Godesberg Adolf Hitler vorgestellt. Der befindet sich auf dem bisherigen Höhepunkt seiner Macht und bebt in der Erwartung, bald in die Reichskanzlei einzumarschieren. Der amtierende, längst bedeutungslose Kanzler Franz von Papen kann nur mehr mit Notverordnungen regieren; die NSDAP ist bereits die stärkste Kraft im Land. Nicht nur immer mehr Deutsche, sondern auch viele ausländische Beobachter erwarten von Hitler, dass er Ordnung schafft und das durch die Kriegsfolgen und die Weltwirtschaftskrise gebeutelte und politisch zerrissene Deutschland wieder stabilisiert. Hitler wiederum grüßt in dem fremden Knaben die Zukunft: «Eure Generation wird

Europa erbauen»,[2] soll der Führer zu ihm gesagt haben, vielleicht auch, dass «wir zusammen mit eurer Generation ein brüderliches Europa aufbauen werden».[3] Der spätere Idealist ist tief ergriffen, weniger von den bedeutenden Sätzen, an die er sich noch im hohen Alter erinnert, als vielmehr vom Charisma des Führers. Hitler wird für diesen Atheisten zum Heiland, und wie es sich für den wahrhaft Gläubigen gehört, wird seine Verehrung nie nachlassen. «Er war mein Held», bekennt er stolz, noch Jahrzehnte später, und fügt ohne einen Anflug von Reue oder Bedauern hinzu: «Er ist es immer noch.»[4]

Seit dieser Begegnung im Godesberger Rheinhotel Dreesen ist Genoud glühender Nationalsozialist. Er interessiert sich allerdings nicht für Parteiungen und Fraktionskämpfe, sondern lediglich für das, was er als die nationalsozialistische Idee ansieht. Leider ist ihm als Schweizer die Möglichkeit verwehrt, der NSDAP oder einer ihrer Gliederungen beizutreten; umso entschiedener wird sich sein Einsatz für die Sache gestalten. Seine Umgebung bestärkt ihn. Der junge Mann absolviert eine Lehre bei Wilhelm Strauven, einem Geschäftsfreund seines Vaters. Strauven gehört zum rechtsradikalen «Stahlhelm», der Hitlers NSDAP stützt und ihm wenige Monate nach der Begegnung zur Machtergreifung verhilft. «Mir ist erst viel später klar geworden, wie sehr mein Lebensweg vom Schicksal bestimmt wurde»,[5] weiß Genoud, als er 1985 Bilanz zieht, und sein Schicksal war nun einmal Hitler, an dem er deshalb dieses Leben lang in unwandelbarer Treue festhalten wird. Es war mehr als Gefolgschaft – auch wenn Genoud manchmal an einen feudalen Lehnsmann erinnert –, es war mehr, viel mehr. «Ich bin immer bereit, denen zu verzeihen, die ich liebe, und die Wahrheit ist, ich habe Hitler geliebt.»[6]

Diese Liebe teilte er ab 1933 mit Millionen deutscher Männer und Frauen, die ihren Führer mit wahrer Inbrunst verehrten – doch anders als sie fiel er nach der Niederlage von 1945 nicht vom Glauben ab. Hitler versprach seinen Deutschen ihr Selbstbewusstsein wiederzugeben, die massenhafte Gefolgschaft war auch ein Angebot an den Einzelnen, sich von familiären Bindungen zu befreien und sich stattdessen einer neuen, selbstgewählten Gemeinschaft anzuschließen. So wurde Hitler für Genoud zu einem besseren Vater: zu allem entschlossen, eine überlebensgroße Leitfigur, zu der man aufschauen konnte. Genouds leiblicher Vater war zwar ein erfolgreicher Geschäftsmann, aber eben nur ein Geschäftsmann und keiner, der wie der fanatische Hitler für seine Ideale gekämpft hätte.

Die Lausanner Familie, in die Genoud 1915 hineingeboren wurde, ist mehr nach Frankreich orientiert, wo die Vorfahren des Vaters herkommen. Frankreich gehörte im Ersten Weltkrieg zu den Gegnern Deutschlands, und der Vater bleibt im Herzen deutschfeindlich, zeigt sich aber pragmatisch. «Du weißt, was ich von ihnen denke, ich verabscheue sie. Aber sie haben Eigenschaften, die bei uns in der Familie schrecklich fehlen: Ordnung und Disziplin.»[7] Deshalb schickt er den Sohn, der noch vier Geschwister hat,[8] nicht etwa in die deutschsprachige Nordschweiz, sondern gibt ihn mit Blick auf eine künftige Geschäftslaufbahn gleich auf eine Schule in Deutschland. 1931 wird Genoud in das protestantische Melanchthonstift in Freiburg im Breisgau aufgenommen. Das 1917 gegründete Institut ist alles andere als eine nationalsozialistische Pflanzstätte, es hat vielmehr zum Ziel, «den badischen Beamtenstand und die Pfarrerschaft durch Zuführung eines Nachwuchses zu ergänzen».[9] Einer der Lehrer im Stift ist der Pfarrer Arnold Hesselbacher, der von 1943 an zum widerständigen «Freiburger Kreis» gehört. Unter den badischen Honoratiorenkindern ist Genoud gewiss ein Außenseiter, aber seinen Mitschülern fällt er nicht durch extremistische Ansichten auf. Er ist ein Durchgangsschüler mit lauter guten Noten (Betragen: 1, Fleiß: 2) und besucht das Institut ohnehin nur ein Jahr lang. An Ostern 1932 wird für «Francis» vermerkt: «Tritt aus Schule und Stift aus.»[10]

Der Vater führt in Lausanne ein Tapetenunternehmen, sein Geschäftsfreund Strauven in Bonn eine Papierfabrik, und in dieser setzt der sechzehnjährige Genoud seine Ausbildung mit einer Lehre fort. Doch auch in Bonn bleibt er nicht lang. Nach der Machtübergabe an Hitler schickt der Vater seinen Sohn, den er längst an den Führer verloren hat, weiter nach England. Dort übt sich Genoud in der englischen Sprache und nährt seinen Hass auf den britischen Kapitalismus, der den gängigen Welterklärungsformeln der dreißiger Jahre zufolge unweigerlich als «jüdisch kontrolliert» gilt. Auch Großbritannien durchlebt zu dieser Zeit eine schwere Krise, und auf den Straßen marschieren die faschistischen Schwarzhemden Oswald Mosleys, mit dem sich Genoud später wie selbstverständlich befreunden wird.

In den USA wurden 1927 die beiden italienischen Einwanderer Sacco und Vanzetti hingerichtet. Sie sollen einen Raubmord begangen haben. Obwohl Zweifel an der Täterschaft bleiben, müssen sie sterben, ein Ereignis, das den jungen Genoud ebenso wie Tausende anderer junger Menschen auf der ganzen Welt tief empört. Die Macht des Staates, so sieht es Genoud, vernichtet den Einzelnen. In diesen Jahren, noch unsicher und ungefestigt, beginnt er die übliche antisemitische Literatur zu lesen, darunter natürlich Hitlers «Mein Kampf» («Das hat für mich sehr viel erklärt» [11]) und die berüchtigten «Protokolle der Weisen von Zion», die sein sich verfestigendes Weltbild bestätigen. In Europa scheint Hoffnung aufzukeimen: In Italien herrscht Mussolini, in Deutschland ist Hitler Reichskanzler geworden, in Frankreich kommt es zu einer Volksfrontregierung. Für solche großpolitischen Ereignisse ist die Schweiz zu klein und zu wenig aufregend, aber die Unruhe der dreißiger Jahre weht auch durch dieses zur Friedfertigkeit verpflichtete Land.

1935, wieder zu Hause in der Schweiz, engagiert sich der heimatlose Nationalsozialist Genoud bei der Nationalen Front, den Frontisten, die sich um Gaston Amaudruz scharen. Mit einer trutzigen Jungschar stürmt der gegen die sozialistische Polizei von Lausanne, holt sich ehrenvolle Blessuren. «In schön geschnittenen Gabardinehosen und mit finsterer Miene habt ihr nationale Revolution gespielt»,[12] meint Carlos Bauverd, der Sohn von Genouds Jugendfreund Jean Bauverd, und nicht die «Protokolle der Weisen von Zion» hätten sie genährt, sondern «Robinson Crusoe» und die Bücher Jules Vernes.

Diese Jugendjahre eines unerbittlichen Judenhassers waren biographisch nicht vollständig ohne jenes jüdische Mädchen, in das alle Antisemiten einst verliebt waren, weil sie ja keine sein wollen. Seins heißt Klari, Klari Kempfer, eine Jüdin aus Ungarn, «die schöner ist als eine griechische Statue»,[13] doch Klari muss nach den gemeinsam verbrachten Ferien zurück in ihre Heimat. Ob sie die Ausrottungsaktion des Beauftragten für die Endlösung der Judenfrage überlebt hat, weiß niemand. Nach dem Krieg hat sich Genouds Interesse längst der Täterseite zugewandt und dem Unrecht, das beispielsweise dem Organisator der Vernichtung angetan wurde, Adolf Eichmann. Wie sich diese unschuldige Liebesgeschichte mit seinem antisemitischen Weltbild vertrüge, wird Genoud später gefragt, doch nach einer Antwort muss er nicht lange suchen: «Meine Weltsicht ist das eine, meine Gefühle sind etwas ganz anderes.» [14] Der politische Mensch Genoud kennt aber nichts anderes als Gefühle; er ist und bleibt sein Leben lang ein sentimentaler Immoralist.

Genoud arbeitet im Geschäft seines Vaters mit, der die Hitler-Begeisterung seines Sohnes nicht begreifen kann. Als sich die Kunden über dessen aggressiv vorgetragene politische Ansichten beklagen, kündigt er lieber, statt sich etwa zu mäßigen. Bei der ganzen Hitlerei habe es sich um einen klassischen Vater-Sohn-Konflikt gehandelt, meint Genouds späterer Verleger Albrecht Knaus,[15] und der Jüngere setzte sich durch, weil er auf die neuen Mächte vertraute, die sich bald als die stärkeren erweisen. Die extremistische Haltung Genouds fällt nicht bloß den Kunden auf, sondern auch dem Schweizer Nachrichtendienst. Der beginnt 1934 mit der Beobachtung, aus der schnell eine Überwachung wird. Genoud ist kaum neunzehn, als die Behörde Interesse an ihm fasst. Sie prüft seine Post und hört ihn ab, beschäftigt sich mit seinen Bekannten und Freunden, befragt Geschäftspartner und Nachbarn und wird doch nicht schlau aus ihm. Genoud ahnt bald das Interesse der Behörde an ihm, scheint es von Anfang an zu fördern, spielt schließlich damit. 1934 hat er sich noch nichts Nennenswertes zu Schulden kommen lassen, verfügt aber durch seine Jahre im Ausland bereits über internationale Beziehungen, nicht zuletzt ins immer machtvoller auftretende Deutsche Reich. Das lässt ihn zu einer potenziellen Gefahr werden, aber auch zum lohnenden Objekt für nähere Observierung. Umgekehrt nutzt Genoud das geheimdienstliche Interesse, um ein möglichst öffentliches Leben zu zelebrieren, in dem es angeblich nichts zu verbergen gibt. In den kommenden Jahrzehnten, in denen sich Genoud seine Freunde in allen Lagern sucht, wird ihm niemand so treu zur Seite stehen wie der Schweizer Geheimdienst.

Bei den rechten Frontisten begegnet Genoud einem Schulfreund [16] wieder, der seine Weltsicht erweitern und seine ideologische Ausrichtung bis zuletzt prägen wird. Jean(-Maurice) Bauverd ist Antisemit wie

Genoud und verfügt wie dieser über die Fähigkeit, sich in allen Umbrüchen einzurichten, ohne dabei die alte Ideologie aufzugeben. Die beiden jungen Männer erinnern sich der erlittenen Gymnasialjahre und streben hinaus ins richtige Leben.

Sternfahrten sind in Mode gekommen, ständig wird irgendwo eine Wettfahrt ausgetragen, und so beschließen die beiden im Sommer 1936 eine gemeinsame Entdeckungsreise in den Orient. Als Automobil-Abenteurer reisen sie in einem Aero-Modell zunächst quer durch Mitteleuropa. In Deutschland feiert sich das «Dritte Reich» mit blutroten Hakenkreuzfahnen, und in diesem Jahr der Olympischen Spiele scheint das international respektierte Deutschland der modernste, jugendlichste Staat in ganz Europa zu sein. «Ihr seid dem Ästhetischen verfallen»,[17] wird Carlos Bauverd seinem Vater und Genoud nachträglich zugestehen, dem Abenteuer und noch keineswegs der Politik. Gleichzeitig sei die Reise eine «Flucht vor dem Kapital» gewesen, vor dem Freimaurertum und vor den zweihundert Juden, die angeblich Staat und Gesellschaft und Medien beherrschen, der übliche, zeittypische Summs. Die Fahrt geht über die Tschechoslowakei und die Donauländer hinab durch den Balkan. Bukarest wird gestreift, dann das türkische Edirne, und auch die aus den Romanen Karl Mays vertrauten Fährnisse bleiben nicht aus: Hunger, Durst, die schlimmen hygienischen Bedingungen, der eine oder andre Überfall.

Der Orient wird umso rätselhafter und geheimnisvoller, je tiefer die Abenteurer vordringen. Von Istanbul reisen sie über Mossul weiter nach Teheran und nach Kabul. Sie verlieren ihr Reisegeld, werden von Räubern verfolgt, müssen sich eines Wolfsrudels erwehren; die üblichen Reisekrankheiten kommen dazu. Marco Polo fühlen sich die beiden näher als dem heraufziehenden Massentourismus, der Hindukusch reines Märchenland. Später erzählt Genoud, er habe davon geträumt, «Bandenchef in den Bergen» zu werden, «ein Mann, der sein Haus nie ohne das Gewehr verlässt».[18] Doch in Indien erkrankt der Räuber am Typhus; er kommt noch einmal mit dem Leben davon, weil er (die Welt ist doch klein) rechtzeitig eine Schweizer Klinik findet. Die vertraute Welt hat ihn wieder, wenn auch nicht ganz. Auf halbem Wege zurück nach Europa wird Genoud in Bagdad Zeuge eines Staatsstreichs und erlebt, wie die nationalistischen Araber unter General Bakr Sidqi die Regierung stürzen. Genoud ist überglücklich, dass er dabei sein darf. Das ist doch etwas anderes als die kleinen Scharmützel mit der «roten» Polizei in Lausanne, auch besser als die unblutigen Revolutionen in Italien und Deutschland. Hier pfeifen einem wirklich die Kugeln um die Ohren.

Ein wenig fühlen sich die beiden Reisenden wie Lawrence von Arabien, der im Jahr zuvor bei einem Motorradunfall gestorben war. In deutscher Übersetzung sind eben seine «Sieben Säulen der Weisheit» erschienen, das Epos vom späten Ritter, der eine heldenhaft kleine Schar im Kampf gegen große Mächte anführt – und auch noch siegt! Der Verrat gehört notwendig zu dieser Heldensage, und waren es nicht die perfiden Engländer, die den Arabern nach ihrem Aufstand die Souveränität im eigenen Land verweigerten? Das steht nicht bloß bei T. E. Lawrence, so funktionierte kolonialistische Realpolitik. Nach dem Ersten Weltkrieg wurde der Orient nicht etwa frei, sondern am Reißbrett in künstliche, instabile Staaten wie Saudi-Arabien, Irak, Jordanien und Syrien zerteilt, damit die alten Kolonialmächte Frankreich und Großbritannien weiter über sie herrschen konnten. Genoud und sein Freund Bauverd sind in einem historischen Moment zugegen, als sich der arabische Aufstand wiederholt, mit dem das koloniale Joch endgültig abgeworfen werden soll. Die beiden Abenteurer werden mit Palästinensern bekannt, die sich in Bagdad vor den Engländern verstecken. Genoud glüht vor Begeisterung. Sein ganzes weiteres Leben lang wird er die arabische Sache propagieren, und jede Niederlage bestätigt ihm nur deren tiefe Berechtigung. Im Hitler'schen Geist ist es natürlich «Zionismus», das bewährte «internationale Judentum», das das ausgebeutete Arabien unterdrückt. So wird Arabien zum Märchenland, das Genoud mit allen Fasern, gern auch mit terroristischen Methoden, immer aber im Einklang mit den heimischen Gesetzen, gegen die alten Unterdrücker verteidigen wird.

Die Revolutionstouristen reisen weiter nach Jerusalem und werden vom Mufti empfangen, dem sie wie im klassischen Abenteuerroman sogar eine geheime Botschaft aus Bagdad übermitteln dürfen. Der Mufti Hadj Amin al-Husseini ist das religiöse und vor allem politische Oberhaupt der versprengten arabischen Revolutionäre, und er ist von einem geradezu mörderischen Antisemitismus beseelt. Winston Churchill soll ihn als «eine Tonne Dynamit, die auf zwei Beinen herumläuft», bezeichnet haben.[19] Dieser Führer wähnt die unmittelbare Bedrohung Arabiens gar nicht bei der britischen Kolonialmacht, sondern bei den Juden: Seit in Deutschland die Nazis die Macht übernommen haben, wandern immer mehr Juden in das britische Mandatsgebiet ein, in dem seit Jahrhunderten Araber leben. Nach der Balfour-Deklaration von 1916 sollte Palästina sowohl Arabern als auch Juden Heimat bieten, und als Lord Peel 1937 den Vorschlag macht, das dünnbesiedelte Land zu teilen, rückt die Bedrohung noch näher. Der Mufti findet in den Schweizern die Anhänger, die er braucht, um sein panarabisches Anliegen in Europa zu verbreiten: «Ihr jungen Leute, die ihr Französisch sprecht und Freunde des arabischen Nationalismus und des Islam seid, ihr müsst an die Befreiung des von Frankreich und Italien beherrschten Maghreb denken. Dort kann eure Hilfe am wirksamsten sein, dort wird sie am meisten gebraucht.»[20]

Genoud ist einundzwanzig, als er diese grandiose Ansprache in perfektem Französisch hört. Wieder richtet ein großer Hetzer das Wort an ihn, ein Führer, der ihn mit einem Auftrag in die Welt hinausschickt. Er hört diese Sätze in einem exotischen Land, und sie bestätigen ihm seine Träume vom Sieg der edlen Araber, den nur die berüchtigte weltweite Verschwörung der Juden zu vereiteln droht. Genoud wird den Auftrag des Mufti zu seinem eigenen Kampf machen und sich für das, was er seine Ideale nennt, in die Schanze werfen.

Es liegt nahe, dass die Reise von Bauverd und Genoud kein reiner Abenteuerurlaub war, sondern der Aufklärung diente. Bauverd veröffentlicht im Jahr darauf einen Reisebericht,[21] und auch Genoud wird zu Hause so manchem von seiner Orientexpedition berichtet haben. Er versteht sich jedoch keinesfalls als Spion, sondern als Idealist, als junger Mensch auf der Suche nach einem Sinn für sein bisher recht kleines Leben. Wie könnte er den großen Appell des Mufti je vergessen? «Diese wenigen Worte brannten sich uns ins Herz; sie haben großen Einfluss auf unser Leben gehabt.»[22]

Nur ein Schweizer konnte so leicht für den Befreiungskampf fremder Völker entflammbar sein, ein Schweizer, den die eigene Machtlosigkeit schmerzt und der deshalb die Männer der Tat wie den Mufti bewundert und für den England und das Judentum der große Feind sind. Bald schon wird sich der Mufti an die faschistischen Gegner Englands wenden, an Italien und Deutschland, von denen er Unterstützung im Kampf für die Freiheit der Araber erhofft. Die Engländer jagen ihn, er flieht nach Rom, dann nach Berlin, wo er 1941 von Hitler empfangen wird. Für den waren Araber zwar auch nur Semiten, Menschen bestenfalls zweiter Klasse, doch den Mufti zählte er nicht dazu. Ein rötlicher Bart zeichnete ihn aus, dazu hatte er noch himmelblaue Augen vorzuweisen. «Man möchte fast glauben, es handle sich um eine absolut nordische Erscheinung»,[23] notiert Joseph Goebbels nach einer Begegnung mit al-Husseini. Hitler vermutete einen Schuss Römerblut, der den Araber am Ende doch von den Juden unterschied, die sie beide bekämpfen wollten.

Zum Jahrestag der Balfour-Deklaration sandte Heinrich Himmler dem allzeit kampfbereiten Mufti ein Telegramm: «Die Erkenntnis dieses Feindes und der gemeinsame Kampf gegen ihn bilden die feste Grundlage des natuerlichen Buendnisses zwischen dem nationalsozialistischen Grossdeutschland und den freiheitsliebenden Mohammedanern der ganzen Welt.»[24] Fast gleichlautend schreibt der Mufti an seinen Verbündeten Himmler sowie an den Außenminister Ribbentrop: «Deshalb bitte ich Euerer Exzellenz das Nötige zu veranlassen die Auswanderung der Juden nach Palästina zu unterbinden, womit Sie Exzellenz ein neues praktisches Beispiel der Politik des natürlich verbündeten und befreundeten Deutschlands der arabischen Nation gegenüber, geben.»[25] Bis heute ist umstritten, inwieweit der Mufti in die Endlösung eingeweiht war. 1944, als er so dringend um Amtshilfe nachsuchte, ging es nicht mehr um die Auswanderung der Juden, die längst systematisch umgebracht wurden. Später war der heldenhafte Mufti selbst den Palästinensern peinlich. Aus «Entrüstung über die Rolle und das Vorgehen der Engländer in Palästina» habe er sich einfach deren Gegnern angeschlossen, erläuterte er seinen Jüngern. «Trotzdem war Haddsch Amin kein Nationalsozialist», behauptet der Palästinenser-Chef Abu Ijad.[26] Der Mufti residierte, mit einer selbst für einen Exil-Monarchen reichlichen Apanage versehen, auf einem Schloss in der Nähe von Berlin und forderte seine arabischen Landsleute in Radioansprachen über den Sender Zeesen auf, nicht nachzulassen im Kampf gegen die Juden.

Genoud verehrte diesen mordlüsternen Araberführer wie einen idealen Vater und hielt ihm bis zu dessen Tod 1974 die Treue. Wie sehr er sich während des «Dritten Reiches» für dieses zweite große Idol engagierte, bleibt vorläufig im Dunkeln. Wenigstens einmal, 1943, muss er ihn in Berlin besucht haben.[27] Carlos Bauverd behauptet, sein Vater Jean habe eine SS-Schule in Niedersachsen besucht und anschließend dem Mufti bei der Aufstellung eines bosnisch-kosovarischen SS-Regiments geholfen.[28] Jean Bauverd sei es auch gewesen, der den Mufti aus dem Orient geholt und mit dem «Moloch» Hitler zusammengeführt habe, «um die große Freundschaft zwischen Germanen und Arabern zu fördern»[29] – aber da geht vielleicht der Hass auf den «faschistischen Vater» mit Carlos Bauverd durch. Die «13. Freiwillige Bosnisch-Herzegowinische SS-Gebirgsdivision Kroatien» kämpfte jedenfalls mit der deutschen Wehrmacht gegen die kommunistischen Partisanen, und fest steht auch, dass Bauverd 1943 im Auftrag des Propagandaministeriums den unter deutscher Besatzung gegründeten Sender Radio Monte Carlo auf die arabische Welt ausrichtete, in der Genoud nach dem Krieg sein entscheidendes Wirkungsfeld finden sollte.

Der Mufti wird von den Nazis als wichtiger Bundesgenosse in Reserve gehalten. «Er ist klug, bedachtsam, seine Vortragsweise zeugt von Intelligenz und Übersicht», notiert Goebbels 1944 im Tagebuch. «Er legt mir dar, daß die arabisch-mohammedanische Bevölkerung keinerlei Interessengegensätze mit dem Deutschen Reich je gehabt habe oder heute habe oder in Zukunft haben werde. Infolgedessen seien die 400 Millionen mohammedanisch-arabische Bevölkerung absolut für uns zu gewinnen, wenn man sie nur propagandistisch richtig bearbeite.»[30]

Doch trotz leidenschaftlicher rhetorischer Kollaboration bei der Auslöschung der Juden gelang es dem Mufti nicht, Deutschland zum Kriegseinsatz im Vorderen Orient zu bewegen. Zwar hielt Hitler in einer Art Kommuniqué fest, «Deutsche und Araber haben in den Engländern und Juden gemeinsame Feinde und sind in dem Kampf gegen diese verbunden»,[31] aber er leistete dem Mufti nie die ersehnte Waffenhilfe. «Araber! Erhebt euch wie ein Mann und kämpft für euer heiliges Recht!», verkündete er am 1. März 1944 über den Großdeutschen Rundfunk. «Tötet die Juden, wo immer ihr sie findet. Das gefällt Gott, der Geschichte und dem Glauben. Es wird euch Ehre machen. Gott ist auf eurer Seite».[32] Zwar nicht auf die Deutschen, dafür aber auf seine beiden Schweizer Gefolgsleute konnte sich der Hassprediger al-Husseini verlassen. Sie zeigten ein ganz anderes Feuer als die unentschlossenen Deutschen.

Exkurs: Der rasende Mitläufer

Während François Genoud fremde Länder und fremde Sitten kennenlernte und das für die dreißiger Jahre nicht ungewöhnliche Leben eines wohlhabenden jungen Mannes führte, dem niemand so schnell die Entscheidung für einen Beruf, gar einen Gelderwerb abverlangen würde, bemühte sich in Deutschland Paul Dickopf um den beamtenüblichen Aufstieg im Polizeiapparat des «Dritten Reiches». Noch wussten die beiden nichts voneinander, und zunächst sprach wenig dafür, dass sie irgendwann zusammenfinden würden, zu weit waren beide auseinander: Der eine pflog des Müßiggangs und interessierte sich für Politik vorerst nur als Divertimento im sonst wenig aufregenden Leben eines Playboys. Der andere, von Haus aus weit weniger gut gestellt, arbeitete sich ameisenzäh und entschlossen in der herrschenden Politik nach oben, verstand es aber zugleich, seinen Opportunismus so geschickt zu camouflieren, dass ihm sein Dienstherr, der Bundesinnenminister Hermann Höcherl, später wahrheitswidrig nachrühmen sollte, Dickopf habe «zu keiner Zeit mit dem Nationalsozialismus paktiert».[33]

In einem Lebenslauf, den er 1949 verfasste, lieferte Paul Dickopf eine ausgesprochen dialektische Begründung dafür, wie es ihm gelungen sein sollte, während des «Dritten Reiches» der «verhassten NSDAP nicht zu verfallen»: Er bemühte sich einfach darum, «mit Hilfe einer Stellung in der Kriminalpolizei einen – wenn auch kleinen – Teil des staatlichen Machtapparates zu erobern».[34] Dickopfs Eroberung dieses Machtapparats sah so aus, dass er – unter Vermeidung einer Mitgliedschaft in der NSDAP – bei allem anderen mittat, was die höhere Beamtenlaufbahn im Führer- und SS-Staat erforderte.

Eigentlich, so wird er später erklären, habe er Forstwirt werden wollen, sei aber am Numerus clausus gescheitert. Dickopf, Jahrgang 1910, beginnt Verwaltungsrecht und Jura zu studieren und versteht sich als unpolitisch, aber er ist fleißig und ehrgeizig und tritt deshalb dem Nationalsozialistischen Deutschen Studentenbund bei. Dann bricht er das Studium ab und bewirbt sich bei der Polizei. Im Polizeidienst kann niemand unpolitisch bleiben: 1936 wird Heinrich Himmler Reichsführer SS und Chef der deutschen Polizei, SS-Brigadeführer Reinhard

Heydrich wird Chef der Sicherheitspolizei. Die zivile Kriminalpolizei unterwirft sich sofort den militärischen Vorstellungen der SS. Der Kripoleiter Arthur Nebe schreibt 1939 an Heydrich, der inzwischen zum «Gruppenführer» aufgestiegen ist: «Als soldatische Beamte und SS-Männer werden wir Mitarbeiter des Reichskriminalpolizeiamtes unsere ganze Kraft hingeben an die Aufgaben, die Sie nach den Befehlen des Führers und des Reichsführers SS zu erfüllen haben.» [35]

Auch Dickopf folgt diesem strammen Gebot. Angeblich standen einer regelrechten Karriere im Nationalsozialismus sein katholischer Glaube und die Ehe mit einer «jüdisch versippten» Frau im Weg, dennoch ging es mit dem Beamten Dickopf stetig aufwärts. Am 1. Juni 1936 wird er Kommissaranwärter bei der Kriminalpolizeileitstelle Frankfurt am Main, die ihn Ende 1938 für achteinhalb Monate auf einen Lehrgang an der Führerschule der Sicherheitspolizei in Berlin-Charlottenburg schickt.[36] In seiner Personalakte ist seine Größe mit 180 Zentimetern angegeben und seine SS-Nummer als 337 259.[37]

Der Mann bleibt vorläufig auf der Beamtenlaufbahn, wird SS-Untersturmführer und Kriminalkommissar und nach Ende des Charlottenburger Lehrgangs Leiter des kriminalpolizeilichen Erkennungsdienstes im Land Baden. 1940 holt ihn das Oberkommando der Wehrmacht (Amt Ausland / Abwehr) nach Stuttgart und betraut ihn mit der Aufgabe, fremde Polizeiorganisationen und Nachrichtendienste auszuspionieren. Für diese rege Widerstandstätigkeit erhält Dickopf 1941 am Jahrestag des Kriegsausbruchs das Kriegsverdienstkreuz 2. Klasse.[38]

Dann aber soll der vorbildliche Beamte ganz plötzlich desertiert sein.

Ein Geheimagent ist ein Geheimagent, und schon deshalb wird es schwierig, eindeutige Aussagen über den SD-und Abwehr-Agenten Paul Dickopf zu treffen, der es bis zum BKA-Präsidenten und Interpol-Chef brachte – eine Karriere, die von einem ausgeprägten Talent zeugt, in schwierigen Zeiten zu überleben. 1939, als der Zweite Weltkrieg ausbricht, an dem die Schweiz lediglich mit der Überlegung teilnimmt, ob sie die anschwellenden Flüchtlingsströme ins Land lassen soll oder nicht, eröffnet der immer noch junge Playboy Genoud in Lausanne einen Nachtclub. Geschäftsführer wird sein libanesischer Freund Muhidin Daouk.[39] Der Club, der «Oasis» heißt, ist die unauffällige Nachrichtenzentrale, die Genoud in Kontakt mit den verschiedensten Vertretern und Agenten bringt, vor allem jenen aus Nazi-Deutschland. Bauverd kommt hier vorbei, einige wenige Amerikaner, neue Freunde aus dem Orient, und bald auch der angebliche politische Flüchtling Dickopf.

In der Selbstdarstellung, die Dickopf nach dem Krieg niederschrieb, hatte er schon in Deutschland die Freundschaft des Ausländers Genoud gesucht, weil «der mir im Falle einer eines Tages notwendig werdenden Flucht bei der Asylbeschaffung behilflich sein könnte».[40] Er schreibt nichts darüber, dass es ein Geschäft auf Gegenseitigkeit war. Der leidenschaftliche Reisende Genoud bringt Dickopf kleine, freundschaftserhaltende Geschenke ins devisenbewirtschaftete Deutschland mit, Nescafé, Schokolade, Strümpfe, Schweizer Leckereien, für die Frau angeblich, aber auch für den wachsenden Tauschhandelsbedarf in Deutschland, wo die Kaufkraft noch immer gewaltig, das Warenangebot aber insbesondere bei Importen sehr knapp geworden ist. Beide beschäftigen sich – sei es im Auftrag, sei es mit Duldung ihrer Vorgesetzten – mit Devisenschmuggel, handeln mit Diamanten, mit Gold. Im Schweizer Bundesarchiv gibt es Aufzeichnungen darüber, dass die beiden vor allem Geldgeschäfte pflegten, die um keinen Preis hätten auffliegen dürfen. Dickopf und Genoud handelten mit allem, was der Schwarzmarkt hergab und verlangte. «Wir waren alle Freunde»,[41] heißt das bei Genoud unvermeidlich.

Hans-Dietrich Genscher, sein späterer Chef, verabschiedete den einstigen Kundschafter 1971 mit den treuherzigen Worten: «Er war ein Polizeibeamter, der sich dem Rechtsstaat fest verpflichtet fühlte.» In die Schweiz sei er demnach nicht als Abwehr-Agent abgestellt worden, sondern «weil er der Abkommandierung an die Ostfront entgehen wollte». Er habe vom Einsatz von Kollegen «bei der Partisanenbekämpfung und bei der Judenvernichtung» gewusst, aber er, Paul Dickopf, «wollte nicht schuldig werden».[42] In der Tat wurde er nicht schuldig, sondern ging weiter und zu seinem eigenen größtmöglichen Nutzen seiner Arbeit nach. «Paul Dickopf sollte – mit der Legende eines Überläufers ausgestattet – Devisen beschaffen und sie im Ausland deponieren»,[43] glaubt Peter-Ferdinand Koch und bringt es (leider ohne weitere Nachweise) auf die kurze Formel: «Der spätere BKA-Präsident war nichts anderes als ein ganz gewöhnlicher Schieber.»[44] Auf jeden Fall war er alles andere als ein Widerstandskämpfer. Bei seiner mysteriösen Flucht – die später immerhin als Beweis herhalten musste, dass Paul Dickopf schon immer gegen die Nazis war – tritt nun jener Freund in Dickopfs Leben, dem er beinah dreißig Jahre lang eng verbunden bleiben sollte. «Ich war während des gesamten Krieges auf Seiten der Deutschen, habe meinen Freund Dickopf geschützt, einen Deserteur, ich habe ihn über die Grenze geschafft und bin wieder zurück», erzählt Genoud und zeigt noch nach Jahrzehnten den ganzen Stolz auf seine Tat. «Niemand wusste etwas!»[45]

Was für ein seltsames Paar: der eifrige Nazi und der ebenso eifrige Widerstandskämpfer! Im Jahr 1942, mitten im Zweiten Weltkrieg, war es höchst unwahrscheinlich, dass sich politische Gegner auf derart freundschaftliche Weise näherkommen. Die weltanschauliche Sympathie, die Genoud zu den Deutschen und zum Nationalsozialismus trieb, hätte ihn bestimmt daran gehindert, einem echten Deserteur zur Flucht aus dem Einflussbereich seines geliebten Führers zu verhelfen.

Wie immer bei den zahlreichen Freundschaften, die Genoud im Lauf seines Lebens schloss, verbindet sich auch hier persönliche Neigung mit einem wachen Sinn für das Strategische. Freunde sind nützlich und helfen sich gegenseitig. Politischer Gleichklang muss keine Voraussetzung sein, ist aber sicherlich kein Nachteil. Mehr oder weniger bewusst beginnt Genoud so ein Netz zu knüpfen, das die unterschiedlichsten Menschen allein darin verbinden wird, dass sie zu ihm und seinen vielfältigen Interessen passen.

Niemand wusste etwas? Während ganz Europa von Kiew bis Lissabon von Nationalsozialisten oder Faschisten beherrscht wurde, blieb die Schweiz neutral und zog schon deshalb Spione aus allen möglichen Ländern an. Seit 1941 stand Dickopf in Kontakt mit François Genoud, der nach Stuttgart gefahren war, um sich der deutschen Abwehr als Informant anzubieten. Vorsichtig, wie er war (und gar nicht mehr so ungestüm wie als jugendlicher Barrikadenkämpfer), hatte er diese Tätigkeit für das weltkriegführende Deutschland beim eigenen, beim Schweizer Geheimdienst angemeldet und arbeitete auch diesem zu. Für

Genoud ist das selbstverständlich kein Widerspruch, auch kein Verrat, denn für ihn zählt vor allem Freundschaft.

Freund Dickopf war Mitte 1942 ins Hauptquartier der Abwehr nach Berlin bestellt und mit dem Auftrag versehen worden, sich im Ausland als selbständiger Agent anzusiedeln und «den Schweizer Geheimdienst zu unterwandern».[46] Der Herr Polizeikommissar wirkte als «Schläfer». Zunächst ging Dickopf nach Paris, tat sich dort einige Monate um, besuchte Südfrankreich, dann Brüssel, fuhr über Weihnachten heimlich zu Verwandten in Deutschland, kehrte nach Brüssel zurück. Manchmal hat ihn Genoud auf diesen Reisen begleitet. Unterwegs lernte er im Eisenbahnabteil seine zukünftige Frau kennen, Liliane Mouru de la Cote aus Brüssel, die er am 1. April 1943 heiratete.[47]

Seit dem 16. April 1943 wird Dickopf im Deutschen Fahndungsbuch zur Festnahme ausgeschrieben, mit dem merkwürdigen Zusatz allerdings, er sei «vermisst». Er war aber nicht vermisst, die deutsche Abwehr wusste genau, wo sich Dickopf befand und was er trieb, schließlich war er stets ordentlich versetzt worden. Über Zwischenträger, zu denen wiederum Genoud gehört, berichtet der flüchtige Widerstandskämpfer laufend an die NSDAP-Zentrale in München.[48]

Dickopf will in Brüssel und von Genoud erfahren haben, dass der SS-Geheimdienst SD nach ihm suche. Also verlassen sie Brüssel gemeinsam und reisen via Frankreich über die grüne Grenze illegal in die Schweiz ein. François Genoud handelt bei diesem keineswegs gefahrlosen Abenteuer nicht etwa auf eigene Faust: Sein Führungsoffizier beim Schweizer Geheimdienst, Hauptmann Gérard Olivet, holt das Paar am 17. Juli 1943 an der Grenze ab, bringt die beiden nach Lausanne und beschafft Dickopf Papiere sowie eine Unterkunft. Der angebliche Flüchtling wohnt bei Genouds syrischem Freund Muhidin Daouk in Lausanne und unterliegt der Überwachung durch das Territorialkommando. Genoud und Dickopf schöpfen sich gegenseitig ab, und der eine legendiert, wie das geheimdienstliche Lügen-Erfinden heißt, tapfer den anderen.

Da sich Dickopf erfreulicherweise nicht «im nationalsozialistischen Sinne» betätigt, wird er als politischer Flüchtling betrachtet, die Behörden können ihm nichts anhaben. Ein Geheimagent ist ein Geheimagent und deshalb immer im Dienst. Rasch ist der Kontakt zur amerikanischen Botschaft hergestellt, sodass Dickopf gleichzeitig für seine Leute zu Hause in Deutschland, für die Schweizer und für die Amerikaner recherchieren kann.

Dickopf ist selbstverständlich nicht der Einzige, der in der Schweiz für das «Dritte Reich» wirkt. Christoph Graf Dönhoff (1906–1992), der Bruder der späteren *Zeit*-Herausgeberin Marion Gräfin Dönhoff, nach ihren Worten «ganz begeistert von den Nazis»[49] und deshalb bereits 1933 in die NSDAP eingetreten, brachte es bis in den Auslandsnachrichtendienst (Abteilung VI) des Reichssicherheitshauptamtes. Ende März 1945 durfte «Toffy» Dönhoff als Vizekonsul nach Zürich, um wegen möglicher Friedensverhandlungen zu sondieren. Nach der Kapitulation wurde er ausgewiesen, geriet in Italien in Gefangenschaft, wurde aber bereits 1946 entlassen. Als sein Fluchthelfer wirkte der vielseitige Dickopf, der am 19. Mai über Chiasso nach Italien ausreiste.

In den Jahren davor ist Dickopf in seiner Reisetätigkeit stark eingeschränkt, kann sich aber auf den Freund verlassen, den die Mikrofiches im Schweizer Bundesarchiv unverblümt als «NS-Mitarbeiter» bezeichnen. Allein in der ersten Hälfte des Jahres 1942 reist Genoud acht Mal von der neutralen Schweiz ins kämpfende Deutschland. Einmal, als er in Basel angehalten und überprüft wird, stellt man überrascht fest, dass er «eine große Menge Goldes bei sich hat, die er aus Deutschland ausführen will».[50] Zum sagenhaften SS- oder Nazi-Schatz wird dieser Transport zwar nicht hinreichen, doch die Akten belegen, dass Genoud im großen Stil geschmuggelt hat. Die Behörden ärgern sich nicht wenig über diesen ein- und austräglichen Transfer, aber sie können, wie auch später noch so oft, nichts gegen den umtriebigen Landsmann unternehmen. Es ist schließlich nicht verboten, Gold in die Schweiz einzuführen, und ein Landesverräter ist Genoud auch nicht, weil er die Behörden jedenfalls von einem Teil seiner Unternehmungen wissen lässt. Ein wichtiger Kollaborateur ist Ludwig Wemmer, den Parteileiter Martin Bormann 1943 als Aufpasser in Kirchenfragen aus der Zentrale nach Rom schickt. «Der Gesandte Wemmer, nur zwei Jahre älter als Sigis[mund von Braun, Legationssekretär in der deutschen Botschaft beim Vatikan], fand ein ausgiebiges Vergnügen an Schiebungen mit Schweizer Franken, Bildern und überhaupt», bestätigt Hilde von Braun, die Frau des Botschafters.[51]

Der angebliche Flüchtling Dickopf sucht keineswegs Kontakt zu deutschen Emigranten, gar zum politischen Widerstand, sondern wohnt bei seinem V-Mann, dem Schweizer Aufklärer Genoud. Der SS-Untersturmbannführer ist schließlich kein gemeiner Deserteur, sondern ein ganz normaler Opportunist. Nach seinen eigenen Worten hatte Dickopf sein Handwerk zwar nicht von der Pike auf, dafür aber mit dem «Leichenlöffel» in der Hand gelernt, einem Werkzeug, mit dem sich auch Toten noch die Fingerabdrücke abnehmen lassen.[52] Am besten aber kannte er sich mit lebenden Menschen aus. Es kam dazu, dass Dickopf das Musterstück eines politischen Beamten war, der sich der jeweiligen Macht andient, wie sie es wollte, es dabei aber immer verstand, die Mächtigen in seinem Sinn und zu seinem Vorteil zu lenken. «Paul Dickopf hat für alle gearbeitet», schreibt Armand Mergen in seiner «BKA Story». «Er war Dreifachagent.»[53] Genoud war ihm gern behilflich, außerdem konnte er dabei etwas fürs Leben lernen.

2. Das Ende, ein Anfang

Der Treck setzt sich am 26. April 1945 in Bewegung. In mehreren Wellen hatten die alliierten Bomber am Tag zuvor den Obersalzberg im Berchtesgadener Land angeflogen. Dort hatte sich der Führer ein Haus gebaut, um das herum sich auch sein Hofstaat ansiedeln durfte. Eine Zwingburg war es nicht ganz, aber doch die für die Volksgemeinschaft unzugängliche Zentrale von Regierung und Partei, wenn Adolf Hitler nicht in Berlin weilte. Schließlich konnte aber auch der künstliche Nebel die Anlage nicht mehr schützen, und so wurden Berghof und Teehaus innerhalb weniger Stunden zerstört. Hitler, Joseph Goebbels und Martin Bormann befanden sich zu diesem Zeitpunkt in Berlin, auch Eva Braun war in vorletzter Minute zu ihrem Geliebten geeilt. Auf dem Obersalzberg hielten sich fast nur mehr Familienangehörige der Parteileitung auf. Sie alle mussten jetzt, da der Feind sie obdachlos gemacht hatte und niemand sie mehr vor der Kriegswirklichkeit bewahren konnte, so rasch wie möglich evakuiert werden. Bormann, der Reichsleiter und, wie er sich nannte, «Sekretär des Führers», also sein ebenso ergebener wie bissiger Wachhund, hatte für die eigene Familie längst Vorsorge getroffen. Wenn überhaupt etwas, dann bot nur noch die Flucht in die Berge Aussicht auf Rettung. Aus Italien, aus Frankreich und aus dem Osten rückten Truppen gegen Deutschland vor. Berlin war bereits eingeschlossen, an ein Entkommen im Sperrfeuer feindlicher Flugzeuge kaum mehr zu denken.

Dort geht in den letzten Apriltagen die ganze Pracht und Herrlichkeit des «Dritten Reiches» unter. Die russischen Panzer sind aus den östlichen Stadtteilen ins Zentrum vorgerückt und haben das ehemalige Machtzentrum eingekreist. Die Reichshauptstadt ist zusammengeschrumpft auf eine Fläche von wenig mehr als einem Quadratkilometer zerbombten und zerschossenen Geländes, unter dem sich der Führerbunker befindet. Die Schallwellen der Detonationen dringen bis hinab in die privaten Räumlichkeiten des bedrängten Reichskanzlers. Wencks Armee, immer wieder beschworen und sehnsüchtig erwartet, wird nicht mehr zu Hilfe kommen. Selbst der Führer, der noch vor kurzem von seinen Volksgenossen den Kampf bis zum Endsieg verlangt hatte, weiß inzwischen, dass das Ende gekommen ist. Eine doppelte Angst quält ihn: dass ihn die Russen gefangen nehmen, ihn hinrichten und seinen Leichnam ähnlich wie die Italiener Tage zuvor den ihres gestürzten Duce schänden und der Lächerlichkeit preisgeben könnten; und womöglich noch größer die Furcht, er könnte der Nachwelt doch nicht jenes historisch herausragende Bild hinterlassen, das ihm Gefolgsleute wie Joseph Goebbels unermüdlich bestätigten. («Er ist das größte geschichtliche Genie, das in unserer Zeit lebt»,[1] lallt Goebbels nach dem mit Glück überlebten Attentat vom 20. Juli 1944 ins Tagebuch.)

Im Bunker unter der Reichskanzlei wird zum letzten Mal Geschichte gemacht und – wie es sich für ein deutsches Weihespiel gehört – mit religiöser Hingabe Richard Wagner nachgespielt, selbstverständlich unter notarieller Aufsicht. Mag die Welt draußen auch in Scherben fallen, hier unten muss doch alles seine Ordnung haben. Magda Goebbels hat ihre sechs Kinder aus der Ehe mit dem Propagandaminister Goebbels mit hinab in den Bunker geholt, damit die Musterfamilie des «Dritten Reiches» auch im Tode vereint sei. «Unsere herrliche Idee geht zu Grunde – mit ihr alles, was ich Schönes, Bewundernswertes, Edles und Gutes in meinem Leben gekannt habe», schreibt sie an Harald Quandt, ihren dreiundzwanzigjährigen Sohn aus erster Ehe. «Die Welt, die nach dem Führer und dem Nationalsozialismus kommt, ist nicht mehr wert, darin zu leben, und deshalb habe ich auch die Kinder hierher mitgenommen. Sie sind zu schade für das nach uns kommende Leben»,[2] liest der Leutnant der Luftwaffe, der sich inzwischen als Gefangener in einem britischen Lager in Nordafrika befindet. «Du wirst weiterleben …», und deshalb soll er sich seiner Familie würdig erweisen, damit «unser Tod nicht umsonst gewesen ist».[3]

Auch Goebbels baut darauf, dass ihm die Nachwelt irgendwann jene Kränze flechten wird, die in diesem Augenblick leider nicht zu erwarten sind. «Die Stunde wird wiederkommen, in der wir sauber und unbefleckt dastehen werden vor der Welt»,[4] fügt er Magdas Brief als erstaunlich selbstbewusstes Vermächtnis an. Sein Stiefsohn sei «wahrscheinlich» der Einzige, «der übrig bleibt, die Tradition unserer Familie fortzuführen»,[5] und zwar «so sauber und unbefleckt, wie unser Glaube und unser Ziel immer gewesen sind».[6] Harald Quandt stirbt 1967 bei einem Flugzeugabsturz; Freunde versichern, dass er nie über den Tod seiner Stiefgeschwister hinweggekommen sei.

Hanna Reitsch, die legendäre Fliegerin, wird diesen Brief am 28. April aus dem umlagerten Fuchsbau in Berlin nach Schleswig-Holstein ausfliegen, wo Admiral Dönitz das letzte Aufgebot um sich geschart hat. Goebbels bleibt bis zum letzten Atemzug bei seinem Meister. Auch seine Frau harrt mit ihm aus, und die Kinder werden gar nicht erst gefragt.

Auch Martin Bormann wollte als bis in den Tod treuer Paladin Hitlers das Ende des «Dritten Reiches» nur in den Wagner'schen Dimensionen begreifen, an die der Führer seine ergebene Schar gewöhnt hatte: «So oder so, wir werden, wie beschworen, unsere Pflicht bis zum Ende tun»,[7] schreibt Bormann im letzten überlieferten Brief an seine Frau, um mit germanischen Heldentodträumen zu enden, dem Vergleich mit den Nibelungen, die ihr stolzes Ende im Saal des Hunnenkönigs Etzel gefunden hätten.[8] Auch Joseph Goebbels weiß starke letzte Worte für die Nachwelt: «An ein materielles Fortleben nach dem Tode glaube ich nicht. Aber wenn es ein solches geben sollte, dann werde ich nach diesem Tode in ein Walhall einziehen, in dem mich meine alten Mitkämpfer und Kameraden, die mir auf anständige Weise vorangegangen sind, schon erwarten.»[9]

Trotz dieses heroischen Fatalismus sorgte sich Goebbels um das Schicksal seiner Tagebücher. Die sollten ihre Leser auch dann noch finden, wenn der Chronist selber bereits für Führer und Reich und den eigenen Größenwahn gefallen war. Seit 1923 hatte Goebbels Tagebuch geführt, erst mit der Hand und ausnehmend schwer lesbar von seinem Weg zu Hitler und der gemeinsamen Machtergreifung berichtet, die Erfolge der NSDAP geschildert und dabei den eigenen, stetig wachsenden Ruhm nicht vernachlässigt. Von 1941 an hatte er dann diktiert, und dafür standen dem Reichspropagandaminister gleich mehrere Sekretärinnen zur Verfügung. Nach der Invasion der Alliierten in der Normandie im Juni 1944 sorgte Goebbels dafür, dass «sein gehüteter Schatz, sein größtes Geheimnis, Ergebnis und Konzentrat einer mehr als zwanzigjährigen politischen Tätigkeit»[10] (so sein Presseadjutant

Wilfred von Oven) im damals modernsten Verfahren auf Glasplatten übertragen und die Mikrofiches in Stahlkassetten an drei verschiedenen Stellen außerhalb von Berlin vergraben wurden. Seine Arbeit sollte den Untergang unbedingt überleben. Die Originalblätter musste angeblich sein Geheimsekretär Richard Otte verbrennen, allerdings blieben auch davon Tausende von Blättern übrig. Goebbels, der ehemalige Dichter, der scheue Bewunderer Stefan Georges, der streitsüchtige Journalist wollte im Wort überleben. Das gelang, und dazu verhalf ihm sein nie ermüdender Verehrer François Genoud.

Dazu verhalf ihm auch das gruselige Schauspiel, das in diesen letzten Stunden inszeniert wird. Es ist vorbei, die Zeit ist gekommen für die große Bilanz. «Man bereut es hinterher, daß man so gut ist»,[11] soll Hitler in einem Anfall von abgründigem Humor gesagt haben. Endlich sah auch der Führer ein, dass es keinen Ausweg mehr gab und kein Reich. Er lehnte es ab, sich ausfliegen zu lassen, seinen Kampf etwa in der sogenannten «Südfestung» fortzusetzen, zumal er wusste, dass die dortige Streitmacht noch schwächer war als das letzte Aufgebot, das um Berlin zusammengezogen war. Der Tod der Nibelungen steht unmittelbar bevor, gleich werden Etzel und seine asiatischen Barbaren die germanischen Recken schlachten. Während Hitler die endgültige Entscheidung Stunde um Stunde hinauszögert, sind an die russischen Soldaten bereits Siegesbanner ausgegeben worden, die auf dem zerschossenen Reichstag als Triumphzeichen gehisst werden sollen. Die treue Hanna Reitsch ist fort, Göring, so viel ist noch nach unten durchgedrungen, verhandelt längst mit den Schweden, zuletzt verrät auch noch Himmler seinen Führer, der an SS-Gruppenführer Hermann Fegelein ein letztes Exempel statuieren lässt. Hitlers Schwager wird zum Tod verurteilt und erschossen, weil er sich vorsichtshalber bereits die Uniform ausgezogen hatte.

Die regelmäßigen Tischgespräche mit ihren deliranten Ausschweifungen hören auf, keine Monologe mehr, keine Welterklärungen, die verrinnende Zeit wird genutzt für letzte, schwere Worte. Der Führer diktiert sein Vermächtnis, die Sekretärin Traudl Junge schreibt auch das noch auf. Ein Standesbeamter wird bestellt. Adolf Hitler will seine Freundin Eva Braun für die Nachwelt legitimieren. Diese Nachwelt soll wissen, wie sehr der Führer die Gegenwart verachtet, die so schmählich versagt hat, weil sie seiner großen Ideen und ihres Erfinders nicht würdig gewesen war. Noch einmal beschwört er sein unzuverlässiges Volk, verpflichtet die «Führung der Nation» zur «peinlichen Einhaltung der Rassegesetze» und fordert sie auf, ja nicht nachzulassen im «unbarmherzigen Widerstand gegen den Weltvergifter aller Völker, das internationale Judentum»,[12] dann bringt er sich zusammen mit seiner Gattin um, oder wie er es hinterher im Großdeutschen Rundfunk verkünden lässt: «Unser Führer Adolf Hitler [ist] heute nachmittag in seinem Befehlsstand in der Reichskanzlei, bis zum letzten Atemzug gegen den Bolschewismus kämpfend, für Deutschland gefallen.»[13]

Nach den Frischvermählten begeht auch das Ehepaar Goebbels Selbstmord, nicht jedoch ohne zuvor seine sechs Kinder zu vergiften, weil auch sie vor einer Welt bewahrt werden sollten, in der der Nationalsozialismus mitsamt seinen wichtigsten Vertretern unterliegen musste. Joseph Goebbels, in den abschließenden Testamentsworten Hitlers vom Propagandaminister zum nächsten Reichskanzler befördert, setzt sich über den letzten Wunsch des Erblassers hinweg und folgt seinem Chef bis zum Letzten. «In dem Delirium von Verrat, das in diesen kritischen Tagen des Krieges den Führer umgibt, muß es wenigstens einige geben, die bedingungslos und bis zum Tode zu ihm halten.» Auch Goebbels denkt an die Nachwelt: «Ich glaube, damit dem deutschen Volk für seine Zukunft den besten Dienst zu erweisen, denn für die kommenden schweren Zeiten sind Vorbilder noch wichtiger als Männer.»[14]

Martin Bormann immerhin wollte seiner Familie ein ähnliches Schicksal wie den Goebbels-Kindern ersparen. Per Funkspruch hatte Bormann seinem Privatsekretär[15] Helmut von Hummel aufgetragen, seine Frau Gerda, acht seiner neun Kinder sowie Gemälde, Goldmünzen und versiegelte Papiere vom Obersalzberg nach Wolkenstein in Südtirol zu überführen: «Bin mit vorgeschlagener Übersee Süd Verlagerung einverstanden. Reichsleiter Bormann.»[16]

Auch der Sekretär wollte das Fortleben auf Papier gesichert haben. Als emsiger Bürokrat hatte Bormann alles notieren lassen, was Hitler bei seinen nächtlichen Monologen äußerte, und diese Aufzeichnungen sorgfältig aufbewahrt. Allerdings starb Hitlers Testamentsvollstrecker bereits zwei Tage später seinem Chef nach: Ein Ausbruchsversuch aus dem Bunker scheiterte, und Bormann biss auf eine Kapsel Zyankali, um nicht den Russen in die Hände zu fallen.[17] Für seine Familie glaubte er gesorgt zu haben. Auch wenn Frau und Kinder jetzt den Obersalzberg verlassen mussten, blieb ihnen doch in der Nach-Naziwelt mehr als das nackte Leben. «Es war sagenhaft, welche ungeheuren Werte hier zusammenkamen»,[18] behauptet einer mit dem Wissen des angeblichen Augenzeugen. Es wird aber fürs Erste schon gereicht haben.

Das Codewort «Übersee» beförderte später die Legende, es sei um die Verlagerung eines vermeintlichen Nazi-Schatzes übers Meer nach Südamerika gegangen, wo Bormann dann in der populären Erzählung nach der Niederlage auftauchte und zur Freude von Illustrierten und sensationslüsternen Berichterstattern noch jahrzehntelang herumgeisterte.

Tatsächlich bricht der Nazi-Zug in Berchtesgaden mit siebenundzwanzig Kisten Material auf.[19] In diesen Kisten liegt, was später wahlweise «Führer-Schatz», «Hitlers Geheimmagazin» oder stilgerecht «Nibelungen-Schatz» heißt. «Goldene Uhren mit dem schräggeneigten Namenszug Hitlers, Etuis und Tabatieren, Brillanten, für Marschallstäbe und hohe Orden bestimmt, Gold- und Platinnadeln mit Rubinen und Smaragden, die den Wagnersängerinnen von Bayreuth und anderen Favoritinnen zugedacht waren, alles in allem ein vielfaches Millionenvermögen.»[20] Aber das ist ein Märchen, erste posthume Nazi-Folklore. Der wahre Schatz besteht in lauter Papier, dem schriftlichen Vermächtnis des «Dritten Reiches». Der säuberlich abgeheftete Briefwechsel der Eheleute Bormann ist darunter, die von Bormann redigierten «Tischgespräche» seines Herrn sind dabei sowie mehrere Aquarelle von dessen Hand, die in den folgenden Jahrzehnten bei Ausstellungen und auch im Handel immer wieder auftauchen werden.[21]

Frauen und Kinder der Nazis haben den Zusammenbruch überlebt. Ihr Flüchtlingstreck bewegt sich auf dem schmalen und jeden Tag kleiner werdenden Streifen Großdeutschland, der noch nicht von sowjetischen, amerikanischen, britischen oder französischen Truppen besetzt ist. Ziel ist eine nicht genau zu bestimmende «Alpenfestung» in Tirol, in der sich die Getreuen zum mythischen Endkampf sammeln oder sich den Siegern übergeben sollten.[22] Zur gleichen Zeit treibt die SS einen anderen Zug nach Süden: 139 politische Gefangene, die aus Konzentrationslagern in Deutschland geholt wurden und bei den bevorstehenden Kapitulationsverhandlungen als Geiseln dienen sollen.

Die Verhältnisse in diesen letzten Apriltagen sind für niemanden mehr zu überschauen: Während die SS unerbittlich Deserteure und andere Kriegsmüde aufspürt und erbarmungslos aufhängt oder erschießt, suchen sich die SS-Angehörigen ihrerseits in Sicherheit zu bringen. Italien hat schon 1943 seinen Duce abgesetzt und das Bündnis der Achsenmächte verlassen, dafür durfte der Duce aber unter straffer deutscher Bewachung am Gardasee sein eigenes kleines Königreich führen, die «Republik von Salò». Am 27. April 1945 fällt Mussolini den Partisanen in die Hände, die ihn am nächsten Tag erschießen. Aus dem Süden rücken amerikanische Truppen zur Po-Ebene vor, in der sich Wehrmacht und SS untereinander um die Befehlsgewalt raufen, während sie gleichzeitig mit den alliierten Truppen und den Partisanen erbitterte Kämpfe austragen.

Am Sieg der Alliierten zweifelt niemand mehr. Separate Friedensverhandlungen waren 1943 in der Konferenz von Casablanca ausgeschlossen worden, doch darüber setzt sich die amerikanische wie die britische Seite hinweg. Es geht um Geländegewinne und damit um die strategische Positionierung nach dem Krieg, wenn – wie absehbar – die Anti-Hitler-Koalition zerfallen wird. Schließlich drohen in Oberitalien die jugoslawischen Partisanen. Auf deutscher Seite führt Himmlers Adjutant die Gespräche, der SS-Obergruppenführer und «Bevollmächtigte General» der Wehrmacht, Karl Wolff, der als Kommandierender der Südarmee einerseits nicht noch mehr Soldaten opfern, andererseits aber auch nicht den Treueid auf seinen Führer brechen will. Sein Verhandlungspartner ist Allen W. Dulles, der Berner Resident des amerikanischen Geheimdienstes OSS, der Wolff, dem im Zusammenhang mit der Partisanenbekämpfung Kriegsverbrechen vorgeworfen werden, eine schonende Behandlung vor dem drohenden Militärtribunal zusichert. Ganz möchten die Amerikaner auch nicht auf die Option verzichten, dass deutsche Soldaten, falls der Krieg doch weitergehen sollte, an der Seite der amerikanischen Sieger gegen die nach Mitteleuropa vorgedrungenen Russen kämpfen könnten. Beim Waffenstillstand vom 2. Mai, mit dem die «Operation Sunrise» an der Südfront schließlich endet, werden jedenfalls nicht alle deutschen Einheiten entwaffnet.[23]

Als der Rest der Familie Bormann schließlich nach vier Tagen in Südtirol anlangt, hat sie neben den Einheimischen mit Vertretern der katholischen Kirche, mit italienischen Faschisten, versprengten deutschen Offizieren und den amerikanischen Truppen zu tun, die sich aber bald zurückziehen und das Gebiet den Engländern überlassen. Der Friede ist da, der Nationalsozialismus erledigt. Der deutsche Gesandte am Hofe Mussolinis, Rudolf Rahn, der sich ebenfalls in diese «ganz isolierte Insel zwischen Krieg und Frieden» zurückgezogen hat, versucht sich wie die anderen Flüchtlinge «durch die unsterbliche Stimme des Frühlings ein wenig über das trauervolle Geschick der Heimat trösten zu lassen».[24] Hohe Offiziere, NSDAP-Mitglieder und alle SS-Angehörigen werden so rasch wie möglich verhaftet. In diesen Tagen findet der amerikanische Geheimdienst auch Gerda Bormann, die als Ehefrau eines der Hauptkriegsverbrecher gewiss Auskunft geben kann. Doch wird bei ihr Krebs diagnostiziert; sie ist bereits so krank, dass sie ins Militärkrankenhaus in Meran eingeliefert werden muss. Die acht Kinder werden mit dem Namen «Bergmann» getarnt und bei Pflegeeltern auf verschiedenen Höfen im Pustertal untergebracht.

Im Hospital erhält «Gerda Bergmann» Besuch von Theodor Schmitz. Der in Rom ausgebildete Militärseelsorger hat den Rückzug der deutschen Truppen von Süden her begleitet. Er nimmt sich der schwerkranken Frau Bormann an, die von Dezember 1945 an dauerhaft im Krankenhaus liegt. «Deiner Mutter ging es damals recht gut», schreibt Schmitz zwei Jahre später an Martin Bormann jr., der mit fünfzehn zum Volkssturm eingezogen wurde und daher als einziges ihrer Kinder die Flucht nach Süden nicht mitgemacht hat. «Sie sah frisch aus, mit den lang herabhängenden Zöpfen fast mädchenhaft, und war sehr rege in der Unterhaltung.»

Hier, in den Bergen Südtirols, vollzieht sich in den nächsten Monaten eine der wundersamen Bekehrungen, wie sie in den Nachkriegsjahren so oft bewerkstelligt wurden: aus einem Nazi wird über Nacht unter Mitwirkung der nicht ganz selbstlosen Kirche ein Christ, genauer, ein Katholik, die «Ausweichstellung der echten Faschisten».[25] Am 5. Februar 1946 unterzeichnet Gerda Bormann ein Testament und setzt pro forma ihren Bruder Hans Walter Buch als Vormund der Kinder ein. Tatsächlich bestellt sie Theodor Schmitz, den sie bittet, für das «persönliche und wirtschaftliche Wohl meiner Kinder zu sorgen», da «nach Presseberichten und nach meiner festen persönlichen Überzeugung mein Ehemann nicht mehr am Leben ist».[26] Bormanns Frau, seine Witwe, stirbt am 23. März 1946 mit erst sechsunddreißig Jahren an der Quecksilberbehandlung, der sie wegen ihrer Krebserkrankung ausgesetzt wurde.

Nach ihrem Tod findet sich in ihren Sachen ein Gedicht von Friedrich Nietzsche, gewidmet «Dem Unbekannten Gotte»: «Sein bin ich, ob ich in der Frevler Rotte / auch bis zur Stunde bin geblieben».[27] Wie immer sie an dieses Gedicht gelangt ist, es passt einfach zu gut, dass Gerda Bormann sich von der Frevler Rotte durch ihren Auszug aus der ägyptischen oder babylonischen Gefangenschaft gelöst haben soll. Zwar wurde sie keineswegs, wie es die fromme Legende will, auf dem Sterbebett noch getauft,[28] aber sie hat sich, wie Schmitz ihrem Ältesten versichert, «wieder auf dem Wege zum Glauben ihrer Jugend» befunden, eine Katholikin ehrenhalber.[29] Monsignore Karl Bayer, der als Leiter der Caritas die Bekehrung von Rom aus wohlwollend beobachtet hat, behauptet sogar, die Beziehung der Eheleute Bormann habe sich «bis dahin sehr verschlechtert». Einen Beweis dafür braucht er nicht, er wäre auch schwer zu finden, denn der Briefwechsel, den Gerda für ihren Mann bewahren sollte, spricht für das herzlichste Einvernehmen. Im letzten überlieferten Brief schrieb ihr Bormann eine Liebeserklärung. Doch der Monsignore fährt in wissendem Ton fort: «[S]ie hatten ernste ideologische Differenzen; sie hatte schließlich doch von einigen Dingen erfahren, in die er verwickelt gewesen war.»[30] Auch das ist frei erfunden; Gerda Bormann war die Tochter des Parteirichters Walter Buch und ließ sich in ihrem Antisemitismus nicht einmal von ihrem Mann übertreffen.

Doch mit solchen Quisquilien wollte sich in dieser chaotischen Zeit niemand beschäftigen. In Meran war unverhofft eine gute Seele gerettet worden, und nun galt es, das Rettungswerk fortzusetzen. Die Kinder des offiziell «gottgläubigen», also atheistischen oder jedenfalls kirchenfernen Ehepaars Bormann erfreuen sich fortan der besonderen Fürsorge der katholischen Kirche und werden nach dem Religionsunterricht alle getauft. Der Bischof von Brixen genehmigt die Adoption durch den Priester Theodor Schmitz. Sie sind erkennbar unschuldig und Opfer des heidnischen Nationalsozialismus; dass sie Nachkommen des wegen seiner Rohheit berüchtigten Reichsleiters Bormann sind, wird ihnen bei der Aufnahme in die Kirche eher geholfen haben. «Hier kommt wieder ein Stück unvorstellbarer Vorsehung ins Spiel»,[31] behauptet der Sohn Adolf Martin in seinen Erinnerungen. Die Vorsehung war nicht ohne Bodenhaftung, nicht zufällig wurde der jüngere Martin Bormann, der inzwischen den ersten seiner Vornamen abgelegt hatte, im Heiligen Jahre 1950 mit zweien seiner Geschwister in einer Audienz vom Papst empfangen.[32] Zwar wurden sie diesem wiederum als «Bergmann» vorgestellt, doch zeigte sich Pius XII. «gut informiert über unser Geschick nach dem Krieg, fragte nach dem Wohlergehen unserer Geschwister, und dann gab er uns seinen Segen».[33] Martin hatte sich zuvor in einem Brief an den Vormund seiner Geschwister gewandt und ihm seinen Wunsch vorgetragen, ebenfalls Priester zu werden. Theodor Schmitz riet zu gründlicher Gewissenserforschung, da bei einem solchen Vorhaben «viel zu prüfen und reiflich zu überlegen» sei.[34] Martin Bormann ließ sich nicht abschrecken, trat in den Herz-Jesu-Orden ein, wurde dann zum Priester geweiht (seine Geschwister waren bei der Primiz dabei) und ging schließlich als Missionar in den Kongo. Auf seinem Schreibtisch stand immer ein Bild seines Vaters. In der Kirche herrschte besondere Freude über den Sohn, der anstelle des frevlerischen Vaters heimgefunden hatte.[35] Sein fünf Jahre jüngerer Bruder Gerhard soll gesagt haben: «Unser Vater hätte Adolf Martin in einem solchen Fall gewiß am liebsten erschossen.»[36]

Die Vorsehung kann noch mehr, und so fällt der Kirche in den Nachkriegswirren ein unverhofftes Geschenk in den geräumigen Schoß: Der schriftliche Nachlass von Martin Bormann und damit in Teilen auch der Adolf Hitlers, gelagert in den Kisten vom Obersalzberg. Was in Berlin noch eben gerettet werden konnte, geht jetzt in Südtirol in die Hände der Kirche über, vertreten durch Pfarrer Theodor Schmitz als Vormund der Bormann-Kinder, der sich das Wohl der Waisen angelegen sein lässt. Der Bischof von Brixen stellt zwar Geld für ihr Wohl zur Verfügung, doch das reicht nicht. «Was ich gebarmt habe um etwas Geld für die Kinder!»,[37] wird Schmitz später seufzen. Aber da wird wieder die Vorsehung tätig und bringt François Genoud ins Spiel, der 1948 mit dem Vormund ins Geschäft kommt.[38]

3. Der Handlungsreisende

In den ersten Jahren nach dem Ende des Zweiten Weltkriegs lebt im geschlagenen Deutschland ein Häuflein Übriggebliebener, das sich nach der bedingungslosen Kapitulation keineswegs befreit fühlt. Wenn auf den Kriegsheimkehrern, den Emigranten, den Angehörigen der Opfer, den aus den Konzentrationslagern Befreiten der Nationalsozialismus weiter wie ein Alb lastete, so geht es jenem neuen Geheimen Deutschland darum, eine untergegangene Welt zu bewahren: Diese Übriggebliebenen hatten zu den mehr oder weniger wichtigen Teilhabern des «Dritten Reiches» gehört, und sie sind nicht bereit, es ganz und gar verloren zu geben. Die neuen politischen Verhältnisse machen geheime Treffen erforderlich, und nicht zufällig vergleicht der katholische Bischof Alois Hudal, der sich mit aller christlichen Nächstenliebe der ins Ausland flüchtenden Kriegsverbrecher annahm, deren Situation mit jener der verfolgten Christen. «Es ist nicht das erste Mal, dass Menschen in den Katakomben Roms gelebt haben»,[1] soll der Bischof der deutschen Titularkirche Santa Maria dell'Anima zu den Flüchtlingen gesagt haben, die sich in römischen Kirchen und Klöstern verbargen. Unter den alten Kameraden und ihren Angehörigen werden Hilfswerke organisiert, an deren Spitze sich gern Vertreter der Kirche setzen – als wollten sie das, was sie im «Dritten Reich» bei den verfolgten Juden und Kommunisten versäumt haben, jetzt wenigstens an den verfolgten Nazis gutmachen. Für die katholische Kirche geht es nicht bloß um ein gutes Werk, sondern sie ergreift die Gelegenheit und hofft auf eine Rechristianisierung Europas.

So spricht der ehrwürdige Bischof Hudal: «Ich danke aber dem Herrgott, daß Er mir meine Augen geöffnet hat und auch die unverdiente Gabe geschenkt hat, viele Opfer der Nachkriegszeit in Kerkern und Konzentrationslagern besucht und getröstet und nicht wenige mit falschen Ausweispapieren ihren Peinigern durch die Flucht in glücklichere Länder entrissen zu haben».[2] Deshalb können auch erklärte Kirchenfeinde wie Adolf Eichmann und Klaus Barbie von einer großangelegten Hilfsaktion profitieren, bei der in den Nachkriegsjahren Millionen Flüchtlinge, Vertriebene, Vermisste und ihre Angehörigen betreut werden. Tausende Freiwillige arbeiten bei dieser Flüchtlingshilfe vom Roten Kreuz oder der Vereinten Nationen mit, die Schriftsteller Raymond Queneau und Iris Murdoch sind darunter, aber eben auch der stets hilfsbereite François Genoud. Die Rettung von Kriegsverbrechern war bei diesem Hilfsprogramm nicht vorgesehen, aber amerikanische Philanthropen und Steuerzahler kommen mit ihrem Geld unwissentlich auch dafür auf. Der Vatikan erhielt allein von jüdischen Verbänden in den USA Spenden für einen Fonds von 125 000 Dollar, um die ärgste Not zu lindern.[3]

Der Bischof und Fluchthelfer Alois Hudal konnte sich nur «blutenden Herzens von der Ideologie eines christlichen NS» (gemeint ist tatsächlich der Nationalsozialismus) lösen und zeigte nach dem Krieg ebenso wenig wie Genoud besondere Neigung, dieser Ideologie abzuschwören. Wegen dieser eigenartigen Sentimentalität fällt Hudal beim Vatikan und insbesondere bei Papst Pius XII. bald in Ungnade, doch umso trotziger hält er an seiner persönlichen Mission fest. Er ist sogar stolz darauf, «meine ganze karitative Arbeit in erster Linie den früheren Angehörigen des NS und Faschismus, besonders den sogenannten ‹Kriegsverbrechern› zu weihen».[4]

Ein derartiger Trotz ist auch Genoud nicht fremd. Wenn die Nazis allgemein verfemt werden, hält er erst recht zu ihnen. So findet er sich rasch in einem Netzwerk gegenseitiger Hilfestellung, das nicht «Odessa» heißt oder «Spinne», aber mit dem Bewusstsein operiert, es müsse nicht nur ein gutes Werk getan, sondern auch Unrecht ausgeglichen werden. François Genoud beginnt zu reisen. Nach einer außerordentlich freundschaftlichen Trennung von Liliane Mouru hat der ehemalige Playboy 1946 ein weiteres Mal geheiratet. Elisabeth van der Essen wird ihm drei Kinder schenken, Françoise (1948), Michel (1950) und Martine (1951), ihn aber sonst kaum bei seinen Geschäften behelligen, die ihn immer wieder in die Welt hinaustreiben.

In den ersten Nachkriegsjahren arbeitet Genoud offiziell als Wäschevertreter. Er reist in Trikotagen, verkauft Damenunterwäsche, Blusen und Bustiers, und spannt sein Netzwerk immer weiter. Durch seinen

Anteil am Familiengeschäft «Genoud SA, papier peints» ist er finanziell unabhängig, kommt herum und sammelt in bewährter Weise Informationen für verschiedene Abnehmer. «François Genoud war für uns sehr wichtig», erklärte der ehemalige SS-General Karl Wolff später. Hunderte, Tausende, Millionen warteten wie Wolff in Gefängnissen (den «Konzentrationslagern» des seelsorgerischen Alois Hudal) auf das Urteil der Spruchkammer oder der Militärbehörden oder nur auf die Freilassung. «Wir waren in unseren Bewegungen sehr eingeschränkt. Er konnte sich frei bewegen und diente uns als wichtiger Verbindungsmann.»[5]

Vor allem hält er die Verbindung zur jüngsten Vergangenheit, denn nichts wirkt in den elenden Nachkriegsjahren tröstlicher als ein Ausländer, der den Deutschen versichern kann, dass nicht alles falsch war im «Tausendjährigen Reich». Zusammen mit dem Chirurgen Paul Niehans kümmert sich Genoud insbesondere um deutsche Wehrmachtsangehörige, die in französischen Gefängnissen schmachten.[6] Niehans war ein Modearzt, der es in den fünfziger Jahren zu Weltruhm brachte, als es ihm gelang, keinen Geringeren als Papst Pius XII. von einer lebensgefährlichen Erkrankung zu heilen, ein Wunderdoktor in einer sonst recht desillusionierten Zeit. «Kretins wurden durch Zellinjektionen gebessert. Leberkranke gesundeten. Aufgegebene Patienten – Todeskandidaten – blieben am Leben, nachdem Niehans und seine Mitarbeiter sie behandelten»,[7] sülzt eine zeitgenössische Biographie über den «Arzt des Papstes». Bei Kriegsende verwendete sich dieser Niehans, «stets im Auftrag des Genfer Roten Kreuzes»,[8] für die deutschen Kriegsgefangenen, auch wenn ihm «von böswilligen Gesprächsgegnern unterstellt wurde, er setze sich auch für Mörder und Verbrecher ein».[9] Niehans hatte eine spezielle Methode der Frischzellentherapie entwickelt, die er nicht nur am Papst, sondern auch an Konrad Adenauer erproben durfte. Sogar Homosexualität glaubte er damit heilen zu können.[10] Ob Niehans tatsächlich, wie Karl Laske ohne weitere Belege kolportiert, gesuchten Kriegsverbrechern «durch Gesichtsoperationen» die Flucht ermöglicht hat,[11] ist allerdings recht zweifelhaft. Auf jeden Fall war dieser Arzt deutschnational bis in die Knochen, was bei einem illegitimen, aber anerkannten Enkel des preußischen Kronprinzen, des späteren Kaisers Friedrich III., vielleicht gar nicht erstaunen muss. In der Bewunderung deutscher Größe hätten sich dann Genoud und Niehans, diese Schweizer wider Willen, jedenfalls getroffen.

Genoud arbeitet nun mehr oder weniger ehrenamtlich für das Internationale Rote Kreuz in der Schweiz und in Belgien, von wo auch seine zweite Frau stammt. Er kommt herum und bietet Hilfe überall an, wo Not am Mann ist. Möglicherweise konnte er sich dabei wieder einmal dem verehrten Mufti al-Husseini dienstbar erweisen. Im Frühjahr 1945 floh dieser aus Berlin, folgte dem Weg nach Süden und teilweise der Tiroler Route, die etwa zeitgleich Martin Bormanns Frau und Kinder sowie der angesammelte Schriftenschatz vom Obersalzberg einschlagen sollten.

Der ehemalige Botschafter Werner Otto von Hentig, inzwischen im Orientreferat des Auswärtigen Amtes tätig, hatte die «Aufgabe, den ‹Großmufti› seinem Stand gemäß zu betreuen und ‹gegebenenfalls› in die Schweiz zu verbringen».[12] Der Mufti machte sich am 6. April 1945 nach Österreich auf,[13] und es war Gustav Adolf Scheel, der Gauleiter von Salzburg, der ihn «mit einem zuverlässigen Mann über die Schweizer Grenze in Sicherheit gebracht hatte».[14] Dieser zuverlässige Mann könnte Genoud gewesen sein, der, das zumindest steht fest, mit Hentig bekannt war. Da die Schweiz den Flüchtling nicht aufnehmen wollte, wurde er über Konstanz nach Frankreich weitergereicht und zunächst in Paris unter Hausarrest gestellt, dann aber duldet man seine Flucht nach Kairo. «Dort geht der Kampf unter anderen Bedingungen weiter»,[15] hatte al-Husseini seinen Mitarbeitern beim Abschied aus Berlin angekündigt, und so konnte der arabische Führer seine antisemitischen Lehren nach 1945 von Kairo und Beirut aus weiter verbreiten. Genoud wird noch öfter mit dem Mufti zusammentreffen, doch schwindet dessen Einfluss allmählich, die Kollaboration mit den Nazis hatte ihn in England und Frankreich diskreditiert. Dennoch blieb al-Husseini für Jüngere jene legendäre Gestalt, die 1936 den arabischen Aufstand angestachelt hatte.[16]

Unabhängig davon, ob er bei dieser Flucht zurück in den Nahen Osten Hilfe geleistet hat oder nicht, ist seine Zeit als Nazi-Ehrenretter jetzt gekommen. Als wäre Europa ein einziges Altersheim, in dem die verdienten Männer und Frauen des deutschen Volkes mitsamt den ihnen assoziierten Kollaborateuren ihren Lebensabend verbringen, und als wäre Genoud ihr ergebener, sorgender Sohn, fährt er nun häufig von Lausanne nach Paris und weiter nach Madrid, dann wieder nach München und Berlin, zeigt sich in Köln, meldet sich aus Frankfurt und hat sich schon wieder nach Tanger zurückgezogen. Neugierigen Journalisten erklärt er diese Reisesucht mit seiner «Klaustrophobie», weil «[ich] eingesperrt bin in meinem kleinen Land».[17] Wie ein Weberschiffchen saust er deshalb in diesen Jahren zwischen Angehörigen und Erben hin und her, bringt ihnen seine Ehrerbietung entgegen und versichert den ihres Führers beraubten Witwen und Waisen, dass sie mit Hitlers Namen und der deutschen Größe ruhmhaft verbunden bleiben werden, ganz gleich, wie die Meinung der Welt dazu lauten möge. Sein Geschäftsinteresse wird er dabei keinen Moment aus dem Auge verlieren.

In seiner Karriere als Nationalsozialist wird François Genoud ein Emporkömmling bleiben, denn er gelangte niemals in den inneren Kreis der Veteranen des «Dritten Reiches» und hatte dem Führer nicht unmittelbar dienen können. Er gehört nie zu jenen Männern und Frauen, die, wenn einer der Ihren stirbt, beim Begräbnis gemeinsam des untergegangenen Hitler-Reichs und ihrer eigenen gloriosen Rolle darin gedenken. Also muss Genoud sich, will er irgendwie ins Geschäft mit den alten Nazigrößen einsteigen, erst bekannt machen.

Dem Geschäftsmann eröffnen sich da ganz neue Möglichkeiten. Das «Dritte Reich» hatte eine Unmenge von Altpapier hinterlassen – Augenzeugen berichten, dass sie in den Trümmern der Reichskanzlei durch Tonnen von Papier wateten –, und einiges davon sammelt sich bei Genoud. Es sind diese Dokumente, seine Dokumente, die die Erinnerung an das lebendig halten sollen, was für die anderen, die Nichteingeweihten, untergegangen ist. Zu den vielen Projekten, mit denen sich der reiselustige Genoud nach dem Krieg beschäftigt, gehört ein Verlag, in dem er die Schriften der großen Toten, die nur für die anderen große Verbrecher sind, herausbringen will, damit sie endlich unzensiert zu Wort kämen. Deshalb ist für Genoud jede Krume, die irgendwann vom Tisch des Herrn gefallen ist, von großem ideellen und auch materiellen Wert. Von 1951 an wird der Handel mit Naziana sein tägliches Brot.

In Genf hat er über seinen Freund Jean Jardin, der Frankreich wegen allzu enger Kollaboration mit den Deutschen verlassen musste, Kontakt zum Verlagshaus «Le Cheval ailé» («Das geflügelte Pferd») aufgenommen, das sich auf Bücher ideologisch kompromittierter Autoren spezialisiert hat. Wer auch immer politisch im großen Stil gescheitert ist, hier kann er sich rechtfertigen, vor einem ausgewählten Publikum. Bei «Le Cheval ailé» erscheinen die angeblichen Tagebücher Eva Brauns (es handelt sich um eine wenig ehrbare Fälschung unter starker Beteiligung von Luis Trenker) und die angeblich vollständigen Tagebücher von Joseph Goebbels (die zwar echt sind, aber längst nicht vollständig). Genouds erste Leistung als Nazi-Verleger besteht in der Gründung einer literarischen Agentur, die er in Tanger ansiedelt. Mit dem exterritorialen Copyright «Agence litteraire generale, Tangier» veröffentlicht er im Zeichen des Pegasus Léon Degrelle, den von seinen Anhängern immer noch bewunderten Führer der belgischen Rexisten, der in Belgien wegen Kollaboration zum Tode verurteilt ist, jetzt in Spanien lebt und für Genoud ein lebenslanger Freund wird.

Der Nationalsozialismus war zwar untergegangen, doch das Interesse an der Ideologie und vor allem an ihren fanatischen Haupttätern schien immer weiter zu wachsen. Seit Kriegsende überschwemmt ein steter Strom an Hitleriana den Markt. Kammerdiener, Rettungsflieger, Leibärzte, Geheimagenten, Stenographen und Kraftfahrer veröffentlichen ihre Erinnerungen, wissen Delikates oder auch nur Banales aus den letzten Tagen im Führerbunker zu berichten und halten so die Erinnerung an den Nationalsozialismus wach. Als der ehemalige Reichsbankpräsident Hjalmar Schacht seine Memoiren unter dem Titel «Abrechnung mit Hitler» (1948) veröffentlicht, parodiert der in Ostberlin erscheinende *Ulenspiegel* diese Art nachgereichter Widerstandsliteratur: «In Vorbereitung befindet sich ein Memoirenwerk, das aus Notizen des verewigten Führers und Reichskanzlers zusammengestellt wurde und eine Fülle von Beweismaterial für den Kampf Adolf Hitlers gegen den Nationalsozialismus enthält.»[18]

Bei dieser Art von Vergangenheitsbewältigung ist bloß eins gewiss: Hitler und die Erinnerung an ihn bringen Geld. Dem Verleger André Deutsch, selber Jude aus Ungarn und der Vernichtung nur entgangen, weil er bereits als Student nach England gekommen war, ermöglichen die grundverlogenen Erinnerungen von Hitlers zeitweiligem Vizekanzler Franz von Papen 1952 die Gründung eines eigenen Verlags.[19] Allein die Vorabdruckrechte wurden für die unvorstellbare Summe von 30 000 Pfund an die Wochenzeitung *People* verkauft. «Wer nicht gerade den Zweiten Weltkrieg miterlebt hatte, kann sich nicht vorstellen, wie faszinierend es war, einen von denen sprechen zu hören»,[20] erklärt die damalige Lektorin diese Begeisterung für nationalsozialistische Memoiren. Dieser Enthusiasmus war keineswegs auf die ehemaligen Feindstaaten Deutschlands beschränkt; als die *Welt* 1969 einen Vorabdruck aus den «Erinnerungen» Albert Speers veröffentlichte, bedauerte das niemand mehr als Marion Gräfin Dönhoff, die Chefredakteurin der *Zeit*, aber nicht etwa aus moralischen Gründen, sondern «besonders darum», wie sie zerknirscht an den Verleger Gerd Bucerius schreibt, «weil ich seinerzeit, als er aus dem Gefängnis entlassen wurde, mir fest vorgenommen hatte, zu ihm zu fahren. (…) Sicherlich wären wir uns damals einig geworden.»[21]

Genoud war in dieses Geschäft bereits Jahrzehnte vorher eingestiegen, zunächst als Schatzsucher und Reliquiensammler. Mit der Hingabe eines Kindes hortet er Souvenirs von Leni Riefenstahl und berüchtigten Nazi-Offizieren wie Hans-Ulrich Rudel und Otto Ernst Remer, er verwahrt Briefe, die an die große Zeit der Korrespondenten Hjalmar Schacht oder Léon Degrelle erinnern, schreibt sich mit Angehörigen wie Ilse Hess oder Paula Hitler, versichert stets, dass ihnen allen großes Unrecht widerfahren sei, und sonnt sich dabei in der Aura des großen toten Friedensfürsten, an den er bis zu seinem letzten Tag glaubt. «Hitler wird der Nachwelt als ‹Der Friedliebende› in Erinnerung bleiben.»[22]

Die alten Kämpfer trauern wie Genoud der Vergangenheit nach, und wie er grollen sie der unheroischen Gegenwart. Genoud ist entschlossen, die alten Kameraden und erst recht seinen Führer und «Chef» zu rächen. Dabei war der politische Nostalgiker Genoud zunächst nur als Andenkensammler unterwegs, der den Markt- und Wiederverkaufswert von Nazi-Devotionalien erst allmählich erkannte. In den wüsten Jahren zwischen Krieg und Kaltem Krieg wurden Ritterkreuze und Eiserne Kreuze immer noch in Ehren gehalten und waren entsprechend kostbar. Der kaum achtzehnjährige Hans Magnus Enzensberger ist nicht der Einzige, der vor der Währungsreform von 1948 als Schwarzmarkthändler einen schwunghaften Handel mit derlei Nazi-Devotionalien treiben kann.[23] Hitlers ehemaliger Dolmetscher in seinen Gesprächen mit Mussolini, der SS-Sturmbannführer Eugen Dollmann, bot in seiner Geldnot noch 1952 über die italienische Zeitschrift *Epoca* Uhren sowie perlen- und diamantenbesetzte Nadeln feil, die angeblich aus dem Besitz des Führers stammten; er wollte sogar mehrere goldene Zigarettendosen besitzen, die die Unterschrift des fanatischen Nichtrauchers Hitler trugen.[24]

Für Genoud gab es keinen Grund, seine Geschäftstüchtigkeit, die er beim internationalen Handel entwickelt hatte, nicht auch nach dem Krieg, wenn auch in veränderter Form unter Beweis zu stellen. Wie sich zeigte, war jede Art von Nazi-Material interessant und deshalb Handelsware. Und Genoud war ein findiger Entdecker.

Monsignore Schmitz weiß später nicht mehr, wann ihm diese «äußerst undurchsichtige Persönlichkeit» zum ersten Mal unter die Augen gekommen ist. War es 1950? Oder doch schon 1948? Wie Genoud nach Südtirol, wie er an Theodor Schmitz und damit an den Bormann-Schatz geraten ist, das alles gehört zu den vielen Geheimnissen dieses nie vollständig aufzuhellenden Lebens. Schmitz meinte sich später nur an ein Auto mit französischem Kennzeichen zu erinnern sowie an einen Mann, der sich im Namen des Roten Kreuzes vorstellte.

Genoud jedenfalls nutzt die Notlage der Bormann-Waisen (und den Wunsch der durch Schmitz vertretenen kirchlichen Stellen), um sich in den Besitz der Bormann-Papiere zu bringen, in deren Drucklegung er bald recht lukrativ Nazi-Gedankengut verbreiten sollte. Die katholische Kirche, ob sie es nun wollte oder nicht, leistete bei Genouds lebenslanger Nazi-Propaganda auf ihre Weise Handlangerdienste. Später half Schmitz auch, die von den Amerikanern erfundene, dann von der Stasi und Simon Wiesenthal immer weiter ausgeschmückte *leyenda negra* zu bestätigen,[25] die SS habe «vor 1945 vor allem in die Schweiz» eine Menge Kapital verlagert, unter Mitwirkung natürlich auch François Genouds.[26]

In Südtirol war es, wo Genoud auf nie geklärte Weise an das Bormann-Material gelangte. Vielleicht war der SS-General Karl Wolff der Mittelsmann,[27] vielleicht einer aus Bormanns Parteileitung, der mit Genoud bekannt war[28] und den papierenen Nazi-Schatz zu treuen Händen weiterreichte, wahrscheinlich war es ein nicht eindeutig identifizierter Italiener, dem Genoud das Zeug abkaufte. In den ungewissen Monaten nach der Kapitulation bereist beispielsweise ein Signore namens Rodolfo Siviero Österreich und Deutschland, der für diese Transaktion in Frage kommt. Er soll – aber wer war da nicht dabei? – dem italienischen Widerstand angehört haben. In der Nachkriegszeit steigt Siviero auf zum «Bevollmächtigten Gesandten für die Rückerstattung von Kunstwerken». Früh kontaktiert er die amerikanische Militäraufklärung, macht sich aber bei den Amerikanern ebenso unbeliebt wie bei den Deutschen, schließlich fordert er die Rückgabe von Kunstschätzen; in deutschen Zeitungen hat man ihn als Piraten bezeichnet,[29] denn Siviero vergaß keineswegs auf seinen Anteil. Dieser Pirat dürfte identisch mit jener «hochgestellten italienischen Persönlichkeit» sein, die einem Bericht des *Kölner Stadt-Anzeigers* zufolge den Bormann-Schatz für «9000 Francs und die üblichen verlagsrechtlichen Anteile» [30] «an den «Verleger Genout» verkauft hat.[31] Da werden sich zwei recht verwandte Glücksritter getroffen haben.

Rodolfo Siviero gilt in Italien als Held, seit es ihm in spektakulären Einsätzen gelang, geraubte Gemälde aufzuspüren. So soll mit seiner Hilfe am 6. Mai 1945 – und das wäre in unmittelbarer zeitlicher und räumlicher Nähe zur Familie Bormann und deren «Schatz» – das 3. Bataillon des 339. Infanterieregiments unter Major Floyd in Südtirol «Werke italienischer Kunst im Wert von vierhundert Millionen Dollar» gefunden haben, die aus Florenz geraubt worden waren und bis zuletzt von einem deutschen Soldaten bewacht wurden.[32] Nebenbei schafft Siviero zwanzig Aquarelle Hitlers (darunter einige Fälschungen) von Bozen nach Florenz, vor allem aber in seinen Besitz. Dass diese Werke beim Konkurrenten lagerten, muss Genoud gewusst haben, denn er hat wiederum Paula Hitler von dem Raubgut erzählt.[33] Später wird Theodor Schmitz erklären, dass es Siviero war, der die Bormann-Kisten schlicht «geklaut» habe.[34] Sivieros Interesse an den Hitler-Notaten wird nicht besonders groß gewesen sein, und bei der räuberischen Transaktion, wie immer sie im Detail abgelaufen sein mag, handelte es sich vermutlich um einen Kunsthandel unter Raubrittern, denn Genoud erwarb zu der Zeit auch noch ein echtes Hitler-Aquarell.

Dann gibt es aber noch einen weiteren Herrn, Signore Edilio Rusconi (1916–1996), später selber Verleger, den wiederum Genoud als Dieb bezeichnet. Jedenfalls – so erzählt er es schließlich auf dem Tonband Pierre Péans – habe der Mailänder Verlag Rizzoli Anfang 1948 dem Verlag «Le Cheval ailé» den Briefwechsel zwischen Martin Bormann und seiner Frau angeboten. Genoud erfährt davon, liest, ist schon allein deshalb begeistert, weil es dem Ehepaar Bormann gelungen sei, «daß nicht ein einziger Tropfen christlichen Gifts in die Erziehung ihrer Kinder gelangt»,[35] will der Sache trotz des hohen Preises auf den Grund gehen, reist nach Italien, trifft sich mit einem Mittelsmann, der – wiederum ist alles sehr geheimnisvoll – einen weiteren Mann beiziehen muss, der bei den Verhandlungen dolmetschen soll, aber siehe da, es handelt sich bei diesem Übersetzer um den vorgeblichen Besitzer der Bormann- beziehungsweise der Hitler-Papiere. Genoud entschließt sich, gutherzig, wie er sein kann, die bislang unvollständigen und längst nicht gesichteten Dokumente «im Namen der ‹Sache›» zu kaufen.[36] Nach einigem Hin und Her rückt Rusconi dann auch noch die «Tischgespräche» heraus, die ebenfalls erbeuteten Hitler-Aquarelle hat er angeblich bereits an amerikanische Interessenten verkauft.

Wolff – Schmitz – Siviero – Rusconi – Genoud – das könnte die Lieferantenkette gewesen sein. Auf irgendeine nicht mehr nachvollziehbare Weise gelangte das herrenlose Bormann-Archiv jedenfalls genau an den Richtigen, an einen unverbesserlichen Nazi, der im Übrigen auch noch wusste, was er mit dem Material anfangen konnte. Mit einer vergleichsweise bescheidenen Investition, den erwähnten 9000 Franken, legt Genoud den Grundstock für sein künftiges Leben und Arbeiten. Der Kauf der Dokumente beweist sein aufrichtiges Interesse an Nazi-Gedankengut, das sich an weitere einschlägig Interessierte verkaufen lässt. Hitler, Bormann und später Goebbels machen aus Genoud einen Verleger, und Genoud macht mit den toten Nazis das Geschäft seines Lebens.

Genoud wird bald klar, was er für einen Schatz erworben hat. Hitler und alle Dokumente seiner Zu- und Mitarbeiter lassen nicht bloß auf stetiges Interesse hoffen, das Zeug bringt auch Geld. Vorläufig aber ist der Handel mit Rechten noch ein Nebenerwerb. Genoud treibt sich in diesen Jahren viel in Tanger herum. Die marokkanische Stadt ist im ersten Nachkriegsjahrzehnt eine Freihandelszone, über die alle möglichen und gewiss keine sauberen Geschäfte zwischen Europa, Asien und Afrika abgewickelt werden. Während das britische und französische Kolonialreich zerfällt, ist die internationale Stadt Tanger die ideale Drehscheibe für Nachrichten und Rohstoffe, für Gold und Elfenbein, für Waffen und nicht zuletzt neue und alte Ideologien. In Tanger kann Genoud seine Erfahrung als Schmuggler und Schwarzmarkthändler weiter vertiefen. In Nordafrika wird er auch vom merkantilen Wert seiner jüngsten Erwerbungen erfahren haben.

Er sei vom Westen «angewidert» gewesen, erklärt Genoud, und habe sich in Tanger niedergelassen, «um Verbindung mit den Revolutionären aufzunehmen».[37] Zu diesen Revolutionären gehört auch Sir Oswald Mosley, der Führer der britischen Faschisten. Macht er Geschäfte mit ihm, oder reizt ihn vielleicht der auratische Abglanz seines größten Idols? Mosley ist mit Diana Mitford verheiratet und wurde mit ihr 1936 im Haus von Joseph Goebbels getraut – Hitler war als Ehrengast dabei.

In Tanger weitet sich der Horizont des europamüden Genoud noch einmal beträchtlich, denn hier tut sich eine ganz neue Welt mit unerahnten Möglichkeiten auf: der arabische Nationalismus. Sein Jugendfreund, der zeitweilige Goebbels-Kollaborateur Jean Bauverd, kaum weniger angewidert vom Westen als Genoud, hat sich inzwischen ganz der arabischen Sache verschrieben. Der Radio-Propagandist Bauverd war bei der Befreiung Frankreichs kurz verhaftet worden, konnte sich aber in den Vorderen Orient retten und hält Kontakt zu Rechtskräften in ganz Europa, darunter mit dem bereits bekannten Alois Hudal.[38] Oder zu dem Franzosen Maurice Bardèche, der zusammen mit seltsamen Leuten wie dem Deutschen Karl-Heinz Priester der Idee eines *fascisme amélioré* nachhängt.

Bauverd setzt seine Propagandatätigkeit bei Radio Damaskus, dann in Kairo fort und bereist in eindeutiger Mission europäische Hauptstädte, um mit Hilfe alter Kräfte – das heißt ehemaliger Nazis und abgehalfterter Kollaborateure – Werbung für die arabische Sache zu machen.[39] Die CIA weiß 1954, dass Bauverd bei seinen arabischen Freunden mit synchronisierten Kopien von Nazi-Filmen wie «Jud Süß» (1940) und «Ohm Krüger» (1941) für antisemitische und rassistische Nachhilfe sorgt.[40] Seit je waren sich Genoud und Bauverd einig in ihrem Hass auf England, der Grund mag «im bewegten Gedenken für den guten Präsidenten Kruger» gelegen haben, der 1903 im schweizerischen Clarens im Exil starb.[41]

Das alte Spionagegeschäft wird Genoud noch lange nicht angewidert haben, zumal Tanger als Fluchtpunkt mittelrangiger Nazis ein ideales Betätigungsfeld für jede Art von Kundschaftertum war. Es ist kaum belegbar, aber sehr wahrscheinlich, dass Genoud, der sich mit dem katalanischen Falangisten Antonio Llardant und dem Mussolini-Befreier Otto Skorzeny befreundet, damit Teil eines mindestens europaweit operierenden Netzwerks wird. Wie es heißt, hielt sich damals auch Itzak Schamir in Tanger auf. Schamir, der später israelischer Ministerpräsident werden sollte, arbeitete in den fünfziger Jahren für den Mossad und soll in Genoud den Kollegen Geheimagenten erkannt haben.[42]

In Tanger macht Bauverd Genoud mit Ahmed Ben Bella bekannt,[43] einem der historischen Chefs der Front de Libération Nationale, der algerischen Befreiungsbewegung, die für die Unabhängigkeit des Landes kämpft. Zwischen dem Schweizer Dunkelmann und einigen jungen Algeriern entwickelt sich eine tiefe Freundschaft. Die geht so weit, dass Genoud Kherredine Boudiaf bei sich aufnimmt, den Sohn des späteren Präsidenten Ahmed Boudiaf, der in einem französischen Gefängnis sitzt. Neben der Hitler-Verehrung wird die antikoloniale Befreiungsbewegung zur zweiten Leidenschaft in Genouds unermüdlich zwischen Orient und Okzident oszillierenden Lebens.

Während 1948 der Staat Israel gegründet wird, der den im «Dritten Reich» verfolgten Juden endlich die langversprochene Heimat bietet, wird der Kampf gegen diesen neuen Staat Teil der Identität in den arabischen Nachbarstaaten. Der Parteigänger Genoud, der wenig Falsches am Nationalsozialismus zu sehen vermag, wird nicht müde, das schwere Unrecht zu beklagen, das Israel durch seine schiere Existenz darstellt. Der Antisemitismus wird zum Band zwischen Nazideutschland und dem Orient. Wer bei den Arabern offen von seiner Sympathie für Hitler spricht, wird manchmal besonders willkommen geheißen. Deshalb ist es auch kein Wunder, dass die noch immer von den Profiteuren des alten Systems durchsetzte deutsche Industrie im Nahen Osten mit wahrer Begeisterung empfangen wird und wichtige Aufträge akquirieren kann. Die jüngste deutsche Geschichte ist dabei alles andere als ein Geschäftshindernis, auch wenn manche es übertreiben. So beklagt sich die Konkurrenz über den zwielichtigen Kaufmann Joachim Georg Adolf Hertslet, der «bei den Arabern in Antisemitismus propagiert» und, wie im Bonner Außenministerium mit hochgezogenen Augenbrauen registriert wird, «seinen Bekannten und Geschäftsfreunden gegenüber in ostentativer Weise den Hitlergruss angewendet [hat], den er als Geschäftstrick im arabischen Raum benutzte, um andere dort tätige Kaufleute in unfairer Weise zu benachteiligen».[44]

In diesem Milieu kann sich der Mediator Genoud wie zu Hause fühlen. Wer sich der persönlichen Segnung durch einen Führer wie den Mufti al-Husseini berühmen kann, wird bei den jungen arabischen Nationalisten selbstverständlich mit offenen Armen empfangen. Dort sind inzwischen neue Kämpfer aufgestanden, die auf eine Wiederholung des arabischen Aufstands brennen.

Jedenfalls etabliert Genoud in Tanger neben verschiedenen anderen Firmen seine *agence littéraire* in der Absicht, Bücher eindeutigen nationalsozialistischen Inhalts herauszubringen. Zunächst aber gilt es, das Veröffentlichungsrecht durchzusetzen. Über Theodor Schmitz hat Genoud eine Rechtsvollmacht zumindest an Bormann erwirkt. In München ist 1949 ein «Deutsches Institut für Geschichte der nationalsozialistischen Zeit» entstanden, mit dem Genoud bereits zwei Jahre später in Geschäftsbeziehungen tritt. Das Institut ist eine Gründung der Alliierten und soll eigentlich der *re-education* dienen, aber fast unweigerlich nisten sich alte Nationalsozialisten ein, ja, es gilt manchen und sogar beim Verfassungsschutz als «Institut zur Förderung des Nationalsozialismus».[45] In dem Protokoll, das der Mitarbeiter und spätere Chef Hans Buchheim am 11. August 1951 für den damaligen Leiter Hermann Mau nach einem Treffen mit Genoud in Interlaken anfertigt, heißt es bereits, dass der selbstbewusste Eigner des Bormannhorts aus München informiert werden wolle, «in welcher Weise sein Material in Verbindung mit dem Institut verwertet werden könne».[46] Das Institut ist gern dabei.

4. Schwankende Gestalten

Der Krieg war vorbei, die Alliierten hatten die Freiheit gebracht, im Westen sogar die Demokratie. Sie war ein Geschenk der Sieger, aber deswegen noch lange nicht willkommen. Die Kapitulation hatte die militärische Niederlage besiegelt und machte das ganze Elend erst offenbar: Zehntausende waren im Krieg ausgebombt worden, Hunderttausende aus dem Osten geflohen, aus Angst vor der Roten Armee oder weil sie nach den Vereinbarungen der vier Mächte die ehemals deutschen Gebiete in Ostpreußen, Schlesien oder auch im Sudetenland verlassen mussten. In Nürnberg saßen die Sieger über die Hauptkriegsverbrecher zu Gericht. Die meisten wurden zum Tod durch den Strang verurteilt; Göring und Robert Ley begingen noch vorher Selbstmord; Bormann empfing sein Todesurteil *in absentia*. Hjalmar Schacht und Franz von Papen wurden freigesprochen, Reichswirtschaftsminister Walther Funk erhielt wie Rudolf Heß lebenslänglich; der Rüstungsminister Albert Speer verstand die Richter durch seine offensive Reue zu rühren und kam mit zwanzig Jahren davon. Für die Deutschen handelte es sich um «Siegerjustiz». Richard Tüngel, Chefredakteur der *Zeit*, forderte 1951 auf Seite 1: «Einem Schädling muß das Handwerk gelegt werden» und meinte damit den amerikanischen Chefankläger Robert Kempner, der 1933 wegen seiner jüdischen Herkunft schon einmal aus Deutschland vertrieben worden war.[1] Der *Spiegel* schrieb noch 1953 von «zwielichtigen Urteilen».[2] Das Land war längst nicht für die Demokratie gewonnen, und ohne die bewährten Kräfte schien es schon gar nicht zu gehen. Die *Frankfurter Allgemeine* sprach von «krankhaften Vorstellungen» und meinte die nur mehr leise geäußerten Zweifel daran, ob die Spitzenkräfte des alten Regimes ohne weiteres ins neue übernommen werden sollten.[3]

Zur Kritik an der überproportionalen Besetzung des Außenministeriums mit ehemaligen Nationalsozialisten meinte Konrad Adenauer: «Man kann doch ein Auswärtiges Amt nicht aufbauen, wenn man nicht wenigstens zunächst an den leitenden Stellen Leute hat, die von der Geschichte von früher her etwas verstehen.»[4] Ein Mann von früher wie Paul

Dickopf verstand noch mehr. Geduldig beginnt er sich seinen Teil an der Macht zu erobern, oder das, was ihm seiner Meinung nach zusteht. Dafür hielt er sich an die Amerikaner, die neuen Machthaber. In der Berner Botschaft residiert Allen W. Dulles, Leiter des Office of Strategic Services (OSS), später der erste Chef der CIA, und sammelt an diesem vorgeschobenen Posten mitten im besetzten Europa alle Nachrichten über Truppenbewegungen, Bombenschäden, die allmähliche Schwächung des Gegners. Er muss wissen, wie es um die Moral der Bevölkerung nach der Landung der Alliierten in Sizilien und der Normandie steht. Die Niederlage Deutschlands war am Ende selbst für einen rasenden Mitläufer wie Dickopf abzusehen, und bald beliefert er nicht nur seine Auftraggeber in Deutschland, sondern auch noch den OSS mit Informationen. Hier erwähnt er auch seinen Schweizer Freund, «der über das Stadium einer früheren jugendlichen Begeisterung für Diktaturen längst hinaus» sei.[5] Das ist keine Fehleinschätzung; der scharfe Beobachter möchte nur seinen Freund auch für die neuen Herren akzeptabel machen. Genoud seinerseits wusste Dickopf mit seinen Erkenntnissen über das internationale Judentum zu versorgen, hoffte er doch, über den deutschen Kommissar «an die Spitze» durchzudringen, zu jenem Personenkreis, in dem die Neigung zur Endlösung der Palästinafrage recht ausgeprägt war. Der Kampf ging weiter, erforderte jetzt sogar einen noch größeren Einsatz, wo von den Nazis nichts mehr zu erwarten war. Der SS-Mann versicherte Genoud, er habe seine Ideen weitergeleitet, doch jetzt wurde Algerien zur neuen Herzensangelegenheit, und auch da konnte Dickopf behilflich sein. «Ganz sicher begann Dickopf damals, sich für die Araber zu interessieren, denen er ein treuer Freund wurde, besonders in Algerien, das er durch mich kennen lernte.»[6]

Anfang 1947 kehrt Dickopf in das in vier Besatzungszonen aufgeteilte Deutschland zurück und läßt sich als Vertrauensmann der Amerikaner in Wiesbaden nieder. Wie vor seiner angeblichen Flucht macht er sich wieder in der bewährten Abwehr nützlich. Der Kalte Krieg sorgt dafür, dass wenigstens ein Teil der Feinde von gestern auch die Feinde von heute bleiben. Dickopf kümmert sich um den Kommunismus, der sich in der Sowjetischen Besatzungszone ausbreitet. Er wirbt ein Netz aus Offizieren der ehemaligen Wehrmacht an und plant einen regelrechten Nachrichtendienst, wie ihn gleichzeitig und ebenfalls im Auftrag der Amerikaner Reinhard Gehlen, ehemals Leiter der Dienststelle Fremde Heere Ost, aufbaut. Brutal, die kleine Denunziation, die versteckte Drohung nicht scheuend, bereitet Dickopf seinen Aufstieg vor. Er legt Dossiers über Kollegen und leitende Beamte an, angeblich «weil für die endgültige Ausmerzung des Nazitums und für den notwendigen Wiederaufbau ein zuverlässiges und nicht vorbelastetes Polizeikorps die Voraussetzung ist».[7]

Zunächst will es aber einfach nicht vorangehen. Dickopf muss sein Spruchkammerverfahren abwarten, für das sich erst 1948 Zeit findet. Wieder schreibt er Lebensläufe, entwirft Pläne und Organigramme, fertigt Dossiers an, verfasst unermüdlich Briefe. Als Beruf gibt der schreibwütige Agent «freier Schriftsteller» an. Selbstverständlich attachiert er sich rechtzeitig an die richtigen Leute. Law and Order ist seine Sache, keinesfalls die der SPD, die er, in der klassischen Manier der antikommunistischen Nachkriegszeit, nicht nur im «roten Hessen» an Moskaus Seite und als seinen Gegner sieht. Zusammen mit Kriminaloberinspektor Rolf Holle, den er beim 13. Kommissaranwärterlehrgang an der Führerschule der Sicherheitspolizei in Berlin-Charlottenburg kennengelernt hat, bereitet er den Aufbau einer Bundespolizei nach dem Muster der alten Reichskriminalpolizei vor, die am Ende mit weitgehend identischem Führungspersonal besetzt sein wird.

Die Amerikaner haben ihn nicht vergessen, und Dickopf wird wieder in Dienst genommen. Tom Polgar ist der Führungsoffizier, an den er regelmäßig Berichte schickt. Polgar wird in den sechziger Jahren bei der CIA für Lateinamerika und den Tod Che Guevaras in Bolivien zuständig sein. Als er zum Beweis Fingerabdrücke Guevaras verlangt, funkt ihm John Tilton, der Bürochef in La Paz: «Ich kann Finger schicken.» Zur Sicherheit hatte man dem toten Guerillero die Hände abgehackt.[8] Da fehlte einer wie Dickopf, der den Einsatz des «Leichenlöffels» nicht verachtet hatte.

Dickopf schreibt weiter Beurteilungen, macht Vorschläge und kann inzwischen mit dem großen Bruder drohen. Die Amerikaner behalten sich das letzte Wort bei wichtigen Stellenbesetzungen, bei Grundsatzbeschlüssen wie überhaupt in den Richtlinien der deutschen Politik vor.

Mit der amerikanischen Militärregierung als Schutzmacht verfügt der «Alt-Kriminalist» Dickopf über mehr administrativen Einfluss als die kleinen deutschen Innenminister, denen schon seine in den Institutionen des «Dritten Reiches» erprobte Rücksichtslosigkeit fehlt.

Als Adenauer und seinem Aufbau-Berater Hans Globke doch Bedenken wegen der vielen alten SS-Leute in den neuen Behörden kommen, tobt Dickopf – und petzt: Er habe sich veranlasst gesehen, notiert er in schönstem Sachbearbeiter-Deutsch, «die amerikanische Militärregierung von der Auffassung des Bundeskanzlers zu unterrichten».[9] Dickopf ist ihr Mann, und wozu hat Mr. Polgar erklärt, dass «die nominelle Zugehörigkeit zu SS bzw. SD keinen Ausschließungsgrund» bedeute?[10] Außerdem ist Globke durch seinen berüchtigten Kommentar zu den «Nürnberger Gesetzen» selber nicht ganz unbelastet, aber nach Tom Polgars Ansicht, der Globke zu überprüfen hatte, «fand sich in den Akten nichts, was gegen ihn hätte verwendet werden sollen oder können».[11] Der *Spiegel* und namentlich sein Herausgeber machen sich 1949 zum Lautsprecher von Dickopfs Wunsch und fordern für die neue Kriminalpolizei eine «zentrale Weisungsbefugnis für das ganze Bundesgebiet». Zum Abschluss einer dreißigteiligen Serie über Arthur Nebe, den ehemaligen Chef des Reichskriminalpolizeiamtes, fordert Rudolf Augstein doch tatsächlich, dass die Polizei «auf ihre alten Fachleute zurückgreifen muß, auch wenn diese mit einem SS-Dienstrang ‹angeglichen› worden waren».[12] Die Serie hatte Augstein selber zusammen mit Bernd Wehner geschrieben, einem ehemaligen Mitarbeiter Nebes und noch vier Jahre zuvor SS-Hauptsturmführer.[13]

Innenminister Gustav Heinemann sträubt sich anfänglich gegen Dickopf, doch ist der amerikanische Druck zu stark. Zwar kann Dickopf nicht sofort Chef der von ihm entworfenen Behörde werden, doch tritt er am 16. Mai 1950 als Kriminalkommissar in das von Heinemann bald wieder geräumte Innenministerium ein. Zehn Monate später ist er ständiger Vertreter des BKA-Präsidenten oder wie es der BKA-Historiker Armand Mergen unverblümt formuliert, der «Erfüllungsgehilfe des CIA gegenüber den deutschen Regierungsstellen».[14]

Ein Außenseiter wie Genoud kommt in dieser Zeit, in der sich die schuldigen Mittäter über Nacht in unschuldige Fachleute verwandeln, in der abgerechnet und doch vertuscht wird, wie gerufen. Er ist Ausländer, kein irgendwie vorbelasteter Deutscher, sondern ein mitfühlender Beobachter aus der neutralen Schweiz, ein, wie ihn der englische Verleger George Weidenfeld erlebte, «guter Samariter bei den Verwandten von Nazi-Größen». Dass er nebenbei noch ein «exzentrischer Sympathisant rechtsgerichteter Anliegen» [15] war, machte ihn eher interessant und keineswegs inakzeptabel. Genoud, unbelastet von jeder Kriegsschuldfrage, neigt ohnehin zur Heldenverehrung: aus Trotz, aber auch in dem Bedürfnis, zu jemandem aufschauen zu können, der teilgenommen hatte am heroischen Kampf.

So trifft der gute Samariter Anfang 1951 auf den in Soisy-sur-Seine in «provisorischer Freiheit» gehaltenen Wehrmachtsgeneral Hermann-Bernhard Ramcke.[16] Der wohnt als Gefangener Nr. 16648 auf Kosten des Roten Kreuzes in der Pension «Bois Margot». «Er soll», heißt es, «wiederholt Besuche von Amerikanern und Post aus Argentinien empfangen haben. Manchmal fuhr er nach Paris.»

Ramcke, dieser kaum weniger glühende Nationalsozialist, war wegen seiner Kriegsverbrechen bei der aussichtslosen Verteidigung der Festung Brest an der Atlantikküste angeklagt.[17] In englischer Kriegsgefangenschaft war er abgehört worden, als er freimütig zugab, Stolz in der Soldatenbrust, Brest bewusst zerstört zu haben: «Vollständig vernichtet!» [18] Dafür erhielt Ramcke das Ritterkreuz mit Schwertern und Diamanten. Als letzten Funkspruch soll er die Wehrmachtsleitung in Berlin im September 1944 an ein Versprechen erinnert haben: «Erbitte Erbhof zur Erhaltung meines Blutes.» [19] Für Führer und Vaterland, für Erbhof und das Ritterkreuz gab er alles: «Die Weltgeschichte wird dem FÜHRER mal recht geben, dass er diese grosse, jüdische Gefahr für alle Völker erkannt und dass er die jüdisch-kommunistische Gefahr im Osten für EUROPA erkannt hat.» [20]

Jetzt muss Hitlers tapferer Gefolgsmann in einer Pension hausen. Ausgestattet mit «2000 Francs (25 DM)» [21] monatlichem Taschengeld wartet er auf seinen Prozess. In der Heimat regt sich deswegen das schlechte Gewissen, das Genoud auf seine Art zu entlasten weiß: Am 18. Januar 1951 um sechs Uhr morgens ist Ramcke verschwunden. Genoud hat ihm mit Bauverd an der Seite zu dieser spektakulären Flucht verholfen, so wie er wenige Jahre zuvor schon seinem Freund Dickopf den Weg in die Schweiz ermöglicht hatte. Der General ist ein Held für Genoud, ein Mann der Tat und umstritten. Da er die Räuberleiter für den Staatsgefangenen halten durfte, betrachtet er Ramcke als einen «intimen Freund».[22]

Die Flucht erregt in Frankreich und noch mehr in der Bundesrepublik großes Aufsehen, und die Geschichte geht ihren Gang. «Mich hat nicht die Scheu vor Verantwortung, noch etwa Furcht vor Strafe dazu bewogen, das Land meiner Peiniger zu verlassen, denn ich weiß mein Gewissen vor Gott und den Menschen frei von jeder Untat»,[23] dröhnt Ramcke in einem Beitrag für die rechtsgerichtete Zeitschrift *Nation Europa.*[24] Die Flucht war Ehrensache für einen General, doch ist der Entflohne von Justizstaatssekretär Walter Strauß schnell überredet,[25] sich dennoch dem Prozess zu stellen. Am 21. März wird Ramcke von einem Pariser Militärgericht zu fünf Jahren Zwangsarbeit verurteilt, die dann in eine ebenso lange Haftstrafe verwandelt werden. Bereits drei Monate später wird er vorzeitig entlassen und kehrt im Triumph nach Deutschland zurück. In Bonn empfängt Bundeskanzler Adenauer am 26. Juni den Volkshelden: «Mit freundlichen Worten hieß er mich in der Heimat willkommen.»[26]

Weniger begeistert ist Adenauer, als Ramcke im Jahr darauf als Ehrengast beim «Suchdiensttreffen» der «Hilfsgemeinschaft auf Gegenseitigkeit der Soldaten der ehemaligen Waffen-SS (HIAG)» am 25. und 26. Oktober 1952 in Verden an der Aller die wahren Kriegsverbrecher anklagt: «Es sind die, die den unseligen Frieden gemacht haben, die ohne taktische Gründe ganze Städte zerstörten, die die Bomben auf Hiroshima warfen und neue Atombomben herstellen.»[27] Der Auftritt Ramckes wird ein Skandal. Konrad Adenauer muss ihn in einem Schreiben an den britischen Hohen Kommissar Sir Ivone Kirkpatrick scharf missbilligen, aber in Argentinien feiert ein holländischer SS-Mann mit dem Tarnnamen Willem Sluyse diesen Ramcke, der als Einziger «wahren SS-Geist» gezeigt habe.[28]

Der Ramcke-Prozess mit dem so glücklichen Ausgang ist ein Kristallisationspunkt für alle, die die ehrenvolle Wiedereingliederung der «Angehörigen der früheren Wehrmacht» (wie sich Adenauer im Bundestag ausdrückt) als Voraussetzung für den erwünschten Wehrbeitrag der Bundesrepublik fordern. Was gestern war, soll möglichst rasch vergessen sein. Sogar in Rom fühlt man mit den Stützen des alten Regimes. Der fabulöse Bischof Alois Hudal wendet sich 1951 an den amerikanischen Präsidenten Harry S. Truman und bittet um die Freilassung Konstantin von Neuraths, der dem «Dritten Reich» als Außenminister diente und dafür in Nürnberg als Hauptkriegsverbrecher zu immerhin fünfzehn Jahren Haft verurteilt worden war.[29] Als Neurath am 6. November 1954 tatsächlich vorzeitig entlassen wird, erwartet den «verehrten Baron» ein Schreiben des Bundespräsidenten Theodor Heuss (FDP): «Mit freudiger Genugtuung habe ich, von einer kurzen Reise zurückgekehrt, heute früh die Mitteilung gelesen, dass den Nachrichten der letzten Tage nun doch rasch die Erfüllung folgte und das Martyrium dieser Jahre für Sie ein Ende gefunden hat.»[30] 1933 hatte Theodor Heuss als Abgeordneter der Deutschen Staatspartei dem Ermächtigungsgesetz zugestimmt, mit dem ein ganz anderes Martyrium begann.

Aber so ist die Zeit, die nichts wissen will von deutscher Schuld und die «dunklen Jahre» möglichst rasch und ohne Einsicht in die eigene Teilhabe hinter sich lassen möchte. Die Weltgeschichte spielt mit, denn im Hintergrund loht der Koreakrieg und damit die Angst vor einer totalen Machtübernahme durch die sowjetischen und chinesischen Kommunisten. Der Kampf gegen den Kommunismus erfordert einen deutschen Wehrbeitrag und bietet die Gelegenheit, die Vergangenheit endlich ruhen zu lassen. Der Heimkehrer Ramcke mischt sich sogleich in die Debatte um die Wiederaufrüstung. «Ich weiß mich eines Sinnes mit allen meinen Waffenbrüdern der gesamten ehemaligen Wehrmacht, daß die Vorbedingung jeder von uns begehrten Wehrbereitschaft die völlige Gleichberechtigung Deutschlands im Rate der anderen Völker sein muß wie die Wiederherstellung der Ehre des deutschen Soldaten und die Freilassung der deutschen Gefangenen aus ihren Kerkern und aus den Händen einer nichtdeutschen Justiz.»[31]

Es brauchte diese offen mit den alten Zeiten sympathisierende Umwelt, damit Genoud zum Nazi-Tandler werden konnte. Der Ramcke-Prozess verschafft ihm nicht bloß das kostbare Glücksgefühl, als Freischärler im Sinn seines leider dahingegangenen Idols tatkräftig zu wirken, er lernt in Paris auch einen Mann kennen, ohne den das Geschäftsmodell Genoud niemals funktioniert hätte: Hans Rechenberg.

Exkurs: Der Gehilfe

Hans-Joachim Rechenberg, geboren am 20. September 1910 in Kemnitz, Landkreis Sorau, in der Niederlausitz, ist der Mann, der Genoud alle wichtigen Türen öffnet. Das spätere Institut für Zeitgeschichte in München legt Anfang der fünfziger Jahre eine Karteikarte über einen «Rechenberg, Hans» an, der demnach früher Pressechef im Reichswirtschaftsministerium war. Er soll, besagt die Karteikarte, «gute Beziehungen zu Frau Göring unterhalten», und ohne solche Beziehungen geht es für staatliche Institutionen kaum; schließlich ist auch sonst nur «aus der Hand eines ehemaligen Nationalsozialisten»[32] Material für die Forschung zu erwerben. Rechenberg leitet in Essen den *Fortschritt*, eine Zeitlang die wichtigste Zeitschrift für Deutschnationales und Antiamerikanismus.[33] Rechenberg, das steht nicht auf der Karteikarte, war seit dem 30. August 1930 mit der Nummer 297 504[34] NSDAP-Mitglied. Früh gelangt er in den Staatsdienst und ist bereits mit fünfundzwanzig Jahren Regierungsrat. Trotz seiner Jugend erhält er erstaunlich wichtige Aufgaben zugewiesen; die nationalsozialistische Revolution (denn so verstand sich die Bewegung) war auch ein gigantisches Arbeitsbeschaffungsprogramm für die Jungen. Als Vertreter des Preußischen Pressedienstes nimmt Rechenberg an dem Prozess teil, der 1933 am Reichsgericht gegen Marinus van der Lubbe geführt wurde, den Anarchisten, der als Reichstags-Brandstifter zum Tode verurteilt wurde. Am 23. Mai 1933 nimmt ein Hans Rechenberg an einer Führung für ausländische Journalisten durch das neuerrichtete Konzentrationslager Sonnenburg bei Küstrin teil.[35] Sieben Wochen zuvor ist dort zusammen mit anderen politischen Gegnern Carl von Ossietzky eingeliefert und schwer misshandelt worden, weil dieser wütende Pazifist, der die heimliche Aufrüstung der Reichswehr enthüllte, für die Nazis zu den am meisten gehassten Vertretern der «Systemzeit» gehörte. Die ausländischen Besucher erhielten selbstverständlich einen guten Eindruck, doch bot sich anderen ein ganz anderes Bild: «Der Anblick der Gefangenen war schlechthin unbeschreiblich. Es waren Gestalten wie aus einem Spuk oder aus einem dämonischen Traum», berichtet Rudolf Diels, der als Begründer der Gestapo für die Einlieferung mitverantwortlich war.

«Aus den zerbeulten und zerfetzten Kleidern ragten verquollene Köpfe heraus wie Kürbisse, gelb, grün und bläulich angelaufenen Gesichter, die nichts mehr von einem Menschengesicht an sich hatten. Die bloßen Körperteile waren mit Striemen und geronnenem Blut bedeckt.» [36]

Rechenberg fiel zunächst durch schlechtes Benehmen auf. Einmal legte er sich sogar mit dem Parteirichter Walter Buch an, der über einen Schwiegersohn verfügte, der immer mächtiger wurde: Parteileiter Martin Bormann. 1940 organisierte er eine Ausgabe von *Wille und Macht*, dem «Führerorgan der nationalsozialistischen Jugend», um diese Jugend auf kommende Aufgaben vorzubereiten.[37] Nachdem er die «einzigartige Vernichtung des polnischen Staatsgebildes im Feldzug der 18 Tage» bejubelt hat, wiederholt er die übliche Propaganda, dass der «Kampf gegen das nationalsozialistische Deutschland» natürlich von den anderen «entfesselt» worden sei, den «Trägern einer Weltherrschaft, die jahrzehntelang ihre Macht mißbrauchten und nur dem eigenen Nutzen dienend erbarmungslos über Not und Elend der Völker hinweg zur Tagesordnung übergingen».[38]

Der eifrige Journalist diente erst Reichswirtschaftsminister Walther Funk als Pressesprecher, später, als dieser die Verantwortung für die Wirtschaft übernimmt, Hermann Göring. Bei Kriegsausbruch 1939 meldete er sich freiwillig, gehörte der 11. Kompanie im Infanterieregiment 457 an, flog als «Kriegsberichter» 1940 bis nach London und sprang mit den Fallschirmjägern über Korinth ab. Dafür erhielt er das Eiserne Kreuz. Die geheimen Lageberichte des SD wissen zu melden, dass Rechenbergs Berichte im Volk «sehr gefallen».[39] Goebbels lässt ihn in der Ministerkonferenz zur Kriegslage in Kreta vortragen und notiert im Tagebuch: «Rechenberg macht einen tadellosen Eindruck. Er ist durch den Kampf sehr gereift.» [40]

Als Leutnant, aber immer noch als «Kriegsberichter», gelangt Rechenberg unter General-Major Hermann-Bernhard Ramcke nach Afrika. Nach einer letzten Meldung vom 6. Mai 1943 (Luftwaffenkriegsberichterzug XI, Fliegerkorps) wird Rechenberg in Tunesien vermisst und taucht in amerikanischer Gefangenschaft im Kriegsgefangenenlager Concordia in Kansas, USA, wieder auf.[41] Über Wien kehrt er nach Deutschland zurück und lässt sich 1946 in Bad Tölz nieder. Als Nächstes erscheint er als Rechtsgehilfe in Nürnberg, wo er sich beim Prozess gegen die Hauptkriegsverbrecher um seine ehemaligen Chefs Hermann Göring und Walther Funk kümmert. Göring wird zum Tod verurteilt. Funk erhält lebenslänglich. Obwohl ihm beim Prozess nachgewiesen werden konnte, dass er als Reichsbankpräsident wusste, wie und wozu das Zahngold der ermordeten Juden vereinnahmt wurde, betrachtete sich Funk als «unschuldig» und versuchte erfolglos, eine Revision zu erlangen. Da er schwer krank war und die Haft ihm weiter zusetzte, versuchte er, seine Freilassung aus gesundheitlichen, humanitären Gründen zu erreichen. Dabei war die Propaganda hilfreich, wie sie beispielsweise der ehemalige «Kriegsberichter» Jürgen Thorwald veranstaltete, der in der Zeitschrift *Revue* 1951 eine elfteilige Serie unter dem Titel «Hinter den Mauern von Spandau» schrieb. «Aus kleinen Anzeichen schließe ich, daß das Material zu jenem Artikel von Funk stammt», schreibt Albert Speer in seinen Tagebüchern. «Wahrscheinlich steht auch ihm ein Kanal nach draußen zur Verfügung.»[42] Dieser Kanal ist niemand anderes als Rechenberg, der dafür sorgt, dass Bilder hinausgeschmuggelt und mit rührenden Beschreibungen der «tiefhängenden, dunkel verfärbten Tränensäcke» Funks versehen wurden.[43] Funks Schicksal wird besonders einfühlsam geschildert. Wenn er in der kleinen Gefängniskapelle das Harmonium spielt, lauschen sogar die Wärter. Ach, es ist die alte Geschichte: Ein Künstler, der – man weiß nicht, wie – unter die Räder der Politik geraten ist.

Rechenberg betreut auch Funks Frau und begleitet sie bei ihren Besuchen im Spandauer Gefängnis. Es gelingt ihm sogar, die herausgeschmuggelten Fotos in den USA zu veröffentlichen und wie beabsichtigt Mitleid für den Gefangenen zu wecken. Der Journalist Walther Funk war bereits vor 1933 sehr erfolgreich als Eintreiber geheimer Spenden der deutschen Wirtschaft für Adolf Hitler und die NSDAP tätig gewesen. Auf diese alten Kontakte beruft sich Rechenberg, als er in den Fünfzigern an die Spitzen der deutschen Wirtschaft appelliert, sich für den ehemaligen Minister einzusetzen; schließlich kennt man sich von früher: 1940 hatte ihm der Präsident der Reichswirtschaftskammer im Namen der deutschen Wirtschaft einen Scheck über 250 000 Reichsmark überreicht. Die Witwe kann dieses großzügige Geschenk später leider nicht mehr freiklagen.[44] Trotz der lebenslangen Strafe wird Funk bereits 1957 aus Gesundheitsgründen vorzeitig entlassen.

Neben Funk kümmert sich Rechenberg vor allem um die Generäle Hitlers, die jetzt vom Kriegsglück verlassen sind. Umso größer die Freude Ramckes, als er auf seiner spektakulären Flucht in Essen seinen treuen Leutnant wiedersieht. «Hans Rechenberg hatte sich als Journalist besonders um bessere Behandlung und Befreiung der Gefangenen bemüht.»[45] Der eifrige Rechenberg war von Anfang an ein strammer Nazi und scheint es auch nach dem Krieg geblieben zu sein. Er soll gesagt haben, es seien «viel zu wenig Juden in die Gaskammer gekommen».[46]

Sentimental war er deshalb noch lange nicht, vielmehr richtete er den Blick bald nach vorn und auf die Möglichkeiten, die sich in der Nachkriegswelt für einen Mann mit seinen Verbindungen boten. Mit ihm geriet Genoud an den Richtigen.

Genoud hatte sich wie Rechenberg der Gefangenenbetreuung verschrieben, und so lernen sie sich 1951 beim Prozess gegen Ramcke kennen. Der gute Samariter klappt im Gericht seinen Bauchladen auf und bietet heiße Ware feil. Als wären es Pornographica, offeriert er im «Flüsterton» Briefe von Martin Bormann. «‹Die Originale sind in der Schweiz. Sie können mich jederzeit über Lausanne, Postfach 1315, erreichen.›»[47] Die Offenbarungen scheinen ganz auf dem Illustriertenniveau zu liegen, auf dem Eva Braun und Leni Riefenstahl so interessant werden.

Im Umfeld der alten Kameraden beginnt die Freundschaft von Rechenberg und Genoud. Sie sehen sich in den folgenden zweieinhalb Jahrzehnten häufig, Genoud besucht Rechenberg in Bad Tölz, Rechenberg kommt nach Lausanne oder Algier. Eine Zeitlang schreiben sie Briefe auf Bögen, auf deren Kopf beider Namen stehen. Manchmal meldet sich Rechenberg am Telefon auch als «Genoud». «Er war mehr als ein Bruder. Wir waren wie zwei Finger einer Hand. Wir haben alles zusammen gemacht.»[48]

5. Der Reichsverweser

«Deutschland war geschlagen», wird der Goebbels-Sympathisant noch Jahrzehnte später sein tiefes Leid klagen – obwohl die Niederlage von 1945 für Genoud doch zur Geschäftsgrundlage wurde. «Ich war empört über das Verhalten der Sieger, die bei den Besiegten auf die barbarischste Weise gegen sämtliche Gesetze verstießen. Besonders schockierte mich die Gesetzgebung, die es möglich machte, die Deutschen zu richten, wo sie doch nur ihrem eigenen Land zur Rechenschaft verpflichtet waren. Da wurden Leute vor Gericht gebracht, die für ihr Vaterland gekämpft hatten. Und dann habe ich in dieser Gesetzeslage, die dazu diente, die verantwortlichen Nationalsozialisten restlos auszurauben, eine winzige Lücke entdeckt: das Autorenrecht. Das Recht des Autors stellt ein unantastbares moralisches Recht dar, das zu Lebzeiten nicht abgetreten werden kann.» [1]

Ohne auch nur ein einziges Semester Jura studiert zu haben, gelang es François Genoud mit Hilfe eines simplen Rechtsvorbehalts sowie Hans Rechenbergs unschätzbaren Referenzen, sämtliche Juristen auszutricksen – aus idealistischen Motiven, das versteht sich – und damit das «Gedankengut» von Männern zu verbreiten, die wie die Nazis «so durchgreifend und groß auf den Gang der Weltgeschichte eingewirkt haben».[2] Rechenberg öffnet seinem Geschäftsfreund (sie bleiben immer beim formellen «Sie») die Tür zu den alten Kameraden, den Nazi-Größen, die in der Bundesrepublik zu verkümmern drohen. Als Morgengabe ihrer lebenslangen Freundschaft überreicht ihm Rechenberg bei ihrer ersten Begegnung in Paris eine Fotokopie des angeblichen «Politischen Testaments» von Adolf Hitler.[3] Genoud geht sogleich daran, den Letzten Willen des Führers (oder das, was er darunter versteht) zu vollstrecken.

Hier ist ein rechtlicher Hinweis fällig: Das Urheberrecht ist unveräußerlich, und es muss nicht unbedingt leibliche oder sonst nahestehende Erben begünstigen. Sir James Matthew Barrie (1860–1937) etwa vermachte die Tantiemen aus seinem «Peter Pan» dem Great Ormond Street Hospital in London. Nach Auslaufen der Schutzfrist sorgte der britische Staat sogar dafür, dass in Großbritannien «auf ewig» Tantiemen für die Aufführungs- und Publikationsrechte fällig würden und diese an das Kinderkrankenhaus gehen sollten.[4] Das Urheberrecht unterscheidet zwischen dem Urheberpersönlichkeitsrecht und dem Verwertungsrecht. Die urheberrechtliche Schutzfrist erlischt erst siebzig Jahre nach dem Tod des Urhebers. Franz Kafka ist 1924 gestorben, also wurden seine Bücher mit Ablauf des Jahres 1994 gemeinfrei, das heißt, es kann sie jeder drucken, ohne Tantiemen an mögliche Erben abführen zu müssen. Joseph Goebbels ist wie sein Idol Adolf Hitler in den letzten Kriegstagen 1945 im Bunker gestorben; die Schutzfrist gilt demnach noch bis 2015.

Bleibt die Tantiemenfrage. Der unbefangene Staatsbürger käme gar nicht auf den Gedanken, dass Männer wie Hitler und Goebbels – die sich allerdings vor ihrer politischen Karriere als Schriftsteller verstanden – nach ihrem Ende plötzlich als Autoren anerkannt und urheberrechtlich verwertbar werden könnten, ein Erfolg, der ihnen zu Lebzeiten versagt blieb. Bei Hitlers «Mein Kampf» ist der Freistaat Bayern Inhaber sowohl des Urheberpersönlichkeitsrechts wie auch der Verwertungsrechte. Das liegt einmal daran, dass Hitler – was für das Urheberpersönlichkeitsrecht nicht unwichtig ist – bis zu seinem Tod in München gemeldet war, und zum anderen daran, dass der Verlag Franz Eher Nachf., in dem «Mein Kampf» ab 1925 in wachsender, schließlich in Millionenauflage erschien, sich ebenfalls in München befand, was wiederum für das Verwertungsrecht bedeutsam ist. Dass Hitler ein Menschheitsverbrecher war, schließt nicht aus, dass er rechtsverbindlich vererben konnte, was immer ihm gehörte. In seinem letzten Testament, dem ein Richter 1952 Rechtsgültigkeit zubilligte, vermachte Hitler sein privates Vermögen seiner Partei und, wenn es die NSDAP nicht mehr geben sollte, dem deutschen Staat. Von der amerikanischen Verwaltung wurde das Parteivermögen, in diesem Fall das des ehemaligen Zentralverlags der NSDAP, 1948 auf den wiedererstandenen Freistaat Bayern übertragen.[5] «Mein Kampf» und die Rechte des Autors daran galten als Teil davon. Als Landesvermögen wird Hitlers literarisches Erbe seither vom bayerischen Finanzministerium verwaltet, das bis heute jede Neuauflage des Buches in Deutschland unterbindet und gegen alle Versuche, es doch zu veröffentlichen, notfalls straf- und zivilrechtlich vorgeht, denn «das Buch ist nicht einfach ein Stück Literatur, sondern war vor allem ein zentrales Symbol der Nazis».[6] Diese entschiedene Haltung ist wegen des unveräußerlichen Urheberrechts keineswegs unumstritten, sie hat aber in Hitlers Fall für eine gewisse Rechtssicherheit gesorgt. Vor allem kann mit «Mein Kampf» im deutschen Sprachraum niemand Geld verdienen.

Genoud will aber Geld verdienen. Wenn er seine Geschäfte bisher im Windschatten der Politik gemacht hat, wo sie entsprechend bescheiden sein mussten, so sucht er jetzt das Licht der Öffentlichkeit oder jedenfalls der Wissenschaft. Nicht zuletzt das auffällige Gebaren, mit dem er beim Ramcke-Prozess in Paris Nachrichten aus dem Intimleben des verschwundenen Martin Bormann versprach, hatte Genoud auch für die Zeitgeschichtsforschung interessant werden lassen, die kaum weniger begierig auf Nazi-Reliquien war als er. Und so beginnt Genoud sein Propagandawerk, bei dem ihn in Deutschland und England – nicht unbedingt freiwillig, aber doch als willige Helfer – namhafte Wissenschaftler unterstützen.

«Mein persönlicher Eindruck von Herrn Genoud war gut»,[7] berichtet der Historiker Hans Buchheim nach Hause ins «Deutsche Institut für Geschichte der nationalsozialistischen Zeit», dem späteren Institut für Zeitgeschichte, aber ganz kann er im Protokoll ein leises Räuspern nicht unterdrücken: «Genoud ist für Bormann menschlich eingenommen und neigt zu einer apologetischen Behandlung der ganzen Materie.»[8] Die ganze Materie? Das ist der Nationalsozialismus. Aber wenn es der Wissenschaft dient? François Genoud, das wird schnell deutlich, ist nichts peinlich, und seine nationalsozialistische Gesinnung vertritt er so unbefangen, dass es vielmehr den Historikern peinlich ist, die ihrerseits noch um das rechte Verhältnis zum erledigten Regime ringen. Unvermeidlich nisten sich die alten Genossen im neuen Institut ein, doch ohne die Informationen dieser Unkurierbaren gäbe es gar kein Forschungsmaterial.

Der Hitler-Vermittler, den die Wissenschaft sonst wenig interessiert, sorgt sich gleichwohl um das Bild seiner Idole in der Geschichtsschreibung. Bormann, schreibt der Werber Genoud, sei der echteste Nationalsozialist nebst dem Führer, seine Dokumente seien unter den wichtigsten für die Geschichte von dieser entscheidenden Periode, wie er den Fachleuten versichert. Mit den Bormann-Briefen als Lockspeise gewinnt er die Zeithistoriker und macht sie zu Komplizen seines geheimnisvollen Treibens. Als ein Mitarbeiter des mit dem Institut konkurrierenden Bundesarchivs im August 1952 von Koblenz nach München reist, um sich mit den dortigen Kollegen auszutauschen, erfährt er von einem kleinen Bestand fotokopierter Familienbriefe des Reichsleiters Bormann, die angeblich aus Österreich erworben werden konnten und sekretiert sind; der Archivleiter Dr. Anton Hoch bittet, über ihr Vorhandensein Stillschweigen zu bewahren.[9] Das Gewese erhöht naturgemäß den Reiz, und Genoud ist als Geschäftsmann gewieft genug, die Interessenten nur kosten zu lassen, ihnen das Eigentliche aber vorzuenthalten. Obwohl er immer wieder darum gebeten wird («Ich wäre Ihnen sehr verbunden, wenn Sie diesem Gedanken nähertreten würden»,[10] heißt es ganz samtpfotig), rückt Genoud das Original nicht heraus. Bis heute existieren die Bormann-Briefe in München bloß in einer maschinenschriftlichen, praktischerweise von Genoud selber angefertigten Abschrift,[11] in der Gerda Bormanns Zeilen und die Kommentare ihres Mannes kaum unterschieden werden – vom Original keine Spur. Eine Echtheitsprüfung ist damit unmöglich. Nutzer dürfen die überlassenen Briefe in dieser Form zwar im Institut einsehen, aber bis heute nicht wörtlich daraus zitieren, ohne jeweils Genouds Erlaubnis (oder die seiner Erben) einzuholen.

Buchheim ist nicht der Letzte, der von den ausgesucht guten Manieren des Nazi-Tandlers angetan ist. Der Verleger George Weidenfeld, der 1938 aus Wien nach London geflohen war, sieht sein Verlagsprogramm als Teil seiner «Suche nach dokumentarischem Material über das Dritte Reich»[12], und da gehört mit Hitler und Bormann unvermeidlich auch Genoud dazu. Weidenfeld hatte 1952 reich geheiratet, und die Familie seiner Frau zahlte die Hochzeitsreise nach Paris. Weidenfeld nutzte den Aufenthalt, um eine folgen- und ertragreiche Geschäftsbeziehung zu knüpfen. Im Hotel war er mit Hugh Trevor-Roper verabredet, der einen bis dahin noch unbekannten Protegé[13] mitgebracht hatte: François Genoud. Weidenfelds Frau wollte erst den hochgewachsenen, blonden Trevor-Roper für den unverbesserlichen Nazi halten, aber es war der südländisch wirkende Genoud, der sogleich zu einem Vortrag über den «missverstandenen Hitler» ansetzte. Weidenfeld beschreibt ihn als «seltsamen Vogel, in den Vierzigern, angespannt und nervös, mit dunklem Haar und leicht mediterranen Zügen. (…) Er war ein gerissener Geschäftsmann, eine Art selbsternannter Nachlaßverwalter des Dritten Reichs».[14]

Auch dem später zum Lord Weidenfeld geadelten Verleger geht es um neue Erkenntnisse über den Erfolg des Nationalsozialismus. Während des Krieges hatte er sich bei der BBC bereits mit den Reden von Joseph Goebbels beschäftigt. Durch die Veröffentlichung von Hitlers «Tischgesprächen» hofft er, der führende Verlag für Zeitgeschichte zu werden. Genoud hat selbstverständlich nichts dagegen. Unter dem Titel «Libres propos sur la Guerre et la Paix» hat er bereits in Paris Hitlers freiflottierende Gedanken über Gott und die Welt erscheinen lassen.[15]

Hitler, nicht der schreibende, sondern der redende Hitler hatte (nicht anders als sein Propagandaminister Goebbels) einen ungeheuren Wortausstoß, und je näher der Feind im Kriegsverlauf der Reichskanzlei und dann dem Führerbunker rückte, desto drängender wurde der Äußerungszwang des Führers. 1942 entstanden täglich neunundachtzig Seiten an Niederschrift, 1945 bereits 150, sodass allein aus diesen Monologen 110 000 Seiten Hitler zusammenkamen.[16]

Immer hatte er ergebene Sekretäre und Stenographen wie Heinrich Heim und Henry Picker um sich, die festhielten, was immer er von sich gab, und sein Chef-Sekretär Bormann sah seine Aufgabe darin – die Nachwelt fest im Blick –, diese Äußerungen in eine brauchbare Form zu bringen. Inwieweit die mehrfach bearbeiteten Wortkaskaden als authentische Führer-Äußerungen gelten können, ist umstritten. Für Genoud sind sie echt, Hauptsache Hitler. Im Notfall wird Hitler kreiert – aber dazu später.

In seinem Bormann-Schatz (Genoud spricht selbstverständlich von «geheimen Archiven, die Bormann am Obersalzberg hütete»[17]) finden sich auch die Aufzeichnungen dieser so genannten «Tischgespräche» Hitlers. Hitler hatte zwar eine panische Scheu davor, sich schriftlich festzulegen, ließ es aber zu, dass seine Tausende und später Millionen begeisternden Reden aus der «Kampfzeit» aufgezeichnet und unter dem

Titel «Mein Kampf» herausgegeben wurden. Nach dem gleichen Verfahren wurden am Ende seiner Herrschaft die oft stundenlangen Ausführungen vor Generalstab und Hofstaat festgehalten.

Für dieses Material beansprucht Genoud das «alleinige Wiedergaberecht». Durch die Vollmacht des Vormunds der Bormannkinder, Theodor Schmitz, glaubt er sich im Besitz der Rechte an den «Tischgesprächen». Er tut ein Übriges und will sich der Zustimmung einer Dame versichern, die er beizeiten als «Heilige Frau» anredet. Freund Rechenberg ist es, der ihn in deren Kreis einführt. Am 21. November 1951 schreibt er der Frau, die sich Paula Wolf nennt, und empfiehlt Genoud als den Einzigen, der geeignet sei, die Erben in ehrenvoller Weise zu vertreten. Sie geht darauf ein, der Rechtsanwalt Alfred Seidl formuliert ein Jahr später einen Vertrag, wonach «Herr Genoud» die «ausdrückliche Verpflichtung» übernimmt, die Tischgespräche und die Zeichnungen «in korrekter Form und im Sinne des verstorbenen Bruders der Frau Paula Hitler zu veröffentlichen».[18] Das Bemühen darum, dass im Sinne dieses verstorbenen Bruders gehandelt werde, qualifiziert den Anwalt offenbar dafür, dass er einige Jahre danach Staatssekretär und schließlich bayerischer Innenminister werden kann.

Genoud erhält eine erste Vollmacht, aber trotz Rechenbergs Bemühungen und Seidls Umsicht wird sich das Verhältnis zwischen ihm und seiner heiligen Frau bald erheblich abkühlen. «Alle sahen in mir ein geeignetes Objekt, um auf billige Weise ein brillantes Geschäft zu machen»,[19] schreibt sie 1957 an einen ebenfalls auf Nazi-Veröffentlichungen spezialisierten Konkurrenten Genouds. Der Generalvertrag, auf den es Genoud abgesehen hatte, kommt nie zustande, weil die Schwester glaubte, «daß es vielleicht doch ein Teil meiner Lebensaufgabe ist, dafür zu sorgen, daß die Hinterlassenschaft meines Bruders nicht ins Ausland verscherbelt wird».[20] 1960 wird ihr vom Amtsgericht München der Erbschein für ihren Bruder ausgestellt (die Familie der verstorbenen Eva Hitler, geb. Braun, hatte ebenfalls auf einen Teil dieses Erbes gehofft), doch stirbt die heilige Schwester, noch ehe der Schein bei ihr ankommt. Bei ihren Erben wiederum besteht wenig Interesse daran, «im Sinne des verstorbenen Bruders» Geld zu verdienen. Der Freistaat Bayern bleibt also weiter Inhaber der Rechte an «Mein Kampf».

Die Bormann-Briefe bietet Genoud weiter herum, versucht, sie an deutsche Zeitungen zu verkaufen, kommt damit aber vorläufig ebenso wenig weiter wie mit den von Bormann redigierten «Tischgesprächen» Hitlers. Trotz der Beglaubigung durch die Familien Bormann und Hitler muss Genoud feststellen, dass ihm jemand zuvorgekommen ist. Der ehemalige Regierungsrat Henry Picker hat aus einem separaten Bestand geschöpft und eine eigene Auswahl zusammengestellt, die der Historiker Gerhard Ritter 1951 mit dem Segen des Instituts für Zeitgeschichte im Bonner Athenäum-Verlag herausbringt.[21] Es handelt sich um eine Veröffentlichung ausgerechnet jenes Instituts, das doch die Deutschen vor einer Wiederholung des Vergangenen bewahren soll. Die Ausgabe sollte als erster Leistungsnachweis des Instituts so schnell wie möglich auf den Markt. An Superlativen wird nicht gespart: «Ihr Wert für die historische Erkenntnis der Persönlichkeit Hitlers kann nicht überschätzt werden.»[22] Dabei wurden mehr oder weniger subtil sogar Dokumente auf den aktuellen zeithistorischen Stand gebracht. In seinen «Tischgesprächen» lässt Henry Picker etwa Hitler bereits 1941 um den Begriff «Eiserner Vorhang» herumschwadronieren.[23] An eine ernsthafte wissenschaftliche Aufarbeitung von Dokumenten der eben vergangenen Zeit ist noch nicht zu denken, ohnehin wird der Kampf gegen den Bolschewismus, in dem Adolf Hitler angeblich gefallen war, in den fünfziger Jahren zur Überlebensaufgabe.

Das amerikanische Außenministerium murrt ebenso über das Buch wie das britische Hochkommissariat. Im bayerischen Landtag ereifert sich Ministerpräsident Hans Ehard über das zweifelhafte Werk. In ihrer gewohnt drastischen Art spricht Hannah Arendt von «Propaganda für Hitler», bestreitet den wissenschaftlichen Sinn und sieht darin vor allem eine Hilfe für den «deutschen Neonazismus»,[24] ein Buch, das nur ein morbides Interesse am Hitler-Regime wecken würde.[25]

Wissenschaftlich ist die Ausgabe eine Katastrophe. Die Provenienz der Notate war niemals zu klären, es gab unterschiedliche Bearbeitungsstadien, es handelte sich offensichtlich um mitgeschriebene Stichworte, die hinterher ausformuliert worden waren. In dem Institut, das doch mit solchen Fragen beschäftigt sein sollte, entschied man sich gegen jede Textkritik, ja, intern wird im Interesse einer möglichen amerikanischen

Ausgabe darum gebeten, «bei einer Besprechung der ‹Tischgespräche› auf die Quellenlage und Textkritik nicht einzugehen».[26] Die «editorischen Mängel» werden heute in offiziellen Verlautbarungen des Instituts zugegeben,[27] doch 1951 störte vor allem das unerwünschte, dabei aber für alle Nazi-Bücher typische Aufsehen. Von der Ausgabe erschien nämlich ein Vorabdruck in der Illustrierten *Quick*, die unweigerlich den Menschen Hitler zeigte. Das Institut hatte diese Veröffentlichung nicht bloß gebilligt, sondern bis ins Fahnenstadium kontrolliert und auch nichts dabei gefunden, dass die Auswahl ein Fachmann vornahm, der «Publizist» Hans Georg von Studnitz, ehemals NSDAP und Mitarbeiter in der Presseabteilung des Außenministers Joachim von Ribbentrop. Anschließend war das Institut sogar bei der Eintreibung von Pickers Reiseunkosten bei der *Quick* behilflich.

Bundeskanzler Adenauer ist «sehr empört über die Veröffentlichungen der Tischgespräche in ‹Quick› und die vorgesehene Rundfunksendung im Bayerischen Rundfunk, gegen die ich vergeblich Widerspruch eingelegt hatte»,[28] wie sein Staatssekretär Otto Lenz notiert. So geht die Sache nach Bayern, das verfassungsmäßig zuständig ist. In einem Brief vom 20. Mai 1953 an den Bundesfinanzminister erklärt dessen bayerischer Kollege, «dass es zweckmäßig sei, von gerichtlichen Maßnahmen gegen die Veröffentlichung der sogenannten ‹Tischgespräche› Adolf Hitlers abzusehen». Warum «zweckmäßig»? Das bayerische Finanzministerium drückt sich auf Nachfrage auch noch nach Jahrzehnten auffallend gewunden aus: «Hintergrund hierfür waren Zweifel an der gerichtlichen Durchsetzbarkeit eventuell dem Freistaat Bayern zustehender Rechte.»[29] Dass sie ihm nur «eventuell» zustehen sollten, ist ein merkwürdiger Rechtsstandpunkt, und auch der Verweis auf einen «anderen Fall», bei dem «eine Klage in der Schweiz auf die Schwierigkeit gestoßen [war], ob nach schweizerischem Recht die Vermögenseinziehung nach Spruch der Spruchkammer München I vom 15. Oktober 1948 (rechtskräftig seit 24. Januar 1949) als Enteignungsakt anerkannt werden würde»,[30] klingt doch sehr kleinmütig. Wenn Hitler (im urheberrechtlichen Sinn) der Autor seiner «Tischgespräche» war, was unterschied und unterscheidet diese dann von «Mein Kampf», dessen Veröffentlichung das gleiche bayerische Finanzministerium bis heute rigoros verhindert?

Genoud kämpft indessen um sein Recht an Hitler, der die noch junge Bundesrepublik anhaltend beschäftigt. Er stehe mit zahlreichen Autoren und Verlegern in Westeuropa und den USA in Geschäftsverbindung, versichert vor Gericht ein Gutachter, der überraschenderweise den Namen Hans Rechenberg trägt. Genoud ist höflich wie immer, aber er kann auch drohen. Er erwarte jetzt eine eindeutige Stellungnahme des Instituts, schreibt er nach München. Man solle bitte entweder die Verantwortung für die Athenäum-«Tischgespräche» übernehmen oder sich offiziell davon distanzieren. «‹On ne peut être à la fois juge et partie›».[31] Das Münchner Institut rückt im Interesse einer weiteren Verbindung mit M. Genoud, oder vielmehr aus einem unstillbaren Hunger nach dessen Material, immer weiter von der eigenen Edition ab und gesteht dem Schweizer zu, dass seine Hitler-Auswahl die bessere sei. Genoud reicht auch das nicht, aber vielleicht kann Freund Dickopf ja weiterhelfen; eine Materialanalyse müsste seinen Anspruch doch bestätigen. Ende 1951 teilt der *agent littéraire* dem Doktor Mau mit, dass er sich beim Bundeskriminalamt erkundigt habe, wo man bei hand- wie bei maschinengeschriebenen Dokumenten feststellen könne, aus welcher Zeit sie stammen.[32] Dabei belässt er es nicht. François Genoud erscheint, sekundiert von seinem Freund Rechenberg, im Bonner Justizministerium und macht Skandal. Er fordert von Staatssekretär Walter Strauß die obrigkeitliche Klärung seiner Rechtstitel.[33] Der Staatssekretär empfängt ihn zwar nicht, ruft aber in München bei dem von ihm geförderten und beaufsichtigten Institut an und zieht nähere Erkundigungen über diesen impertinenten Genoud ein.[34] Besonders die Verbindung Genoud–Rechenberg irritiert ihn, ist doch dieser «Herr Rechenberg der Herausgeber der Zeitschrift ‹Fortschritt›», die «von dem Industriellen Spindler finanziert wird».[35] Dem Textilunternehmer Gert Spindler aber, so hat der *Spiegel* wenige Wochen zuvor gemeldet, sagt man «seit langem nach, er gehe mit einer neuen Rechtspartei schwanger».[36] Dazu passt, was Picker in der Verhandlung auffällt: dass sein Prozessgegner Genoud, wie er dem Institut berichtet, das sich bereits von Picker abgewandt hat, «mit politischen Anspielungen (Degrell[e]-Kreis und ‹Fortschritt›-Spindler-Kreis) arbeitete».[37]

Genouds Treiben stößt auf eine stark verunsicherte Situation.

Bundeskanzler Adenauer sorgt sich nicht nur um ein möglicherweise neu angefachtes Interesse am Hitler-Regime, sondern hat die nächsten Wahlen und vor allem seine eigene Wiederwahl im Blick. Es droht das Gespenst einer rechten Partei, mit der die versammelten alten Nazis die Wahlchancen der CDU/CSU beeinträchtigen könnten. Auch der französische Botschafter meldet nach Paris, dass in Spindlers Umkreis eine «parti nationaliste d'opposition» als Sammelbecken für höhere NS-Funktionäre «tels [Rudolf] Rahn ou [Ernst] Achenbach» gegründet werden solle.[38] Inwieweit Spindler diese Partei allein oder mit Unterstützung beispielsweise französischer oder englischer Faschisten finanziert, ist unklar, jedenfalls wird er wegen vermuteter neonazistischer Umtriebe vom nordrhein-westfälischen Verfassungsschutz beobachtet, genau wie sein zeitweiliger Angestellter Rechenberg.

Diesen Beobachtern wird auch aufgefallen sein, dass Rechenberg seinem Freund Genoud noch an andrer Stelle sekundiert, nämlich in einem hilfreichen Beitrag, der im bereits erwähnten *Fortschritt* erscheint und seitens des Athenäum-Verlags mit einigem Ärger als weitere Machination Genouds zur Kenntnis genommen wird.[39] Rechenberg schreibt: «Wem sie [die Dokumente] dort [in Südtirol] übergeben wurden, darüber schweigt Genoud sich aus. Jedenfalls, so sagt Genoud, seien ihm alle Ansprüche an dem Buche [gemeint sind «Hitlers Tischgespräche»] des nicht für tot erklärten, aber zum Tode verurteilten Martin Bormann zugesprochen worden. Waren aber die Rechte an den ‹Tischgesprächen› überhaupt Bormanns Eigentum?» fragt Rechenberg rhetorisch, um dann fortzufahren: «Nachdem die Idee der Aufzeichnung und die Bearbeitung der ‹Tischgespräche› von Bormann stammen, ist nicht ohne weiteres von der Hand zu weisen, daß Bormann ein erheblich größerer Anteil an der urheberrechtlichen Verwertung des Manuskriptes zusteht als dem manuellen Aufzeichner, also Dr. Picker, zumal er dieses Amt nur ganze drei Monate innehatte.»[40]

Während dieser feinsinnigen Unterscheidung wird Genouds Tun und Lassen ebenfalls genau beobachtet. Die Schweizer Polizei hat wieder ein Auge auf ihn. Es liege, heißt es in einer internen Mitteilung, «im Interesse der Schweiz, François Genoud zu überwachen».[41] Warum, geht aus den Unterlagen nicht hervor.

Was macht dieser Genoud eigentlich? Die Behörden können sich keinen Reim auf den umtriebigen Landsmann machen: Zwar ist er verheiratet, zwar hat er Kinder, aber er ist in seiner Heimatstadt Pully gar nicht gemeldet, sondern nennt als Wohnort Paris, manchmal auch Tanger. Staatssekretär Strauß, immer noch empört über den Auftritt in Bonn, bittet einen ehemaligen deutschen Geschäftsträger, sich in der Schweiz umzuhören. Ein Treffen mit dem Leiter der Schweizer Bundespolizei erbringt nur das Bekannte: dass Genoud viel reist, «nationalsozialistischen Gedankengängen» nachhängt, aus unbekannter Quelle einschlägiges Material bezieht und im Namen einer Agentur in Tanger handelt, «er selbst soll übrigens kein Geld haben».[42] Dann gibt es die Information, dass er als Vertreter des Genfer Verlagshauses «Cheval ailé» in Belgien wirke. Mitte der fünfziger Jahre zieht er offenbar nach Frankfurt, verbringt aber dennoch den größten Teil seiner Zeit in der Schweiz. Berufstätig ist er auch, ohne dass deutlich würde, womit er sich beschäftigt. Verlagsarbeiten? «Es ist schwierig, seine Aktivitäten in Bezug auf gewisse Angelegenheiten genauer zu beschreiben»,[43] notieren seine guten Freunde bei der Schweizer Bundespolizei. Genoud bestreite zwar, für den deutschen oder den Schweizer Geheimdienst gearbeitet zu haben, notiert ein beinah schon verzweifelnder Beamter, «doch ist es sicher, dass er auf die eine oder andere Art von diesen Einrichtungen Geld bezogen hat».[44] Dagegen stören seine politischen Ansichten, seine nostalgische Anhänglichkeit an das «Dritte Reich» niemanden. Noch ist selbst die Schweiz so antikommunistisch, dass die *Weltwoche* 1954 ihren Kolumnisten Golo Mann entlässt, weil der dazu geraten hatte, in Richtung Osten «Brücken zu schlagen».[45]

Für dieses Kunststück braucht ein Genoud keine publizistischen Empfehlungen. Im gleichen Jahr 1954 soll ihm sein erstes großes Geschäft gelungen sein: der Verkauf von westdeutschen Kugellagern nach China über Ostberlin im Wert von elf Millionen Schweizer Franken.[46] Wenn jemand dafür prädestiniert ist, Brücken nach Westen, nach Osten, nach Süden, nach überallhin zu schlagen und in seiner Person Männer und Ideologien zu verbinden, die gar nicht zusammenpassen, dann ist das der politisch unbelastete, geradezu strahlend neutrale François Genoud. Zwar ehrt er die Überlebenden, besucht regelmäßig den Rexisten Léon Degrelle im spanischen Exil, betreut mit fast karitativer Zuwendung Angehörige von eingesperrten oder toten Nazis, verliert aber nie den für ihn bleibenden Wert des anderswo abgetanen Gedankenguts aus den Augen. Niemand versteht sich besser darauf, Geschäft und nationalsozialistische Weltanschauung miteinander zu verknüpfen. Für Genoud ist es Ehrensache, das Wort seiner Helden getreu zu überliefern und es ohne politische Rücksichten unter die Leser zu bringen.

Genau darum geht es im Rechtsstreit mit dem Athenäum-Verlag, der Pickers Hitler-Aufzeichnungen publiziert hat. Henry Picker und Heinrich Heim wirkten zwar beide am Hof des Führers, sie haben beide die Hitler'schen Äußerungen bearbeitet, doch kann Genoud hier mehr vorweisen: eine Vollmacht von Paula Hitler (für den allerdings nicht mehr existenten, nämlich bereits grundsätzlich enteigneten Titel ihres verstorbenen Bruders: das Verwertungsrecht an seinen Schriften) und eine zweite von Theodor Schmitz, der mit alldem zwar ideologisch nicht viel zu tun hatte, aber in seelsorgerischem Interesse für die ihm anvertrauten Kinder auf weitere Einnahmen aus dem Bormann-Schatz hofft.

Wenn es notwendig wird, kann Genoud aber den Ideologen vollständig vergessen und als gewitzter Kaufmann auftreten. Beim Verfahren, das er gegen den Athenäum-Verlag anstrengt, bringt er ein merkwürdiges Detail an, das so gar nicht zu seiner stets bekundeten Liebe zum Führer passen will. In der juristischen Auseinandersetzung geht es zuletzt darum, ob der im Führerbunker eingeschlossene Hitler überhaupt noch testierfähig gewesen sein kann. Ebendies bezweifelt Genoud, er bezeichnet Hitlers letzte Worte an die Nation, sein politisches Testament, als «Wahnidee».[47] Trotzdem verliert Genoud seinen ersten Prozess gegen Athenäum. Am Rande lässt er verlauten (und das wird in München zwar registriert, trübt aber keineswegs die guten Beziehungen), dass das Buch mit dem Publikations-Vermerk des Instituts und mit dem Vorwort eines Mannes des 20. Juli «belastet sei» – gemeint ist der Historiker Gerhard Ritter –, weshalb es sich auch nur schlecht verkaufe.[48]

Trotz der Kritik, die das Institut für Zeitgeschichte für diese «Hitlerpropaganda» erfahren hat, wird dort das Geschäft weiterbetrieben. Schließlich weiß man, wo der Barthel den Most holt. Genoud hat eine Bataille verloren, aber er ist nicht geschlagen. Er ist nun einmal der Besitzer der begehrten Originale (oder behauptet es doch zu sein), deshalb wird sein kostbarer Besitz künftighin auch bei kärglichstem Zitate nachgewiesen. Selbst eine kurze Äußerung Hitlers in einem wissenschaftlichen Aufsatz erscheint daher nur «nach freundl. Mitteilung von Herrn François Genoud».[49] Freundlich ist er immer, es sei denn, die Herren Wissenschaftler wagen es, seinen Rechtsanspruch zu missachten oder, noch schlimmer, Einnahmen aus Nazi-Texten «freiwillig» den Opfern des Nationalsozialismus zu spenden und nicht Genoud auszubezahlen. Was sind die Opfer schon, wenn es um eine «himmelschreiende Verletzung der Urheberrechte» geht![50]

Genoud wechselt fürs Erste den Schauplatz, denn Verlage und Nazi-Interessenten gibt es auch anderswo. Noch im Sommer 1952 wusste Hugh Trevor-Roper dem befreundeten Kunsthistoriker Bernard Berenson genüsslich von den Streitigkeiten zu berichten, die sich um Hitlers «Tischgespräche» entsponnen hatten, wobei er Genoud als den Verlierer sah. «However, I am looking forward to the case!»[51] Bereits im Jahr darauf arbeitet er mit Genoud zusammen. Da der in Deutschland mit seinem Vorhaben zunächst gescheitert ist, folgt nach der Pariser Ausgabe nun auch eine in London, in George Weidenfelds Verlag, «Hitler's table-talk».[52] In der Überzeugungsarbeit für den «missverstandenen Hitler» kann Genoud sich auf den Historiker Trevor-Roper verlassen, der die Provenienz des Nazi-Materials ganz in beider Sinn erklärt oder vielmehr im gewünschten Dunkel belässt.[53] Trevor-Roper hatte als Mitarbeiter des britischen Geheimdienstes «Hitlers letzte Tage»[54] rekonstruiert und sich damit als Kenner des «Dritten Reiches», vor allem seines Untergangs, ausgewiesen. Er nennt den Rechte-Inhaber zwar einen «Nazi-Sympathisanten»[55] und vermutet in einem Brief, dass Genoud «dunkle Geschäfte» mache, doch versteht auch er das Verhältnis als «rein geschäftliche Beziehung»: «Wenn er ein Dokument hat, das er veröffentlichen will, verlässt er sich darauf, dass ich dessen Echtheit bestätige, wenn es echt ist. Natürlich hege ich wegen seiner Quellen den einen oder anderen Verdacht, aber ich will auch den Vorteil nicht verlieren und äußere mich deshalb nicht dazu.»[56]

Diese strategische Partnerschaft trägt reiche Früchte für beide Seiten. In seiner Einleitung ordnet Trevor-Roper Hitler selbstverständlich sofort korrekt als Verbrecher, Tyrann und so weiter ein. Doch die Faszination, die auch einen Historiker befallen kann, ist unverkennbar, wenn er über die «Tischgespräche» schreibt, es handle sich um die «Selbstoffenbarung des fürchterlichsten aller ‹schrecklichen Vereinfacher› von Geschichte, den systematischsten, geschichtsbewusstesten, philosophischsten und dabei ungehobeltsten, grausamsten und am wenigsten großzügigen Eroberer, den die Welt je gesehen hat».[57]

Diese Hitler-Bewunderung scheint auf den englischen Verlag abzustrahlen, der den Führer im Klappentext allen Ernstes als «revolutionäres Genie» bezeichnet. (Henry Picker zählte Hitler ebenfalls unter die «Revolutionäre der Weltgeschichte».[58]) Auch eine der beliebtesten Legenden der Apologeten des «Dritten Reiches», dass der Führer von all den Gräueln nichts wusste und nur den Frieden wollte, wird mit dieser Ausgabe propagiert: Hitler habe, behauptet Trevor-Roper, ein Manuskript verfasst, in dem er einen Friedensschluss mit England und den gemeinsamen Krieg gegen Russland anstrebte. Rudolf Heß habe seinen England-Flug mit diesem Plan im Kopf angetreten, was der Historiker auch gleich dem «positiven Charakter von Hitlers Denken» zurechnet.[59]

Die Weidenfeld'sche Ausgabe unternimmt alles, um Genouds materiellen und damit auch geistigen Anspruch auf diese Hitler'schen «Bormann-Vermerke» zu bekräftigen. Heim und Picker seien nur «untergeordnete Beamte», betont Trevor-Roper, während Bormann als Hitlers Sekretär «allein für die Vorbereitung, die Präzision und die Bewahrung der Aufzeichnungen verantwortlich» gewesen sei.[60] Inhaber dieser Aufzeichnungen sei «ein Schweizer Bürger, M. François Genoud». Man betont den wissenschaftlichen, historischen Charakter des Werks. Die britische Ausgabe sei chronologisch und nicht, wie bei Henry Picker, thematisch geordnet, überdies sei sie fast doppelt so umfangreich. Allerdings enthalte Pickers Ausgabe auch einzelne Aufzeichnungen, die Bormann, warum auch immer, nicht in seine Diktate aufgenommen habe.[61]

Auch deshalb sieht Genoud sein eigentliches Geschäftsfeld im Ausland, in den Ländern, mit denen Deutschland noch vor kurzem Krieg führte. Dort ist das Interesse an Details über den großen Dämon womöglich noch größer als in dessen Heimat. Wenn es zutrifft, was der Bormann-Sachwalter Theodor Schmitz seinen Erpressern von der Stasi erzählt hat, war Genoud von Anfang an auf den lukrativen Skandal aus. Gegen den Willen Schmitz' wollte Genoud den Briefwechsel zwischen Martin Bormann und seiner Frau veröffentlichen, und als ihm der Treuhänder mit einem Prozess drohte, freute Genoud sich sogar über diese Aussicht, «da ein solcher seiner Meinung nach die beste Reklame für das zu erscheinende Buch gewesen wäre».[62] Die beiden einigen sich schließlich darauf, dass die heiklen Briefe mit Rücksicht auf die «unmündigen Kinder»[63] nicht auf Deutsch und nur im Ausland erscheinen sollten. Theodor Schmitz, der bischöflicher Ordinariatsrat in Ostberlin und dann Generalvikar an der St.-Hedwigs-Kathedrale wurde, verlangt als Ausgleich für die Auslandsveröffentlichung «für den Unterhalt der Kinder einen Teil des Honorars» von der laut Stasi «äußerst undurchsichtigen Persönlichkeit» Genouds.[64] Zähneknirschend fügt der sich, schickt zwar keine Abrechnung, aber immerhin «1500,– Westmark», die er sich quittieren lässt.[65]

So erscheinen die Briefe, die Martin Bormann seiner Frau schrieb, wiederum bei Weidenfeld in London. Der Kirche konnte diese Ausbürgerung nur recht sein, denn besonders fromm zeigten sich die beiden nicht. Ob sie der persönlichen Erbauung dienen oder der Nachwelt als Beispiel für eine mustergültige Nazi-Ehe überliefert werden sollten, ist weniger klar als das sonnige Einvernehmen, das in dieser Korrespondenz zwischen den Eheleuten herrscht. Nachdem Bormann stolz berichtet hat, dass es ihm gelungen sei, die Schauspielerin M. (Manja Behrens) zu verführen, zeigt die vielfache Mutter, die gläubige Antisemitin und Nationalsozialistin Gerda Bormann keinerlei Eifersucht, sondern überrascht ihren Männe mit einem Vorschlag, der aus der Mitte der Volksgemeinschaft kommt. So viele Frauen blieben unbemannt, weil die möglichen Kandidaten im Krieg beansprucht würden. Dem demographischen Schaden gelte es vorzubauen, und ihr Martin sei doch genau der Richtige dafür. Könnte er nicht das Zeugungsgeschäft ökonomischer als bisher angehen? Denn wenn sie schwanger sei, könnte doch so lang die andere genutzt werden, die dann ihrerseits schwanger werde, sodass er immer eine Frau zur Verfügung hätte und sie beide in besserer Frequenz ihre Kinder zur Welt bringen könnten. Martin Bormann ist natürlich hingerissen von seiner Frau. Gerda ist gern bereit, seinem Vorschlag einer «Volksnotehe» zu folgen, einer staatlich legitimierten, weil volksgemeinschaftlich nützlichen Bigamie, die für noch mehr junge wehrkräftige Deutsche sorgen soll. Über dieser vorbildlichen Bereitschaft vergisst die verständnisvolle Ehefrau auch nie das anderweitige leibliche Wohl ihres Mannes, der vorübergehend zu einer Diät tendiert. Nein, er soll bitte nicht abnehmen, das schade am Ende nur seiner Gesundheit und beeinträchtige seine Tatkraft.

Bei den «Bormann Letters» erhält Genoud erstmals Gelegenheit, die Nachlasspflege seiner Gesinnung getreu zu betreiben und diese in einem Buch ganz und gar offenzulegen. «Auf die Gefahr, meine Leser zu schockieren, muss ich zugeben, dass ich für diesen Mann eine gewisse Sympathie empfinde», schreibt er in seiner Einleitung zu den Briefen. «Bis zum Schluss, als die meisten umsichtig genug waren und nur auf eine günstige Gelegenheit warteten, um Verrat zu begehen, blieb er loyal. Allein schon deswegen verdient Bormann meiner Meinung nach Respekt.»[66] Diesem Muster – unsere Ehre heißt Treue – wird Genoud nicht bloß als übriggebliebener Nazi, sondern auch in seiner sonstigen Lebensführung folgen. Obwohl es sehr unwahrscheinlich ist, dass er die längeren Texte, die er zur Publikation freigab, überhaupt je las, wird er doch auf seinem Besitzrecht und damit auf seiner Deutung bestehen. («All the photographs and documents reproduced in this book are the copyright of M. François Genoud and may not be reproduced elsewhere without permission»,[67] heißt es kategorisch in dieser ersten Ausgabe.) Die Verleger in England, den USA, in Frankreich und in Deutschland und sonst in der Welt mussten sich fügen.

Hugh Trevor-Roper und George Weidenfeld bleiben der Sache und damit auch Genoud verbunden. Sein Verleger sollte ihn allerdings viele Jahre später noch von einer ganz anderen Seite kennenlernen.

6. Politisches Zwischenspiel: Die Naumann-Verschwörung

In der Nacht zum 15. Januar 1953 lässt der Britische Hochkommissar Sir Ivone Kirkpatrick eine Verschwörung ausheben: Eine Gruppe um den ehemaligen Goebbels-Staatssekretär Werner Naumann soll nichts Geringeres als einen nationalsozialistischen Umsturz vorbereitet haben. Es handelt sich um lauter angesehene Männer, die im «Dritten Reich» als mittlere Chargen gewirkt hatten, inzwischen aber in ordentlichen Berufen Unterschlupf gefunden haben und der FDP in Nordrhein-Westfalen mehr oder weniger nahestehen. Naumann, der nach der Flucht aus der Reichskanzlei mehrere Jahre im Untergrund gelebt und sogar eine Lehre als Maurer abgeschlossen hat, wirkt mittlerweile als Geschäftsführer einer Import-Export-Firma in Düsseldorf. Naumann sei, kommentiert der *Spiegel* außerordentlich mokant und mit deutlicher Sympathie für die Verschwörer, «nach vorsichtigem Ausfahren des Sehrohrs vor nicht langer Zeit wieder» aufgetaucht. «Seitdem läuft er wieder mit voller Überwasserfahrt. Kurs geläuterter Nationalsozialismus.»[1]

Ein wichtiger Kontaktmann zu den neonationalsozialistischen Kreisen in der nordrhein-westfälischen FDP war der Goebbels-Adjutant Wilfred von Oven, der Anfang der Fünfziger vorübergehend selber für den *Spiegel* wirkte und dort erstmals über die Nachkriegsaktivitäten seines ehemaligen Vorgesetzten Naumann berichten konnte.[2] Die Bewegung, so klein sie ist, darf auf einen gewissen Rückhalt unter den noch längst nicht vollständig geläuterten Deutschen bauen. Die Amts- und Parteigrößen von gestern sind keineswegs vergessen. Gustav Adolf Scheel, ehemals Gauleiter von Salzburg, und Karl Kaufmann, jener von Hamburg, sowie der alte Kämpfer Heinrich Haselmayer gehören dazu. Für Sir Ivone Kirkpatrick ist mit der Naumann-Gruppe oder der «Gauleiter-Verschwörung» Gefahr im Verzug: «Es gab bereits beunruhigende Zeichen für ein Wiederaufleben des Nazismus, besonders in Niedersachsen, wo sich Generalmajor Remer und seine Neo=Nazi=Partei in der Öffentlichkeit breitgemacht hatten.»[3] Otto Ernst Remer, das muss man vielleicht sagen, war der Mann, der am 20. Juli 1944 die Verschwörer um Claus von Stauffenberg verhaften ließ, dafür von Hitler zum Oberst und später mit zweiunddreißig Jahren schon zum Generalmajor befördert worden war und auch in reaktionären Kreisen der Bundesrepublik als Held gefeiert wurde. Nach einer amerikanischen Umfrage, die im gleichen Januar bekannt wird, besteht in Westdeutschland ein recht großes Segment, das nach wie vor für den Nationalsozialismus empfänglich ist: Zwischen Mai 1951 und Dezember 1952 steigt nach dieser Erhebung der Anteil der Deutschen, die im Nationalsozialismus «mehr Gutes als Schlechtes» sehen, von vierunddreißig auf vierundvierzig Prozent.

Die FDP in Nordrhein-Westfalen formuliert 1952 ein «Deutsches Programm», mit dem sie sich an das «große Heer der Suchenden, der Abwartenden und Zweifelnden, an die Soldaten zweier Weltkriege und vor allem an die heranwachsende Jugend» wendet.[4] Zu Versammlungen wird aus dem benachbarten Hessen eine Kapelle eingeladen, die die Wähler mit Marschmusik auf Trab bringt;[5] am Hermannsdenkmal im Teutoburger Wald findet eine Sonnwendfeier vor dem Hintergrund der Leni-Riefenstahl-Filme statt. Die Strategie der FDP, ihr Terrain nach rechts zu arrondieren, zahlt sich aus. Bei den Kommunalwahlen Ende 1952 erringt die Partei in manchen Bezirken mehr als zwanzig Prozent der abgegebenen Stimmen. «Da die Flugblätter und Wahlaufrufe in ihrem Text ebenfalls sehr stark nationalbetont waren, stellten sich viele Kandidaten aus dem Bereich der Wirtschaft und des Mittelstandes zur Verfügung»,[6] wie es eine FDP-Chronik formuliert. Bei der Bundestagswahl 1953 wirbt die FDP in Nordrhein-Westfalen ganz offen mit dem Slogan «Rechts ran!».[7]

Nach rechts drängen in den letzten Jahren der Herrschaft Josef Stalins alle Parteien, und die Wiederbewaffnung des eben noch von den Alliierten bekriegten Deutschland gibt den alten Kameraden neue Hoffnung. 1951 hat der Bundestag ohne Gegenstimmen beschlossen, dass nach Art. 131 GG auch ehemalige NSDAP-Mitglieder (sofern sie nicht als «Hauptbelastete» gelten) Anspruch auf ihren alten Arbeitsplatz hätten.[8] Bei der von der Leitung der Bundes-FDP veranlassten Untersuchung stellt sich denn auch heraus, «daß die Schlüsselpositionen in der Innen- und Außengeschäftsführung der Landespartei nicht demokratisch erprobten Persönlichkeiten, sondern fast ausnahmslos früheren prominenten Nationalsozialisten anvertraut worden waren».[9] Der persönliche Assistent des FDP-Landesvorsitzenden Friedrich Middelhauve ist Wolfgang Diewerge, ehemaliger SS-Angehöriger und Rundfunkchef im Reichspropagandaministerium und praktischerweise auch noch der Vertraute Naumanns. Diewerge ist der Autor des erwähnten «Deutschen Programms» und gibt es, ehe er es Middelhauve vorlegt, Hans Fritzsche zur Durchsicht, dem ehemaligen Chef-Sprecher und Radiostar des «Dritten Reiches», damit der es «auf seine ‹Werbekraft›» prüfe.[10] Einer von Middelhauves Stellvertretern ist der Rechtsanwalt Ernst Achenbach, durch sein Wirken in Paris im Zweiten Weltkrieg selber kompromittiert, der sich in seiner beruflichen wie seiner gleichgestimmten ehrenamtlichen Tätigkeit nichts mehr angelegen sein lässt als die Rehabilitierung der Kollaborateure des alten Regimes. Achenbach gründet einen «Vorbereitenden Ausschuss zur Herbeiführung einer Generalamnestie». In seinem Büro arbeitet der ehemalige Heydrich-Stellvertreter Werner Best, einer der Männer, die für die Deportation der Juden aus Frankreich gesorgt hatten. In Dänemark wirkte er als «Reichsbevollmächtigter» und wurde dort deshalb 1945 zunächst zum Tode und dann zu mehrjähriger Haftstrafe verurteilt. Auf Betreiben des FDP-Vorsitzenden Thomas Dehler kam er aber frei und wurde in die Bundesrepublik abgeschoben, wo man ihn äußerst zartfühlend behandelt und bis auf eine Sühneleistung in Höhe von DM 118,45 vor jeder Strafe verschont.[11] Bei seinen gelegentlichen Besuchen in der Bundesrepublik nimmt auch der nach Argentinien verzogene Oberst Rudel Kontakt zu dem «besonders klugen» Naumann auf. Hans-Ulrich Rudel, als «Flieger-As» noch immer für viele ein Kriegsheld, überlegt, ob er einen Soldatenbund mit den Generälen Kesselring und Ramcke an der Spitze gründen soll. «Ihm schwebe vor über die Soldaten eine wirkliche Volksbewegung auf die Beine zu stellen»,[12] berichtet Adolf von Thadden, der seine eigene Karriere in rechtsradikalen Parteien machte und es bis zum Vorsitzenden der NPD bringt, wobei er aber gleichzeitig für den britischen Geheimdienst MI6 arbeitete.[13]

In den Monaten, in denen sich der Kreis um Naumann formiert, schreibt der Intellektuelle Werner Best an einem Manifest, das er die

«Philosophie des Dennoch» nennt und an Gesinnungsgenossen schickt, darunter auch an den Sympathisanten Ernst Jünger. Diese unpolitische Philosophie propagiert nach dem «heroischen Realismus»[14] der Konservativen Revolution vor 1933 jetzt einen heroischen Pessimismus und ist deshalb tröstlich für alle, die mit ihrer Teilnahme an der NS-Ideologie gescheitert waren. Es sei Best gelungen, schreibt Jüngers Sekretär Armin Mohler mit Dank zurück, «in strenger Begriffssprache auszudrücken, was heute instinktiv politische Überzeugung so vieler ist».[15]

Den optimistischeren Kameraden, die auch in der neuen Zeit mittun wollten, wurden jedoch gewisse Kompromisse abverlangt, in diesem Fall eine Anpassung an den mittlerweile vorgeschriebenen Parlamentarismus. Als bereits existierende, kleine und damit leicht zu übernehmende Partei bot sich die FDP an. Umstritten ist, ob Naumanns Tagebuchnotiz, wonach Nationalsozialisten «in die FDP eintreten, sie unterwandern, und ihre Führung in die Hand nehmen» sollten, nicht eher dem Größenwahn des Schreibers zu verdanken ist. Hoffnungsvoll klang es auf jeden Fall, fast wie in der guten alten Kampfzeit: «Mit nur 200 Mitgliedern können wir den ganzen Landesvorstand erben.»[16]

Praktischerweise befand sich im Vorstand der nordrhein-westfälischen FDP der gewiefte Jurist Ernst Achenbach. Um diesen Vertrauensmann, der einen großen Ruf als Verteidiger ehemaliger NS-Funktionäre genoss, scharen sich die alten Kämpfer. Bei den Industriellen von Rhein und Ruhr steht er in so hohem Ansehen, dass deren Spenden – die zeitweise drei Viertel der Einnahmen für die Gesamtpartei bedeuten – ausdrücklich an den Verbleib Achenbachs an der FDP-Spitze gebunden werden. Achenbach war es auch, der «für nicht genannte Auftraggeber» die Tageszeitung *Die Welt* kaufen wollte, was bereits vor der Naumann-Verhaftung heftigen Protest in der Londoner *Times* provozierte, die sich die Zeitung gerettet wünschte, um «der Sache der Demokratie zu dienen».[17]

Um diese neumodische Demokratie ging es den Verschwörern zuallerletzt. Den Briten wurde langsam klar, dass sich trotz aller gutgemeinten Umerziehung die Demokratie längst nicht so gründlich durchgesetzt hatte, wie es sieben Jahre nach dem Ende der nationalsozialistischen Gewaltherrschaft zu hoffen gewesen wäre. Sogar Rudolf Diels, der Gründer

der Gestapo, meinte vor einer Wiederkehr des Faschismus warnen zu müssen, für den er frech die «Selbstgerechtigkeit der antifaschistischen Publizistik» verantwortlich machte.[18] Die Naumann-Gruppe spann für alle Fälle rege Kontakte zu potenziellen Koalitionären in Belgien, England, Spanien und Frankreich. Im Herbst 1952 war Naumann mit einer Delegation nach Paris gereist, um sich mit dem französischen Faschisten Maurice Bardèche zu treffen und auch gleich mit dem vermögenden britischen Faschistenführer Sir Oswald Mosley über eine Finanzierung seiner Verschwörer zu sprechen.[19] Zu Bardèches Gruppe sollen auch bekannte Neonazis wie Guy Lemonier und Genouds alter Führer Gaston Amaudruz gehört haben. Genoud weilt in jenen Monaten öfter zu Verlagsverhandlungen in Paris, er könnte also Zaungast oder auch mehr bei diesen Verschwörergesprächen gewesen sein. Auf jeden Fall gehörte sein Jugendfreund Jean-Maurice Bauverd dazu.[20] Sir Oswald, der unter dem Kampfbegriff «Europe-a-Nation» die Rechtskräfte zu einigen suchte, gab sein Geld dann aber doch lieber der Zeitschrift *Nation Europa* und versuchte, Adenauer vor Gericht zu ziehen, der ihn der Unterstützung der Naumann-Gruppe bezichtigt hatte.

Wie wichtig Zeitschriften in der politischen Auseinandersetzung sind, beweist der *Spiegel* damals jede Woche aufs Neue: Er attackiert Adenauer und dessen Politik der Westbindung und begreift sich im Übrigen als Verständigungsblatt alter Kameraden.[21] «Als der SPIEGEL am 24. Januar 1951 über das Schicksal von Goebbels' Tagebuchaufzeichnungen berichtete, erwähnte er auch den Namen Naumanns», reicht der *Spiegel* seinen Lesern zwei Jahre später nach. «Die Haselmayers erfuhren so, daß auch Naumann noch einmal davongekommen war und traten mit ihm in Verbindung.»[22] Besonders groß ist die Distanz des Magazins zu den Verschwörern um Naumann nicht. Auch nach dessen Verhaftung bleibt eine rechte Partei im Gespräch, die von der FDP, dem Bund der Heimatvertriebenen und Entrechteten (BHE) und den Soldatenverbänden profitieren würde: «Die Förderer dieser Entwicklung», referiert der *Spiegel*, «sind rücksichtslose Realisten, die, einmal an der Macht, nicht zögern würden, sie gegen das gesamte Konzept der europäischen Einheit und der westlichen Verteidigung einzusetzen, sollten sie der Ansicht sein, daß das in ihrem Interesse liegt.»[23] Der *Spiegel* schreibt natürlich nicht, dass auch sein Chefredakteur Rudolf Augstein sich erbittert gegen genau dieses europäische Einigungskonzept wehrt, eine Haltung, die «in ausländischen Augen untrennbar zu einem revanchelüsternen pangermanischen Reich gehört».[24] Genau das ist der Markt, in dem die kaum versiegende Nazi-Literatur freundliche Aufnahme findet.

Die große Nazi-Verschwörung löste sich bald in Luft auf. Es war ein Spuk, ein Schreckgespenst, und es kehrte merkwürdigerweise nicht wieder. Aufgeklärter Nationalsozialismus hin oder her – Naumann hatte keinerlei konkrete Pläne für eine Machtergreifung, wenn ihm auch mit Rücksicht auf das Potenzial der FDP Begriffe wie «NS-Kampfgruppe» und «großdeutsch» einfielen.[25] Der neuen deutschen Demokratie drohte 1953 weder von den nur unwesentlich geläuterten ehemaligen Nationalsozialisten noch von der rechten FDP ernsthaft Gefahr. Adenauer profitierte sogar von dem Gespenst aus der jüngsten Vergangenheit und gewann die Bundestagswahlen im September 1953 mit großer Mehrheit: die CDU/CSU verbesserte sich von 31,0 auf 45,2 Prozent. Naumann wurde angeklagt, wenig erfolgreich, und Achenbach war bald wieder installiert. Hilfreich bei der Vergangenheitsbewältigung der alten Kameraden war sicherlich ihr Abschied von der Politik, wie ihn Best philosophierend vorgezeichnet hatte. Im Wirtschaftswunderland Westdeutschland, in dem man nach vorn schaute, gab es Geld für jeden zu verdienen, der dabei sein wollte. Vor allem in der rheinischen Industrie fanden sich zahlreiche Beschäftigungsmöglichkeiten für ehemalige Nazis. Naumann zum Beispiel arbeitete in einer Firma, die Harald Quandt gehörte, dem Stiefsohn seines ehemaligen Chefs Joseph Goebbels.[26] Die Gefahr, dass der Nationalsozialismus wieder erstarken könnte, schien durch das Eingreifen des britischen Hochkommissars und die interne Untersuchung in der FDP gebannt, aber wer wusste schon, ob sich die Helden der Vergangenheit nicht zu neuen Taten verschwören würden? Peter-Ferdinand Koch bietet ohne greifbaren Beleg eine kühne Hypothese, die aber auch nicht völlig unplausibel ist. Er hält es für möglich, dass sich der amerikanische Geheimdienst für die weitere Beobachtung der alten Nazis einen interessanten Spitzel ausgesucht hat: «Paul Dickopf soll den Amerikanern dafür seinen Kumpel François Genoud zur Verfügung gestellt haben.»[27]

Als Bewegungsmelder wäre Genoud in jedem Fall ideal gewesen. Falls er als Reise-Kader über die Verhältnisse zu Hause bei Hjalmar Schacht und Otto Skorzeny, bei Leni Riefenstahl oder Werner Naumann berichtet haben sollte, hätten seine Auftraggeber immerhin Gewissheit über das Treiben der alten Garde bekommen. Unauffälliger hätte eine Überwachung kaum verlaufen können. Denn wer würde dem freundlichen Herrn, der so leidenschaftlich von der Vergangenheit spricht und nie seine guten Manieren vergisst, misstrauen und einen Abgesandten des Gegners in ihm vermuten? Sicher ist jedenfalls, dass der gewiefte Geheimniskrämer Genoud grundsätzlich den Schutz der Öffentlichkeit sucht, als habe er überhaupt nichts zu verbergen. So kann er mit amtlichem Segen seinen Geschäften nachgehen und zugleich seiner Überzeugung treu bleiben.

7. Joseph Goebbels bleibt umstritten

Die erste Nachkriegsausgabe der Schriften von Joseph Goebbels war eine Fälschung. Unter dem Titel «Wie konnte es geschehen?» erschienen 1946 in Berlin «Auszüge aus den Tagebüchern und Bekenntnissen eines Kriegsverbrechers». Der Herausgeber nennt es in seinem Vorwort einen «glücklichen Zufall», «daß aus der Feder von Dr. J. Goebbels eine umfangreiche Betrachtung über den Verlauf der politischen Ereignisse seit seinem ersten Zusammentreffen mit Hitler bis kurz vor dem Zusammenbruch in seinem Nachlaß aufgefunden worden ist». Der angebliche «Rechenschaftsbericht»[1] stammt von dem Schriftsteller (und späteren Justizminister der DDR) Max Fechner und gibt Goebbels' Pathos nicht einmal falsch wieder: «Das deutsche Volk war durch den Pazifismus in der Systemzeit weich geworden. (...) Es war vornehmlich die Aufgabe der Propaganda, die Gräßlichkeiten, das Elend und die Vernichtung des Krieges vergessen zu machen. Ich denke nur an die Sensation des Remarque-Buches wie des -Films, den wir mit allen Mitteln zu verhindern suchten. Ehre, Freiheit, Kameradschaft, Heldentum, Opfertod und Sieg wurden wieder in unseren Sprachschatz aufgenommen.»[2]

Das klingt fast wie der den alten Zeiten nachtrauernde Genoud, aber zumindest mit diesen Tagebüchern hat er nichts zu tun. Im Nachwort gibt der Herausgeber den Betrug, der einigen entgangen ist, ohne weiteres zu, und begründet ihn mit pädagogischer Absicht: «So hätte er schreiben müssen, wenn er ehrlich gewesen wäre. Er war aber ein Großlügner und blieb es bis zum Gift. Wir haben ihm deshalb die Feder aus der Hand genommen und für ihn den Ablauf der verhängnisvollen Zeit deutscher Geschichte beschrieben, wie sie hinter dem Vorhang von Lüge und Propaganda von einer Schar ehrgeiziger Gewaltpolitiker im Auftrage des Großkapitals und Militarismus gemacht wurde.»[3] Spätestens hier wird deutlich, wo der Autor der gutgemeinten Goebbels-Fälschung steht. Trotzdem und gerade deshalb sollte die DDR keine kleine Rolle bei der weiteren Propagierung der Goebbels-Notate spielen.

Der katholisch geprägte, leider erfolglose Schriftsteller Joseph Goebbels hat mehr als zwanzig Jahre lang Tagebuch geführt und darin alles verzeichnet, was ihm an Erfolgen und Niederlagen zuteil wurde. Da er sich bald Adolf Hitler und der aufstrebenden NSDAP anschloss, wird er zum Chronisten der Machtergreifung und beschreibt ab 1933, wie Hitler und die Seinen binnen weniger Monate der Weimarer Demokratie den Garaus machen. Für Goebbels eilt der Führer, an den er mit katholischer Inbrunst bis zum letzten Atemzug glaubt, von Sieg zu Sieg, steht das deutsche Volk wie ein Mann hinter ihm und kann die Welt nicht früh genug am deutschen Wesen genesen. Die Eitelkeit des Schreibers verleitet ihn dazu, auch sämtliche (echten wie falschen) Komplimente zu verzeichnen, die ihm für seine Auftritte zuteil werden, sodass sich in den Aufzeichnungen neben Reden, Artikeln und sonstigen Erklärungen auch vieles findet, das den «Menschen» Goebbels zeigt und damit die Tagebücher verkäuflich macht.

Der Autor weiß genau, was er wert ist und welches Kapital er durchs bloße Schreiben anhäuft. Am 22. Oktober 1936 trägt er ein Reiseerlebnis in sein Tagebuch ein, dessen Folgen die Nachwelt bis heute beschäftigen: «Unterwegs steigt [Max] Amann in den Zug ein, um mit mir das Pressegesetz durchzusprechen.» Der Chef des Parteiverlags Franz Eher Nachf., Verleger des verordneten Bestsellers «Mein Kampf», und sein prospektiver neuer Autor, der amtierende Propagandaminister, werden sich schnell einig: «Ich verkaufe Amann meine Tagebücher. 20 Jahre nach meinem Tode zu veröffentlichen. Gleich 250 000 Mk und jedes Jahr laufend 100 000 Mk. Das ist sehr großzügig. Magda und ich sind glücklich. Amann hat damit eine gute Kapitalanlage.»[4] Gleichwohl wird Goebbels' Pressereferent Wilfred von Oven den Meister später als obersten Moralisten darstellen, der beizeiten tief seufzen konnte über die schlechte Welt: «Wie viel Korruption und Verkommenheit habe ich mitansehen müssen! Wie bin ich dagegen Sturm gelaufen!»[5]

Goebbels macht aber nicht nur Goebbels reich, sondern eine anhaltend begeisterte Schar von Tagebuch-Nutzern glücklich oder, wie sich zeigen wird, auch unglücklich. Die Publikation wird erst Jahrzehnte später beginnen und sich dann länger als zwanzig Jahre hinziehen, aber schließlich wurde die Verabredung auf der Eisenbahn doch noch erfüllt. Von der Herausgeberin als «exzeptionelle Quelle»[6] deklariert, werden die Tagebücher von 1987 an als Veröffentlichung des Instituts für Zeitgeschichte, von 1998 an sogar in Kooperation mit dem Staatlichen Archivdienst Russlands erscheinen. Ohne Genouds wohlbedachte Zustimmung freilich wäre dieses wissenschaftliche Großwerk nie zustande gekommen.

In welcher Form die Tagebücher einmal herauskommen sollten, stand 1936 so wenig wie 1945 fest. Einen Teil hatte Goebbels selber mit großem Erfolg bereits für den Bericht «Vom Kaiserhof zur Reichskanzlei» (1934) ausgebeutet, doch durfte er annehmen, dass der Wert der Tagebücher mit der Bedeutung ihres Autors immer weiter gestiegen wäre. Angeblich wollte ihm Amann insgesamt drei Millionen Reichsmark dafür bezahlen.[7]

Weniger gewiss als der Marktwert dieser Tagebücher ist die Antwort auf die Frage, ob es sich bei Goebbels' Aufzeichnungen überhaupt um einen sogenannten eigenschöpferischen Akt handelt, der Voraussetzung für ein individuelles Urheberrecht wäre: Ab 1941 ging der zunehmend beschäftigte Minister dazu über, seine täglichen Anmerkungen zu diktieren. Sie enthalten neben den schneidigen Sprüchen, die den Propagandisten seit je auszeichneten, auch Berichte zur Lage, vor allem jener an den verschiedenen Kriegsschauplätzen. Ob diese täglichen Lageberichte tatsächlich von Goebbels selber stammen oder komplett von seinem Stab zusammengetragen wurden, ist nicht eindeutig zu bestimmen und wäre doch entscheidend – denn nur die kreative Leistung des einzelnen Urhebers ist tantiemenfähig. Bernd Sösemann, der die Edition allerdings scharf kritisiert und eine Zeitlang eine eigene vorbereitete, glaubt, «in den für Amann im Dienst gefertigten Diktaten einen täglichen Kollektivbericht aus dem Hause Goebbels sehen zu müssen».[8]

Joseph Goebbels ist ein besonders komplizierter Urheber. Sein dichterisches Werk war 1945 zum größten Teil unveröffentlicht. Nach seiner Dissertation über den romantischen Schriftsteller Wilhelm von Schütz hatte er 1929 den expressionistischen Bekenntnisroman «Michael» veröffentlicht, in dessen Pathos die Menschheitsdämmerung bereits in die Morgenröte des Nationalsozialismus überzugehen scheint: «Wir warten auf den Tag, der den Gewitterwind bringt. Wir werden im gegebenen Augenblick den Mut haben, den Willen zusammenzureißen zu einer Tat um das Vaterland.»[9] Als Gauleiter von Berlin und als Propagandaminister schrieb er unermüdlich Leitartikel für die Parteipresse und brachte politische Schriften heraus. Das alles begleitende Aufzeichnungsbuch aber gelangte zu seinen Lebzeiten nicht mehr an die Öffentlichkeit. Nebenher gibt es noch etliche sehr frühe, sehr pathetische, unveröffentlichte Gedichte; schließlich hatte der Autor 1921 in Heidelberg im George-Umkreis promoviert.

Eine weitere, nicht unwesentliche Komplikation ergibt sich durch den Wohnort. Der Verlag residierte in München, doch der Autor, Joseph Goebbels, war in Berlin gemeldet. Für die Vermögensverwaltung des am 1. Mai 1945 verstorbenen ehemaligen Gauleiters wurde deshalb die ehemalige Reichshauptstadt zuständig, oder vielmehr der Alliierte Kontrollrat der vier Siegermächte. Nochmal: Zwar können die urheberrechtlichen Nutzungsrechte an Werken übertragen werden, die Urheberrechte des Autors selber dagegen sind unveräußerlich. Es wäre jedoch eine Kleinigkeit gewesen, mit Berufung auf das Gesetz Nr. 52 der alliierten Militärregierung vom 18. September 1944 auch dieses noch nicht kapitalisierte Vermögen einzuziehen. Es geschah nicht, weil niemand dazu bereit war, allerdings rechnete auch niemand damit, dass aus dem Nachlass des Propagandaministers ein Millionenwert entstehen könnte, um den sich die verschiedensten Anspruchnehmer jahrzehntelang streiten würden. Genoud jedenfalls focht unermüdlich vor Gericht für Goebbels und gegen die angeblich gewissenlosen Vermarkter, damit er ihn endlich mit gutem Gewissen selber vermarkten konnte.

Doch zuerst musste er ihn haben.

Schon allein weil die Regierungsgebäude in der Mitte Berlins lagen, gelangte der Goebbels-Nachlass, sein monströses Tagebuch, in den zunächst sowjetisch besetzten Osten. Die Glasplatten, auf die er seine täglichen Aufzeichnungen hatte übertragen lassen, wurden von den Siegern wie andere Kriegsbeute auch nach Moskau überführt. Daneben fanden sich in der Reichskanzlei und im Führerbunker mehrere Tausend wildvermischter Seiten an Originalen und Abschriften der von 1941 an erfassten Aufzeichnungen, die ihre Finder überwiegend in den Westen brachten. Außerdem blieben bis 1969 mehrere Kisten mit Aufzeichnungen in der Erde um Berlin, wo Goebbels sie hatte vergraben lassen.

Das «Dritte Reich» mochte katastrophal untergegangen sein, doch war – das hatte der Goebbels-Imitator Fechner nicht ohne Grund befürchtet – seine Ideologie längst nicht aus der Welt. In einem Land, das den Krieg verloren hatte und rasch von der Diktatur in die Demokratie überführt werden sollte, war die nostalgische oder auch nur leicht schaudernde Bewunderung für die braunen Unholde kaum zu unterdrücken.

Der Treueste unter den trauernd Hinterbliebenen des verlorenen «Dritten Reiches» ist gewiss der Schweizer François Genoud, und er will möglichst viele an seiner Neigung teilhaben lassen. Geblieben sind von Goebbels nur Worte, aber was für Worte! In einer Ausgabe der Reden des Propagandaministers von 1971 rühmt Genoud sich seines heldenhaften Einsatzes für den Mann, den er wegen «seines absoluten Ernstes und seiner musterhaften Aufrichtigkeit» bewundert.[10] Mit Goebbels ist nicht bloß ein gutes Werk zu verrichten (wie es Genoud vorgibt), sondern vor allem viel Geld zu verdienen. Allein mit den 1948 in den USA und in der Schweiz veröffentlichten Auszügen seien 1,5 Millionen Mark erlöst worden, heißt es schon im Januar 1951 im *Spiegel.* «An der Echtheit der von Lochner entdeckten Dokumente scheint kein Zweifel mehr erlaubt», wird dem Leser versichert. «Was natürlich nicht ausschließt, daß Lochner als versierter Journalist durch geschickte Korrekturen tendenzverändernde Effekte erzielt hat»,[11] wie der Experte «Dr. Naumann» im *Spiegel* kommentiert, der bereits bekannte ehemalige Goebbels-Staatssekretär. Solche Hinweise stacheln die Nachfrage an und steigern den Marktpreis. Genoud hat noch nichts davon, was er schon deshalb ungerecht findet, weil es keinen loyaleren Erben als ihn gibt.

Die schier unendliche Goebbels-Geschichte beginnt 1948, als Louis P. Lochner eine Auswahl aus den Tagebüchern veröffentlicht.[12] Wie die Einleitung verrät, fanden sich 1945 im Hof des Propagandaministeriums siebentausend Blätter, die erst verbrannt, nach der Kapitulation aber dem Altpapier zugeführt werden sollten. Sie gelangten auf ihre Weise in die USA, wo sie in die Hoover Collection der Stanford University aufgenommen werden. Im Benehmen mit dem New Yorker Verlag Doubleday erscheint dort eine erste Auswahl. Gleichzeitig kommt in Zürich bei Atlantis eine deutsche und in Genf bei Le Cheval ailé eine französische Ausgabe heraus. Hier veröffentlicht Genoud 1949 auch Léon Degrelles Erinnerungen an den Russland-Feldzug, «La Campagne de Russie 1941–1944».[13] In den USA entspinnt sich ein heftiger Streit um den Verwendungszweck. Der Verlag führt schließlich den Gewinn in Höhe von 131 800 Dollar an das Außenministerium ab.[14] Zu der Zeit kümmert Goebbels den jungen Verleger nicht, ist er doch vollauf damit beschäftigt, Bormanns und damit Hitlers Nachlass zu vertreiben.

Dann aber ereignen sich im Herbst 1954 fast gleichzeitig zwei ganz unterschiedliche, zwei an sich wenig belangvolle juristische Vorgänge, die beide mit Goebbels zu tun haben. Nichts deutet zunächst darauf hin, wie wichtig sie nicht bloß für Genoud, sondern auch für die zeitgeschichtliche Forschung werden sollen. Vor einem Kölner Gericht streitet eine Krankenschwester um ihr Recht am Nachlass von Joseph Goebbels, und in Berlin bestellt das Amtsgericht Zehlendorf den Rechtsanwalt und Notar Kurt Leyke zum Pfleger für ebendiesen «Nachlaß des im April 1945 verstorbenen Dr. Joseph Goebbels zuletzt wohnhaft gewesen in Berlin-Schwanenwerder, Inselstr. 8 / 10». Leykes Wirkungskreis, heißt es in der Urkunde, «umfaßt die Verwaltung und Sicherstellung des Nachlasses, sowie Ermittlung der Erben».[15] Der Rechtsanwalt ahnt nicht, wie schwer ihn diese Verwaltung noch ankommen wird.

Bereits im Jahr zuvor[16] hat sich ein Frl. Meyer beim Bundesarchiv gemeldet und den sofortigen Besuch eines leitenden Mitarbeiters verlangt. Sie befinde sich im Besitz wichtigen Materials, das einst dem Propagandaminister Goebbels gehört habe. Es gebe auch ausländische Interessenten, doch wolle sie den Bestand in Deutschland wissen. Das Bundesarchiv wird neugierig, denn von Goebbels besitzt man dort bisher nichts. Archivrat Wolfgang A. Mommsen, im Krieg beim Reichskommissar Ostland, nämlich Alfred Rosenberg, im Sonderstab Archive eingesetzt, also mit Kulturraub beschäftigt und nachher von der Sowjetunion als Kriegsverbrecher gesucht,[17] unternimmt gleich am nächsten Tag, einem Samstag, eine Dienstreise von Koblenz nach Köln und lässt sich die versprochenen Schätze zeigen. Es handelt sich um einen Koffer, den Hildegard Meyer-Bendels einmal von der Mutter, dann wieder vom Bruder des ehemaligen Ministers erhalten haben will. Sie scheint eher unbedarft, ist aber die Nichte eines Kölner Prälaten, hat selber erst in letzter Minute dem Ordensstand entsagt und ist Krankenschwester geworden. Als sie einmal ihrem Chef die Papiere zeigte, wandte der sich – die Welt ist klein und Köln erst recht – an Hans Fritzsche, den ehemaligen Reichsrundfunkkommentator, der eben mit der FDP in die Naumann-Affäre gestrudelt war. Frau Meyer-Bendels besitzt Briefe, Fotografien, die handschriftliche Dissertation, Gedichte und weitere Juvenilia sowie verschiedene, doch recht schwungvolle Unterschriftsproben, in denen Goebbels bereits für den «Universitätsprofessor Dr.» übt. Außerdem findet sich darunter auch ein erstes Testament, das der wenig hoffnungsvolle Dichter 1920 formuliert, als er nach der Trennung von seiner Freundin Anka Stahlherm nicht mehr leben will. «Politisches ist mir überhaupt nicht in die Hände gefallen», schreibt der Kulturforscher Mommsen in seinem Bericht. Es handele sich, notiert er nicht ohne Verständnis, um Material «ohne jeden politischen, jedoch von sehr erheblichem biographischem Wert für den jungen Goebbels, dessen Weg aus dem wohlbehüteten Elternhause zum Nihilismus und Nationalsozialismus unter dem Einfluß der Not der Nachkriegsjahre offenbar wird».[18] Not kennt kein Gebot, haben möchte man das Zeug natürlich trotzdem. Mommsen formuliert ein Schnellgutachten: «Alles Zeugnisse eines hochbegabten Geistes», glaubt er zu wissen. Als er Hildegard Meyer-Bendels für dieses Geisteswerk 1500,– Mark bietet, herrscht «großes Entsetzen». So wenig hatte sie nicht erwartet und fragt auch gleich, ob er die höchste Instanz im Bundesarchiv sei.

Gegenüber dem Anwalt Frl. Meyers, mit dem er sich ebenfalls ins Benehmen setzt, wird Mommsen deutlich: «Darin, daß die Papiere an das Bundesarchiv verkauft würden, bestände ein gewisser Schutz dagegen, daß die durch einen evtl. Verkauf erzielten Gelder von der für Goebbels zuständigen Spruchkammer, wahrscheinlich Berlin, beschlagnahmt werden können.»[19] Das Bundesarchiv, das bisher gegenüber den Münchnern arg zurückliegt, ist in seiner Erwerbsgier auch zu dieser wenig wissenschaftlichen Komplizenschaft bereit; dreißig Jahre später wird der Leiter des Bundesarchivs die von Gerd Heidemann beschafften «Hitler-Tagebücher» vorsorglich für echt halten, wenn er nur die kostbaren (aber leider nur vermeintlichen) Originale vereinnahmen darf. Bei einer Besprechung im Bundesarchiv wird der Hinweis Dr. Mommsens auf die «Eigentumsfrage» notiert. «Wahrscheinlich handelt es sich um Eigentum Goebbels, das durch Spruchkammerverfahren der Beschlagnahme verfallen sei. Es wird festgestellt, daß dieses keine Rolle spielen könne, da eine solche Maßnahme die ganze Werbungsarbeit des Bundesarchivs zunichte machen würde.»

Dennoch verkauft Hildegard Meyer-Bendels ihr Material lieber für sechstausend Mark an den katholischen Verlag «Wort und Werk». Dort ist man nicht abgeneigt, einen Goebbels zu veröffentlichen, der nicht bloß katholisch war, sondern seinen wahren Beruf nur knapp verfehlt hat. «Man fand Bekenntnisse Goebbels, dass er einmal Priester werden – ja sogar ‹Kardinal› werden wollte», behauptete die um das Seelenheil des Verstorbenen besorgte Frau Meyer-Bendels.[20] So wäre der verlorene Sohn wenigstens posthum wieder heimgeholt.

François Genoud (oder sein Freund Rechenberg) liest Zeitung und erfährt so von dem Fund, den statt seiner diese «Diebin» zu Geld machen will. Genoud reist sofort nach Köln und dringt bis ins erzbischöfliche Ordinariat vor, um wegen der geplanten Veröffentlichung zu protestieren, die er gerichtlich verhindern will. Notfalls will er seine Ansprüche sogar gegen die Bundesregierung geltend machen. Goebbels soll seiner sein, und er will ihn nicht mehr hergeben. Er spielt sich als Inhaber von Rechten auf, die er noch gar nicht hat, aber zu erlangen fest entschlossen ist. Dazu fehlt ihm zuallererst das Testament, das der noch nicht einmal dreiundzwanzigjährige Goebbels gemacht hat und in dem er für die Nachwelt tremolierte: «Ich scheide gern von einem Leben, das für mich nur noch eine Hölle war.» Dieses Dokument hat die «Diebin» allerdings bereits für 350,– Mark an das Bundesarchiv verkauft.[21]

Im Gespräch mit Dr. Peuler vom Verlag «Wort und Welt» erfährt Mommsen von der Existenz François Genouds und dessen erstaunlichem Interesse an Goebbels. Ein ausgesprochener Neonazist soll er sein, dem es darum gehe, das Andenken Goebbels' zu retten. Er sei in ständiger Begleitung eines ehemaligen hohen Naziführers namens Rechenberg und hinter ihm stände starkes neonazistisches ausländisches Kapital,[22] hält Mommsen für das Bundesarchiv fest. Das hier vermittelte Bild von einem Nazi-Großnetzwerk, das er betreibe, gehört bald zu der mythischen Aura, die Genoud recht geschickt um sich zu verbreiten versteht. So charmant Genoud im Umgang mit jedermann ist, er kann auch anders und recht dreist sein.

Kurt Leyke, eben als Goebbels' offizieller Nachlassverwalter eingesetzt, erfährt im November 1954 von dem Teil-Nachlass in Köln, um den bereits ein heftiger Streit entbrannt ist. Genoud beansprucht die Rechte daran, doch fehlt ihm, wie der Staatsanwalt in Köln erkennt, die «Sachlegitimation».

Leyke muss sich zunächst mit ganz anderen Problemen befassen. Die Sache sei nämlich die, teilt «Krech», Rechtsanwalt und Notar / Steuerberater in Berlin-Zehlendorf, am 11. Oktober 1954 dem «Sehr geehrten Kollegen» Leyke mit, dass Herr Dr. Alfred Ludwig aus Osnabrück Eigentümer des Grundstücks Schwanenwerder Blatt 10 sei. Daraus wurde nach dem Krieg die Nummer 12 / 14. Goebbels wohnte am Ende in Nummer 8. Ludwig hat es am 8. Juni 1939 für 180 000 Mark von Joseph Goebbels gekauft, der es seinerseits fünfzehn Monate zuvor für 117 500,– Mark «von einer Frau Herz» [23] erwerben konnte und damit einen kleinen Spekulationsgewinn von mehr als fünfzig Prozent gemacht hat. «Frau Herz», teilt «Krech» dem Kollegen mit, «hat nun ein Wiedergutmachungsverfahren eingeleitet mit dem Ziele der Rückgabe des Grundstücks.» [24] Naturgemäß wünscht sich Herr Ludwig an den Vorbesitzer, eben jenen Herrn Goebbels, zu halten.

Das war nicht der einzige derartige Restitutionsfall, aber dummerweise waren an dieser Transaktion Vertreter der ehemaligen Reichshauptstadt Berlin beteiligt, sodass eventuelle Schadenersatzansprüche auch an die rechtsnachfolgende Stadt Berlin erhoben werden könnten. Herr Ludwig jedenfalls gedenke, den Nachlass Dr. Goebbels als «unmittelbaren Rechtsvorgänger und den Senat Berlin als mittelbaren Rechtsvorgänger gemäß Art. 40 REAO in Anspruch» [25] zu nehmen.

Folglich muss zweierlei geschehen: Es wird erstens eine Vermögensaufstellung Goebbels' fällig, zweitens müssen die Erben nach Dr. Joseph Goebbels gefunden werden, die das Erbe, also den Nachlass, annehmen oder ausschlagen. Außerdem ist in Berlin ein Sühneverfahren anhängig, bei dem der ehemalige Gauleiter mit dem eher symbolischen Betrag von 100 000 DM bestraft werden soll. Das ist erbrechtlich gar nicht so einfach zu vollziehen. Am 1. Mai 1945 haben sich der Propagandaminister und seine Frau getötet, nachdem sie zuvor noch die sechs gemeinsamen Kinder umgebracht haben. Aus ihrer ersten Ehe mit dem Industriellen Günther Quandt hat Magda Goebbels noch den 1921 geborenen Sohn Harald, der, da bereits Soldat, das Massaker im Bunker überlebte, doch ist der bei Joseph Goebbels nicht erbberechtigt. Die Quandt-Familie ist, obwohl durch die Nähe zur Reichsführung kompromittiert, nach dem Krieg ohne Mühe wieder auf die Beine gekommen. Harald Quandt leitet mittlerweile die Karlsruher Werke, einen Rüstungsbetrieb, in dem unter anderem Landminen hergestellt werden. Bei ihm setzt der Nachlassverwalter an.

Leyke fragt Harald Quandt, ob er nicht vielleicht etwas zur Erbschaftssache Goebbels beitragen könne, die er ihm darlegt. Trotz des Sühneverfahrens müsse man nicht alle Hoffnung aufgeben, es sei völlig offen, ob nicht doch noch etwas für die Erben übrig bleibe. Der Notar hat einen guten Tipp für die ihm völlig unbekannten Erben: «Es würde m. E., was die Höhe der Strafe anbelangt, fraglos günstig wirken, wenn z. B. die Mutter von Frau Goebbels oder ein anderer näherer Verwandter auftreten würde, der selbst in bescheidenen Verhältnissen lebt.» [26]

Im Übrigen versichert Kurt Leyke, der sonst Wert darauf legt, nur Soldat, aber alles andere als ein Nazi gewesen zu sein, dem Goebbels-Stiefsohn, dass die Zeit alle Wunden heile, auch diese Familie also nicht ewig zu sühnen habe. «Es sind natürlich noch viele Reminiszenzen zu überwinden. Aber durch den Zeitablauf hat sich auch da manches geändert.» [27] Trotz dieser wertvollen Hinweise will Quandt aber dann doch nichts von der ihm unbekannten «Erbmasse» Goebbels. Er hat selber «starke Reminiszenzen»,[28] allerdings sind seine anderer Art; er reflektiert auf das Haus am Schwanenwerder. Ansonsten gebe es Frau Maria Kimmich, eine Schwester von Goebbels, verheiratet mit einem Filmregisseur und Drehbuchautor Max W. Kimmich, und an die möge Leyke sich wenden.[29]

Genau hier mischt sich François Genoud ein. Er ist kein erbberechtigter Verwandter, hat Goebbels nicht wie einst Hitler die Hand geschüttelt, doch könnte keine Liebe größer sein als die Genouds für den Großsprecher des «Dritten Reiches». Er will und muss das Erbe haben. Von Bormann, von Hitler besitzt er Fragmente, Andeutungen, Kleinigkeiten, aber hier bietet sich die Aussicht auf einen richtigen Batzen aus der Konkursmasse des Nationalsozialismus.

Hans Rechenberg, der bewährte Verbindungsmann, führt ihn bei Leyke ein, und so kann sich Genoud auf den Rechtsanwalt Hans Flächsner berufen, als er sich im Januar 1955 beim Herrn Notar vorstellt. Flächsner ist für Genoud nicht ohne Meriten, hat er doch in Nürnberg seinen Mandanten Albert Speer vor dem Galgen bewahren können. Noch ehe Genoud beim Nachlassverwalter erscheint, hat er mit Maria Kimmich Kontakt aufgenommen, die sogleich von den guten Manieren des Besuchers und dem Interesse eingenommen ist, das der Schweizer an ihrem verstorbenen Bruder nimmt. Sie hat selber große Sorgen, denn kaum hat dieser Bruder ein hoffnungsvolles Nachleben als Einnahmequelle zu führen begonnen, sind diese Einkünfte schon wieder durch den Prozess in Köln bedroht, wo das unberechenbare Frl. Meyer ihr eigenes Recht behauptet. Genoud ist auch da gern bereit zu helfen.

Er trifft sich mit Maria Kimmich in München, gewinnt ihr Vertrauen und schließlich ihre Zustimmung für einen Deal, den ihr Mann Max, Goebbels' Schwager, auch den anderen Verwandten dringend empfiehlt: Der Schweizer Verleger François Genoud, so schreibt Kimmich an die Verwandtschaft, sei bereit, den Prozess zu finanzieren und mit den gesetzlichen Erben einen Vertrag zu schließen. Wenn die Erben ihm die urheberrechtlichen Verwertungsrechte am literarischen Nachlass von Joseph übertragen würden, erhielten sie dafür fünfzig Prozent von allen Einnahmen, die ihm daraus erwachsen werden. Die anderen fünfzig Prozent erhalte er. Die Prozesskosten müssten allerdings zuvor in Abrechnung gebracht werden. Sollten die Prozesskosten die Einnahmen übersteigen, so trage der zuvorkommende Verleger die Differenz. Den Erben entstünden also in keinem Fall Ausgaben.

Kimmich erläutert das Angebot noch einmal, und er macht die Sache dringlich. Nur ein Ausländer sei imstande, den Nachlass von Joseph zu verwerten. Einem Deutschen würden zu viele Schwierigkeiten gemacht. Was ihn angehe, so halte er den vorgeschlagenen Vertrag mit dem Verleger Genoud für «glänzend und zukunftsreich», die hälftige Beteilung der Erben sei doch «großartig». Schließlich spielt er seinen letzten Trumpf aus: Bei Schriftstellern gelte bereits ein Anteil von zehn und mehr Prozent als hoch, und hier, bitte, würde gleich die ganze Hälfte geboten.[30]

Noch immer besitzt Genoud nicht einmal eine Abschrift des Testaments, das er anzufechten gedenkt, aber schon tritt er als alleiniger Hüter der Goebbels-Rechte auf. Am 24. Januar 1955 beschwert er sich beim Generalvikariat des Erzbistums Köln über Hildegard Meyer-Bendels und bezeichnet sich recht kühn als «alleinberechtigter Verleger aller Werke von Dr. Goebbels und Bevollmächtigter der Erben der Witwe Katharina Goebbels».[31] Maria Kimmich verwendet sich bei Leyke für ihn und Rechenberg, denn die beiden Herren besäßen ihr volles Vertrauen.[32] Rechenberg hat Leyke nicht nur seinen Freund Genoud empfohlen, sondern kann noch weitere Referenzen anbieten. Er sei bereit, sich wegen weiterer Details zum Nachlass Goebbels an dessen ehemaligen Staatssekretär zu wenden, den «Dr. Naumann», der nach seinem sehr kurzen politischen Comeback nun endgültig ein Unterkommen in der Industrie gefunden hat. Auch mit dem hinterbliebenen Sohn Harald Quandt werde er demnächst sprechen.[33] Genoud verfüge außerdem über Kontakte in alle Welt, zu Verlagen in England, Frankreich, Italien und sogar den USA und sei damit für diesen heiklen Mandanten doch gewiss der richtige Mann.

Leyke ist beeindruckt von diesem Aufgebot, außerdem möchte er die Nachlasssache Goebbels so rasch wie möglich loswerden, und Genoud ist bereit, sich genau darum zu kümmern. Im März 1955 kommt es zu einem weiteren Treffen in Köln. Der so engagierte Genoud kann leider nicht dabei sein, wie er aus Paris schreibt. Rechenberg, der seinerseits adressenlos scheint und aus einem Schließfach in Frankfurt korrespondiert, übernimmt wieder die Verhandlungen. Genoud erklärt sich bereit, die Prozesskosten gegen Hildegard Meyer-Bendels zu tragen, allerdings nur unter der Voraussetzung, dass man in Form einer Vereinbarung Herrn Genoud zusichere, dass bei einem Obsiegen er die Auswertungsrechte an dem literarischen Nachlass übertragen erhalte.[34] In einem Vorvertrag vom 17. März 1955 taucht Genoud aber gar nicht auf, sondern nur Rechenberg, der sich bereit erklärt, die bisherigen Prozesskosten von 2141,40 DM zu übernehmen, die er gegen zu erwartende

Gewinne verrechnen will. Erwähnt wird jedoch als Vertragspartner ein «von ihm zu benennende[r] Dritte[r]» – der auffällig abwesende Herr Genoud.

Wer als Nutznießer im Vertrag erscheine, er oder Genoud, sei letztlich gleichgültig, betont Rechenberg,[35] mit dem Vorvertrag ist er trotzdem nicht einverstanden. Ihn stört die vorgesehene zeitliche Begrenzung auf fünf Jahre (die um weitere fünf verlängert werden könnten), und er möchte die Übernahme der Nachlassverwertung nicht vom Obsiegen, vom Prozessausgang abhängig machen. Damit setzt er sich schließlich durch.

Nach einem hochkomplizierten Schlüssel wird der Halbanteil des noch längst nicht erfassten Goebbels-Vermächtnisses unter sieben Erben gestreut; Genoud erhält die andere Hälfte der Erträge, jedoch erst nach Abzug aller Kosten. Hildegard Meyer-Bendels hat schon so gut wie verloren, denn ihr fehlt eine solche mächtige, raffinierte Unterstützung. Die Krankenschwester ist bald so durcheinander, dass sie zur Kur muss. In einem wirren, aber nicht unverständlichen Brief meldet sie, dass Genoud sich in Andeutungen über «Prominente» ergangen habe, die in Madrid lebten. Er werde Adenauer beseitigen, er werde eine neue NS-Partei gründen,[36] glaubt sie seinen Bemerkungen entnommen zu haben. Sie verfasst eine recht krause Denkschrift mit dem Titel «Der Fluch» (womit sie einen Fluch meint, der auf Goebbels und allem laste, was mit ihm zusammenhängt) und schickt eine Kopie an den von diesem Fluch ebenfalls bedrohten Bundeskanzler Adenauer. Es hilft auch das nichts mehr.

Am 23. August 1955 unterschreibt Genoud mit Leyke einen Vertrag, der nur eine einzige Seite umfasst, ihm aber alle urheberrechtlichen Verwertungsrechte an dem gesamten literarischen Nachlass des Dr. Joseph Goebbels, gleichviel, ob es sich um schon veröffentlichte oder bisher unveröffentlichte Werke handelt, ohne jede Einschränkung überlässt. Praktischerweise wird in Berlin dann von der Einleitung eines Sühneverfahrens gegen den toten Goebbels, Joseph Abstand genommen. Genoud ist endlich im Besitz der Rechte am Goebbels-Nachlass. Am 21. Oktober wird eine Zusatzvereinbarung geschlossen. «Der Nachlaß überträgt das ihm an den veröffentlichten und nicht-veröffentlichten Werken von

Dr. GOEBBELS einschließlich dessen privaten Aufzeichnungen, Korrespondenzen und dergleichen bestehende Eigentumsrecht auf Herrn GENOUD, der diese Übertragung hiermit annimmt.» [37]

Im Bundesinnenministerium ist man über dieses formaljuristisch kaum zu beanstandende Manöver sehr ungehalten, weiß sich aber keinen Rat: «Ich sehe keine Möglichkeit, Herrn Genoud daran zu hindern, den Goebbels-Nachlass ins Ausland zu verbringen.» [38] Von anderer Seite kommen jedoch Einwände. Am 28. Juni 1956 schreibt Anwalt Fritz E. Oppenheimer aus New York an Leyke, dass Genoud keinerlei Rechte an dem Nachlass erwerben konnte, da das Manuskript der Tagebücher von der amerikanischen Regierung beschlagnahmt worden sei.[39] Seltsamerweise nimmt die amerikanische Regierung aber kein weiteres Interesse an der Sache, die bereits am Ende des Jahres niedergeschlagen wird. In einer verblüffenden Umkehrung der Verhältnisse wird Genoud nachträglich Geld für die amerikanische Ausgabe der Goebbels-Tagebücher, jener von 1948, zugesprochen. Dabei soll laut Peter-Ferdinand Koch Paul Dickopf besonders hilfreich gewesen sein, der im Bundeskriminalamt mittlerweile für internationale Beziehungen zuständig ist, aber weiter als V-Mann für den amerikanischen Geheimdienst arbeitet. Durch seine Kontakte habe Dickopf dafür gesorgt, dass sein Kriegskamerad vom Verlag Doubleday nachträglich mit 15 000 Dollar für entgangene Goebbels-Tantiemen entschädigt wurde.[40]

Goebbels bringt bereits so viel Geld, dass es vor dem Finanzamt versteckt werden muss. In einem offiziellen Schreiben an Leyke jammert Genoud, dass er mit Goebbels bisher nur DM 2250,– aus einem Vergleich mit dem Institut für Zeitgeschichte eingenommen habe, gegen die Gerichtskosten in Höhe von insgesamt DM 39 285,60 stünden, ganz zu schweigen von den DM 6000,–, mit denen Frau Meyer-Bendels abgefunden werden soll, damit sie endlich den Goebbels-Koffer herausrückt. Schon das ist falsch, denn das IfZ hat Genoud nicht DM 2250,–, sondern DM 6000,– für das Recht bezahlt, aus den Goebbels-Tagebüchern von 1925/26 (beschränkt auf den deutschsprachigen Raum) zu veröffentlichen.[41] Der listige Genoud fügt ein weiteres Schreiben bei, mit dem er das andere für unwichtig, weil «für das Finanzamt» bestimmt, erklärt. In diesem handschriftlichen Brief schreibt Genoud, dass er aus dem Vergleich mit Doubleday 21 560,– SFr bezogen habe, sodass er aus diesem Geschäft mit zwei blauen Augen hervorgegangen sei.[42]

Zunächst jedoch wird Urlaub vom nationalsozialistischen Erbe genommen, Afrika und seine dunkle Welt lockt. Am 2. Mai 1957 schreibt Hans Rechenberg an seinen Anwalt O. J. G. Scharlach in Hamburg, dass er in der kommenden Woche mit Herrn Genoud eine längere Reise nach Marokko antrete, von der sie erst Anfang Juni zurückkehren würden. Den Grund für die Reise nennt er nicht. Doch kündigen sich große Dinge an, der Hitler-Jünger wird mit einem weiteren bedeutenden Mann des «Dritten Reiches» bekannt. Nach Hjalmar Schacht darf der angehende Bankier Genoud, wie seine Beobachter beim Schweizer Geheimdienst gewissenhaft notieren,[43] einen weiteren Mann kennenlernen, der seine wirtschaftliche Kompetenz im «Dritten Reich» bewiesen hat. Durch jahrelanges Bemühen und nach vielfacher Bitte um Unterstützung bei Industriellen und Bankern aus dem «Dritten Reich», die ihre Karriere in der Bundesrepublik fortsetzen konnten, ist es dem guten Samariter Rechenberg gelungen, seinen früheren Chef, den zu lebenslanger Haft verurteilten Walther Funk, vorzeitig freizubekommen. Zuvor hatte er bereits für Frau Funk eine monatliche Rente von DM 600,– erwirkt, die nach der Entlassung ihres Mannes auf DM 1000,– für das Ehepaar erhöht und von der Bank Deutscher Länder, der späteren Bundesbank, gezahlt wird. Auch für die Kur Funks leistete die Bundesbank «wegen der Besonderheit des Falles» einen Zuschuss aus ihrem Dispositionskonto.[44] 1957 betrug die Durchschnittsrente eines Arbeiters übrigens DM 240,–.

Um die Freiheit zu feiern, fahren die Herren Genoud und Rechenberg mit dem Ehepaar Funk erst einmal in Urlaub. In Marokko kann Rechenberg anschaulich von seinen Kriegserlebnissen beim Afrikafeldzug nebenan in Algerien erzählen. Afrika ist die Vergangenheit, es wird auch die Zukunft sein.

8. François Genoud schreibt für Hitler

Für einen so treuen Anhänger wie François Genoud bedeutet es kein geringes Unglück, dass ihm trotz vielfältigster Bemühungen das Verwertungsrecht für Adolf Hitler immer wieder entgeht. Paula Wolf-Hitler hat sich mittlerweile völlig von ihm abgewandt und lässt sich lieber von dem Verleger Helmut Sündermann umschmeicheln, einem ehemaligen Angehörigen des Propagandaministeriums, der ebenfalls auf die Rechte spekuliert. Zwar ist sein Kampf fürs Erste gescheitert, doch will Genoud von diesem Hitler nicht lassen, der «in der Lage ist, alle Probleme zu lösen, die sowjetische Welt zu schlagen und anschließend seine Rechnung mit dem kosmopolitischen Kapitalismus zu begleichen».[1] Deshalb findet er auch nichts dabei, Hitler zu fälschen. Oder wie es sein zeitweiliger Kollaborateur David Irving formuliert: «Er hielt sich für bevollmächtigt, ein Hitler-Dokument zu schreiben.»[2] So entstand in der Zeit zwischen dem anstrengenden Rechtsstreit um Goebbels und der Hilfestellung für die algerische Befreiungsbewegung das sogenannte «Politische Testament» Adolf Hitlers, und wieder ging es nicht ohne eifrige Helfer.

Bei diesem Dokument droht die Sache wieder einmal kompliziert zu werden: Es gibt gleich mehrere Testamente, die Hitler zugeschrieben werden. In Martin Bormanns Notizbuch, das der sowjetische Historiker Lew Besymenski 1974 bekannt macht, steht unter dem 29. April 1945 nach «Trauung Adolf Hitler x Eva Braun» der Eintrag: «Der Führer diktiert sein politisches u. ferner sein privates Testament.»[3] Bormann sorgte noch am gleichen Tag dafür, dass dieser Letzte Wille mit Kurier in die verschiedensten Himmelsrichtungen befördert wurde. «Was ich besitze», hieß es da, «gehört – soweit es überhaupt von Wert ist – der Partei, sollte diese nicht mehr existieren, dem Staat. (…) Zum Testamentsvollstrecker ernenne ich meinen treuesten Parteigenossen Martin Bormann. Er ist berechtigt, alle Entscheidungen endgültig und rechtsgültig zu treffen.»[4] Dieses Dokument ist die Grundlage für das Recht des bayerischen Finanzministeriums, nach eigenem Belieben, in diesem Fall restriktiv, über «Mein Kampf» zu verfügen. Gleichzeitig leitet Genoud daraus moralisch seinen Anspruch ab, als Nachlassverwalter Bormanns zur Testamentsvollstreckung Hitlers berufen zu sein.

1952 hatte Genoud im Prozess um die authentische Fassung von Hitlers «Tischgesprächen» (und deren Veröffentlichung) seinen Anwalt Runge scheinbar endgültig plädieren lassen: «Das Testament des Führers – Verzeihung, Hitlers – war nichts als ein Bluff, ein Versuch, seine letzten Weisheiten nochmal von sich zu geben.»[5] Unbekümmert um diese frühe Einsicht lässt Genoud dann seit 1959 in verschiedenen Sprachen einen Text verbreiten, der den Titel «Politisches Testament» trägt. Dieses angebliche Testament besteht aus Äußerungen Hitlers, die zwischen Februar und April 1945 gefallen sein sollen und ausnahmsweise nicht von Henry Picker oder Heinrich Heim aufgezeichnet wurden, sondern vom Reichsleiter Bormann persönlich. Der Text bilanziert aber nicht etwa ein Leben, ein Werk, die drohende Niederlage, die Politik oder was auch immer, sondern enthält in locker gefügten achtzehn Kapiteln die vertrauten Radotagen des Führers über Gott und die Welt und seine eigene Rolle in der Vorsehung. Dieses Papier soll Hitler wie auch Bormann so wichtig gewesen sein, dass es Mitte April 1945, zwei Wochen vor dem Ende, aus Berlin ausgeflogen wurde. Eine scheinbare Bestätigung dieses Dokuments liefert Hitlers Fahrer Erich Kempka, der bis zuletzt dabei und auch beim Verbrennen der Führer-Leiche behilflich war. Kempka verwechselt allerdings die verschiedenen Testamente. Er berichtet, dass Hitler sein politisches und privates Testament am 29. April 1945 «Frau Traudl Junge» diktierte, was auch von anderer Seite bestätigt wird, doch dann vereinigen sich diese beiden überlieferten Dokumente zu einem dritten, das beim Nürnberger Prozess 1945/46 noch gar nicht bekannt war, sondern erst Ende der fünfziger Jahre auftauchte: «Das Testament wurde von Reichsminister Walther Funk versteckt und im Jahre 1950 dem Lausanner Verleger Francois Genoud ausgehändigt.»[6] Quelle für diese Aussage: der Lausanner Verleger François Genoud.[7]

Das angebliche Testament hat Epoche gemacht und ist in die Geschichtsschreibung eingegangen. 1965, anderthalb Jahre vor seiner Freilassung, als er sich um seinen Status als Zeitzeuge, als Deuter Adolf Hitlers sorgt, von dem er in den verbleibenden Jahren leben wird, liest

Albert Speer im Spandauer Gefängnis (auf Englisch? auf Französisch?) die letzten Worte seines Meisters und muss an den glorreichen Untergang zurückdenken. «Die Berichte über den Auschwitz-Prozeß haben völlig zurückgedrängt, daß in diesen Tagen vor zwanzig Jahren der Zweite Weltkrieg und das Reich Hitlers zu Ende gingen. Und während die Bilder von brennenden Städten, Flüchtlingstrecks, Panzersperren und versprengten Wehrmachtseinheiten vor meinem Auge auftauchen, ist auch die Figur Hitlers wieder da.»[8] Im Stil erinnert ihn dieses «Testament» an Goebbels (dem er auch schon Fechners Parodie gutschreiben wollte), aber «die Gedanken, die großen Perspektiven, die assoziative Argumentation – das alles war Hitler selbst», dem er jetzt so böse ist («alles Lüge, alles Zynismus»).[9] Joachim Fest verwendet dieses angebliche Testament in seiner Hitler-Biographie und glaubt, dass hier «gleichsam die Summe seines Lebens gezogen» werde. Weitschweifig seien Hitlers Überlegungen und ungeordnet; «im ganzen aber machen diese Seiten, die eines der Grunddokumente seines Lebens enthalten, noch einmal etwas von der alten gedanklichen Kraft, wie reduziert auch immer, spürbar; die alten Zwangsvorstellungen aber auch».[10]

Den ersten Propagandisten aber macht wieder einmal Hugh Trevor-Roper. In einem Brief jubelt er Ende 1958 über sein unverhofftes Forscherglück: «I was able to lay my hands on some new Hitleriana (Hitler's last table-talk, when he realised that the war was lost) and arrange for its publication in *Figaro.*»[11] Der Historiker bevorwortet auch die Ausgabe, die 1959 bei Cassell in London und 1961 in Paris und zwar mit dem seltsamen Zusatz «Version française et présentation de François Genoud» erscheint.[12] «Ein historisch überaus wichtiges Dokument ist entdeckt worden»,[13] trompetet der Historiker. «Hitlers politisches Testament, seine letzten Gedanken über den Krieg, der so gut wie verloren war. Zum letzten Mal öffnete sich eine Tür in die finstere, schreckliche und unheimliche Kammer seines Innern, die dennoch erfüllt von einer explosiven Geisteskraft war.»[14] Der Herr Professor weiß sich vor Begeisterung kaum zu fassen: «Was für eine geistige Kraft besaß er!»[15] Damit meint er tatsächlich so Extemporationen wie: «Es ist das Verdienst des Nationalsozialismus, daß er zum ersten Mal die jüdische Frage realistisch angepackt hat. Die Juden haben den Antisemitismus immer selbst ausgelöst.» [16] Oder: «Ich bin für Europa die letzte Chance!» [17] Oder: «Darin wenigstens kann man sich auf die Juden verlassen: der Antisemitismus wird erst mit ihnen aus der Welt geschafft werden.» [18]

Der Reiz dieses von der Nachwelt so begeistert aufgenommenen Textes liegt jedoch weniger in seinem Inhalt als in seiner zweifelhaften Überlieferungsgeschichte. Danach wäre das sogenannte «Politische Testament» Hitlers auf dem Weg vom Bunker zum Leser durch mehr Hände gegangen als eine Kameliendame des 19. Jahrhunderts. Nachdem es Bormann seinem Führer abgelauscht und aufgezeichnet hatte, so beginnt die epische Geschichte, die Trevor-Roper und später, in der deutschen Ausgabe, Albrecht Knaus verbreitet, übergab er dieses Testament Reichswirtschaftsminister Walther Funk, der Berlin wie erwähnt am 22. April 1945 verließ. Funk wurde im Mai 1945 in Berchtesgaden verhaftet. Da er fürchtete, wegen des ihm anvertrauten Textes womöglich doch noch an den Galgen zu kommen, so geht die Legende weiter, habe er seinen ehemaligen Pressesprecher, der ihn in Nürnberg und anschließend im Gefängnis von Spandau so fürsorglich betreute, aufgefordert, das ihn angeblich kompromittierende Dokument in Bad Gastein, wo es deponiert war, aufzutreiben und zu vernichten. Dieser Pressesprecher war niemand anderes als Hans Rechenberg. Der tat wie geheißen und tat es doch nicht. Oder wie es Trevor-Roper so unvergleichlich formuliert: «Andererseits befahl ihm die Stimme der Geschichte ebenso deutlich, die Dokumente für die Nachwelt zu erhalten.» [19] Ehe er also das Original «feierlich» vernichtete, fertigte Rechenberg eine Kopie an, mit der er Genoud beschenkte.

War es so?

Vielleicht, aber das war noch nicht alles. Plötzlich erlebt das Dokument eine Wiedergeburt in ganz neuer Gestalt. Genoud übersetzt von der angeblichen Kopie Hitler ins Französische. Alle weitere Forschung hat sich also an diesem neu kreierten Original zu bewähren, denn dieser französische Hitler wurde stracks wieder in einen deutschen zurückverwandelt, da Genoud sich verpflichtet sieht, dem inzwischen freigelassenen Funk 1957 die Wahrheit zu sagen und sich gleichzeitig von ihm bestätigen zu lassen, dass es sich um den O-Ton Führer handele. Irgendwo auf diesen Wegen ist leider die einzige Kopie des deutschen

Originals, die Trevor-Roper noch gesehen haben will, verlorengegangen, und geblieben ist ein Genoud, der seinem Hitler nach dem Munde redet: «Allein hätten wir die Möglichkeit gehabt, die von Frankreich beherrschten islamischen Völker zu befreien. Ein solcher Aufstand mußte unabsehbare Auswirkungen in Ägypten und dem von den Engländern unterworfenen Nahen Osten haben. Dadurch, daß wir unser Schicksal mit dem der Italiener verknüpften, war eine solche Politik undenkbar. Dabei bebte die islamische Welt in Erwartung unserer Siege.» [20] Das ist Hitler fachgerecht *reloaded* und auf den brauchbarsten Stand für die späten fünfziger Jahre gebracht.

Kann schon sein, dass der Führer, die endgültige Niederlage vor Augen, darüber nachsinnend, wie es so weit hatte kommen und wie die Katastrophe hätte verhindert werden können, das oder Ähnliches sagte. Aber hätte Genoud gewusst, was Goebbels am 21. Juni 1941 in sein Tagebuch diktierte, er hätte selber zweifeln müssen. Der «große Schweizer Dichter» John Knittel ist zu Gast. «Er glaubt fest an unseren Sieg, verachtet die Engländer und lächelt über seine eigenen Landsleute. Sein großer Traum ist Ägypten. Das müßten wir organisieren, meint er.» Hitler und die Seinen haben aber andere Pläne. «Wir haben Besseres zu tun.» [21] Am Tag danach beginnt der Überfall auf die Sowjetunion. Albert Speer, der im Frühjahr 1945 nicht mehr viel Kontakt zu Hitler hatte, hielt den Text für wichtig genug, dass auch noch Joseph Goebbels Hand an den Text gelegt haben könnte, ihn «redigiert, wenn nicht sogar streckenweise selber formuliert» hat.[22] Ein Kompliment, das Genoud mit Sicherheit gefreut hat, wenn auch leider nur im Stillen.

Der gewiss dubiose David Irving kann tatsächlich den Nachweis führen, wie Genoud gefälscht hat. Auf seiner Website ist die Bearbeitung andeutungsweise dokumentiert.[23] Genoud soll ihm 1979 selber gestanden haben, dass das Hitler-Testament sein Werk sei. «But it is just what Hitler would have said, isn't it?» [24] Beider Verleger Albrecht Knaus blieb dabei: Das ‹Testament› sei absolut kein Fabrikat von Genoud, sondern ein Fabrikat «unseres geliebten Führers Adolf Hitler», wie er ironisch formulierte.[25] Die Prüfung der Authentizität und Validität bleibe dem quellenkritischen Sachverstand des jeweiligen Benutzers überlassen,[26] meint vorsichtig die Goebbels-Herausgeberin Elke Fröhlich im Namen des Instituts für Zeitgeschichte, wo das «Politische Testament» in der Genoud'schen Version deponiert ist.

Natürlich hätte der Führer so geschrieben, wenn er geschrieben hätte. Er hat es aber nicht geschrieben und mit größter Wahrscheinlichkeit auch nicht so diktiert. Was Max Fechner bei Goebbels tat, das kann Genoud schon lange: Er nimmt die Feder für den Führer in die Hand. Nur nicht in denunzierender, sondern in ähnlich pädagogischer Absicht, wie es Fechner beim Propagandaminister im Sinn hatte. In der Bearbeitung Genouds entsteht ein brandaktueller Hitler, der sich zu den Problemen der Gegenwart äußert.

Ende der fünfziger, Anfang der sechziger Jahre wirkt das angebliche Hitler-Testament so aktuell, als wäre es im Auftrag des Mufti für die algerische «Front de Libération Nationale» (FLN) geschrieben: «Die Völker Ägyptens, des Irak und des ganzen Nahen Ostens waren bereit zum Aufstand», erläutert ein historisch beinah schon abgeklärter Hitler. «Wir hätten alles tun müssen, ihnen zu helfen, um ihren Mut zu stärken, wie es unser Vorteil und unsere Pflicht verlangten. Daß wir mit den Italienern verbündet waren, lähmte uns und verursachte überdies bei unseren mohammedanischen Freunden ein Mißbehagen, weil wir in ihren Augen, gewollt oder nicht gewollt, Komplizen ihrer Unterdrücker waren.» [27] Das war die Meinung nicht weniger Zeitgenossen. «Die Chance, die wir im Mittleren Orient durch die freundliche Stimmung der Araber hatten, haben wir im letzten Kriege nicht benutzt, weil wir den Arabern nicht die Unabhängigkeit versprochen haben, was die Vorbedingung für ihre aktive Waffenbereitschaft gewesen wäre», [28] bedauerte Fritz Grobba, der ehemalige deutsche Botschafter im Irak, der sich (man nennt es wohl so) Schützenhilfe von den Arabern erhoffte. Noch 1956 wirkte Grobba an einer verspäteten Denkschrift mit, die die ehemaligen Generäle Franz Halder und Hellmuth Felmy unter dem Titel «Die deutsche Ausnutzung der arabischen Eingeborenenbewegung im zweiten Weltkrieg» anfertigten.[29] Auch Rudolf Rahn, Hitlers Botschafter in Italien und mit Genoud gut bekannt, beginnt das Typoskript für den Aufsatz «Hitlers arabisches Abenteuer» mit dem Bedauern, dass Hitler sich nicht mehr um den Vorderen Orient gekümmert habe. Es werde immer ein Rätsel bleiben, dass Hitler bei den Vorbereitungen des Russlandfeldzuges und mitten im Kampf um Ägypten und die Beherrschung des Suez-Kanals nach einer kurzen ruhmlosen Demonstration darauf verzichtete, seinen Einfluss auf das strategisch wie kriegswirtschaftlich gleich bedeutsame Ölgebiet von Mossul auszuüben,[30] jammert der Botschafter a. D., der sich inzwischen in der deutschen Niederlassung von Coca-Cola durchschlagen muss.

Obwohl Genoud die Veröffentlichung auf Deutsch zunächst nicht erlaubt, «da Schutz des Urheberrechts nicht gesichert», widmet sich der *Spiegel* diesem Dokument Anfang 1962 ausführlich. Genoud verhindert, dass sich der Wortlaut des angeblichen Testaments an irgendeinem Original überprüfen ließe. Als ihn der *Spiegel* um das echte, das deutsche Dokument bittet, überlässt Genoud, der sich nach einem Unfall in Bourges im Krankenhaus befindet, die Verhandlungen wieder einmal dem presseerfahrenen Rechenberg, aber nicht ohne ihm genaue Instruktionen zu geben. Der Originaltext sei für die Berichterstattung nicht verfügbar, soll er angeben, der *Spiegel* möge sich doch an die französische und englische Ausgabe halten. Anders sehe die Sache aber aus, wenn der *Spiegel* aus dem Testament veröffentlichen wolle. Für diesen Fall erbitte er Vorschläge. Wir würden dann, schreibt er vom Krankenbett, einen guten deutschen Text, durch den sie trotzdem geschützt seien, zur Verfügung stellen. Feiner lässt es sich unter Komplizen kaum formulieren: Das Original ist zwar nicht verfügbar, es ließe sich aber trotzdem ein guter Text herstellen. Im Übrigen solle Rechenberg alles, was nötig sei, über den Weg des Dokuments erzählen, also die Legende weiterverbreiten.[31]

Hier geht es also um zweierlei: Einmal versucht Genoud, dem das Verwertungsrecht an Hitler verweigert worden ist, durch seine Übersetzung ins Französische («présentation de François Genoud») sein eigenes Urheber- und Verwertungsrecht zu schaffen, und zum anderen propagiert er eine Legende, die dem Dokument als Echtheitszertifikat dienen soll. Als der *Spiegel* 1962 über die französische Ausgabe des Testaments berichtet, unterstützt er brav Genouds antikolonialistische Umdeutung Hitlers und fasst die Botschaft des Führers posthum zusammen: «Der gewesene Revoluzzer Adolf Hitler wollte damit [dem Hinweis auf das Scheitern in Nordafrika wegen Mussolinis Versagen] zu verstehen geben, daß er die islamischen Völker gern gegen die Kolonialmächte aufgewiegelt hätte, wäre nicht das faschistische Italien selbst eine Kolonialmacht gewesen und hätte sich der Duce nicht gern als ‹Schwert des Islam› feiern lassen.»[32] Denn das «Schwert des Islam», anders ist diese Passage überhaupt nicht zu verstehen, hätte statt Mussolini Hitler führen müssen. Dann, ja dann wäre alles anders gekommen. «Er selbst dagegen, so schien es dem sinnierenden Hitler», wie der *Spiegel* weiter deutet, «hätte diese Rolle mit Anstand spielen und dabei die mohammedanische Welt vom Irak bis Marokko für sich gewinnen können.»[33]

Diese Weltmachtträume, die doch seit 1945 endgültig begraben sein sollten, leben in Hitlers aus dem Grab hereingereichtem Letzten Willen plötzlich wieder auf. Es ist sicher nur ein Zufall, dass der nämliche *Spiegel* Mohammed Ben Bella, den Anführer der algerischen FLN-Rebellen, nur wenige Monate später in einer Titelgeschichte konsequent als «Saim» bezeichnet, als den «großen Führer der neugeborenen algerischen Nation, wie seine Anhänger glauben».[34] Hitlers «Politisches Testament» ist ein Manifest für die «Dritte Welt», für die erwachenden Völker, die sich vom Kolonialismus befreien wollen. Das ist die Botschaft des Mufti al-Husseini, als dessen ideologischer Agent sich Genoud seit ihrer ersten Begegnung 1936 in Jerusalem versteht[35] – jener Mufti, den Hitler selber bei all seinen Welteroberungsplänen immer auf Halbdistanz gehalten hatte.

Genoud hat sich hier seinen tagesaktuellen, antikolonialistischen Hitler zurechtgebacken. Mehr zufällig als bewusst setzt er dabei die Pläne der «Arabisten»-Fraktion in Hitlers Außenministerium um: Diese hatte über mehrere Jahre versucht, «eine wirklich gute arabische Übersetzung des Werkes des Führers» zu lancieren, die, wie Werner Otto von Hentig, der Leiter der Orientabteilung, glaubte, einen «grossen propagandistischen Wert» haben würde. «Nach meiner Ansicht kann ein solches Werk, das in der ganzen arabischsprechenden Welt von Marokko bis Indien weitgehenden Anteil finden würde, politisch und sprachlich nicht gründlich genug vorbereitet werden.»[36] Der wegen allzu großer Mufti-Treue von «jeder Tätigkeit in arabischen Sachen» abgezogene Gesandte Fritz Grobba wurde 1942 nach Paris versetzt, wo er sofort versuchte, die Algerier zur Bildung eines antifranzösischen Befreiungskomitees zu bewegen.[37] Nachdem das «Politische Testament» auch auf Deutsch erschienen war, vertraute Genoud 1983 seinem Mitstreiter Ahmed Huber und dem Publikum des *Sonntagsblick* seine wiederum aktualisierte Weltsicht an: «Hitler hatte in Politik, Wirtschaft und Kultur einen ‹dritten Weg› jenseits der jüdisch-christlichen Zivilisation, und damit jenseits von Kapitalismus und Kommunismus gefunden.» Seine Äußerungen belegten das Interesse des Führers «für Anliegen der Grünen und der Dritten Welt».[38]

In den Jahren, da sich auch die treuesten Verehrer von Hitler und vom Nationalsozialismus abzuwenden beginnen, zaubert Genoud einen ganz neuen Hitler aus dem Bunker. Die Welt wird es ihm schon danken. «Das Testament», sagt Genoud, «hat eine wichtige Rolle in meinem Leben gespielt, vielleicht wird es auch in der Zukunft der Welt noch eine zu spielen haben?»[39]

9. Ein Geschäft: Adolf Eichmann

Von der Festnahme Eichmanns wird François Genoud ebenso wie die übrige Welt völlig überrascht. Der israelische Ministerpräsident David Ben Gurion verkündet am 24. Mai 1960 in der Knesset, dass es gelungen sei, den Massenmörder Adolf Eichmann in Argentinien zu ergreifen und nach Israel zu bringen, wo er vor ein Gericht gestellt werden solle. Eichmann hatte das Protokoll der sogenannten «Wannsee-Konferenz» geführt, in der am 20. Januar 1942 die Aufgabenverteilung für die vorgebliche «Beschleunigung der Auswanderung der Juden aus dem Reichsgebiet»[1] zwischen den Ministerien und Behörden so geregelt wurde, dass die «Endlösung der Judenfrage» mit industrieller Perfektion beginnen konnte. Der SS-Obersturmbannführer sorgte dafür, dass die systematische Ausrottung der Juden nach Plan verlief. Eichmann war sich seiner Mittäterschaft am Judenmord wohl bewusst und war deshalb bei Kriegsende untergetaucht, hatte sich mit Hilfe treuer Kameraden in Norddeutschland versteckt und war schließlich über eine Fluchtroute, die auch andere Nazi-Täter nahmen, über Italien nach Südamerika gelangt. Dort konnte er sich in Sicherheit wiegen, wenn er auch so vorsichtig war, seine Existenz unter einem Tarnnamen zu verbergen. In der Nazi-Exilgemeinde von Buenos Aires war Eichmann wohlbekannt. Auf dem Heimweg von der Arbeit wurde er am 11. Mai beim Aussteigen aus dem Bus überwältigt und in einem Auto fortgeschafft. Elf Tage später brachte ihn der Mossad außer Landes und nach Israel.

Nicht einmal die CIA wusste von dem Handstreich und musste sich erst bei befreundeten Agenten erkundigen, wie die Festnahme überhaupt möglich wurde. Genoud hält die ganze Geschichte in bewährter Weise für eine zionistische Verschwörung. Die Israelis haben die Sache bestimmt bloß erfunden und maßlos aufgebauscht, um sich wichtigzumachen, glaubt er, denn von einem Eichmann hat er bei all seinen Kreuz- und Querfahrten durch Europa noch nie gehört. Erst im Register einer Dokumentation zum Nürnberger Prozess findet er den Namen, liest, wie dessen Mitarbeiter Dieter Wisliceny ihn der schlimmsten Verbrechen beschuldigt hat, und mag es noch immer nicht glauben.

Von vielen befürchtet, von den meisten aber erhofft, kommt es zu einem Spektakel, das die ganze Welt bewegt. Anderthalb Jahrzehnte nach Kriegsende hatte die Verdrängung der Vergangenheit in Deutschland erfreuliche Fortschritte gemacht; wer Kriegsschäden beseitigen musste (deren Urheber man gar nicht mehr kannte), wer sich endlich den von Hitler versprochenen Wohlstand für alle in der Volksgemeinschaft erarbeiten wollte, der fand einfach nicht die Zeit, sich näher mit der unseligen Vergangenheit zu befassen. Diesem neuen Deutschland fehlte es nicht an internationaler Anerkennung, und es waren ausgerechnet konservative Politiker, die – aus Machtkalkül oder auch nur mit den besseren Argumenten – den Ausgleich mit Israel suchten. 1950 hatte Robert Kempner, einer der Ankläger in Nürnberg, auf Wunsch der israelischen Regierung Verbindung mit Hans Globke aufgenommen, seinem einstigen Kollegen im Preußischen Innenministerium und jetzigem Ministerialdirigenten bei Adenauer.[2] Ob die Bundesregierung bereit sei, Wiedergutmachungszahlungen an Israel zu leisten? Globke erklärte seine Bereitschaft und nahm die Sache in die Hand. Der Deutsche Bundestag verabschiedete am 18. März 1953 ein entsprechendes Gesetz. Es gab «keinen besseren Fürsprecher für die Belange der Juden bei der Bundesregierung».[3] Der Verwaltungsjurist Globke hatte 1936 gegen ein Honorar von RM 3000,–[4] einen Kommentar zu den «Nürnberger Gesetzen» verfasst[5] und 1938 in seiner Eigenschaft als Referent für Namensangelegenheiten auch noch das Gesetz ausgearbeitet, wonach alle Juden, sofern sie keinen als «typisch jüdisch» erkennbaren Vornamen führten, zusätzlich den Namen «Sara» beziehungsweise «Israel» annehmen mussten.[6] Bis 1940 wurden fast zweitausend Personen wegen «Rassenschande» verurteilt.[7]

Egon Bahr, einer seiner Nachfolger als Staatssekretär im Kanzleramt, nennt Globke deshalb unverblümt «erpressbar».[8] Unter seiner Mitwirkung leistete die Bundesrepublik einen wichtigen Beitrag zur Sicherheit Israels: Ende 1957 hatten sich Verteidigungsminister Franz Josef Strauß und Shimon Peres, der damalige Generalsekretär im israelischen Verteidigungsministerium, in einem hochgeheimen Abkommen darauf verständigt, die israelische Armee mit Flugzeugen und Panzern aus Beständen der Bundeswehr auszurüsten.[9]

Fünfzehn Jahre nach Kriegsende schien sich alles zum Guten zu wenden. Die «Endlösung des sog. Kriegsverbrecher-Problems»,[10] wie sie bereits 1952 in dem von Adenauer geleiteten Außenministerium gefordert worden war, kam in greifbare Nähe. Natürlich war es nur ein Zufall, doch am gleichen Tag, an dem David Ben Gurion in Israel die Ergreifung Eichmanns verkündete, debattierte der Deutsche Bundestag über die Verjährung der Nazi-Verbrechen. Bundesjustizminister Fritz Schäffer war sehr dafür, einen raschen Schlussstrich zu ziehen, denn ihm war, wie er in der Aussprache erklärte, an der «inneren Befriedung» gelegen. Doch dann tauchte ein Gespenst aus der Vergangenheit auf.

Er sei es langsam müde, als «anonymer Wanderer zwischen den Welten zu leben»,[11] hatte Ricardo Klement noch in Buenos Aires geklagt, Tausende von Kilometern entfernt von seinen früheren Wirkungsstätten, und manchmal erwog er sogar, sich freiwillig zu stellen. Dabei durfte sich der ehemalige SS-Obersturmbannführer in seinem neuen Heimatland doch sicher fühlen. In einem früheren Leben hieß Klement Adolf Eichmann, war im Reichssicherheitshauptamt (RSHA) Leiter des Referats IV B 4 (Juden- und Räumungsangelegenheiten) und damit organisatorisch für die «Endlösung der Judenfrage» zuständig. 1945 wird er kurz von amerikanischen Soldaten festgenommen. Eichmann verleugnet die SS, trägt die Uniform eines Obergefreiten der Luftwaffe und nennt sich «Adolf Barth». Mit Hilfe alter Kameraden flieht er aus dem Gefangenenlager in Ober-Dachstetten und taucht, nicht ohne Mitwisser, als «Otto Heninger» in Altensalzkoth am Rande der Lüneburger Heide unter, passenderweise in der Nähe des ehemaligen Konzentrationslagers Bergen-Belsen. Der einst so effektive Organisator im hohen SS-Rang wird Waldarbeiter, züchtet Hühner, verkauft die Eier an KZ-Überlebende und ist ansonsten ganz der Alte: «Überall roch es nach Knoblauch. Ich habe dort mit den Juden Holz und Eier gehandelt und mir gesagt: ‹Donnerwetter, die sollen wir alle umgebracht haben?›»[12]

Im Sommer 1950 macht sich Eichmann auch aus Niedersachsen davon, wählt die vor ihm schon von vielen anderen genutzte Route durch Österreich nach Italien, wo er einen Pass des Roten Kreuzes auf den

Namen eines staatenlosen Ricardo Klement und damit ein Visum für Argentinien erhält. François Genoud muss gar nicht (wie öfter behauptet) als Fluchthelfer tätig werden, das können andere viel besser. Im Rechristianisierungseifer der Nachkriegsjahre wird Eichmann, der selber genug Schafe an die Schlachtbank geführt hat, von der katholischen Kirche wie ein verirrtes Schäflein behandelt. Für sein Leumundszeugnis sorgt der Franziskanerpater Eduardo Dömöter, dem sich der Atheist Eichmann als gläubiger Katholik präsentiert. So wird Eichmann zum prominentesten unter jenen Begünstigten, bei denen sich die Kirche rühmen kann, sie «mit falschen Ausweispapieren ihren Peinigern (...) entrissen zu haben».[13]

Noch allerdings ist das Interesse dieser Peiniger an dem Flüchtling gering. In Argentinien wird er von einem Netzwerk alter Nazis aufgefangen, arbeitet zunächst als Ingenieur, bringt es aber nur zu bescheidenen Einnahmen. Doch ist das Netzwerk behilflich, als er 1952 seine Frau und die drei Kinder aus Österreich heraus und wiederum über Italien nach Argentinien schleusen kann. 1955, drei Jahre nach der Wiedervereinigung der Familie, wird ein weiterer Sohn geboren. Zuletzt – auch das hat er den alten Kameraden zu verdanken – arbeitet Eichmann bei der argentinischen Niederlassung von Mercedes-Benz, oder wie es der FAZ-Korrespondent und BND-Informant Fritz Otto Ehlert für seine Zeitung rücksichtsvoll formulierte, er trat «als kleiner Angestellter mit einem sehr bescheidenen Gehalt in den Dienst eines großen Industrieunternehmens der Metallbranche außerhalb von Buenos Aires».[14]

Wenn er melancholisch wurde, konnte es kaum ausbleiben, dass er von den alten Zeiten zu schwärmen anfing. Der in einem Vorort von Buenos Aires versteckte kleine Angestellte fühlte sich in seiner wahren Bedeutung verkannt. Schließlich war es ihm gelungen, das «Judenproblem» weitgehend zu lösen, ohne dass der Fahrplan der Deutschen Reichsbahn groß wäre beeinträchtigt worden. Aber nicht einmal in der deutschen Kolonie von Buenos Aires galt «Ricardo Klement» besonders viel. Er war kein Flieger-Ass wie Oberst Rudel, der auch im Staat Juan Perons ein Star war, auch kein gewandter Schreiber wie Johann von Leers, der seine antisemitische Propaganda in der deutschsprachigen Zeitschrift *Der Weg* fortgesetzt hatte, schon gar kein geschäftstüchtiger

Luftikus wie der Holländer Wilhelmus Sassen. Der anonyme Wanderer hatte Mühe, seine Familie zu ernähren, er trank zu viel, und er fühlte sich ungerecht behandelt, auch von seinen alten Kameraden. Als Kind hat die heutige Globalisierungstheoretikerin Saskia Sassen erlebt, wie Ricardo Klement eine Zeitlang jeden Sonntagmorgen ins Haus kam und mit ihrem Vater redete. Angeblich wussten sie und ihre Mutter nicht, um wen es sich bei dem Mann handelte, den sie so «verabscheuten».[15] Zumindest im Rückblick strahlte dieser Klement dennoch etwas Dämonisches aus, vielleicht war es auch einfach das Ressentiment, das aus ihm sprach, die anhaltende Kränkung, trotz seiner Erfolge im «Dritten Reich» so weit abgestiegen zu sein. Die Wahrheit, jedenfalls wie Eichmann sie verstand, sollte ihn wieder frei machen. Mit Blick auf das Jahr 1960, in dem vielfach eine Amnestie für die Teilnahme an der Politik, also an den Verbrechen des «Dritten Reiches», erwartet wurde, mit einem Auge auch auf die Nebeneinnahmen, schlossen der *Weg*-Verleger Eberhard Fritsch, der Journalist Willem Sassen und der Techniker Klement 1956 einen Vertrag, wonach auf der Basis von Tonbandgesprächen ein buchhalterischer Bericht entstehen sollte, ein Report aus erster Hand, wie es wirklich war damals. Nazi, das wussten diese anpassungsbereiten Nationalsozialisten aus dem eigenen Umkreis, aber auch aus Europa, Nazi ging immer.

Wenn es sein musste, trat der 1918 in Geertruidenberg geborene Holländer Willem Sassen auch unter blumigeren Namen auf: W. I. M. Sassen von Elsloo hieß er manchmal oder Steven Weil, Juan del Rio oder Willem Sluyse. Am bekanntesten dürfte das Pseudonym Hans-Ulrich Rudel sein, denn Sassen verfasste die Memoiren des Flieger-Helden. Im Emigrantenkreis Südamerikas, aber auch in den nach wie vor nazistischen Zirkeln in der alten Heimat wurden derlei Heldengeschichten gern gelesen.

Die größte lieferte Sassen selber. Wo sich François Genoud bescheiden im Hintergrund hält, tritt Sassen grundsätzlich mit Getöse auf. Dem belgischen Autor Stan Lauryssens erzählte er angeblich, dass er mit achtzehn Jahren bereits Joseph Goebbels interviewen durfte, der ihn dann wiederum Hitler vorstellte. «Ich kehrte als Nazi heim.»[16] Der nahezu gleichaltrige Genoud, der ebenfalls als Ausländer heim ins Deutsche Reich gepilgert war, mochte sich da wiedererkennen. Sassen trat in die SS ein und wurde als Journalist Mitglied der Propagandastaffel «Kurt Eggers», bei der er in Berlin den Kunsthistoriker Henri Nannen kennenlernte. Sassen wird vorgeworfen, an der Ostfront dabei gewesen zu sein, als siebenundzwanzig Juden von einem SS-Kommando gezwungen wurden, sich gegenseitig totzuprügeln.[17] Als SS-Angehöriger und wegen Kollaboration mit den Deutschen wurde Sassen, der die deutsche Staatsbürgerschaft erhalten hatte, als Kriegsverbrecher gesucht. Er wurde 1948 in Haft genommen, konnte jedoch fliehen und reiste über Dublin nach Südamerika. In Buenos Aires begann er wie viele andere ein neues Leben, das sich zunächst nicht groß vom alten unterschied. Als Journalist arbeitete er für den Präsidentenpalast und versorgte Zeitungen in Deutschland wie in Nordamerika mit Berichten über den argentinischen Caudillo Juan Peron und dessen volksnahe Frau Evita. «In vieler Hinsicht war mein Vater – im Wortsinn, nicht im faschistischen Sinn – eine Art National-Sozialist», meint seine Tochter Saskia Sassen,[18] die ihm ihr Buch «Losing Control» (1996) gewidmet hat: «For Willem S. Van Elsloo».

In seinen Texten, die er als Dr. Willem Sluyse für die Alt-Nazi-Zeitung *Der Weg* schrieb, präsentierte sich Sassen als ungebrochener Ideologe. Einen «Offenen Brief an den europäischen Oberbefehlshaber» leitet er mit seiner (nicht ganz korrekt wiedergegebenen) militärischen Laufbahn ein – «Schütze in der SS-Division Wiking (Regiment Germania), ab 1943 Gefreiter in einem Panzerregiment (Totenkopf), ab 1944 Obergefreiter in einem Panzerregiment (H.J.-Division Normandie)» – und vergisst nicht, seine Auszeichnungen aufzuzählen.[19] In einem Beitrag für den *Stern* fragte er 1950 provokativ «Brauchen wir heute Männer wie Rudel?»[20] Sassen ließ es nicht an Schmähungen gegen die umerzogenen Deutschen fehlen, die auf ihre Helden vergessen hätten – wiederum ein auffälliger Gleichklang zu jenem Ressentiment, das Genoud Hitler, Goebbels und Bormann verteidigen ließ, seine Helden, die er vor Zeithistorikern, Schriftstellern und anderen Nachkriegsdeutschen meinte schützen zu müssen. «Uns Waffen-SS-Männer interessieren Wahlrecht, Rechtsstaat, vier Freiheiten und Demokratie einen Dreck, solange in den so beweihräucherten ‹Rechtsstaaten› tausende Kameraden festgehalten werden. (…) Für uns fängt der Rechtsstaat noch immer mit Gittern an.»[21] Seine Tochter sieht gerade darin den Beweis, dass ihr Vater nicht dem deutschen völkischen Mystizismus erlegen sei, sondern im Herzen Holländer blieb: «Ironisch, spöttisch, mit einem bösartigen Humor.»[22]

Bösartig mochte Sassen sein, geschäftstüchtig war er auch. Beim ehemaligen Adolf Eichmann wird ihm eine weitere Heldengeschichte vorgeschwebt haben: Der Mann würde alles über seine harte Arbeit erzählen (wo es in den Worten seines früheren Chefs Heinrich Himmler vor allem darauf ankam, «dabei anständig» geblieben zu sein) und der Welt erklären, dass die Berichte über Auschwitz und Treblinka maßlos übertrieben wären. Zu Sassens Entsetzen jedoch leugnete der Mann, der sich Klement nannte, sich aber noch immer wie ein SS-Mann grüßen ließ, keineswegs den systematischen Mord an den Juden, sondern rühmte sich auch noch seiner Taten, die Sassen und die Nazi-Clique im deutschfreundlichen Argentinien sonst ständig bestritten. Ein Bedauern wollte ihn nur anwandeln, wenn er an seine vergangene Größe dachte und sich in seiner Ehre als Organisationstalent gekränkt fühlte. So wurmte den Bürokraten, dass er die Sache, seine Lebensaufgabe, nicht zu Ende geführt hatte. «Ich muss Ihnen ganz ehrlich sagen, hätten wir von den 10,3 Millionen Juden», die Richard Korherr 1943 im Auftrag seines Chefs Heinrich Himmler für Europa nachgewiesen hatte, «10,3 Millionen Juden getötet, dann wäre ich zufrieden und würde sagen, gut, wir haben einen Feind vernichtet.»[23]

Mindestens zwei Jahre lang trafen sich Sassen und Klement regelmäßig, und der zum kleinen Facharbeiter geschrumpfte Massenmörder erzählte und erzählte. Sassen witterte das Geschäft seines Lebens. Er arbeitete nicht bloß für den *Stern*, sondern pflog auch Kontakte zum New Yorker Verlag Time / Life, dem er die Geschichte eines vorerst anonymisierten Täters anbieten wollte. Nicht unwahrscheinlich ist, dass es die Gespräche waren, die der ehemalige SS-Kamerad Willem Sassen mit Eichmann führte und dann herumbot,[24] die den israelischen Geheimdienst auf Eichmanns Spur brachten. Simon Wiesenthal hat behauptet, er habe das Dokument in die Hand bekommen und an den Staatsanwalt Gideon Hausner weitergeleitet.[25] Ein Brief des blinden jüdischen Emigranten Lothar Hermann, das steht jedenfalls fest, setzte den Frankfurter

Generalstaatsanwalt Fritz Bauer auf die Spur. Bauer reiste mehrfach nach Israel, um auf Eichmanns Festnahme zu drängen. Doch zunächst zeigte die Regierung Ben Gurion wenig Neigung, wegen eines Verfahrens gegen Eichmann die guten Beziehungen zur Bundesrepublik zu riskieren.

François Genoud kann sich maßlos empören über die Mossad-Entführung. Allein die Art, wie Eichmann aus Argentinien verschleppt wurde! «Eichmann wurde entführt, betäubt, eingesperrt und schließlich illegal nach Israel gebracht. Er wird der Justiz eines Landes vorgeführt, das gewaltsam und illegal auf usurpiertem Gebiet gegründet wurde, eines Landes, in dem er sich keines Deliktes schuldig gemacht hat.»[26] Eichmann war zwar gekidnappt worden, hatte dann aber sogar förmlich sein Einverständnis zu einem Prozess in Israel gegeben. In Argentinien wäre er niemals angeklagt worden, in Österreich, wo er seit 1914 gelebt hatte, interessierte sich niemand für ihn, in der Bundesrepublik Deutschland, die juristisch dem «Dritten Reich» nachgefolgt war, bestand zwar seit 1954 einen Haftbefehl gegen ihn, und bei der Passverlängerung nannten die Eichmann-Kinder in der Deutschen Botschaft den jeweils bei ihrer Geburt gültigen SS-Rang ihres Vaters, doch schien auch das niemanden zu interessieren.[27] Zwischen Argentinien und Westdeutschland bestand außerdem kein Auslieferungsabkommen.

Genouds Argumente unterscheiden sich kaum von jenen des verehrten Mufti, der 1956 in einem Grußwort für den alt- und neonazistischen *Weg* wieder einmal «gegen die im Weltjudentum verkörperten Mächte der Finsternis» gewettert hatte, «welche es wagten, die Palästina-Araber aus ihrer alten, angestammten Heimat zu vertreiben und sie ihres Eigentums zu berauben».[28] Israel existiert für Genoud nicht, das Land interessiert ihn ebenso wenig wie Berichte über Auschwitz oder den SS-Staat. Genoud spricht allein für die verwundeten Palästinenser, in deren Heimat sich die aus Europa vertriebenen Juden, die Überlebenden jener bei ihm keineswegs diskreditierten Ideologie, angesiedelt haben. Im Übrigen ist Genoud nicht der Einzige, der sich über die Art, wie Eichmann festgenommen wurde, und über den kommenden Prozess empört. Für den ehemaligen Sassen-Kameraden Henri Nannen, der es mittlerweile zum *Stern*-Chefredakteur gebracht hat, «gerät der Staat Israel jetzt in die Gefahr, das Erbe der Nazis anzutreten».[29]

Die Verhaftung des einstigen Obersturmbannführers weckt in Genoud den alten Sportsgeist. Er kämpft für Hitler, für den Mufti, gegen Israel, und deshalb muss er die Sache mit Eichmann selber in die Hand nehmen. Auch hier weiß er den gewandten Rechenberg an seiner Seite. «Wir beschließen unverzüglich, uns da einzumischen, spüren die Familie auf und sind binnen 48 Stunden bei Eichmanns Bruder in Österreich.»[30] 1945 hatte er die Gelegenheit versäumt, beispielsweise beim Nürnberger Prozess die Hauptkriegsverbrecher, seine Helden, leibhaftig zu sehen, aber jetzt kann er dabei sein und nicht bloß mittun, sondern Politik machen und Geschichte in seinem Sinn schreiben. Auch wenn Eichmann kein Star ist wie Walther Funk oder der Fallschirmjäger Ramcke, auch wenn ihn nicht die dämonische Aura umgibt, die Genoud bei Paula Hitler und sogar noch bei den Bormann-Kindern spürt, selbst wenn Eichmann bloß ein glanzloser Bürokrat ist, der, noch schlimmer, ganz offen über seine Untaten spricht und sich damit selber alles Heroische nimmt – Hauptsache, es geht gegen Israel, gegen den Zionismus und wieder einmal um Geld.

Der Eichmann-Prozess in Jerusalem verspricht ähnlich spektakulär zu werden wie jener damals in Nürnberg. Publicity ist unbezahlbar, und Eichmann hat Memoiren geschrieben. Nach dem, was bisher von Täter-Seite veröffentlicht worden ist, können diese Aufzeichnungen, wie Genoud zunächst glaubt, nur apologetisch sein, und in diesem Fach kennt er sich aus. Für das nötige Aufsehen ist bereits gesorgt. Der Erste, der es ausnutzt, ist allerdings Willem Sassen. Er verkauft seine Tonbandabschriften sofort an den Verlag Time/Life. Nach dem Vertrag vom 5. Juni 1960 sollen 15000 Dollar an Vera Eichmann und 8000 Dollar an den Bearbeiter und Vermittler Sassen gehen. Kaum ist dieser Vertrag abgeschlossen, reist Sassen nach Deutschland und versucht, dort die Memoiren ein weiteres Mal zu verkaufen, diesmal ganz auf eigene Rechnung. *Spiegel* und *Stern* prüfen das Material, der BND bekommt es aus Redaktionskreisen zugeleitet,[31] der *Stern* kauft es schließlich für 30000 DM. Mit dabei sind offenbar Bücher, in denen Eichmann Anstreichungen gemacht hat, sowie ein Manuskript, das ohne Sassens Mitwirkung entstand.[32]

Von alldem weiß Genoud Ende Mai und Anfang Juni 1960 nichts.

Von Willem Sassen und dessen glorreicher Zeit bei der SS hat er noch nie etwas gehört. Er weiß nichts von dem auf Tonband niedergelegten Rechenschaftsbericht Eichmanns. Als Verteidiger meldet sich Robert Servatius aus Köln, der bei den Nürnberger Prozessen Fritz Sauckel vertreten hat, Hitlers Generalbevollmächtigten für den Arbeitseinsatz. Anders als mancher Anwalt beim Internationalen Gerichtshof ist Servatius aller Nazi-Sympathien unverdächtig. Nein, Servatius sei nicht seine und Rechenbergs Wahl gewesen, meint Genoud, aber sie hätten sich mit ihm arrangiert. Rechenberg und er sind keine Juristen, aber außerordentlich prozesserfahren, und ihr Interesse am Verlauf dieses spektakulären Prozesses ist gewaltig, obwohl sie nicht nach Jerusalem reisen und den Angeklagten deshalb nie zu Gesicht bekommen. «Wir sind zu [Servatius] gefahren, haben ihm unsere moralische und materielle Unterstützung angeboten und unsere Verteidigungsstrategie dargelegt: Der Angeklagte muss unbedingt jede Teilnahme an einer Justizposse verweigern, die jeglicher legalen Basis entbehrt.» [33] Israel will einen Schauprozess, bei dem der Welt die Technik der Judenvernichtung vor Augen geführt wird. Genoud schwebt ein ganz anderer Schauprozess vor: Er will ein Verfahren, das sich gegen den jüdischen Staat richtet, der seiner Meinung nach nicht legitimiert ist, über Eichmann zu Gericht zu sitzen.

Wie Servatius auf das Hilfsangebot der beiden Laien reagiert, ist nicht überliefert; er nimmt es jedenfalls an, zumal sie mit einem Bonus locken: Servatius soll ein Extra-Honorar erhalten. Bis heute wird in der Literatur bestritten, dass es eine solche Subventionierung gegeben habe. Peter Krause [34] und Christina Große [35], die über den Prozesshintergrund geschrieben haben, weisen den Verdacht ebenso zurück wie Irmtrud Wojak.[36] François Genoud dagegen erklärt ganz offen, dass er die Verteidigung Eichmanns organisiert und finanziert hat. «Wir haben die Verteidigung mit den Einnahmen aus den Schriften bezahlt, die Eichmann in seiner Zelle verfaßte und die in der Presse veröffentlicht wurden.» [37]

Der Verdacht der Fremdfinanzierung durch rechte Kreise bestand von Anfang an, ließ sich aber nie belegen. Friedrich Karl Kaul, der Generalstaatsanwalt der DDR, insinuiert in einem Buch zum Eichmann-Prozess, es seien interessierte Kreise in Bonn, die für die Kosten aufkommen würden, und raunt von einem «über 13 Millionen D-Mark betragenden

Geheimfonds»,[38] den der für den Bundesnachrichtendienst zuständige Globke verwalten soll. Der Philosoph Karl Jaspers hört ebenfalls von Gerüchten und meint, dass «doch Lärm geschlagen werden» müsste,[39] wenn sie sich bewahrheiten sollten. Gerhart Baum, der spätere Bundesinnenminister, übernahm als junger Mann für die Monate, in denen sich Servatius in Jerusalem aufhielt, die Kanzleivertretung. Ihm ist nichts von möglichen Kontakten Servatius' zu rechtsextremen Kreisen aufgefallen. Das mag schon daran liegen, dass M. Genoud mit Stil aufzutreten wusste und alles andere als einer jener dröhnenden Barbaren war, als die die Nazis inzwischen karikiert wurden.

In einem Brief an die Zeitschrift *Revue* weist Servatius die Unterstellung zurück, er habe 100 000 Mark «aus undurchsichtigen Quellen erhalten». «Ich stehe mit keinen früheren nationalsozialistischen oder antisemitischen Kreisen in Verbindung, die Zahlung von Kosten oder Honorar zugesagt hätten.»[40]

Dass Genoud sich dieser Hilfeleistung rühmt, müsste noch lange nicht heißen, dass es auch so war – aber es war tatsächlich so. In einem Telefonat hält der sonst so vorsichtige Rechenberg seinem Freund sogar vor, dass er Servatius so großzügig unterstützt. Hier folgen die Beweise im Einzelnen: Servatius beziffert die Kosten für die Verteidigung («alle Aufwendungen einschließlich der Reisekosten, Kosten fuer Aufenthalt, Gehaelter von Mitarbeitern und Sekretaerin. Dazu gehoert auch das Honorar fuer einen Rechtsberater im Lande Israel», wie er am 22. Dezember 1960 in einem Brief an den israelischen Generalstaatsanwalt schreibt) auf DM 100 000,–. Aber wer soll das bezahlen?

Eichmanns Frau Vera verfügt nicht über Geld oder nur über das, was vom *Life*-Honorar nach Abzug von Lebenshaltungskosten geblieben ist. Seine Brüder in Linz – zwei davon sind ebenfalls Anwälte – steuern noch etwas bei; insgesamt kommen so DM 16 000,– zusammen.[41] Die Erstattung seiner Auslagen und sein Honorar beantragt Servatius zunächst ganz offiziell bei der von der westdeutschen Regierung eingerichteten Zentralen Rechtsschutzstelle, die sonst für die Gerichtskosten im Ausland angeklagter Nazi-Täter aufkommt, und behauptet: «Die Erwartung, aus Verwertung von Urheberrechten aus sogenannten Memoiren des Beschuldigten Mittel zur Finanzierung der Verteidigung zu erhalten, haben sich zerschlagen.»[42] Das ist wahr und auch wieder nicht. Denn während der gewiefte Sassen den Markt für Eichmann-Material fürs Erste ausgetrocknet hat, wird dem Anwalt von seinen gewiss nicht laienhaften Hilfskräften Genoud und Rechenberg versichert, dass da noch mehr zu holen sei. Es braucht nur etwas Geduld, und es braucht einen Angeklagten, der in der Vorbereitung auf seinen Prozess zu schreiben anfängt. Eichmann schreibt im Gefängnis seine Memoiren ein weiteres Mal und wird bis zu seinem letzten Tag damit fortfahren. Die Jahre im Untergrund und in Argentinien haben ihn keineswegs realitätsblind gemacht. Er kennt seinen Marktwert. In einer handschriftlichen Notiz, die von Servatius' Sekretärin und seinem Assistenten Wechtenbruch gegengezeichnet ist, erteilt Eichmann am 15. Februar 1961 seinem Anwalt «alle Vollmachten, all jene Verhandlungen und Abschlüsse bezüglich meiner Urheberrechte vorzunehmen, die er für richtig hält».[43] Das Urheberrecht ist jedoch nicht Servatius', sondern Genouds Spezialgebiet; nur sechs Wochen vorher klagte Helmut Heiber vom Institut für Zeitgeschichte darüber, dass im Fall Goebbels an den urheberrechtlichen Ansprüchen des Herrn Genoud nicht zu rütteln sei. Deshalb habe das Institut Genoud für eine Goebbels-Ausgabe «wohl oder übel eine hübsche Summe Geld zahlen» müssen, «was uns bitter weh tat».[44] Auch mit seinem frischentdeckten Helden will Genoud Geld verdienen und spannt dafür den Anwalt Servatius ein.

Anders als bei vielen vorangegangenen Fällen ist die Bundesrepublik unter keinen Umständen bereit, die Verteidigung Eichmanns zu übernehmen. In einem Vermerk erklärt Bundesaußenminister Heinrich von Brentano: «Ich halte eine Finanzierung der BR [Bundesregierung] für *unmöglich*!»[45] Servatius gibt nicht auf, schreibt immer wieder an die Rechtsschutzstelle, klagt sogar gegen die Bundesrepublik Deutschland, doch die deutsche Regierung bleibt hart. Mit dem Massenmörder Eichmann will sie nichts zu tun haben. Schließlich erklärt sich ausgerechnet das israelische Justizministerium bereit, Servatius' anwaltliche Leistungen mit 20 000 Dollar abzugelten. Das entspricht nach dem damaligen Wechselkurs jenen DM 84 000,– die nach dem Beitrag der Familie Eichmann noch auf die errechneten und geforderten DM 100 000,– fehlen. «Wir dürfen mit Sicherheit annehmen», fasst Hanna Yablonka diese Regelung zusammen, «dass die israelische Regierung Servatius' Honorar im Bemühen übernahm, den deutschen Amtsträgern dabei behilflich zu sein, sich von jeder Verbindung mit Eichmann, seinen Taten und der Nazi-Zeit zu distanzieren.» [46]

Damit ist Servatius längst nicht zufrieden; seine Briefe in den Jahren 1961 und 1962 durchzieht die beständige Klage, dass er nicht ausreichend honoriert werde und doch so viele Ausgaben zu meistern habe. Die Klage ist berechtigt. Mit allein DM 3000,– veranschlagt er die monatlichen Mehrkosten für sich und die Sekretärin, die ihn nach Israel begleitet (nach der Abrechnung erhielt Lisa Grude, die Eichmann den Kosenamen «Addi» gibt, für drei Monate DM 2640,–). Die Kanzleivertretung in Köln durch Gerhart Baum kostet jeden Monat DM 1500,–.[47] Ein einziger Flug von Köln nach Tel Aviv kommt auf DM 1536,–. Zusätzlich stellt Servatius als Assistenten den jungen, mehrsprachigen Münchner Anwalt Dieter Wechtenbruch ein, dem er im Jahr 1961 monatlich weitere DM 1000,– plus Spesen bezahlt. Leider weigert sich Wechtenbruch mit Verweis auf eine Vereinbarung, die er mit Servatius getroffen hat, über die Ereignisse um den Eichmann-Prozess zu sprechen, weshalb die Bestätigung von seiner Seite fehlt.[48] Diese Erklärung wurde am 17. Januar 1961 in Köln aufgesetzt. Doch auch wenn der Anwalt sich damit verpflichtet hat, der Presse, Verlegern oder sonst an Veröffentlichung interessierten Personen keinerlei Mitteilungen über Prozeßmaterial oder Verfahren oder über Erklärungen und Mitteilung des Mandanten zu machen, auch wenn die Prozess-Unterlagen vor der Übergabe an das Bundesarchiv erkennbar gesäubert wurden, sind den Servatius-Akten doch Hinweise darauf zu entnehmen, dass für Wechtenbruch gelegentlich der Verwertungsverbund Genoud–Rechenberg aufkommen musste.

Eichmann wird am 11. Dezember 1961 schuldig gesprochen und zum Tode verurteilt. Die Verteidigung kann aber in die Revision gehen, der Prozess ist noch nicht zu Ende, und er wird für den Verteidiger und sein Team noch teurer. Am 12. Januar 1962 schreibt Servatius recht ungehalten an seinen Assistenten Wechtenbruch über dessen Forderungen: Was dessen Honoraransprüche betreffe, so sei die mit ihm getroffene Honorarvereinbarung auf die erste Instanz begrenzt gewesen. Die weitere Inanspruchnahme sei nicht durch ihn erfolgt, sondern durch Hans Rechenberg «im Interesse der Publikation». Er habe ihm daher bereits telegraphiert, dass Wechtenbruchs Tätigkeit auf Kosten der Familie erfolgen müsse. Mit der «Publikation» sind natürlich die Memoiren gemeint. Servatius klagt dann wieder über seine Unkosten, die inzwischen zu einem Fehlbetrag von 30 000 Mark aufgelaufen seien, während Wechtenbruch ja wohl noch etwas von der Zeitung *The People* zu erwarten habe. Servatius betrachtet seinen Assistenten inzwischen ganz offensichtlich als Zuarbeiter Genouds und Rechenbergs. «Wollen Sie sich bitte», schreibt er ihm streng, «mit Herrn Rechenberg wegen Ihrer Ansprüche in Verbindung setzen?» [49]

Nicht Servatius, sondern der gerichtsferne Rechenberg hat Wechtenbruch als Assistenten bezahlt? Die englische Zeitung *The People* soll zahlen? Das klingt nicht unbedingt nach einem regulären Angestelltenverhältnis. Bereits in einer Abrechnung vom 12. September 1961 ist eine Zahlung von Rechenberg in Höhe von DM 1500,– vermerkt. In einer anderen Abrechnung, die Wechtenbruch am 3. Januar 1962 schickt, ist eine weitere, bereits erhaltene «Zahlung Rechenberg» in Höhe von DM 2500,– verzeichnet. Zur Verschleierung findet eine Umweghonorierung statt. Servatius schreibt eine Notiz an sein Büro, vermutlich an die Sekretärin: «Ihre Reise nach hier [wahrscheinlich Jerusalem] scheint sich noch hinauszuschieben, sie ist aber nicht aufgehoben. Die Unkosten der Reise müssen von dem Sonderkonto Pat getragen werden. Hierüber werden Sie näheres von Koll. Wechtenbruch hören.» [50] Das Sonderkonto Pat bezeichnet die Einnahmen, die über den Literaturagenten Patrick Fitzgerald O'Connor hereinkommen, der Eichmann und seine vielen Worte im Ausland vermarktet. Bei einem Telefonat mit Rechenberg am 13. März 1962 klagt Genoud leise über die Kosten, die ihm Servatius verursache, der in Jerusalem im teuren Hotel King David wohne. Rechenberg gibt ungerührt zurück: «Für Ihr Geld, wenn Sie ihm soviel Geld beschaffen.» [51]

Aber Eichmann oder vielmehr seine Ideologie ist Genoud das wert. Rechenberg und er finanzieren Servatius sogar dessen Debut als Autor. Im Verlag Ferd. Harrach in Bad Kreuznach veröffentlicht der Anwalt sein Plädoyer von Jerusalem; in der *Frankfurter Allgemeinen* wird dafür eine Anzeige geschaltet.[52] Rechenberg zahlt; er hat eine Ausfallbürgschaft für fünftausend Exemplare übernommen. Bereits vor Erscheinen, am 10. Oktober 1961, fordert der Verleger DM 3100,–, «denn wir haben keine Lust, auch nur einen Pfennig an diesem Buch zu verlieren». Kurz danach fragt Servatius, ob die Finanzierung der für Anfang November vorgesehenen kleinen Reise nach Israel gesichert sei. Auch dafür zahlt Rechenberg – aus der von Genoud besorgten Kasse. Insgesamt ist das recht viel moralische und materielle Unterstützung für einen Mann, der sich weltweites Renommee mit dem aussichtslosen Mandat Eichmann erwarb.

Nicht unbedingt aus Menschenliebe, aber im Interesse der bewährten Sache hat Genoud den Eichmann-Anwalt Robert Servatius für seine Bemühungen ordentlich entschädigt. Eine solche Finanzierung ist nicht verboten, aber Servatius, den die Prozessbeobachterin Hannah Arendt recht ungnädig als «ölig, schmierig, geschickt, kurz und bündig, weiß, was er will»,[53] charakterisiert, schämte sich genug, um sie zu bestreiten und alles zu unternehmen, damit sie nicht bekannt wurde. Die Geheimhaltung hat recht gut funktioniert; die Subventionierung gehört in das verschwörerische Dunkel, in dem Genoud agiert.

Unter konspirativen Umständen findet schon kurz vor Weihnachten 1960 in Salzburg ein geheimnisvolles Treffen statt, also wenige Tage nach Servatius' Erklärung, es hätten sich Hoffnungen auf Einnahmen nach dem Urheberrecht zerschlagen. Bei diesem Salzburger Konvent wird die Finanzierung des Prozesses durch ebenjene Einnahmen verabredet. Mit dabei: aus Buenos Aires Willem Sassen und Eberhard Fritsch, zwei Brüder Eichmanns, Servatius und, unvermeidlich, Hans Rechenberg. Bei diesem Treffen wird die «Interessengemeinschaft Linz» gegründet (benannt nach dem Wohnort der Eichmann-Brüder, sicherlich auch eine wenig subtile Anspielung auf die Stadt, die Hitler als seine Heimat bezeichnete und in der er einmal seine Rente verzehren wollte) und Folgendes vereinbart: «Die ‹Interessengemeinschaft Linz› verfügt ab sofort über die Urheberrechte an den sogenannten ‹Eichmann-Memoiren› (die auszugsweise von dem amerikanischen Magazin ‹Life› veröffentlicht wurden). Vertreten durch RA Dr. SERVATIUS, bevollmächtigt die ‹Interessengemeinschaft Linz› Dr. R. SERVATIUS zum Vorgehen gegen ‹Life› wegen Verletzung der Urheberrechte.»[54] Schon das ist absurd, denn schließlich sitzt einer mit am Tisch, der saubere Herr Sassen, der für den Verkauf der Eichmann-Memoiren an Time/Life sorgte.

Einen Tag, nachdem ein weiteres Treffen stattgefunden hat, am 16. Dezember, fliegt Servatius nach Tel Aviv, wo er sich von Eichmann eine wichtige Erklärung unterschreiben lässt, der noch mehrere ähnlich lautende folgen werden: «Zur Finanzierung meiner Verteidigung (…) trete ich an den Vorgenannten meine Urheberrechte (…) ab.» Die Unterstützung, die Servatius versprochen wurde, sieht demnach so aus, dass sie auf Kosten des Angeklagten geht, der in Jerusalem in einer unterirdischen Zelle hockt und – anders ist es nicht zu sagen – um sein Leben schreibt. Draußen beschäftigen sich seine ihm mehr oder weniger gewogenen Vertreter mit seiner Vermarktung. Eichmann liefert alles, was er bereits geschrieben hat und noch schreiben wird, als Entschädigung für die Prozesskosten an seinen Anwalt ab. Servatius gibt die Verwertung des Urheberrechts[55] an Genoud weiter, der mit dem Erlös die Kosten tragen will, die durch Servatius' Verteidigung anfallen und nicht durch das israelische Honorar gedeckt sind. Rechenberg übernimmt die Details und das große Geschäft und verhandelt mit Agenten und Rechtsanwälten in New York, London und Paris. Eichmann, der mit der Todesstrafe zu rechnen hat, verspricht, davor noch ein gutes Geschäft zu werden.

Genoud, der sonst mit den Verwertungsrechten, sogar bei Texten, die noch gar nicht vorliegen, so meisterhaft zu jonglieren versteht, kann in Salzburg leider nicht dabei sein. Er wird gar nicht vermisst, denn die Verhandlungen führt sein Freund Rechenberg. Er selber hält sich allerdings ganz in der Nähe auf, denn er besucht in München die ihm durch Rechenberg bekannt gemachte Emmy Göring, die Witwe des Reichsmarschalls. Von dort treibt es ihn in den Nahen Osten, wo er die Verteidigung Eichmanns auf seine Weise unterstützen will. Zuvor jedoch und zum Beweis, dass alte Freundschaften nicht rosten müssen, lässt er sich in Beirut vom Mufti eine Vollmacht ausstellen, wonach er, Genoud, «alle Rechtshandlungen und Rechtsgeschäfte anzunehmen berechtigt sei», die die Geldangelegenheiten des Mufti betreffen. Es geht um Aktien im Wert von 920 000 britischen Pfund, die Hermann Göring 1942 netterweise dem Mufti übertragen hat und die er jetzt doch gern verwertet hätte. Die keineswegs weisungs- oder vollmachtsberechtigte Göring-Witwe hat bereits zugestimmt.[56]

Die Verteidigung Adolf Eichmanns hat nicht wenige Zeugen aufgeboten, die selber mit Verfahren rechnen müssen und sich deshalb nur in ihrem jeweiligen Heimatland vernehmen lassen. Selbst der judenhasserische Mufti ist bereit, ein freundliches Zeugnis für seinen alten Kompagnon Eichmann abzulegen. Am 3. September 1960 wendet sich wegen der «Verdeidigung» (er schreibt immer so) Eichmanns ein gewisser Dr. Georg Fischer aus Damaskus an Robert Servatius. Fischer spricht neutral von «meiner Tätigkeit im Orient», die ihn daran hindere, nach Deutschland oder Israel zu kommen. Eigentlich müsste er sagen, dass ihn seine frühere Tätigkeit daran hindere, schließlich hat sich der Doktor, der nicht immer Doktor, sondern einst ein einfacher Hauptsturmführer und Alois Brunner war, gern gerühmt, Wien für die Nachwelt «judenfrei» gemacht zu haben.[57] Dieses mörderische Wirken setzte er in Griechenland, in Frankreich und der Slowakei fort. Nach dem Krieg floh er über die bekannte Route in Italien nach Ägypten. Brunner geht mit der Zeit, kauft Waffen im Ostblock und verkauft sie der algerischen FLN. Zieht dann auf Empfehlung des Mufti weiter nach Syrien, wo er im Mai 1960 verhaftet, aber sogleich vom Geheimdienst aufgenommen wird, als er sich als Gestapo-Mann zu erkennen gibt. «Die Feinde unserer Feinde sind unsere Freunde», soll der syrische Geheimdienstoffizier Lahan zu ihm gesagt haben.[58]

In Deutschland droht ihm lebenslänglich, in Israel, nicht anders als Eichmann, die Todesstrafe, aber Servatius ist im Interesse seines Mandanten zur Kontaktaufnahme mit dem weltweit gesuchten Kriegsverbrecher bereit. «Ich möchte Ihnen sagen, dass ich Ihnen als seinen Verteidiger in Damaskus oder Beirut jederzeit persönlich zur Verfügung stehe und würde mich freuen, wenn ich dazu beitragen könnte, die einseitigen Belastungen seiner Gegner zu entwerten», schreibt Dr. Fischer nach Deutschland. Da Israel als Treffpunkt nicht in Frage kommt, schlägt Servatius die libanesische Hauptstadt Beirut vor. «Servatius», erzählt Brunner, «schickte mir dann einen Schweizer Mitarbeiter nach Damaskus. Wir trafen uns im Hotel Omayad. Eichmann, das müssen Sie verstehen, war mir das wert.»[59] Schließlich verdankte ihm Brunner seine Karriere und auch den Tipp, sich im Nahen Osten zu verstecken.

Wer aber ist dieser Schweizer Mitarbeiter? Gute Frage. Einfache Antwort mit diesem Telegramm, das Servatius (mit Kopie an Hans Rechenberg) im Dezember 1960 an Georg Fischer, Post Box 635, Damascus, Syria schreiben lässt: «To settle questions of your letter of 16. September you see Mr. Genoud between 16. and 18. December in Hotel St. Georg Beirut Libanon», unterzeichnet Dr. Servatius, der da mit den Gedanken bereits bei der Geheimkonferenz in Salzburg ist.[60]

Der reiselustige Genoud ist wieder bei seiner Lieblingstätigkeit: alte Kontakte pflegen, neue Verbindungen knüpfen und die ungebrochenen Nazis seiner ebenso ungebrochenen Unterstützung versichern. Den Massenmörder Brunner findet er, wie könnte es anders sein, «un type sympathique»,[61] ist er doch ein Verfolgter, wieder einer. Die verhassten Israelis werden Brunner eine Briefbombe schicken, die ihn mehrere Finger und ein Auge kostet. Die Feinde seiner Feinde sind Genouds beste Freunde.

Alois Brunner hat noch eine glorreiche Idee – aber die teilt er Servatius nicht mit, eher schon einem Freibeuter wie Genoud –, wie Eichmann aus der Haft erlöst werden könnte. Ob es bei diesem Treffen war oder bei einem anderen, ist wiederum nicht klar, doch wurde irgendwann zwischen den für ihre Handlungsbereitschaft bekannten alten Nazis die Möglichkeit erwogen, Nahum Goldmann zu entführen, den Vorsitzenden des Jüdischen Weltkongresses. Mit ihm als Geisel ließe sich vielleicht der Angeklagte Eichmann freipressen.[62] Oder eine andere, nicht weniger irrsinnige Idee: Das Nazi-Netzwerk überlegt, ob nicht Otto Skorzeny, der alte Haudegen, der nicht ganz zu Recht dafür berühmt ist, 1943 Mussolini aus der Haft befreit zu haben, Eichmann in einem tollkühnen Luftlandemanöver befreien könnte.[63] Blöd nur, dass Skorzeny bereits zum Mossad übergelaufen ist. Zwar lässt er sich noch immer für seine Nazi-Heldentaten feiern, aber er tratscht die abenteuerlichen Pläne seiner Kumpane längst weiter.

Skorzeny ist nicht der einzige Agent in diesem geheimdienstverseuchten Milieu. Der Bundesnachrichtendienst weiß dank Hans Rechenberg über alle Aktivitäten im Hintergrund des Eichmann-Prozesses genau Bescheid. Rechenberg wird seit August 1959 als «nicht eingewiesene und unbewußte Unterquelle geführt».[64] Seine Kenntnisse vor allem der Verhältnisse in Algerien machen ihn mit dem nahenden Ende des Bürgerkriegs immer wertvoller. Bald wird er für seine Informationen auch bezahlt. «Seine Anmeldung als Aussen-Mitarbeiter erfolgte im Dezember 1959.»[65] Alles, was Servatius, Genoud, Sassen oder die Brüder Eichmann unternehmen, trägt Rechenberg auf der Stelle weiter.

Das hindert ihn allerdings nicht, für sich alles aus dem Eichmann-Material herauszuholen. Am 31. März 1961 schreibt er einen Brief an Servatius, um mit dem Anwalt gemeinsam zu überlegen, wie der «größtmögliche Gewinn» aus dieser Sache zu ziehen sei. Gewinn meint Rechenberg ganz wörtlich. Bei einem Treffen in Paris, an dem neben Servatius und Genoud auch der britische Literaturagent Patrick FitzGerald O'Connor teilnimmt, wird vereinbart, dass «sämtliche Äußerungen Eichmanns in der Vergangenheit, Gegenwart und Zukunft» exklusiv vermarktet werden sollen. Genoud sollen dabei dreißig Prozent der Bruttoeinnahmen zufallen, aber Servatius dabei nicht zu kurz kommen. «Der überschießende Betrag», nach Abzug der Kommission (weitere dreißig Prozent) und diverser Auslagen, ist, wie Servatius in einem Brief vom 27. März 1961 an Genoud bestätigt, «an mich auszuzahlen».[66]

Rechenberg, den Beauftragten Genouds, quält jedoch die Sorge, dass womöglich auch für andere, für Fremde, etwas von den kostbaren Eichmann-Äußerungen abfallen könnte. In Jerusalem sind fünfhundert Journalisten versammelt, das Fernsehen ist dabei, da ist jedes Wort Eichmanns wertvoll. Alles muss genau geplant sein. «Ich bitte Sie daher zu bedenken», schreibt er allen Ernstes an Eichmanns Anwalt, ob es nicht möglich sei, dieser Gefahr dadurch einen Riegel vorzuschieben, dass Servatius seinen Mandanten nur zu einem wohlvorbereiteten und vom Anwalt ausgearbeiteten Statement veranlasse, dagegen darauf verzichte, ihn in den Zeugenstand zu rufen.

Rechenberg nimmt damit nicht bloß Einfluss auf die Verteidigung und die Prozessstrategie von Servatius – das ist die angekündigte moralische Unterstützung –, sondern sorgt sich dem Anwalt gegenüber sogar um die Termine vor Gericht, damit sie zur Veröffentlichung passen:

«Nehmen wir an, der Prozeß startet am 11. April und der Mandant kommt am 12. April oder 13. April mit seinem Sta[t]ement zu Wort, dann kann Patrick im ‹PEOPLE› in der Sonntagnummer (16. April) starten, spätestens in der darauffolgenden (23. April)[.]»

Der ehemalige Pressereferent Rechenberg – er bezeichnet sich inzwischen als «Publizist» – versteht genug vom Gewerbe, dass es mit der Verwertung auch klappt. Der Prozess gegen Adolf Eichmann beginnt am 11. April 1961, *People* brachte die Erklärungen Eichmanns in wöchentlichen Folgen vom April 1961 an. Servatius, so mahnte Rechenberg, solle nur dafür Sorge tragen, dass Eichmanns Erklärungen rechtzeitig fertig und in Form gebracht würden. Die verhandlungsfreien Tage eigneten sich, um diese Erklärungen so schnell wie möglich, mit seiner oder der Hilfe einer Sekretärin, ins Englische zu übersetzen und dann sofort nach London zu expedieren. Rechenberg erwartet sich aus diesem Exklusiv-Eichmann einen Erlös von 15 000 Pfund. Im selben Brief rechnet er Servatius das Honorar in Mark um und kommt für diesen auf DM 65 000,–, «von denen die bisherigen, noch nicht erstatteten Auslagen abzuziehen sind». In einem Interview mit *Maariv* vom 10. April 1962 erwähnt Servatius den Vorabdruck in *The People*, «aber alles das war nicht genug. (...) Ich glaube, dass die Urheberrechte aus den Erinnerungen, die Eichmann im Gefängnis in Ramleh schrieb, die Möglichkeit einer gewissen Finanzierung gibt».

Die paar Pfund aus England, das sei aber längst nicht alles, versichert Rechenberg dem ständig jammernden Anwalt, den er fast zärtlich an die Hand nimmt, um ihm die glänzenden Aussichten zu zeigen: Er habe nur ein ganz grobes Bild gezeichnet und vorderhand nur errechnet, was sich auf dem britischen Markt erlösen lasse. Aber da wären ja noch die USA, da wäre die spanisch-, französisch- und italienischsprechende Welt. Genoud habe doch in Rom bereits erleben können, mit welchem Erfolg die Agentur Propaganda zu machen verstand. Bevor Servatius nach Tel Aviv fliegt, werden sie sich in München sehen. «Auch François wird sich die Ehre geben», damit er, der Anwalt, dann vor Abflug noch kurz die Möglichkeiten der Veröffentlichungsergebnisse mit ihm besprechen könne.[67] Und außerdem den Prozess gegen *Life*, den sie wegen Sassen führen wollen. Und gegen *Paris Match*! Eichmann hat zwar nicht mehr viel zu erwarten, aber für die «Interessengemeinschaft Linz» lässt er sich noch richtig ausschlachten.

In der westlichen Welt dürfte es kaum einen anderen Prozess dieser Größenordnung gegeben haben, der unter solchen Quarantänebedingungen ablief. So war auf politischer Ebene von vornherein verabredet, dass nicht von «den Deutschen», gar den später bekannt gewordenen willigen Vollstreckern und dem eliminatorischen Grundcharakter eines Volkes die Rede sein sollte, sondern nur von «den Nazis». Dafür gab es nicht bloß diplomatische Gründe: Jederzeit drohte eine inkriminierende Bemerkung des Angeklagten Eichmann, mit der die leidige Geschichte des Kollaborateurs Globke aufgefrischt worden wäre. Es galt deshalb, Eichmann als Einzelfall, als jemanden, der praktisch souverän den Judenmord organisiert hatte, darzustellen. Dafür arbeiteten alle interessierten Parteien zusammen.

Die CIA meldete bereits im September 1960, dass man für den geplanten Vorabdruck der Eichmann-Memoiren in der Zeitschrift *Life* die Erwähnung Globkes getilgt habe.[68] Die Lufthansa schaltet für die zwei Ausgaben, die der Eichmann-Abdruck beansprucht, ihre gewohnte Anzeige nicht, um die amerikanischen Leser nicht mit einer allzu raschen Assoziation vom «Endlöser» (*Spiegel* und *Stern*) zum modernen Deutschland zu verwirren.[69] Im November treffen sich, wie eine Notiz im israelischen Staatsarchiv belegt, der israelische Geschäftsträger in Deutschland, Felix E. Shinnar, und verschiedene Deutsche, darunter Abgesandte des Bundesnachrichtendienstes, im exterritorialen Zürich, um zu beraten, wie man den ehemaligen Rassegesetzkommentator Globke aus dem Prozess heraushalten könne.[70] «Loyalität war offenbar das Stichwort»,[71] und Globke hatte doch immer Verständnis für Israel gezeigt.

So wird der Prozess gegen den Menschheitsverbrecher Eichmann auch noch zur Geheimdienst-Klamotte, in der sich alle gegenseitig belauern. Ein V-Mann aus dem Bundeskanzleramt wird nach Jerusalem geschickt, um dort die deutschen Journalisten zu überwachen; Robert Servatius wird in Köln und in Jerusalem observiert; Friedrich Kaul aus Ost-Berlin, der vergeblich um seine Zulassung als Nebenkläger kämpft, wird in seinem Jerusalemer Hotelzimmer von BND-Agenten bestohlen;[72] nicht wenige Männer mit nachgewiesener nazistischer Vorgeschichte arbeiten als Zuträger des Bundesnachrichtendienstes und des Mossad. Zwischen Ost und West nehmen die Spannungen zu, der staatliche Untergrund reagiert auf seine je eigene Weise: im Frühjahr 1961 entsteht plötzlich das Gerücht, Eichmann sei Kommunist geworden.[73] Servatius will es verwenden, um die parallel laufende Veröffentlichung der Memoiren interessanter zu gestalten. Im Herbst, nachdem in Berlin die Mauer hochgezogen worden ist, beschließt die CIA im Verein mit dem BND, die Neuigkeit an die Presse zu geben. Am 7. Dezember 1961 macht die Münchner *Abendzeitung* «exklusiv» damit auf.[74] Zum Kummer beider Geheimdienste wird die Nachricht nicht von weiteren Zeitungen übernommen.[75]

Auf der anderen Seite spart die DDR nicht mit hinterlistigen Andeutungen, um die Bonner Führung zu diskreditieren, und überlegt, ob «in Zusammenarbeit mit [Erich] Mielke bestimmte Materialien besorgt bzw. hergestellt werden sollten. Wir brauchen unbedingt ein Dokument, das in irgendeiner Form die direkte Zusammenarbeit Eichmanns mit Globke beweist».[76] Für alle Fälle lässt die DDR-Führung *in absentia* einen Prozess vor dem Obersten Gericht der DDR gegen Hans Globke aufführen, der am 23. Juli 1963 nicht weiter überraschend mit dessen Verurteilung zu lebenslangem Zuchthaus endet. Selbst Hannah Arendts Gerichtsreportage «Eichmann in Jerusalem» muss eine politische Redigatur hinnehmen; die deutsche Übersetzung des Buches, die 1964 im Piper-Verlag herauskommt, wird von Hans Rössner betreut, einem ehemaligen SS-Mann, der Sorge trug, dass Hannah Arendts Anklagen gegen Amtsträger der Bundesrepublik abgemildert wurden.[77] In einem Brief, den eine Sekretärin in Servatius' Kanzlei in Köln schreibt,[78] wirbt Genoud den ehemaligen «Judenreferenten» im deutschen Außenministerium, SS-Obersturmführer Franz Rademacher, der wie Alois Brunner Asyl in Syrien gefunden hat, als Informanten für sich und Rechenberg, der ihn wiederum für den BND abschöpft, wobei Rademacher gleichzeitig für die CIA oder den französischen Geheimdienst arbeitet.[79] Der Schattenmann Genoud schließlich wird von seinem besten Freund auf Schritt und Tritt überwacht; die CIA wiederum hört den eher rechtsextremen BND-Mann Hans Rechenberg ab, weil die Amerikaner ihn für einen Ost-Agenten halten. Nebenbei sorgt Genoud dafür, dass sich seine

Freunde untereinander kennenlernen: Dem Bericht eines Zeugen zufolge soll Genoud Andrée Blouin, die ehemalige Protokollchefin des ermordeten Kongo-Präsidenten Patrice Lumumba, nach Zürich geschickt haben, wo sie dem Araber- und Afrikafreund Rechenberg Geld für die Eichmann-Verteidigung überreicht haben soll.[80] Das klänge gar zu fantastisch – eine schwarze Freiheitskämpferin, die sich als Kurierfahrerin für Eichmann anwerben lässt –, doch muss sie ganz offensichtlich mit Rechenberg bekannt geworden sein, der sie als «schwarze Schwester» bezeichnet.[81]

In seiner Einleitung (1986) zu Hannah Arendts «Eichmann in Jerusalem» wirft der Historiker Hans Mommsen der Autorin vor, dass sie «in ihrer Funktion als Journalistin» Informationen, wonach es eine Absprache zwischen Adenauer und Ben Gurion zu Prozessdetails, insbesondere zur Schonung von Adenauers Staatssekretär, gegeben habe, zu leichtfertig verwende. Deren «Wahrheitsgehalt» sei nur durch «mühselige historische Analyse und gutenteils erst nach Zugänglichkeit der Akten» zu klären.[82] *Voilà*, diese Akten gibt es, und sie lassen keinen Zweifel an dem Interesse, das sowohl die deutsche wie die israelische Regierung an einem straffgeführten Prozess nahm, der nicht unnötig mit weiteren Zeugen und Angeklagten befrachtet werden sollte. Dabei bildeten sich die merkwürdigsten Koalitionen: «Nach meiner Ansicht kommt es darauf an, daß die israelische Verhandlungsleitung in der bisherigen Weise verfährt und eine Ausweitung zu verhindern trachtet», heißt es in einem bisher unbekannten Brief, den der Präsident des Bundesnachrichtendienstes, der ehemalige Wehrmachtsgeneral Reinhard Gehlen, am 16. März 1962 «nur persönlich» an seinen Chef Globke schreibt. Unter dem Betreff «Beabsichtigte Namhaftmachung Staatssekretärs Globke als Zeuge in der Berufungsverhandlung gegen A. Eichmann» kann Gehlen ebendiesem Globke, der den unfreiwilligen Auftritt vor Gericht fürchtet, bereits mitteilen, der Bundesnachrichtendienst werde sich darum kümmern, dass der Prozess den geplanten Verlauf nimmt.[83] Der Staatssekretär des Kanzlers braucht sich nicht zu sorgen, wie Gehlen ihm unter einem roten «Geheim»-Stempel versichert: «Entsprechende Maßnahmen sind eingeleitet.» Dank der Gehlen'schen Intervention wird, wie es in dem Schreiben heißt, «die israelische Verhandlungsleitung in der bisherigen Weise» verfahren und «eine Ausweitung zu verhindern» trachten. Globke bleibt durch diese deutsche Einflussnahme auf das israelische Gericht unbehelligt. In der Berufungsverhandlung stellt Servatius am 23. März 1962 den Antrag, Globke als Zeugen zu vernehmen. Der Antrag wird vom Gericht wie besprochen abgelehnt.

Der BND war auch in der Bundesrepublik nicht untätig: Das Globke-Buch des SDS-Aktivisten Reinhard Strecker, der bereits die Ausstellung über die «Ungesühnte Nazijustiz» organisiert hatte, durfte zwar 1961 erscheinen[84] – Eichmann las es in seiner Zelle –, musste aber wegen geringfügiger Fehler sofort aus dem Handel genommen werden. Der NDR-Korrespondent Klaus Bölling wurde gerügt, weil er in einem Kommentar Eichmann und Globke zusammenführte, und bei der Reporterin Inge Deutschkron sollte versucht werden, über den deutschen Innenminister und die immer willfähriger werdende SPD Druck auszuüben, «um diese ständigen Anwürfe zu stoppen».[85] Die Interventionen hatten Erfolg: Der Eichmann-Prozess blieb ein Prozess gegen die Einzelperson Eichmann, die offenbar ganz allein sechs Millionen Juden umgebracht hatte. Am Ende konnten alle zufrieden sein und in den Seufzer der Erleichterung einfallen, der Verteidigungsminister Strauß entfuhr: «Die Israelis haben extreme Hetze gegen uns verhindert (Globke).»[86]

In diesem extrem verminten Gelände sollte es eigentlich ausgeschlossen sein, Eichmann ohne Aufsehen zu Geld zu machen. Genoud und Rechenberg gelang es trotzdem, und die Geheimdienste hatten offensichtlich ihre Freude dabei. «Rechenberg war ein Freund, und ich bin sicher, dass er über unsere Aktivitäten nicht Bericht erstattet hat»,[87] glaubte Genoud oder hoffte es zumindest. Er wusste sehr wohl, welchen Aktivitäten sein «Zwillingsbruder» sonst noch nachging; außerdem hatte er selber seine Erfahrung mit zwielichtigen Geschäften und offenbarte sich selber allen möglichen Interessenten. In der Eichmann-Affäre aber war der Hasardeur zum ersten Mal nicht Herr des Geschehens. Die Klage gegen *Life* und *Paris Match* erbrachte nichts. Sassen war schneller gewesen, seine Erstverwertung wurde nicht nachvergütet. Außerdem ließ sich Sassen vom Mossad anwerben,[88] der doch seinen alten Saufkumpan Eichmann entführt hatte. Was noch an Tantiemen mit Eichmann zu erwirtschaften war, ging zum großen Teil an den Verteidigungsbetrieb Servatius, der sein Honorar aber niemals angemessen fand. Am Ende gelang es Servatius nicht einmal, die israelische Regierung zur Herausgabe der ihm vom Autor überschriebenen Eichmann-Memoiren mit dem schönen Titel «Götzen» zu zwingen, eine Rechtsanmaßung, mit der sich Genoud, wäre er in den Besitz der Rechte gelangt, niemals abgefunden hätte.

Der Wert der Eichmann-Memoiren sank nach dem Tod Eichmanns rapide, schon weil der Angeklagte einen vergleichsweise fairen Prozess erlebt hatte. Jahrzehnte später meldete sich einer der Söhne Eichmanns in Zürich bei der *Weltwoche* und verkaufte der Zeitung für ungefähr DM 100 000 Mark die mit Willem Sassen in Buenos Aires aufgezeichneten Erinnerungen. Sie befinden sich bis heute im Besitz der Zeitung, die sie allerdings ins deutsche Bundesarchiv abgegeben hat, wo sie nur hören und lesen darf, wer wenigstens eine Doktorarbeit darüber schreibt.[89]

Nachdem seine Memoiren gleich mehrfach verkauft waren, wurde Eichmann auch in zweiter Instanz für schuldig befunden und am 31. Mai 1962 gehängt. Es gab keinen Aufschrei, die alten Nazis zogen die Köpfe ein und entschlossen sich, ihren Frieden mit der neuen deutschen Demokratie zu machen. Genoud aber suchte sich neue Betätigungsfelder. «Diese Sache war ein wichtiger Wendepunkt in der Nachkriegszeit und ein großer Erfolg für die Zionisten», klagte er später. «Von da an konnten sie sich alles erlauben. Die ganze Welt hat vor ihnen gezittert.» Das ist für Genoud kein kleines Kompliment. «Vor soviel Effizienz kann man sich nur verneigen.»[90]

Auch wenn da ein wenig Ironie mitschwang: Eichmann war Genoud nie ganz geheuer. Mit seinen Aussagen, noch mehr bei der Berichterstattung, die endlich auch in den Zeitungen in Gang kam, wurde deutlich, dass der Nationalsozialismus nicht nur aus roten Hakenkreuzfahnen, schwarzen Uniformen und den blauen Augen des Führers bestand, sondern Völkermord und endlose Gräuel bedeutete. Eichmann? «Ich habe mich nur widerwillig darum gekümmert»,[91] meinte Genoud im Rückblick.

Er musste seinen Kampf anderswo fortsetzen.

10. Ein weiteres politisches Zwischenspiel: Algerien

Der Tag, an dem Hitler-Deutschland kapitulierte, war für François Genoud ein Tag der Trauer. Das stolze Land am Boden, der Führer, sein Napoleon, gefallen, gefallen im Kampf und von da an nur mehr geschmäht von den Siegern. Doch versteht Genoud diese so persönlich empfundene Niederlage Deutschlands als Auftrag, den Kampf seines Führers an einem anderen, aber nicht gänzlich überraschenden Ort fortzusetzen. Algerien bot sich an, der Aufstand gegen den Kolonialherrn, die Revolution, die am Ende vom Erfolg gekrönt werden sollte. Am gleichen Tag, am gleichen 8. Mai 1945, an dem das Deutsche Reich aufhört zu bestehen, feuern französische Regierungstruppen in den algerischen Städten Sétif und Constantine und mehreren Dörfern der Umgebung auf die arabische Bevölkerung.

Die Menschen waren auf die Straße gegangen, um – nicht anders als im Mutterland und vor allem in Paris – den Sieg über den Nationalsozialismus zu feiern. Es werden Fahnen mitgeführt, auch die französische Trikolore; viele unter den Jubelnden haben für Frankreich gegen Deutschland gekämpft. Gleichzeitig wird für die Entlassung der drei algerischen Départements in die Unabhängigkeit demonstriert. Die französischen Polizisten und Milizionäre missverstehen die Jubelfeier als Rebellion, beschimpfen die Araber sogar als «Hitleristen» und feuern in die Menge. Es kommt zu vereinzelten Widerstandsaktionen, und die Reaktion der Ordnungsmacht bleibt nicht lange aus: Aus den Garnisonen in ganz Algerien werden Soldaten zusammengezogen, um den vermeintlichen Aufstand gegen die Franzosen niederzukämpfen; die Algerier werden sogar aus der Luft bombardiert. Später machen wahre Gräuelgeschichten die Runde, zum Beispiel dass die Franzosen die toten Algerier wie in einem deutschen KZ zu Scheiterhaufen geschichtet und verbrannt hätten. Jedenfalls fand in diesem Mai, als endlich Frieden herrschte, in Algerien ein grausames, ein völlig irrsinniges Massaker statt, bei dem innerhalb weniger Tage mehrere tausend Menschen getötet wurden. Es ist nur der Beginn einer Gewaltspirale, die sich in Algerien bis heute weiterdreht und bereits mehr als eine Million Opfer gefordert hat.

Der frankophone Schweizer Genoud stand noch nie auf der Seite Frankreichs, aber nach diesem grauenhaften Massaker hasst er das Land seiner Vorfahren mit aller Inbrunst. In den ersten Nachkriegsjahren interessiert ihn der Maghreb mehr als Europa oder das geschlagene Deutschland, dessen Zukunft völlig im Dunkeln liegt. Der Ost-West-Konflikt findet in den nordafrikanischen Ländern nicht statt, die erst die Befreiung aus der Kolonialherrschaft erstreiten müssen. Seit dem Ende des Weltkriegs zerbrechen die Großreiche des 19. Jahrhunderts, und mit dem Nationalismus entsteht eine unscharfe Ideologie, die allerlei Staaten auf die viel zu schwachen Beine hilft. 1947 hat Großbritannien bereits Indien in die Unabhängigkeit entlassen, 1954 geht Vietnam verloren, und 1956 gibt Frankreich Tunesien und Marokko frei. Der Weltkrieg ist vorbei, es finden aber weiterhin Kriege statt, wenn auch auf Nebenschauplätzen, in Asien (Vietnam), Afrika (Kongo, Angola) und im Nahen Osten. Der Vordere Orient ist wegen seiner Ölreserven und der strategischen Bedeutung des Suezkanals besonders umkämpft. Diese für den Welthandel so wichtige Passage wurde bisher von Engländern und Franzosen verwaltet. Die revolutionären Offiziere, die 1952 den ägyptischen König Faruk zur Abdankung zwingen, machen kurzen Prozess und verstaatlichen den Kanal.

Sofort entbrennt zwischen Ost und West der Kampf um den Einfluss auf die Junta, in der bald Oberst Gamal Abdel Nasser die Oberhand gewinnt, der besonders geschickt zu lavieren versteht. Für arabische Verhältnisse ist der Volkstribun Nasser (wie später auch Saddam Hussein) geradezu ein Reformer, er gilt sogar als lenkbar. (Wie Saddam Hussein.) Ägypten braucht eine moderne Infrastruktur, und da ist jede Hilfe willkommen.

Nach seiner Flucht aus Europa hat sich auch der Mufti al-Husseini in Kairo niedergelassen und wird nicht müde, immer wieder den Dschihad gegen die Juden zu fordern. Seinen alten Freunden gefällt das, der Waldarbeiter Adolf Eichmann kündigte 1950 sogar an, er wolle sich zum Mufti durchschlagen. Bei dem ehemaligen Hamburger Gauleiter Karl Kaufmann, der wegen der «Naumann-Verschwörung» verhaftet wurde, fand sich ein persönlich gewidmetes Porträt des Mufti.[1] Auch Henriette von Schirach, die geschiedene Frau des ehemaligen Reichsjugendführers, gedenkt seiner in Dankbarkeit, als sie 1956 ihre Memoiren veröffentlicht. Zu ihrem Fluchtgepäck gehörte «ein weißes golddurchwirktes Tuch, das mir der Großmufti geschenkt hatte».[2] Gelegentlich gab es noch Kontakt nach Deutschland; so soll Walter Schellenberg, der Abwehr-Chef des «Dritten Reiches», nach dem Krieg «einen einstigen Mitarbeiter des schweizerischen Nachrichtendienstes» zu ihm geschickt haben.[3] Das könnte François Genoud gewesen sein, der seinem Jugendidol unverbrüchlich die Treue hielt. Auf der Konferenz der blockfreien Staaten im Jahr 1955 in Bandung lässt sich al-Husseini als Held der «Dritten Welt» feiern, als Herold im Kampf um die Befreiung vom Kolonialismus.

Auf Bitten der CIA tun Reinhard Gehlen und seine Leute von der gleichnamigen Organisation «our best to inject expertise into the Egyptian secret service, supplying them with the former SS officers».[4] Auch wenn der Bundesnachrichtendienst diese Beschäftigungspolitik heute gern bestreitet, sein Gründer Gehlen gab sie selber zu: «The organisation had sent certain former members of the SS who had a clean political record on special missions overseas; this was done with the full approval of the American authorities.»[5] Dabei zeigte sich, wie Gehlen seinem Propagandisten David Irving im Vertrauen und bestimmt nicht ohne einverständiges Schmunzeln mitteilte, «the Arab countries particularly ready to welcome Germans with an ostensibly ‹Nazi› past».[6] Die Aufbauarbeit der alten Kameraden findet keineswegs im Verborgenen statt; der *Spiegel* mit seinen guten Verbindungen in diese Kreise weiß von «General Fahrmbacher und seinen 43 westdeutschen Militär-Experten, die sich im Schatten der Pyramiden ihr Kommißbrot verdienen».[7] Das zunächst noch ganz dem Westen zugewandte Ägypten entwickelt sich zu einer regelrechten touristischen Attraktion für Militärs, Ingenieure, Bauunternehmer und erst recht für die Männer, die über die politische Entwicklung in ihrer Heimat nicht glücklich sind, wie etwa der ehemalige Generalmajor Otto Ernst Remer. So kommt auch – nach einem Abschiedsbesuch 1947 bei Ernst Jünger[8] und einem längeren Aufenthalt in Argentinien – ein Mann nach Kairo, auf den der Mufti von Jerusalem gewartet zu haben scheint. «Wir danken Ihnen», so soll ihn der Mufti bei seiner Ankunft begrüßt haben, «dass Sie es wagen, den Kampf gegen die Mächte der Finsternis aufzunehmen, deren Inbegriff das Weltjudentum geworden ist.»[9] Der Neubürger, Johann von Leers, war einer der übelsten Hetzer des «Dritten Reiches» gewesen, der als Massenredner auftrat und Bücher wie «Juden sehen dich an» (1933) fabrizierte. Zur Belohnung erhielt er eine Professur in Jena, wo als eine seiner Assistentinnen die glühend ehrgeizige dreiundzwanzigjährige Renate Riemeck wirkte,[10] nach dem Krieg die Ziehmutter von Ulrike Meinhof und Spitzenkandidatin der Deutschen Friedensunion (DFU) im Bundestagswahlkampf 1961. Nach seinem Übertritt zum Islam macht der Publizist als Omar Amin von Leers im bewährten Stil weiter und übernimmt die Auslandspropaganda von Radio Kairo. Aus diesem komfortablen Exil schreibt er 1958 einen Leserbrief an den *Spiegel* (der ihn unbegreiflicherweise auch noch druckt) und klagt über «Millionen faulpelzender und schiebender Juden» im Nachkriegsdeutschland.[11] Leers ist selbst dem nazibegeisterten Genoud zu viel: «Der gehörte zu diesen obsessiven Antijuden. Er war überzeugt, dass Adenauer Jude war!»[12]

Dieses aufbruchsbereite Ägypten bietet also alles, was Genoud in der Schweiz und in Deutschland missen muss: Nationalismus, Antizionismus, Sentiment, der Traum von Revolution und Größe zum Greifen nahe. In der jugendlichen Revolte der ägyptischen Offiziere sieht Genoud die messianischen Reden des Mufti bestätigt und endlich das große arabische Reich der Freiheit heraufdämmern – was bei ihm immer ein Reich ohne Israel sein muss, ohne den Staat, der sich unverschämterweise mitten unter seinen Arabern etabliert hat. Genoud ist selber nicht religiös, aber er weiß doch, dass das antikoloniale, das nationalistische Heil nicht ohne Einbettung in die Religion kommen wird. 1942 hatte Joseph Goebbels in seinem Tagebuch notiert, wie wichtig der fromme Ritus für die Wehrhaftigkeit der islamischen Völker sein kann: «Interessant ist, wie weitgehend hier die geschickte Ausnützung der Religionsfrage eine Bedeutung gehabt hat. Die Tartaren hatten zunächst eine wenig erfreuliche Einstellung gegenüber der deutschen Wehrmacht; nachdem man ihnen aber erlaubt hatte, von den Minaretts herunter wieder ihre religiösen Gesänge durchzuführen, waren sie völlig umgewandelt. Diese Umstellung ging so weit, daß man Tartaren-Schutzkompanien bilden konnte, die aktiv gegen die Bolschewisten kämpften. Geschürt und unterstützt wurden diese Bestrebungen durch die dortigen Propagandakompanien, die das Bild, das den Großmufti von Jerusalem beim Führer zeigte, verbreiteten und damit einen durchschlagenden Erfolg erzielten.» [13]

Die arabische Revolution verläuft längst nicht so spektakulär wie der Aufstand 1936 in Bagdad. Genoud kann bei seinen Besuchen in Kairo aber beobachten, wie sich in Ägypten eine weitere Befreiungsbewegung bildet, die Front de Libération Nationale, die von den Nachbarländern aus auf den Umsturz in Algerien hinarbeitet. Einer ihrer Anführer ist Ahmed Ben Bella, der wie viele algerische Männer im Zweiten Weltkrieg als Franzose gegen Deutschland gekämpft hat. Zu ihm gesellen sich in Kairo Mohammed Khider, Hocine Aït Ahmed und Mohammed Boudiaf. Getragen von der Welle des arabischen Nationalismus, der in Ägypten bereits zum Sturz der Monarchie geführt hat, fühlt sich die Gruppe um Ben Bella schon zwei Jahre später stark genug, um am 1. November 1954 von Oran bis Constantine in synchronisierten Angriffen gegen Polizeistationen und die Stützpunkte der verhassten französischen Besatzer loszuschlagen. Das ist zunächst nicht mehr als ein Signal, denn die Aufständischen sind kaum organisiert, schlecht bewaffnet und in deutlicher Minderzahl. Dennoch erschüttert der beginnende Guerillakrieg das Mutterland, wahrscheinlich sogar stärker noch als die Jahre währende deutsche Besatzung.

Nur sechs Monate zuvor hatte sich das stolze Frankreich nach der Niederlage von Dien Bien Phu aus Vietnam zurückziehen müssen. Das französische Kolonialreich zerfällt, und in Algerien, wo Rommels Armee ihren zunächst erfolgreichen Wüstenfeldzug feierte, herrscht elf Jahre später erneut Krieg. So leicht gibt die Zentralregierung in Paris aber nicht nach. Die Garnisonen werden verstärkt, die Militärpräsenz wird über die Jahre immer weiter ausgebaut. Frankreich führt die Wehrpflicht wieder ein, Hunderttausende junger Männer werden nach Algerien geschickt, um die Aufständischen niederzuringen. Darunter befinden sich auch viele Deutsche, die sich in die Fremdenlegion verpflichtet haben.

Schließlich kommt es auch noch zum Krieg am Suezkanal, aus dem sich Frankreich und England aber auf Druck der Großmächte UdSSR und USA wieder zurückziehen. Israel wird von Ägypten attackiert, gewinnt aber auch diesen zweiten Krieg um seine Existenz, und der Kanal gehört jetzt zu Ägypten. Von dort erfahren die algerischen Rebellen noch immer die größte Unterstützung. Das Beispiel der Ägypter, die sich den Großmächten erfolgreich widersetzt haben, leuchtet auch der FLN voran. Noch aber sind die Franzosen die Stärkeren: In einer tollkühnen Operation zwingen sie 1956 ein Flugzeug mit Ben Bella, Khider, Aït Ahmed und Boudiaf zur Landung; die Aufrührer kommen in Haft. Seither hasst Genoud die Sozialisten (der amtierende Ministerpräsident Pierre Mendès-France ist Sozialist und Jude): «Die Sozialisten sind alles Schweine.» [14]

Die Guerilleros geben aber längst nicht auf, der Kampf geht auch ohne die «historischen Chefs» weiter. Die Rebellen beginnen, die Zivilbevölkerung, die *pieds noirs*, zu terrorisieren, die Franzosen, die im Lande leben und auch bleiben wollen. Nicht nur Garnisonen und Grenzposten werden angegriffen, die «Propaganda der Tat» erreicht auch die Hauptstadt Algier: Die zweiundzwanzigjährige Djamila Bouhired und ihre Freundinnen legen Bomben in Restaurants und Tanzcafés und töten damit bewusst Unbeteiligte. Der barbarische Anschlag auf Zivilisten soll die militärische Übermacht der französischen Armee anprangern und das Gewissen der Welt wachrütteln; die Bombe ist die klassische Waffe des Unterlegenen.

Djamila Bouhired wird bald ergriffen und vor Gericht gestellt, wo sie angesichts der Todesstrafe noch einmal leidenschaftlich für die Freiheit Algeriens plädiert: «Die Wahrheit ist, daß ich mein Land liebe, daß ich es frei sehen will, daß ich deshalb den Kampf der Nationalen Befreiungsfront gutheiße. Und nur dafür werden Sie mich zum Tode verurteilen, nachdem Sie mich gefoltert haben, nachdem Sie meine Brüder Ben M'Hidi, Boumendjel und Zeddour getötet haben. Aber vergessen Sie nicht: Wenn Sie uns töten, morden Sie die freiheitlichen Traditionen Ihres Landes, vergehen Sie sich an seiner Ehre, bringen Sie seine Zukunft in Gefahr, und verhindern Sie nicht, daß Algerien frei sein wird. Inch' Allah.» [15]

Die Terroristin wird von einem jungen Rechtsanwalt unterstützt, der sofort das propagandistische Potenzial der Angeklagten entdeckt hat: «Ich nutzte die Gelegenheit, durch den Prozess der Revolution ein Gesicht zu geben: das Gesicht eines jungen Mädchens.» [16] Für den Anwalt Jacques Vergès ist der Verstoß gegen die Standesregeln selber die Regel. Er wird damit ebenso berühmt wie mit der Wahl seines Mandanten. Seine Verteidigungstaktik beschränkt sich nicht darauf, die Sache der Angeklagten vor Gericht zu vertreten, sondern er propagiert sie erst recht; Vergès nennt das *«défense de rupture»*. Er zeigt einen ungewöhnlichen Sinn für Publicity, aber für die richtige Seite, und das macht ihn in Algier zum Volkshelden. Diesen Widerstand gegen echte oder eingebildete Feinde wird er, ebenso wie Genoud, sein Leben lang fortsetzen.

Die junge Djamila Bouhired wird wie erwartet zum Tode verurteilt, doch organisiert Jacques Vergès eine Kampagne, wie die Welt sie noch nicht gesehen hat. In seinem Plädoyer gedenkt er immerhin kurz der Toten, für die seine Mandantin zumindest mitverantwortlich ist: «Ich verneige mich zunächst vor den Toten des Coq Hardi und der Milchbar, vor den Toten der Kasbah und des Kasinos, den Toten von Belfort und Bab El Oued, den Toten des Stadions von Algier und des Stadions von Philippeville, das in ein Beinhaus verwandelt worden ist.» [17] Wichtiger ist ihm dann aber der Appell an alle Menschen guten Willens, sich für Bouhireds blühendes junges Leben zu verwenden. Von Vergès angestiftet, treffen aus der ganzen Welt Postkarten ein, mit denen die französischen Behörden aufgefordert werden, die junge Kriegerin zu verschonen. Djamila Bouhired ist die erste Terroristin, die berühmt wird wie eine Schauspielerin.

Che Guevara, wird Jacques Vergès später behaupten, habe ihn das Zigarrerauchen gelehrt. Dass er den legendären Revolutionär kannte, wird niemand bezweifeln, der den Reigen von exotischen Potentaten, regierenden Mördern und Volkstribunen beinah jeder Couleur betrachtet, mit denen der Anwalt im Lauf seines Lebens Umgang pflegte. Vergès ist der bürgerliche Provokateur, der in der fiebrigen Revolutionsatmosphäre Algeriens gerade noch gefehlt hat. Er kam 1925 in Thailand zur Welt. Weil sein Vater eine Vietnamesin geheiratet hatte, sah er sich (so jedenfalls stellt es der Sohn dar) aus der französischen Gesellschaft ausgestoßen. Mit siebzehn fuhr Vergès von der französischen Übersee-Insel La Réunion nach Liverpool, um sich der Armee von General de Gaulle anzuschließen. Genoud wird ihn Jahrzehnte später mit Franz Schönhuber zusammenbringen, der in seinem Buch «Ich war dabei» (1981) seine Zeit bei der SS offenbart hatte. Schönhuber und Vergès planen eine Parallelgeschichte des Widerstands, aus deutscher und aus französischer Sicht.[18] Wie viele Soldaten aus den Kolonien kämpft Vergès für die Befreiung Frankreichs vom Faschismus, um anschließend zu erleben, dass Frankreich nicht vom Kolonialismus lassen will und seine Helden als Bürger bestenfalls zweiter Klasse betrachtet. Beim Studium in Paris lernt er Saloth Sar kennen, einen jungen Kambodschaner, der Marx und Lenin liest und von einer anderen Art der Befreiung träumt. Saloth Sar kehrt in seine Heimat zurück, wird Guerillakämpfer und unter dem Namen Pol Pot einer der grausamsten Schlächter des 20. Jahrhunderts. Vergès geht im Auftrag der Kommunistischen Partei als Jugendsekretär nach Prag und wird dort Sprecher der ausländischen Studenten; es kann gut sein, dass er dort bereits dem Kommilitonen Yassir Arafat begegnet, der sich «Mr. Palestine» nennen lässt. Nach seinem Juraexamen schließt sich Vergès dem antikolonialen Befreiungskampf der Algerier an, nicht als aktiver Kämpfer, aber doch als aktionistischer Unterstützer.

So unterschiedlich sie sind, Genoud und Vergès mussten eines Tages auf der antikapitalistischen Kampfbahn der Weltrevolution zueinanderfinden. In vieler Hinsicht bildet Vergès ein Gegenstück zu Genoud, und genau deswegen werden sich die beiden auch so gut ergänzen. Dabei handelt es sich gar nicht um die Konvergenz von Links und Rechts, sondern um die zweier Außenseiter, und dieses Außenseitertum ermöglicht dem Hitler-Anhänger und dem antikolonialen Kommunisten, sich gegen die übrige Welt zu verbünden. Der Hitlerist Genoud muss sich nicht verändern, für ihn fallen Links und Rechts im Freiheitskampf Algeriens zusammen: «Der Kampf für Algerien, der die Krönung der Dekolonisierung darstellt, wurde weltweit enthusiastisch begrüßt. Die meisten Kämpfer kamen von weit links, wo man an die großen Prinzipien glaubt. Ich kam aus einer anderen Ecke, vom arabischen Nationalismus, von Gamal abdel Nasser und vom Kampf für das Palästina

Hadj Amin al-Husseinis. Ich war glücklich, Männern und Frauen zu begegnen, die einen anderen Hintergrund hatten, einer anderen Generation angehörten, mit denen ich aber das eine gemeinsam hatte: das Engagement für die Entkolonisierung der ‹Dritten Welt›.» [19]

In ihrer Ideologie entdecken die Waffenbrüder eine erstaunliche Ähnlichkeit: Bei Genoud wirkt die Goebbels-Propaganda vom «angloamerikanischen» Feind nach, der seine Herrschaft auf der Knechtung der halben Welt aufbaut. Überall zeigt sich dessen Unmenschlichkeit: in der Ausbeutung Irlands, der «ersten Kolonie»; in der Ausrottung der Indianer, der wahren Amerikaner; im Justizmord an den beiden Arbeitern Sacco und Vanzetti. Vor allem verbindet Genoud und Vergès die Neigung zur bedenkenlosen Radikalität, die immer zugleich ein Spiel ist, mit dem man die weniger Rücksichtslosen provozieren kann. Für die FLN-Aktivisten ist der Terror moralisch gerechtfertigt als die Waffe der Schwachen gegen die Übermächtigen. Männer wie Vergès und Genoud aber borgen sich diese Moral, um ihren eigenen Extremismus mit idealistischem Flair zu dekorieren.

Algerien ist in diesen Jahren eine Herzensangelegenheit. Was den einen die schöne Djamila ist, liefert den anderen Henri Allegs Bericht über die brutalen Foltermethoden, mit denen das französische Militär die Aufständischen peinigt.[20] Jean-Paul Sartre engagiert sich für ein freies Algerien, und sein Schüler Francis Jeanson baut ein Netzwerk auf, das sowohl Deserteuren zur Flucht aus der Armee verhilft, als auch den in Frankreich operierenden Algeriern einen legalen Arm für die Finanzierung des Krieges bietet. Er wird unterstützt von dem aus Ägypten stammenden Kommunisten Henri Curiel. Deutsche sind nicht unbeteiligt: Der deutsche Austauschschüler Volker Schlöndorff riskiert seine Aufenthaltserlaubnis, als er in Paris in der Schule Allegs Buch verkauft.[21] Später wird er seinen ersten Kurzfilm über zwei Algerier drehen, die von der «Roten Hand» gejagt werden. Hans Magnus Enzensberger, der ebenfalls in Paris studiert hat, beginnt seine Karriere als Internationalist mit dem Bekenntnis «Algerien ist überall». In einer Ansprache, mit der er im Juni 1961 eine Wanderausstellung zum Thema Algerien in Frankfurt eröffnet, fällt ihm der passende Vergleich ein: «Schon einmal haben wir alle miteinander nichts wissen wollen. Wir haben von sechs Millionen ermordeten Juden nichts wissen wollen.» Algerien sei die «Feuerschrift an unserer Wand»,[22] ermahnt er die Gleichgültigen und Lauen. Neben echter Empörung über das algerische Unrecht spielt bei Enzensberger auch die Lust eine Rolle, sich über das bereits recht wohlstandssatte Westdeutschland zu erheben, das nichts wissen will von der Welt draußen, sondern sich dem Konsum ergibt: «Ein Anblick, zugegeben, der salzlos, langweilig, medioker, der nicht eben erhaben ist.»[23]

Erhaben ist der Kampf, die Gewalt. In seinem *Kursbuch* wird Enzensberger ein Kapitel aus der revolutionären Grundschrift «Die Verdammten dieser Erde» von Frantz Fanon veröffentlichen. Dort ist dann die Rede vom Befreiungskampf in den kolonisierten Gebieten, «wo das Blut des Volkes geflossen ist und die Dauer der bewaffneten Phase die Rückkehr der Intellektuellen zur Massenbasis begünstigt hat».[24] Der auf Martinique geborene Psychiater Fanon war wie Vergès bei der Befreiung Frankreichs dabei, er wurde verwundet und erhielt sogar einen Orden für seine Leistungen, musste aber feststellen, dass er auch als Kriegsheld ein Schwarzer blieb, ein Franzose minderer Klasse. In den «Verdammten dieser Erde» rechtfertigt, ja feiert Fanon die Gewalt als einziges Mittel, mit dem die unterdrückten Kolonialvölker ihr Selbstbewusstsein wiedergewinnen könnten. Fanon selber hat keine Bomben geworfen (wurde jedoch, wenn den Berichten zu trauen ist, mehrfach Opfer von Anschlägen der «Roten Hand»). Allerdings nutzte er sein ärztliches Wissen, um Bombenwerfer für ihre Tat psychologisch zu stabilisieren, auch das ein schwerer Verstoß gegen die Standesregeln. Sartre schreibt ein Vorwort zu seinem Buch und «legitimiert» damit, wie Daniel Cohn-Bendit einmal scharf beobachtet hat, «als ideeller Gesamtmasochist die Gewalt gegen uns»:[25] «Denn in der ersten Zeit des Aufstands muß getötet werden: einen Europäer erschlagen heißt zwei Fliegen auf einmal treffen, nämlich gleichzeitig einen Unterdrücker und einen Unterdrückten aus der Welt schaffen.»[26]

Die international vernetzten Sympathisanten für ein freies Algerien sind ein bunter Haufen, sie setzen sich aus versprengten Trotzkisten, KZ-Überlebenden, Christen, Pazifisten, aus zivilisationsmüden Freischärlern und den üblichen Krisengewinnlern zusammen. François Genoud gehört dazu, obwohl er gar nicht dazu passen will. Während Enzensberger die jungen Deutschen aufrütteln will, indem er die Situation in Algerien mit der Juden-Ausrottung in Deutschland vergleicht, will Genoud zusammen mit den jungen Arabern die Juden und ihren Staat Israel bekämpfen. «Ich glaube mit Sicherheit sagen zu können», berichtet der in Schweden geborene Nils Andersson, der in Lausanne den politisch heftig engagierten Verlag La Cité leitete, über den Mitbürger François Genoud, «dass er nie mit Unterstützerkreisen für Algerien in Kontakt gestanden hat. Er ist auch nie bei Solidaritätsaktionen in Erscheinung getreten, um die Folter und die Hungerstreiks in Algerien anzuprangern.» [27]

Genoud ist kein Linker, seine Interessen liegen anderswo. So müsste ihm die alte Idee gefallen haben, die in Amsterdam wiedererweckt wird, denn sie kommt direkt aus der deutschen Vergangenheit: Ein paar Handwerker hecken den Plan aus, wie bei der «Operation Bernhard», bei der noch in den letzten Kriegswochen der Sieg der Alliierten durch Millionen gefälschter Pfundnoten verhindert werden sollte, das gegnerische Frankreich, das zum Jahresende 1959 eine Abwertung der alten Francs im Verhältnis 100:1 plant, mit massenhaft hergestellten Blüten zu destabilisieren. Die Fälscher fliegen jedoch rasch auf, weil sie von Informanten diverser Geheimdienste unterwandert waren. Durch ein halbamtliches Zusammenspiel von Regierung, für die Befreiungsbewegung begeisterten Oppositionellen und ebenso enthusiasmierten Anwälten kommen die Fälscher dann doch davon.

Die Anwälte Gustav Heinemann und Diether Posser verteidigen nicht bloß Mitglieder der verbotenen KPD, sondern vertreten auch Hafid Keramane und Mouloud Kassem, die vom Boden der Bundesrepublik aus an der algerischen Rebellion mitwirken. Nach bundesdeutschen Gesetzen haben sie sich strafbar gemacht, ihre Straftaten aber nachweislich aus politischen und damit ehrenwerten Motiven begangen. Den Kontakt zu den prominenten Anwälten hat der junge SPD-Abgeordnete Hans-Jürgen Wischnewski hergestellt, der sich ebenfalls für die algerische Befreiungsbewegung engagiert. Zusammen mit anderen Jungsozialisten wie Jockel Fuchs (der als Einziger Französisch spricht) und Heinz Nestler reist Wischnewski im September 1958 nach Tunesien und lässt sich von dort über die Grenze ins Kriegsgebiet führen, wo sie «zudem im Raum Bône militärische Einrichtungen der

FLN im befreiten Teil Algeriens besichtigen» können.[28] Ob sie dabei, wie gut ein Jahrzehnt später die für den Befreiungskampf der Palästinenser aufgeschlossenen Aktivisten vom Frankfurter SDS und der späteren RAF, die ihnen präsentierten Waffen auch gleich bedienen durften, ist nicht überliefert. Wischnewski und seine Freunde heißen in der SPD die «Kofferträger», weil sie in solchen buchstäblich das Geld für den Aufstand transportieren. Wischnewski stellt zusätzlich sein Konto als Schleuse zur Verfügung.[29]

Das alles sind illegale, strafbewehrte Handlungen, die aber der romantischen Aura nicht entbehren, begangen in der Gewissheit, für die gute, die bessere Sache zu kämpfen. Zwar engagieren sich hier nur wenige, diese wenigen beweisen aber einen Weitblick, der sich noch auszahlen wird; Wischnewskis Arbeit wird der Bundesrepublik dauerhaft gute Beziehungen zu den arabischen Staaten eintragen. Unter Konrad Adenauer ist Deutschland gerade dabei, sich mit Frankreich auszusöhnen. Deshalb sind solche Aktivitäten offiziell nicht gern gesehen, werden aber keineswegs behindert, da der Sieg der Rebellen langsam absehbar wird. Immerhin ist es ihnen bereits gelungen, in Paris die Regierung zu stürzen. Damit geht die IV. Republik zu Ende, und der Résistance-Held Charles de Gaulle kehrt ins Amt des Staatschefs zurück.

Jenseits der politischen Interessen gibt es noch andere, sehr viel handfestere. Über Ägypten und Marokko werden die Aufständischen beständig mit Nachschub beliefert. Die Freischärler verfügen über genug Geld, um sich zu bewaffnen: Den Algeriern, die in Spanien, Frankreich, aber auch in Deutschland arbeiten, wird eine Kriegssteuer abgezwungen für ihre zu Hause für die Freiheit kämpfenden Brüder. Auch die anderen arabischen Staaten spenden Geld, und Ende 1957 erklären sich die Russen bereit, Waffen nach Algerien zu liefern. Auch von anderer Seite wird nachgeholfen, denn die USA wollen die Region auf keinen Fall der Sowjetunion überlassen. Im Süden Algeriens sind nämlich reiche Ölvorräte entdeckt worden – für Frankreich ein weiterer Grund, fast um jeden Preis an Algerien festzuhalten, für die anderen Anlass genug, sich um die künftigen Herrscher der widerständigen Provinz zu bemühen.

Obwohl im demilitarisierten Westdeutschland noch vor kurzem erbittert über die Wiederbewaffnung und den Eintritt in die westliche Verteidigungsgemeinschaft gestritten wurde, verlaufen Waffenlieferungen für Algerien vorzugsweise über die Bundesrepublik. Hier befindet sich die Nachschubzentrale, und hier gibt es noch genug Anhänger des alten Reiches, die Verbindungen nach Kairo pflegen, wo man Bedarf nicht nur an deutschem Know-how zeigt, sondern auch an Leuten, die ihre Erfahrung von früher mitbringen. Eine Gesetzeslücke aus der Übergangszeit vom Alliierten Kontrollrat zum Grundgesetz erlaubt den Transport auch schwerer Waffen durch die Bundesrepublik, oder wie es eine Mitteilung des Bundeswirtschaftsministeriums auch dem Ahnungslosesten buchstabiert: «In Artikel 26 Absatz 2 des Grundgesetzes sind die Einfuhr, die Ausfuhr und die Durchfuhr von Kriegswaffen nicht als genehmigungspflichtige Tatbestände aufgeführt»,[30] was vor allem die international operierende Gemeinschaft der Waffenhändler auszunützen versteht. So werden Waffen aus der Tschechoslowakei im Hamburger Hafen auf jugoslawische Schiffe verladen und von dort nach Kairo verschifft.

Der Waffenhandel verspricht eine enorme Handelsspanne, ist aber auch entsprechend gefährlich. Die «Rote Hand», ein französischer Geheimbund, der im Schutz von Armee und Geheimdienst operieren kann (es gibt auch Kontakte zum BND), macht in der Schweiz und Westdeutschland Jagd auf die Lieferanten. Sie werden erst bedroht, manchmal auch mit Kompensationszahlungen gelockt. Die Killer schicken Sprengstoffpäckchen, schießen notfalls auch mit Blasrohr und sind auf Autobomben spezialisiert. Im Hamburger Hafen jagen Ende 1958 Abgesandte des französischen Geheimdienstes, wohlversehen mit einem Tipp des BND,[31] den Frachter «Atlas» in die Luft, bevor der ins Mittelmeer auslaufen kann. Der Waffenhändler Georg Puchert wird von einer Splitterbombe zerfetzt. Auf seinen Hamburger Kollegen Otto Schlüter werden gleich vier Anschläge verübt, bis er das lukrative Geschäft aufgibt. Auf den algerischen Diplomaten Aït Ahcene, der durch Bonn zur tunesischen Botschaft fährt, werden im Herbst 1958 aus einem vorbeifahrenden Auto Schüsse abgegeben, denen er einige Monate darauf erliegt. Mindestens vierzehn Menschen sterben in Europa durch die «Rote Hand» – Waffenhändler, Gesandte, deren Verwandte, auch spielende Kinder.

Zwei der wichtigsten deutschen Waffenhändler, Ernst Wilhelm Springer und Fritz Peter Krüger, verfügen über die gemeinschaftsstiftende Vorbildung. Springer hat als Freiwilliger am Zweiten Weltkrieg teilgenommen, war Angehöriger der SS und Ausbilder von arabischen Legionären,[32] die sich seiner nach dem Krieg dankbar erinnerten. Als Mitbegründer der Sozialistischen Reichspartei (SRP) wurde er Abgeordneter im niedersächsischen Landtag und floh nach dem Verbot der Partei zusammen mit Otto Ernst Remer nach Ägypten, später nach Syrien, wo er in Alois Brunners Oriental Trading Company (OTRACO) mitarbeitete. Unter dem Pseudonym Peter Aldag hatte Krüger 1939 die Propagandaschrift «Juden beherrschen England» veröffentlicht. Nach dem Krieg stieg auch er in den Waffenhandel ein. In Hamburg wurde er als Anwalt zugelassen und führte von seiner Kanzlei aus zugleich die Exportfirma Brock & Schnars. Dem *Spiegel*-Reporter Bernt Engelmann gegenüber sah er sich nicht allein von «schnödem Geldstreben» geleitet, sondern mit den Arabern im «gemeinsamen Kampf gegen Juda» verbunden.[33] Remer wiederum belieferte Abd el-Kader Nousari von der FLN mit Sprengstoff. «Ich verbitte mir, mich Nazi zu nennen», soll Remer gesagt haben. «Ich war, ich bin und ich bleibe Nationalsozialist.»[34] Eine feine Unterscheidung, auf die auch Genoud großen Wert legt. Die Agenten der «Roten Hand» berufen sich ebenfalls auf Hitler und die SS. Noch 1960 treten sie mit einem «Hoheitszeichen» auf, zu dem ein Hakenkreuz gehört, das als Gütesiegel gern auch Waffen aufgeprägt wurde, die erst nach dem Ende des Zweiten Weltkriegs und außerhalb Deutschlands gefertigt wurden. Es ist mehr als nur eine Politesse für den deutschen Besucher, wenn der Killer Christian (Robert) Durieux mit dem «deutschen Gruß» salutiert.[35]

So ist es nicht weiter überraschend, dass nach BND-Informationen auch Rechenberg und Genoud beim lukrativen Waffenschmuggel dabei sind. Genoud nimmt allerdings lieber auf seine eigne Weise am algerischen Befreiungskrieg teil, denn selbstverständlich kämpft er nicht mit der Waffe in der Hand. Er weiß seit seiner kurzen Zeit beim Schweizer Militär, dass er dafür überhaupt nicht begabt ist. Seine Stärken liegen anderswo. Zusammen mit Hans Rechenberg gründet er 1957 die «Association Internationale des Amis du Monde Arabe», mit unklarem Vereinszweck. An Freundschaft zur arabischen Welt scheint es nicht zu mangeln, denn die beiden können interessante Kontakte zwischen deutschen beziehungsweise österreichischen Industriellen und algerischen Exilpolitikern herstellen, die sich in der Schweiz und mit Vorliebe am Genfer See aufhalten. Beraten von Hjalmar Schacht, dem legendären und in Nürnberg freigesprochenen ehemaligen Reichsbankpräsidenten,[36] gründet Genoud mit dem Syrer Zouheir Mardam in Genf die Banque Commerciale Arabe (BCA). «Wir wollten daraus», sagt er, «die erste im Ausland ansässige arabische Bank machen.»[37] So wird der Vertrauensmann der Familie Goebbels auch zum Vertrauensmann der algerischen Freiheitsbewegung. Sein Enthusiasmus macht ihn im Verein mit seiner Schweizer Staatsbürgerschaft zum richtigen Mann zur richtigen Zeit – auch für den Schweizer Geheimdienst.

Da der Weltbürger Genoud in der Schweiz gar nicht gemeldet ist, veranlasst die Bundesanwaltschaft Anfang 1958 eine Postüberwachung seiner Frau in Pully. Genoud merkt das, weil seine Post nun mit Verspätung eintrifft und die persönlichen Briefe seiner Frau gelesen werden. Empört wendet er sich deshalb an die Behörden, denen er gleichzeitig zusichert, dass er sie, bevor er etwas unternehme, rechtzeitig informieren werde.[38] Er empfängt den Besuch diverser arabischer Herrschaften, so viel weiß der Überwachungsbericht – aber schließlich ist Genoud jetzt Bankier und muss nach Schweizer Art seine internationalen Verbindungen pflegen. Zum Jahresende 1958 hat er sich einen festen Platz auf der Liste der «Verdächtigen» erobert, ohne dass Polizei oder Bundesanwaltschaft mehr gegen ihn unternehmen würden, als die Beobachtung fortzusetzen.

Der Geschäftszweck seiner Bank ist unklar, dürfte sich aber auch nicht sehr von dem anderer Schweizer Banken unterschieden haben: Geldwäsche, vor allem von politisch heiklem Vermögen. Genoud hortet wie zeitweise auch Wischnewski das Geld der Auslands-Algerier für die FLN. Erfahrung im Bankgeschäft hat Genoud nicht, aber er ist kontaktfreudig und begeisterungsfähig, jedenfalls wenn es die richtigen Kontakte sind. Die bewährten zu den alten Spitzen der Vichy-Regierung werden keineswegs vernachlässigt. So kann sich Jean Jardin, der schon mit dem kollaborierenden Ministerpräsidenten Pierre Laval zusammengearbeitet hat, Genouds Hilfe bedienen, als er 1957 über eine Schweizer Investitionsgesellschaft in Marokko Fuß zu fassen sucht.[39]

Es liegt nahe, dass über die Banque Commerciale Arabe mit der bekannten Schweizer Diskretion der Geldtransfer für die immer gefährlicheren Waffengeschäfte nach Algerien verläuft. Das Schweizer Bankgeheimnis bewährt sich auch hier, denn wer wollte dem so gepflegt wie diskret parlierenden M. Genoud finstere Absichten nachweisen, nur weil er mit allerlei Herrschaften aus südlichen Ländern freundschaftlichen, sogar herzlichen Umgang pflegt?

Diese Freundschaft hätte ihn beinah scheitern lassen. Die Anführer der FLN, darunter Ben Bella, sind im Pariser Gefängnis Santé eingesperrt. Wie schon im Fall Ramckes will Genoud nun gern seine intimen Freunde aus dem Gefängnis holen. «Ihre Befreiung wurde für mich nicht nur zu einem Ziel, sondern zu einer Obsession.»[40] Durch eine komplizierte Operation, die Fatih al-Dib, ein ägyptischer Geheimdienstler, möglicherweise sogar der Führungsoffizier, ausknobelt, sollen die Gefangenen mit Hilfe deutscher Alt- und Neo-Nazis befreit werden. Obwohl von langer Hand vorbereitet, wird die Befreiung doch wieder abgeblasen. Genoud war misstrauisch oder wurde rechtzeitig gewarnt: «Die Operation war eine Falle.»[41] Die Revolutionäre müssen weiter in Haft bleiben. Ihr Außenminister Genoud rät ihnen zu einer Aktion, mit der sie die Welt auf ihr Los und das Schicksal Algeriens aufmerksam machen sollen: einem Hungerstreik, mit dem sie tatsächlich Druck auf die Friedensverhandlungen ausüben können, die zunächst über Mittelsmänner, dann, als de Gaulle Algerien schließlich verloren gibt, ganz offen geführt werden.

Der weltoffene Genoud denkt schon weiter. Bereits im Sommer 1958 zeigt Agent «Caravel» seiner Führungskraft bei der CIA an, dass sich bei ihm François Genoud gemeldet habe, um Gespräche über die Ausrüstung einer demnächst unabhängigen algerischen Polizei zu führen.[42] Bei «Caravel» handelt es sich um niemand anderen als um Paul Dickopf, der es inzwischen zum Regierungsdirektor im Bundeskriminalamt gebracht hat, wo er passenderweise mit den Ermittlungen zu den Anschlägen der «Roten Hand» betraut ist. Sechs Jahre zuvor hat ihm sein Freund Genoud den Journalisten Hans Rechenberg vorgestellt, der sich inzwischen immer mehr im arabischen Raum engagiert. Obwohl auf den deutschen Staat vereidigt und dem Wohl seiner Bürger verpflichtet, berichtet Dickopf weiter an seine Führungsleute beim amerikanischen Geheimdienst, der inzwischen CIA heißt. «Caravel» bezeichnet seinen Informanten

Rechenberg als «Rechtsradikalen».[43] Beide, Genoud wie Rechenberg, erklärt er gegenüber der CIA zu BND-Mitarbeitern, und zumindest Rechenberg wird inzwischen tatsächlich von jenem BND bezahlt, der der französischen «Roten Hand» bei der Jagd auf die Unterstützer eines freien Algerien bereitwillig Amtshilfe leistet. Seine Kenntnisse vor allem der Verhältnisse in Algerien machen Rechenberg mit dem nahenden Ende des Bürgerkriegs immer wertvoller. Als Fassadenfirma gründet Rechenberg 1960 die «Arabo-Afrika», eine nicht besonders gut getarnte «Gesellschaft für Wirtschaftsforschung m.b.H.», bei der selbst das Münchner Meldeamt auf Nachfrage der amerikanischen Freunde schon 1961 das Gefühl beschleicht, es handle sich «bei der ARABO-AFRIKA um eine [unleserlich] gesteuerte Angelegenheit».[44] Aber von wem? In einem undatierten Nachrichtenblatt des Schweizer Geheimdienstes wird Genoud als europäischer Agent des ägyptischen Geheimdienstes bezeichnet.[45] Damit hätte er einen weiteren Auftraggeber dazugewonnen: Neben dem deutschen und dem Schweizer Geheimdienst wirkt er für Ägypten, und für die algerische Exilregierung arbeitet er ohnehin. Hitler und die Seinen, auch sie seine Schützlinge, hat er deswegen noch lange nicht vergessen. Ein französischer Professor kann berichten, dass Genoud, wenn er seinen Freund Ben Bella in der Santé besuchen kam, nazistische Literatur mitbrachte.[46] Ostentative Hitler-Begeisterung ist nicht die schlechteste, weil offensichtliche Tarnung für einen Dunkelmann, der aus seiner Treue zum Nationalsozialismus nie ein Hehl machte.

Der rechtsradikale Rechenberg operiert etwas anders, weiß sich aber ebenfalls mächtiger Bundesgenossen zu versichern. Rechenberg wird tatsächlich gesteuert, und zwar von Kurt Weiß, der unter dem Decknamen «Winterstein» in München-Pullach beim Bundesnachrichtendienst für die Aufklärung in außereuropäischen Ländern zuständig ist und später wegen der guten Beziehungen bekannt wird, die er zu Franz Josef Strauß pflegt. Der Algerien-Aktivist Nils Andersson glaubt, dass sich hinter Rechenbergs Tarnung Arabo-Afrika schlicht alte Nazis versammelten, die von neuen Geschäftsmöglichkeiten profitieren wollten.[47] Hat er mit Waffen gehandelt, die FLN mit Nachschub beliefert? Die Aussicht, wie andere von einer Autobombe zerrissen zu werden, scheint nicht so arg verlockend.

11. Die Welt wird rot

Nach einem mehr als zehnjährigen Kampf verständigen sich am 18. März 1962 in Evian die erschöpfte Republik Frankreich und die algerische Exilregierung auf einen Waffenstillstand. Das Mutterland gibt seine kostspieligen und nicht mehr zu verteidigenden drei Departements frei. Nach der Volksabstimmung am 3. Juli proklamiert der französische Staatspräsident General de Gaulle die Unabhängigkeit. Damit endet der erste Krieg, bei dem die Intellektuellen massiv eingriffen und dessen Ausgang von Sympathisanten entscheidend mitbestimmt wurde. Ohne die Berichte von den Folterungen, ohne die Demonstrationen in Paris, ohne die Solidarität von Jean-Paul Sartre bis Françoise Sagan, ohne die stille Hilfe von Sympathisanten wie Hans-Jürgen Wischnewski, ohne undurchsichtige Mittlerdienste von Männern wie Rechenberg und Genoud wäre die Revolution niemals gelungen.

Die Franzosen verlassen Algerien, und sofort beginnt ein furchtbares Gemetzel. Als Erstes werden die «Harkis» getötet, algerische Muslime, die als Polizisten, kleine Angestellte oder Soldaten mit Frankreich kollaboriert haben, auch die französischen *pieds noirs*, die sich nicht schnell genug davongemacht haben. Jede Revolution geht leichten Herzens über ihre Opfer hinweg; in Algerien sind es gleich Tausende, die aus Rache und im Triumph abgeschlachtet wurden. Das bleibt auch den ausländischen Sympathisanten nicht verborgen; der weltkriegserfahrene Hans-Jürgen Wischnewski, wie viele andere «Kofferträger» der Revolution zu den Siegesparaden eingeladen, wird in Algier mit größtem Entsetzen Zeuge eines dieser Massaker.[1]

Die neuen Herren Ben Bella, Belkacem Krim, Boudiaf und Khider nehmen solche Gräuel in Kauf, und die Welt, die ihr Anliegen verstanden und zunehmend unterstützt hatte, sieht darüber hinweg. Eine neue Zeit ist angebrochen. Frankreich hat alle «historischen Chefs» der FLN freigelassen. Sie treffen sich erst in der Schweiz, wo sie sich zur peinlichen Überraschung der Schweizer Behörden in Gesellschaft ihres Unterstützers Genoud zeigten, reisten dann nach Nordafrika weiter, um schließlich von Kairo aus den Triumphzug ins Nachbarland anzutreten. François Genoud gehört zu den Siegern der Revolte, aber er selber geht nicht über Leichen. Sein Geschäft besteht in Beziehungen, Freundschaften, Kontakten.

Der Vielgereiste war nie zuvor in Algerien, doch als er am 1. Juli 1962 zum ersten Mal den Boden des befreiten Landes betritt – einen Monat, nachdem die Israelis seinen Schützling Adolf Eichmann aufgehängt haben –, kommt er als Angehöriger einer winzig kleinen Volksbefreiungsarmee, die es einer überlegenen Streitmacht gezeigt hat. An der Hand führt er – eine fast biblische Szene – den elfjährigen Kherredine Boudiaf ins gelobte Land, der in den vergangenen Jahren bei ihm gewohnt hat, bis sein Vater aus dem Gefängnis freikam. Genoud kann das freie Algerien mit Fug und Recht auch als sein Werk betrachten; in diesem Augenblick auf der Gangway in Algier vollenden sich für ihn siebzehn Jahre Arbeit, Kampf, Idealismus. Die Niederlage Hitlers ist im Sieg der FLN aufgehoben.

Im algerischen Befreiungskrieg nimmt Genoud zum ersten Mal an der Weltpolitik teil und sucht dabei, nicht anders als sein verehrter Führer, den «‹dritten Weg› jenseits von Kapitalismus und Kommunismus».[2] Hitler hatte es seinerzeit versäumt, sich der kampfbereiten Araber zu bedienen und mit ihnen den Krieg gegen die westliche, für Genouds Begriffe die jüdisch-christliche Welt aufzunehmen. In Algerien soll das alles anders werden, soll das Experimentierfeld für den neuen Menschen und eine neue Welt entstehen. Traditionsbewusst und konsequent wie er ist, wird Genoud dafür sorgen, dass auch in Algier eine Ausgabe seines Hitler-Testaments herauskommt.

Unter dem Saim Ben Bella gilt das freie Algerien der Welt sofort als wichtiger politischer und wirtschaftlicher Partner. Im Oktober 1962 wird Ben Bella im Weißen Haus von Präsident Kennedy empfangen, den er nach eigener Aussage gleich mit seiner Sympathie-Erklärung für das revolutionäre Kuba ärgert.[3] Er macht sich natürlich auch in Moskau und Peking bekannt und weiß ebenso das Interesse der beiden deutschen Staaten an dem neuen Land zu nutzen. Auf Empfehlung Genouds fordert er am 25. April 1963 beim deutschen Botschafter als Berater einen guten Freund an – Hans Rechenberg, den ehemaligen Fallschirmjäger mit einschlägiger, wenn auch nur im Wüstenkrieg erworbener Algerien-Erfahrung.[4] Diesem Wunsch wird von deutscher Seite im Interesse guter Zusammenarbeit selbstverständlich willfahren. Das Bundesamt für Verfassungsschutz überprüft Rechenberg und sieht in seiner Tätigkeit im «Dritten Reich» kein Hindernis für eine Beschäftigung. Über die halbstaatliche «Deutsche Förderungsgesellschaft für Entwicklungsländer» und im Verantwortungsbereich des nordrhein-westfälischen FDP-Politikers Walter Scheel, der inzwischen der Minister für wirtschaftliche Zusammenarbeit ist,[5] wird der Oberregierungsrat zur Wiederverwendung Hans Rechenberg von Ende 1963 an vom deutschen Staat dafür bezahlt, dass er der algerischen Regierung als Berater in Wirtschaftsfragen zur Verfügung steht und gleichzeitig als BND-Informant die weitere politische Entwicklung beobachtet.

Auch Paul Dickopf ist wieder mit von der Partie: Durch Rechenberg und Genoud vermittelt, kann sich der stellvertretende BKA-Chef mit dem algerischen Polizeipräfekten Ahmed Draïa anfreunden und unterstützt die algerischen Kollegen in «Sicherheitsfragen», um die sich im Detail dann wieder der vielseitige Rechenberg kümmert, der eben noch beklagt hatte, dass die Mittäter des «Dritten Reiches» immer nur in Sack und Asche zu gehen hätten, während die algerischen Revolutionäre an die Macht gelangten.[6]

Vergès bleibt wie Genoud der Revolution verbunden. Er wird algerischer Staatsbürger, dient der neuen Regierung eine Zeitlang sogar als amtlicher Außenminister und heiratet nach ihrer Freilassung Djamila Bouhired, das Gesicht des algerischen Aufstands. Gemeinsam reisen sie nun um die Welt: als Botschafter der Revolution, des Antikolonialismus – ein Glamourpaar, das sogar von Mao Tse-tung empfangen wird. Mit dem Geld der FLN bringt Vergès die Zeitschrift *Révolution africaine* heraus, die jedoch mit dem Ende der kurzen Regierungszeit Ben Bellas wieder eingestellt wird.

Nichts von diesem politischen Glanz umgibt François Genoud, doch dafür versteht er sein Engagement in wirtschaftlichen Einfluss umzumünzen. Was der Freund des «dritten Wegs» aber überhaupt nicht verstehen kann: Unter den Siegern brechen sofort Fraktionskämpfe aus. Mit der Etablierung des neuen Staates beginnen die Rivalitäten zwischen den verschiedenen Gruppen: den Männern, die während der letzten Jahre eingesperrt waren, den Mitgliedern der Exilregierung und den Anführern der Revolutionsarmee. Mohammed Khider wird Generalsekretär der FLN, doch Ahmed Ben Bella drängt seinerseits an die Macht im Führungskollegium des sozialistischen Revolutionsbüros, das sämtliche Parteien außer der FLN verbieten lässt. Algerien soll ein sozialistischer Staat mit Räten und Selbstverwaltung werden, kann aber ohne Hilfe von außen – vor allem ohne Wirtschaftshilfe – nicht überleben. Die USA, die zunächst die Unabhängigkeitsbestrebungen Algeriens unterstützt hatten, fürchten deshalb bald, dass «wie überall im Nahen Osten auch hier letztlich die Kommunisten die Strippen ziehen».[7] Doch kann davon nicht die Rede sein; in Algerien regiert vor allem der idealistische, egoistische Dilettantismus.

Der ebenfalls als Politiker und Bankier dilettierende Genoud wird einer der wichtigsten Berater der neuen Machthaber. Er vermittelt zwischen dem benachbarten Ägypten, das sich nach wie vor als Patron des neuen Staates sieht, und dem Mutterland Frankreich, das sich wichtige wirtschaftliche und militärische Sonderrechte vorbehalten hat, für das freie Algerien. Wiederum nützt ihm die Schweizer Unabhängigkeit; er kennt die verschiedenen Parteien und steht dennoch nicht im Verdacht, im Sold einer größeren Macht zu arbeiten.

Während sich die «historischen Chefs» der FLN gockelhaft um den Vorrang streiten, scheint Genoud als Einziger praktisch zu denken. Im April 1963 gründet er nun zusammen mit Mardam Bey in Algier eine Zweigstelle der Genfer Banque Commerciale Arabe (BCA), die er Banque Populaire Arabe (BPA) nennt und an der die FLN mit fünfundfünfzig Prozent beteiligt ist, die durch den Generalsekretär Khider gehalten werden. Sie soll, jedenfalls versteht es Genoud so, ein für die erwachenden Länder der Dritten Welt mustergültiges Institut werden, eine wahre Volksbank und – wie auch anders – frei von jüdischer Einflussnahme sein. In seiner Euphorie redet Genoud von Entwicklung und Elektrizität, plant Pipelines, um das in der Wüste geförderte Öl, den Schatz Algeriens, ans Meer zu schaffen. Im Vertrag von Evian hat sich Frankreich die Mehrheitsbeteiligung an den beiden existierenden Ölleitungen vorbehalten. Genoud empfiehlt der Revolutionsregierung deshalb den

Bau einer dritten Pipeline, die sich ganz und gar im Besitz Algeriens befinden soll, und bietet an, sich um die Finanzierung dieses teuren, aber in jedem Fall lukrativen Projekts zu kümmern. Einen Interessenten aus Kuwait kann er schon anbieten.

Das übrige Geld soll von einer Investorengruppe mit deutschen, schweizer, französischen und arabischen Teilnehmern vorgeschossen werden; der alte Freund Jean Jardin wird für französische Teilhaber sorgen.[8] Der deutsche Geschäftsträger in Algier, Richter, wendet sich am 19. November 1963 an das Außenministerium und rät zu einer regierungsamtlichen Unterstützung einer Beteiligung durch die Firma Phönix-Rheinrohr. Richter weiß von einem «immer» unterrichteten «gewaehrsmann», dass die Franzosen Druck ausüben.[9] Rechenberg dürfte das sein, ein Mann für jede Jahreszeit. Der Streit um dieses Großprojekt wogt lange hin und her, Frankreich zieht sogar vor den Europäischen Gerichtshof in Den Haag mit der Behauptung, Algerien verstoße mit der Vergabe an ein nichtfranzösisches Konsortium gegen den Vertrag von Evian.

Als Präsident der Republik Algerien schreibt Ben Bella Genoud 1963 einen Brief, worin er ihm zunächst zu seinen erfolgreichen Verhandlungen mit Kuwait gratuliert und ihn dann ermächtigt, beim kuwaitischen Finanzministerium einen Kredit in Höhe von «sechs bis sieben Millionen Pfund Sterling» zu sechs Prozent mit einer Laufzeit von zwei Jahren aufzunehmen. «Darüber hinaus sind Sie bevollmächtigt, die Übertragung dieser Summe von der Banque Commerciale Arabe in Genf auf das Konto der Banque Populaire Arabe in Algier vorzunehmen. Selbstverständlich wird diese Einlage zur Finanzierung des oben genannten Pipeline-Projektes dienen.»[10] Ben Bella erteilt Genoud die Prokura, das Geld für diese staatspolitisch so wertvolle Investition aufzutreiben und darüber nach seinem Ermessen als «Président-directeur général» der mit dem neuen Algerien so eng verbundenen Bank zu verfügen.

Dann aber wird Genoud verhaftet.

Am 19. Oktober 1964, fast auf den Tag genau ein Jahr nach der von Ben Bella erteilten Vollmacht, wird der beste Freund der algerischen Revolution von den algerischen Revolutionären ins Gefängnis geworfen. Genoud habe sich, so lauten die Vorwürfe, die der Informationsminister Bachir Boumaza der Presse bekanntgibt, bei der doppelten Buchführung Unregelmäßigkeiten zuschulden kommen lassen. Bei der Währungsumstellung von französischen Francs zu algerischen Dinar seien Abrechnungsbelege verschwunden, im Übrigen stimme die Abrechnung beim Geldtransfer und bei der Besteuerung nicht. Auch soll er betrügerisch über den von Djamila Bouhired gegründeten Kriegswaisenfonds verfügt und im Devisenhandel fünfzehn Millionen Schweizer Franken abgezweigt haben. Für alle Fälle wird das Vermögen der Bank beschlagnahmt. Der ahnungslose Genoud ist schlicht und wenig ergreifend ein Opfer der fortgesetzten Machtkämpfe unter den Revolutionären geworden.

Das Ganze ist eine reichlich undurchsichtige Geschichte, die sich allerdings sofort aufklärt, wenn man der Spur des Geldes folgt. Algerien erlebte nach dem euphorischen Beginn seine erste Wirtschaftskrise. Die Regierung und insbesondere Ahmed Ben Bella haben sich zu viel vorgenommen, zu viel versprochen und zu wenig eingelöst. Der Ausländer Genoud eignet sich gut als Sündenbock, auch andere ausländische Berater werden verdrängt; nur Rechenberg kann sich halten. Dann ist da der sogenannte «Kriegsschatz» der FLN aus der Revolutionszeit, ein nicht geringer Rest an Geld, der nicht für den Ankauf von Waffen verwendet wurde und der weiter auf Genouds Bank verwahrt wird. In der ersten Phase der neuen Republik erlangte Muhammed Khider hierfür die alleinige Zeichnungsberechtigung. Ben Bella macht ihm diese Vollmacht streitig, bestätigt sie ihm wieder, um sie dann ein weiteres Mal zurückzuziehen. Da hatte Khider aber bereits über einen großen Teil des Geldes verfügt.

Genoud wird zwar festgehalten, es geht ihm aber nicht schlecht; schließlich wissen die Revolutionshelden um seine Meriten. Frau und Tochter dürfen ihn besuchen, seine Anwälte kümmern sich um ihn. Zwischen Algerien und der Schweiz entspinnt sich ein diplomatischer Konflikt um den Gefangenen, der beiden Parteien eher peinlich ist. Genoud, der Freund der Revolution, der persönliche Freund der beiden um die Vormacht im Staat streitenden Revolutionäre Khider und Ben Bella, weiß zu viel über ihre Geschäfte, andererseits hat die Schweizer Regierung wenig Lust, sich für einen Mann einzusetzen, den sie wegen seiner extremistischen Ansichten und womöglich auch Taten ohnehin und seit je als gefährlich ansieht. Dieses undurchsichtige Treiben hat ihn in Algier ins Gefängnis gebracht, und ausgerechnet die Schweizer Behörden sollen ihn jetzt wieder herauspauken. Beide Seiten fürchten einen Gesichtsverlust, doch Genoud bedient sich der Mittel, die einem Revolutionär zu Gebote stehen, und beginnt im Gefängnis einen Hungerstreik, wovon sein Anwalt Gilbert Baechtold auf einer Pressekonferenz sogleich die ganze Welt ins Bild setzt.

Elisabeth Genoud appelliert an den ägyptischen Präsidenten und vorsorglich auch an Paul Dickopf. Seine verhältnismäßig rasche Freilassung dürfte Genoud letztlich dem gemeinschaftlichen Bemühen seiner treuen Freunde Dickopf und Rechenberg verdanken, die mittlerweile auf je verschiedene Art vorangekommen sind in der Welt. Noch am 1. Januar 1965 musste Dickopf in seinen neuen Taschenkalender eintragen: «– Ab heute BKA ohne Präsident –», doch währt das Interim nicht lange, denn Bundesinnenminister Hermann Höcherl befördert Dickopf wegen seiner unbestreitbaren Verdienste zum Chef; am 18. Januar ist der ehemalige SS-Untersturmbannführer endlich, was er fünfzehn Jahre lang anstrebte: Präsident des Bundeskriminalamts. Genoud schließlich kommt, unter dem Vorwand, er müsse zu Hause seinen sterbenden Vater pflegen, im Februar 1965 nach vier Monaten Haft frei.

Seinem Biographen Laske gegenüber verfällt Genoud auf das schöne Kompliment, dass er «lieber sechs Monate in Algerien im Gefängnis verbringen würde als acht Tage in der Schweiz».[11] Das klingt gut, das klingt ganz nach dem international tätigen Netzwerker, der den Behörden daheim auf der Nase herumtanzt, es ist nur nicht wahr. Kaum wieder in Freiheit, eilt Genoud nach Bern zum Bundesrat, um sich im Innen- und Außenministerium «für erhaltene Unterstützung warm [zu] bedanken».[12] Durch «Nachforschungen in der Schweiz, England und Frankreich bzw. Österreich» weiß die Hauptverwaltung Aufklärung des Ministeriums für Staatssicherheit der DDR, die Genoud ohnehin für einen «Agenten des Schweizer Nachrichtendienstes» hält, beinah auf den Tag genau Bescheid darüber.[13]

Der Israelitische Gemeindebund (JUNA) in Bern stellt Nachforschungen über diesen merkwürdigen Mann an, fragt bei Simon Wiesenthal nach und in Paris bei Männern, die der algerischen Befreiungsbewegung nahestehen. Wieder kommen die bekannten Angaben: dass Genoud mit Nazi-Literatur handle, viel reise und kaum zu greifen sei. Sogar eine Detektei wird beauftragt, die aber wiederum nur mit Staunen konstatieren kann, dass Genouds finanzielle Lage «gemessen an der Tätigkeit und der Lebensweise» nur «bescheiden» zu nennen sei. Im Jahr davor habe er gerade einmal 15 000,– SFr versteuert.[14] Besonders gründlich können die Detektive aber nicht gewesen sein, denn sie verwechseln sogar die beiden Frauen, die Genoud nacheinander geheiratet hat. Ein Abgesandter der Jüdischen Gemeinde trifft sich mit André Amstein, dem Chef der Schweizer Bundespolizei, und spricht ihn auf die Merkwürdigkeiten Genouds an. Amstein wiegelt ab, die «algerisch-ägyptische Beziehung» Genouds sei bekannt. Längst sei ein Dossier über ihn angelegt, doch verhindere das Bankgeheimnis ein Verfahren. «Dr. Amstein hofft», so heißt es in dem Protokoll, «Genoud mache nächstens einmal einen faux-pas, damit man ihn ‹schnappen› könne. Bis jetzt erscheint er der Bundespolizei als ein mit allen Wassern gewaschener Verdächtigter.»[15] Genoud wird offensichtlich geschützt.

Die Schweiz hat ihn nicht im Stich gelassen, und so wird auch er die Schweiz nicht im Stich lassen und sich nach seinen Möglichkeiten erkenntlich zeigen. Die Behörden zögern begreiflicherweise, aber Genoud drängt sich und seine mehr oder minder wichtigen Informationen förmlich auf. In der zweiten Hälfte der sechziger Jahre arbeitet er sich in die Position eines raunenden Informanten hinein. Der Referatsleiter kann immer wieder Sätze notieren wie «Genoud kommt mir einen seiner periodischen Besuche abstatten»,[16] doch legt die Regierung größten Wert darauf, dass sich in den Akten das richtige Verhältnis zwischen der Behörde und dem Bürger Genoud niederschlägt, dass nämlich er zwar seine Informationen anbietet, die Regierung ihn aber keineswegs darum gebeten hat.

Wie die Berichte der Bundespolizei belegen, kommt er mit allerlei Nachrichten aus der algerischen Politik an, weiß Bescheid über die Auseinandersetzungen im dortigen Revolutionsrat, aber auch über Vorgänge in Marokko, Tunesien oder Spanien, wohin Khider inzwischen ins Exil verzogen ist. In engstem Benehmen mit der Schweizer Polizei reist ihm Genoud hinterher, um über etwaige Ansprüche Khiders zu reden. 1967 fällt Khider in Madrid einem Attentat des algerischen Geheimdienstes zum Opfer, und natürlich wird Genoud damit in Verbindung gebracht.[17] Er bittet die Polizei daraufhin um Schutz, der ihm, wie so oft, verweigert wird, schließlich gilt er als «verdächtig». Nicht ganz ohne Grund fürchtet er, dass die algerischen Killer es bald auch auf ihn abgesehen haben werden. Letztlich gewährt ihm die fortdauernde Überwachung durch die Polizei dann doch den Schutz, der ihm offiziell nicht zugestanden werden kann.

Genoud ist ganz offensichtlich nicht im Geringsten gekränkt oder auch nur enttäuscht wegen des Gefängnisaufenthalts, den ihm seine algerischen Freunde zugemutet haben. Es scheint ihn auch nicht weiter zu kümmern, dass er von der Regierung mit einem Einreiseverbot für Algerien belegt wird, vielmehr setzt er auch nach seiner Freilassung die Versuche fort, die verfeindeten Revolutionäre miteinander auszusöhnen. Doch Ben Bella, der ihn ins Gefängnis werfen ließ, um ihm Angaben über das verschwundene FLN-Vermögen zu entlocken, wird im gleichen Jahr 1965 selber aus der Regierung gestoßen und vom neuen Chef Houari Boumedienne unter Hausarrest gestellt. Erst 1982 darf er Algerien verlassen, um sich – genau – in der Schweiz niederzulassen und bis an Genouds Ende in bestem Einvernehmen mit ihm zu leben.

Rechenberg gerät wegen seines laut CIA vom algerischen Geheimdienst finanzierten Lebensstils naturgemäß in den Verdacht geheimdienstlicher Tätigkeit. Die CIA interessiert sich wieder für ihn, weil sie heimliche Ost-Geschäfte vermutet, doch Rechenberg geschieht nichts. Vielmehr staunt die berichtende Behörde, wie leicht er sich mit den wechselnden Machthabern arrangiert. Ben Bella, Khider, Boumedienne: Rechenberg arbeitet für alle.

Noch immer gibt es keine Aufklärung über den FLN-Fonds. Das Geld ruht auf seiner Bank, und da es bei der Einzahlung mit rechten Dingen zugegangen ist, sieht Genoud keinen Anlass, mehr darüber verlauten zu lassen. Er ist wie immer von großen Mächten wunderbar geborgen.

Dazu gehört eine in Deutschland. In einer Titelgeschichte hatte der *Spiegel* im Herbst 1962 die Bundeswehr als nur «Bedingt abwehrbereit» bezeichnet. Für den Verteidigungsminister Franz Josef Strauß war das

Geheimnisverrat und die langersehnte Möglichkeit, endlich gegen das verhasste Blatt loszuschlagen. Es traf sich dabei nicht ungünstig, dass der Würzburger Staatsrechtler Friedrich August von der Heydte, hochdekorierter Wehrmachtsoffizier aus dem Zweiten Weltkrieg und damals Vorgesetzter des «Kriegsberichters» Hans Rechenberg, inzwischen in der Bundeswehr zum Brigadegeneral der Reserve avanciert und überdies CSU-Landtagsabgeordneter, eine seiner Anzeigen gegen den *Spiegel* zum Vorwurf des Landesverrats ausgeweitet hat. Auf Wunsch von Strauß musste das Bundeskriminalamt den Autor des Artikels, Conrad Ahlers, der gerade Urlaub in Torremolinos machte, über Interpol in Spanien verhaften lassen.

Interpol ist es satzungsmäßig verboten, bei politischen Vergehen tätig zu werden. In diesem Fall jedoch machte der zuständige Paul Dickopf eine Ausnahme. Er gab den Wunsch von Strauß nach Spanien durch, bestritt aber anschließend, dass Strauß sich am zuständigen Justizminister vorbei um dieses amtliche Eingreifen bemüht und er, Dickopf, das illegale Treiben unterstützt habe. Der *Daily Mirror* konnte von den alten Seilschaften kaum wissen und formulierte genau richtig, als er von einem «wahrhaft internationalen Gestapo-Stil» schrieb.[18]

Strauß musste am Ende doch zurücktreten, aber Dickopf durfte sich zwei Jahre später die Belohnung für seine Hilfe abholen. Innenminister Hermann Höcherl (CSU) ließ ein Gesetz formulieren, mit dem der bisherige BKA-Präsident Reinhard Dullien aus dem Amt gedrängt werden konnte. Dickopf folgte ihm zur allgemeinen Freude nach, und nur der *Spiegel*, der ihn bisher immer wohlwollend und als großen Kriminalisten behandelt hatte, mochte Dickopf nicht mehr, sondern begleitete seine Amtsführung von nun an äußerst kritisch.

Davon unbeeindruckt strebt Dickopfs offizielle Karriere ihrem Höhepunkt zu. Die durch Genoud geschaffenen guten Verbindungen des BKA-Chefs nach Algerien zahlen sich aus: Anfang Oktober 1968 wird Dickopf bei der Jahreskonferenz von Interpol in Teheran zum neuen Präsidenten gewählt. Nachdem der Rivale aus Chile seine Kandidatur zurückgezogen hat, erreicht Dickopf die vorgeschriebene Zweidrittelmehrheit der Stimmen; die Unterstützung durch den algerischen Polizeichef gibt den Ausschlag. In einem Brief bedankt sich Dickopf später bei François Genoud, weil der ihm die Stimmen der arabischen Länder verschafft habe.[19]

In Teheran gibt es selbstverständlich keine demokratisch legitimierte Polizei, dafür die SAVAK, die Geheimpolizei, die im Jahr zuvor ihre Schläger nach Berlin geschickt hat, um die Studenten zu verprügeln, die gegen den Schah zu demonstrieren gewagt hatten. Weder BKA noch Interpol kümmern sich um solche Kleinigkeiten. Interpol darf bei politischen Strafsachen auch gar nicht ermitteln und sorgt stattdessen sehr erfolgreich dafür, ins Ausland geflohene Kriegsverbrecher dort zu belassen. So lange der ehemalige SS-Kamerad Dickopf zuständig ist, unterbleibt die internationale Fahndung. Genoud kann sich freuen; seine Helden, die tapferen Männer um Hitler und Himmler, sie bleiben unbehelligt. Innenminister Höcherl telegraphiert dem BKA-Chef einen Glückwunsch zum neuen Amt: «Ich sehe meine damalige Wahl erfreulich bestaetigt Stop.»[20]

12. Die Internationale des Terrors

Am 27. Februar 1971 lädt der Fedajin-Führer Wadi Haddad in Beirut seine Freunde zum Essen ins Hotel La Playa ein. Er will sich für den Einsatz bedanken, den sie im vergangenen Jahr als Anwälte der palästinensischen Sache gezeigt haben. Amin al-Hindi ist dabei, der mit George Habasch und Haddad drei Jahre zuvor die Popular Front for the Liberation of Palestine (PFLP) gegründet hat, außerdem Jihad Dahi und Taysir Quba, beide ebenfalls aus dem Zentralkomitee der PFLP. Es ist auch eine Siegesfeier, denn die Welt wird die Palästinenser nicht mehr vergessen können. Jeder hat die Bilder von Dawson's Field in Jordanien gesehen, die spektakuläre Entführung dreier Flugzeuge, eine einmalige Machtdemonstration, vorgeführt von einem Fähnlein Aufrechter, das es nach dem Willen der Großmächte gar nicht geben sollte. Unter den Gästen befindet sich als einziger Fremder François Genoud. Offiziell führen ihn Geschäfte nach Beirut, er betreibt immerhin eine Bank nebenher, aber wie die anderen Gäste möchte auch er den Führer des palästinensischen Widerstands feiern. Haddad hat sich mit Bart und Toupet verkleidet, damit ihn die Agenten des israelischen Geheimdienstes nicht erkennen, und so fühlt er sich bei diesem Bankett völlig sicher. Unter Freunden wird eine Bilanz der letzten Monate gezogen.

Wie ein Hospitant des Terrors sitzt Genoud dabei, aber er ist schon deshalb am rechten Ort, weil niemand Wadi Haddad mehr bewundern kann als er. «Er war ein Genie, dieser Bursche!» Mit solchen und ähnlichen Worten wird er noch in seinen letzten Lebenswochen den Freund feiern. Alle anderen, Arafat, Habasch, die arabischen Staatschefs sowieso, sind mit Wadi Haddad verglichen Feiglinge, sie ziehen immer gleich den Schwanz ein, wenn es ernst wird, und sind bereit, jeden zu verraten. Für Genoud ist der «große Kämpfer der zweiten Hälfte des 20. Jahrhunderts» kein Terrorist, sondern ein Menschenfreund: «Dieser Wadi Haddad war ein außergewöhnlicher Mann. Er bemühte sich immer darum, dass es so wenig unschuldige Opfer wie möglich gab. Er hat etwas absolut Großartiges für die arabische Sache geleistet, und alle haben versucht, es ihm gleichzutun, auch Arafat, dem es viel weniger gut gelang und unter viel mehr Opfern.»[1]

Mit Dickopf und mit Rechenberg fand Genoud im Namen Hitlers zusammen, die arabische Sache trägt ihm die Freundschaft Wadi Haddads ein. In den sechziger Jahren scheint sich Genoud vom Rechtsradikalen zum Unterstützer der Linksradikalen zu wandeln, aber für ihn hat sich nichts geändert. Die Algerier haben ihren eigenen Staat und auch eine gewisse Unabhängigkeit erreicht, aber ein Mann wie Genoud, der sich selber als Idealist betrachtet, kann mit dieser Stabilisierung der Verhältnisse nicht dauerhaft zufrieden sein. Wie ein neuer Che Guevara, den die Teilhabe an einer inzwischen institutionalisierten Revolution bloß langweilt und in seinem Tatendrang unterfordert, wendet Genoud seine Leidenschaft nunmehr an die Palästinenser.

Er entwickelt sich in der Weltpolitik zu einem Agenten ganz eignen Stils: rücksichts- und bindungslos, ohne feste Ideologie und deshalb kaum fassbar, keinen Koalitionen oder politischen Interessen verpflichtet, wahrhaft unabhängig und daher auch in der Lage, scheinbar von einem Tag auf den anderen vom rechten zum linken Extremismus zu wechseln. Ganz allein in seiner Welt befindet sich Genoud aber nicht; auch seine Weggefährten Dickopf und Rechenberg, auch Jardin und Bauverd haben sich als anpassungsfähig erwiesen und sich gern von Nazi-Kollaborateuren zu Kombattanten des antikolonialen (und vermeintlich linken) Befreiungskampfes weiterentwickelt, sobald der sich als ebenso aufregend und lukrativ erwies, wie es früher die Handlangerdienste für den Nationalsozialismus waren.

Der zum Regierungsberater ernannte Alt-Nazi Genoud hatte schon 1962 seinen verehrten Mufti al-Husseini in die Hauptstadt der siegreichen Rebellen von Algerien eingeladen und mit Mohammed Khider bekannt gemacht. Das algerische Militärregime gilt als sozialistisch, das Land wird zum Wallfahrts- und Zufluchtsort für Revolutionäre aus aller Welt. Eldridge Cleaver von den «Black Panthers» kommt hierher, auch der LSD-Prophet Timothy Leary auf der Flucht vor dem FBI. Che Guevara macht im befreiten Algier Station, ehe er in den Kongo aufbricht, um sich dort am Aufstand gegen den von den Amerikanern gestützten Diktator Mobutu zu beteiligen. Ahmed Ben Bella erinnert sich später voller Dankbarkeit Guevaras, der die FLN-Rebellen unterstützte und in Algier die eigenen Pläne für die permanente Revolution forcierte. Der Waffenschmuggel, von dem das Land im Jahrzehnt zuvor profitiert hatte, sollte nun mit algerischer Hilfe den neuen Befreiungsbewegungen in Afrika und Südamerika zugutekommen. Seit Frühjahr 1963 unterhält auch Yassir Arafat, der Chef der Al Fatah, in Algier ein Büro.

Die Revolution ist vorbei, die Akteure sind dabei, Algerien in einen normalen Staat mit Diktatur und Korruption zu verwandeln. Für Idealisten ist das nichts. Palästina ist anders. Dort wird gekämpft, dort geht die Revolution, deren Beginn Genoud 1936 in Bagdad beobachten durfte, immer noch weiter. Dort gibt es Opfer, für die zu engagieren sich lohnt. Genoud, der sich nach wie vor für die vermeintlich Schwachen einsetzt, findet hier seine Erfüllung.

Der Mufti bildet die Brücke zwischen dem ersten arabischen Aufstand und dessen Fortsetzung in der algerischen Revolution, er ist in manchem auch die Verbindung zwischen dem Nationalsozialismus und dem Kampf gegen den Staat Israel. Als Baldur von Schirach, erst Reichsjugendführer und dann Gauleiter von Wien, 1966 nach zwanzigjähriger Haft in Spandau entlassen wird, schickt nicht bloß Hitlers Nachfolger Dönitz, sondern auch der Großmufti von Jerusalem seine Grüße.[2] Der Mufti gilt noch immer als legendärer Anführer der Araber, doch berufen sich inzwischen neue Kämpfer ebenfalls auf den arabischen Aufstand der dreißiger Jahre, nur der Gegner hat sich gewandelt. Der von den USA unterstützte Staat Israel gilt den arabischen Nationalisten als die neue Kolonialmacht, die den Palästinensern seit 1948 das Lebensrecht bestreitet. In zwei Kriegen hat Israel seine Existenz zwischen arabischen Staaten behauptet. Beim Sechs-Tage-Krieg 1967 unterliegen die Anrainerstaaten Israel zum dritten Mal. Die Luftwaffe Jordaniens wie Ägyptens wird durch einen prophylaktischen Angriff zerstört, ehe sie überhaupt aufsteigen kann. Es wird zwar lange dauern, aber diese beiden Länder werden sich in der Folge ebenso wie Syrien um eine Verständigung mit dem Staat Israel bemühen, der sich inmitten der arabischen Staaten etabliert. Verlierer dieser zähen Friedensdiplomatie sind die Palästinenser, eine Zwangslage, die den Mufti-Jünger Genoud bei jeder Gelegenheit in glühenden Zorn treibt. Er sei kein Antisemit, betont Genoud entschieden, sondern Antizionist, was aber zumindest in seinem Fall kein großer Unterschied ist. Israel, das sind für ihn die Zionisten. Die «Endlösung» hat für ihn gar nicht stattgefunden, vielmehr haben (eine kühne Volte) die Nazis sich «zum Spielball der Zionisten gemacht»,[3] indem sie die Auswanderung der Juden aus Deutschland beförderten. Das ist so ziemlich das Einzige, was er seinem Helden Adolf Hitler nicht verzeihen kann: Ohne ihn wäre es nie zum Staat Israel gekommen, der für den Freund der eingesessenen, nun heimatlosen Araber ein immerwährender «Skandal» ist. Die Großmächte hätten Israel kurz nach der Gründung 1948 sofort anerkannt, sodass es Aufgabe der Nachbarstaaten geworden sei, sich der Palästinenser anzunehmen. Diese Staaten aber haben versagt und es wieder und wieder an der Solidarität fehlen lassen. Aber an Genouds Solidarität sollen die tapferen Palästinenser nicht zweifeln müssen.

Bis 1967 hatte sich die Weltmeinung für Israel begeistert, das kleine Land, das die Überlebenden von Auschwitz gegen einen ungeheuren Widerstand als das ihre behaupten konnten. Nach dem Sechs-Tage-Krieg wechselt diese Zuneigung mit einem Mal zu den Palästinensern, die für die Diplomatie ein weltpolitisches Ärgernis darstellen und für Revolutionsromantiker aller Länder ein neues Sehnsuchtsziel werden. «Hier ist alles sehr einfach», heißt es in einem «Brief aus Amman», den die Berliner Untergrundzeitschrift *Agit 883* im November 1969 veröffentlicht. «Der Feind ist deutlich. Seine Waffen sind sichtbar. Solidarität braucht nicht gefordert zu werden. Sie entsteht von selbst.» Dieser Brief, den der Berliner Tupamaro Dieter Kunzelmann schreibt, könnte von einem von Hitler getauften und vom Mufti gefirmten François Genoud stammen. Die Deutschen ließen es an der nötigen Solidarität fehlen, denn sie litten am «Judenknax», behauptet Kunzelmann weiter und faselt von der «faschistischen Ideologie» des Zionismus.[4] Auch das klingt, als redete Genoud, und wirklich liegt für einen politischen Extremisten wie ihn, der in der eigenen Vorstellung immer auf Seiten der Opfer stand, nichts näher, als sich mit den Palästinensern und deren gewaltbereitem Weltbild zu solidarisieren.

Die Palästinenser blicken mit Neid auf den Erfolg der algerischen Revolution, bei der es gelungen war, einen weit überlegenen Feind zu vertreiben. Sie sind auf Unterstützung von außen angewiesen, moralische, intellektuelle, natürlich auch durch Waffen. Doch ihre wichtigste Waffe besteht in ihrer Rolle als Opfer. Der palästinensische Freiheitskampf beginnt mit einer verheerenden Niederlage – die in einen Sieg umgemünzt wird. (Nicht anders als es fast gleichzeitig dem Vietcong in der Tet-Offensive gegen die Amerikaner gelingt.) Am 21. März 1968, neun Monate nach dem Sieg im Sechs-Tage-Krieg, rückte die israelische Armee gegen das Dorf Karameh im unbesetzten Teil Jordaniens vor, wo sich ein wichtiger Stützpunkt der Al Fatah befindet. Die Freischärler liefern sich eine offene Schlacht mit israelischen Panzern und Flugzeugen, die sie unweigerlich verlieren. Das Dorf wird vollkommen zerstört, 170 Fedajin sterben, aber es sterben auch israelische Soldaten. Vierundzwanzig Stunden hat dieser Kampf gedauert, aus dem die Israelis als Sieger abziehen – aber sie gelten fortan nicht mehr als unverwundbar.

Die arabischen Staaten haben die Solidarität mit den verfolgten Brüdern vernachlässigt und dabei, wie Genoud meint, «ihr Gesicht verloren. Von da an haben die Palästinenser mit der PLO und der PFLP ihr Schicksal auf andere Weise in die Hand genommen».[5] Anstelle der umliegenden Staaten mit ihren Armeen nimmt es ein Häuflein von vielleicht tausend Kämpfern unter verschiedenen Namen wie Al Fatah, PLO, PFLP oder DFLP mit dem Erbfeind auf.

Die Gruppe um George Habasch und Wadi Haddad ist die radikalste. Sie hat sich vom arabischen Nationalismus, mit dem sich der ganze Nahe Osten wie mit einer neuen Religion getröstet hatte, weitgehend gelöst und sieht das Heil im Anschluss an die Weltrevolution. Mao Tse-tungs «Langer Marsch», der ihm nach Jahrzehnten den «Sieg im Volkskrieg» brachte, wird das große Vorbild. Die Niederlage von 1967 scheint zu bestätigen, dass eine militärische Auseinandersetzung mit dem hochgerüsteten Israel aussichtslos ist und nur kleine Gruppen mit umso drastischeren Aktionen etwas bewirken können. So winzig die palästinensische Guerilla ist, durch ihre Militanz wird sie zu einem Machtfaktor.

Die USA sind auf einen Ausgleich zwischen Israel und seinen Nachbarstaaten aus, und die Palästinenser fürchten nicht zu Unrecht, dass sie ein weiteres Mal auf der Strecke bleiben würden. Die Fedajin-Führer

Habasch und Haddad wollen deshalb die Welt weiterhin und möglichst brutal darauf hinweisen, dass die Palästinenser ein Volk ohne Heimat sind. Es ist das Prinzip der asymmetrischen Gewalt, nach dem der Schwächere für Momente zum Stärkeren wird. Dass dabei Unbeteiligte, Zivilisten bedroht werden, passte den arabischen Freischärlern und dem Medienstrategen Wadi Haddad erst recht ins Konzept: Sollte die Welt doch sehen, wie gut es ihr ging, während die Palästinenser leiden mussten! Wie zu einem Lehrgang wurden sympathisierende Besucher aus aller Welt eingeladen. Im Sommer 1969 kamen Dieter Kunzelmann und seine Freunde aus Berlin und waren sofort für die palästinensische Sache gewonnen. Wieder einen Sommer später trafen Andreas Baader und Ulrike Meinhof ein. Sie erhofften sich eine Ausbildung an der Waffe für den nur vage ausgemalten Guerillakampf in den Metropolen Westdeutschlands; den Palästinensern aber waren sie vornehmlich als Propagandisten ihrer Sache willkommen. Für Margrit Schiller, die kurz der RAF angehörte und sich selber an den Vorbereitungen zu einer Flugzeugentführung beteiligte, war der Fall denkbar einfach: «Wir verstanden sie als legitime Angriffe gegen einen Staat, der das Lebensrecht eines anderen Volkes mit Füßen trat.»[6] So wurden die radikalen Linken aus Deutschland bald die eifrigsten Unterstützer bei den Aktionen der Palästinenser gegen Israel.

Sicherlich war die Sympathie, die 1969 eine Abordnung des Frankfurter SDS zu den Palästinensern reisen ließ, politisch motiviert und nicht die unmittelbare Fortsetzung jenes Antisemitismus, den die Elterngeneration gepflegt hatte. Es war eine Parteinahme für die Schwächeren, für die mehrfachen Verlierer bei der Staatsgründung Israels, deshalb schien die Gewalt plötzlich gerechtfertigt. Detlev Claussen war mit jener SDS-Reisegruppe bei den Palästinensern und hat deren Neigung zur Gewalt beobachtet: «Auffällig war schon damals die Abhängigkeit der Palästinenser von der arabischen Machtpolitik, die palästinensische Gesellschaft außerhalb Israels war eine Flüchtlingsgesellschaft, die eben auch für den Gewaltfetischismus anfällig machte, bei dem alle palästinensischen Organisationen miteinander konkurrierten.»[7] Auch Genoud zeigt dieses ungesunde Verhältnis zur Gewalt. Sie kitzelt ihn, sie treibt ihn, aber vor dem tatsächlichen Gebrauch von Gewalt schreckt er selber zurück. Das können andere besser, und notfalls hilft er nach.

Die PFLP, die PDFLP und PFLP-GC (oder auch SC) laden andere terroristische Gruppen ein wie die IRA, die ETA, die Japanische Rote Armee (JRA), die Action Directe aus Frankreich, die Brigate Rosse aus Italien. Aber auch verwirrte Rechtsradikale wie die Wehrsportgruppe Hoffmann bilden sie an der Waffe aus und überlassen Linken wie Rechten gern die Arbeit bei Entführungen und Erpressungen, weil Hellhäutige in Europa weniger auffallen. Aus der ganzen Welt kommen jugendliche Pilger, um die Angst vor der Gewalt zu überwinden und sie in Aktion zu überführen. Da trifft es sich gut, dass die Gastgeber Verwendung für die Besucher haben. «Wir wollten diese Freiwilligen aus dem Ausland nutzen, wenn sie aus dem rechten Holz geschnitzt waren. Haddad war der Meinung, wir sollten Ausländer sogar bei Operationen einsetzen, weil das die internationale Dimension unseres Kampfes unterstrich.» [8]

Die Palästinenser lassen sich von den reichen arabischen Staaten ihr Elend bezahlen und damit auch den Terror finanzieren, der nach ihrer Meinung nötig ist, um auf ihr Leid hinweisen zu können. Haddad nimmt das Geld gern, versteht es aber, sich bald weitere Quellen zu erschließen. Genoud, als Bankier vom Fach und durch sein Engagement für den FLN-Schatz nicht ganz unerfahren, tritt ihm mit seinem Wissen bereitwillig zur Seite. Die beiden spielen mit dem Leben anderer, aber sie tun es – größtmögliche Versuchung – auf der Weltbühne.

Bereits am 23. Juli 1968 hatte Wadi Haddad die erste El-Al-Maschine entführen lassen. Die israelische Regierung gibt der Forderung der Entführer nach und lässt palästinensische Gefangene frei. Im Jahr darauf begegnen sich Genoud und Wadi Haddad zum ersten Mal. Am 18. Februar haben palästinensische Luftpiraten auf dem Zürcher Flughafen Kloten mit Maschinengewehren eine weitere El-Al-Maschine angegriffen, die auf dem Flug von Amsterdam nach Tel Aviv zwischengelandet war. Angeblich transportierte das Linienflugzeug nicht bloß Passagiere, sondern auch Waffen aus Frankreich nach Israel. Die Angreifer verletzen den Piloten tödlich, ein Palästinenser wird erschossen. Die Schweizer Polizei beendet die Schießerei; die Angreifer kommen ins Gefängnis und werden in Winterthur vor Gericht gestellt.

Unter der Führung Genouds hat sich eine Schweizer Unterstützergruppe zusammengefunden, in der man die Meinung propagiert, dass die Angeklagten ein zumindest moralisches Recht auf ihrer Seite hätten und deshalb freizusprechen seien. Genoud erlangt eine Audienz beim Richter, der ihm die unerhörte Vergünstigung gewährt, vor Prozessbeginn mit den Angeklagten zu sprechen. Zu der Kohorte von Anwälten, die vor Gericht auftreten, gehört auch ein alter Bekannter: Maître Vergès, noch immer Mitglied der algerischen Anwaltskammer, aber bereits auf dem Sprung in neue Wirkungsfelder. Die drei Angeklagten werden trotzdem zu je zwölf Jahren Zuchthaus verurteilt.

Genouds Anwesenheit bei Gericht fällt auf, und er sieht sich genötigt, sein Engagement zu rechtfertigen. «Ich bin», erklärt er, «ein uneigennütziger, freiwilliger Helfer bei der Verteidigung der Palästinenser.»[9] Nein, er sei kein Antisemit, versichert er wieder, nur Antizionist, und überhaupt habe die Schweiz selber Schuld. Das Land sei mit Israel verbündet und habe außerdem Nahum Goldmann, dem Präsidenten des Jüdischen Weltbundes, die Staatsbürgerschaft verliehen. Misstrauisch verfolgt die Polizei Genouds sonderanwaltliches Wirken vor Gericht, kann zunächst aber nicht mehr feststellen, als dass er den drei Terroristen eintausend Franken zuwendet.[8]

Woher Genoud dieses Geld und überhaupt das Geld für seine vielfältigen Unternehmungen bezieht, ist der Bundesanwaltschaft ein Rätsel. Genoud ist weiterhin Angestellter seiner Bank und hat von dort ein gewisses Einkommen, das seine Familie ernährt. Dieses Gehalt reicht aber niemals aus, um seine frenetische Reisetätigkeit zu finanzieren. Die Polizei legt eine Statistik an: Allein 1969 hat er nicht bloß mindestens 136 Fahrten innerhalb der Schweiz unternommen, sondern ist acht Mal nach Deutschland, dreizehn Mal nach Frankreich, drei Mal nach Großbritannien, drei Mal nach Spanien, vier Mal nach Italien, drei Mal nach Libyen, zwei Mal in den Libanon und weitere zwei Mal nach Ägypten gereist.[11] Was treibt er da? Und vor allem: Wer bezahlt ihm diese «fieberhafte Tätigkeit»?[12]

Auch bei der CIA wächst das Interesse an Genoud. Die wenigen Akten, die in den Fünfzigern über ihn zusammengetragen wurden, sind da zum größten Teil schon wieder vernichtet, und so muss erneut ein Dossier über den Mann angelegt werden, der offenkundig bei vielen Affären seine Finger im Spiel hat, aber einfach nicht zu fassen ist. Umso dankbarer ist man für eine Plaudertasche aus Genouds Umgebung, einen Nachbarn aus Lausanne, dem gegenüber Genoud manchmal vertraulich wird. Der Informant ist Geschäftsmann und heißt den CIA-Unterlagen zufolge Jacques P. Er beteiligt sich später sogar mit einer stillen Einlage an der Firma Valcomar, die Genoud 1975 mit Hilfe einer freundlichen Subvention aus Libyen gründet. Da P. für seine Informationen von der CIA honoriert wird, darf man die CIA als weiteren, wenn auch bloß indirekten stillen Teilhaber in Genouds Valcomar bezeichnen.

Was P. und Genoud so reden, wirft ein bezeichnendes Licht auf seine Selbsteinschätzung. Auch wenn er in den folgenden Jahren mit dem internationalen Terrorismus nicht bloß sympathisiert, sondern ihn als Handlanger sogar unterstützt, so will er das immer als Vermittler und selbstverständlich in bester Absicht getan haben. Die Entführung von Swissair-Flugzeugen hätte vermieden werden können, erzählt er seinem Gesprächspartner, wenn das Management rechtzeitig mit George Habasch gesprochen hätte. Er erklärt sich bereit, den Kontakt für künftige Fälle binnen achtundvierzig Stunden herzustellen, aber daraus wird nichts. Genoud konnte sich denken, dass seine Geschichten weitergereicht würden, wahrscheinlich baute er sogar darauf. Trotz verschiedener Bedenken hofft die CIA längere Zeit, durch ihren Informanten den rätselhaften M. Genoud als «uneingeweihte Unterquelle» für die PFLP zu gewinnen, er weiß einfach zu gut Bescheid.[13]

Während sich Habasch bei den Schweizern entschuldigt und gleichzeitig den Israelis die Schuld an den Toten gibt, reist Wadi Haddad aus Beirut an, um seine Kämpfer zu betreuen. Es ist der Beginn einer vergleichsweise kurzen Freundschaft, aber einer der intensivsten, die Genoud im Lauf seines langen Lebens pflegt. Haddad ist sein Mann – ein Linker, ein Kommunist, alles andere als ein Antisemit, aber einer, der das tut, was Genoud bis dahin nur denken konnte. Mit seiner überragenden Intelligenz und vor allem einer menschenverachtenden Kaltblütigkeit wird er der gefährlichste Terroristenchef der siebziger Jahre. Während Arafat sich bereits um Verhandlungen mit dem Westen bemüht, um auf diesem Weg die palästinensische Autonomie und schließlich einen unabhängigen Staat zu erwirken, mag Haddad (von seinem Freund Habasch unterstützt) vom bewaffneten Kampf nicht lassen. Der Wärmestrom der Geschichte ist auf seiner Seite, denn in den Augen radikaler Linker kämpfen die Palästinenser als Bataillon in einem weltweiten Befreiungskrieg, der in Algerien, Kuba und Vietnam begonnen hat. Der Ehren-Palästinenser Genoud wird «Scheich François», die Relaisstation für die ausländischen Operationen des Special Command der PFLP. Herzlich willkommen.

Genouds Faible für den Nationalsozialismus sei für die linken Palästinenser kein Geschäftshindernis gewesen, sagt Bassam Abu-Sharif, der 1970 als «Werbeoffizier» [14] der PFLP agierte. Sie hätten gar nicht darüber gesprochen. «Wadi Haddad teilte die politische Welt in Ideologen und Aktivisten ein. Er selber war Aktivist und auch Genoud war für ihn einer.» [15] Ihre Gemeinsamkeit liegt im Widerstand gegen Israel, in dem die anderen so schnell zu wanken begannen. Zusammen wollten sie jenen Kampf führen, den Opportunisten wie König Hussein oder später auch Yassir Arafat allzu rasch vergessen haben. Der Nationalist Nasser hatte in Ägypten vorgemacht, wie diese Auseinandersetzung auszusehen hat, nämlich grundsätzlich, in einem Spiel um alles oder nichts: Nach der Niederlage von 1967 hatte Nasser seinen Rücktritt angeboten und sich dann vom Volk per Akklamation wieder berufen lassen. Auch die palästinensischen Freischärler kämpfen im Namen eines Volkes, dessen Schicksal sie ununterbrochen beschwören. Genoud gilt in diesem Kampf bereits als Veteran. 1936 hatte er zwar nicht aktiv teilgenommen, war aber doch Augenzeuge des antibritischen Putsches in Bagdad geworden und hatte sich seither unermüdlich für die Sache der Araber verwendet. «Bewaffnet mit einem unbesiegbaren Glauben an ihre Sache haben die Araber Palästinas mit den primitivsten Mitteln gekämpft»,[16] hatte der Mufti 1941 hoffnungsvoll an Adolf Hitler geschrieben. Sein Biograph Pierre Péan rechnet Genoud deshalb zum «harten Kern» im Kampf der Palästinenser, die es diesmal besser ausfechten wollen.[17] Das Mittel der Wahl ist die Flugzeugentführung.

Flugzeugentführungen kamen erst Ende der sechziger Jahre in Mode, als auch der massenhafte Ferntourismus begann. Das Hijacking bot sich für militante Gruppen schon deshalb an, weil mit geringem finanziellen und personellen Aufwand eine maximale Aufmerksamkeit zu erzielen war, die das sich gleichzeitig ausbreitende Farbfernsehen noch dramatisch steigerte. Der Terror begann, den großen Krieg abzulösen, und die Bilder von Dawson's Field dokumentieren den brutalsten Angriff, den die westliche Welt vor dem 11. September 2001 hinnehmen musste.

In einer grausam perfekten Inszenierung wurden am 6. und 9. September 1970 insgesamt vier Flugzeuge westlicher Gesellschaften entführt. Drei werden zur Landung auf einem ehemaligen britischen Flugplatz in Jordanien gezwungen, ein weiteres muss in Kairo landen. Die Entführer fordern die Freilassung palästinensischer Gefangener in der Schweiz, in Deutschland und in Israel. Eine weitere Entführung, die Leila Khaled mit einem Komplizen versucht, scheitert bereits kurz nach dem Start der El-Al-Maschine in Amsterdam. Die Luftpiraten haben den Kampf mit den USA, der Schweiz und England aufgenommen; mit Israel liegen die Palästinenser ohnehin seit 1948 im Krieg.

Die Piraten brauchen sich um Publikum nicht zu sorgen: Fünfzig geladene Journalisten sind dabei und berichten in alle Welt über die Hitze in der Wüste, über die hygienischen Bedingungen im Flugzeug und vor allem über das Schicksal der heimatvertriebenen Palästinenser. Als ihr Sprecher amtiert Bassam Abu-Sharif, der als Mann mit dem Megaphon mit einem Schlag weltberühmt wird.

Die meisten der 360 Passagiere kommen nach wenigen Tagen frei. 125 werden als Verhandlungsmasse in einem Hotel in Amman interniert, eine weitere Gruppe, die als israelisch oder jüdisch identifiziert wird, bleibt auf dem Flugplatz, den die Entführer zum «befreiten Gebiet» erklärt haben. Um ihren Forderungen den rechten Nachdruck zu verleihen, sprengen die Terroristen am 12. September vor den Augen britischer Kameras die drei geräumten Flugzeuge auf Dawson's Field in die Luft und vernichten binnen weniger Minuten fünfzig Millionen Dollar. So entstehen Bilder, wie man sie in Friedenszeiten noch nicht gesehen hat. Es ist auch Krieg, aber ein Fernsehkrieg, und anders als der täglich aus Vietnam gesendete zeigt dieser zwar alle Szenen des Schreckens, bleibt aber unblutig. Keinem einzigen Passagier geschieht ein Leid. Das Ganze ist irreal wie eine Halluzination, nicht anders als «Zabriskie

Point». Wie in Michelangelo Antonionis Film über das konsumvernarrte Amerika fliegen hier zum Entsetzen und Ergötzen der Zuschauer die Symbole des Wohlstands in die Luft. (In Deutschland war der Film neun Tage vor der Flugzeugsprengung angelaufen.) Mit einer einzigen Aktion verbreiten die Palästinenser weltweit Terror; bildkräftiger als mit diesem ebenso brutalen wie sinnlosen Schauspiel konnten sie gar nicht auf sich aufmerksam machen. Leila Khalid wurde, mit Kalaschnikow und der rot-weiß gewürfelten *Kefije* ausgestattet, über Jahre eine ähnlich attraktive Poster-Heldin wie Angela Davis, die schwarze Bürgerrechtlerin und Adorno-Hörerin, die man der Unterstützung der Black Panthers anklagte.

Der Regisseur dieser weltbewegenden Inszenierung war kein Luftpirat, der mit der Maschinenpistole in der Hand kämpfte, sondern ein Theoretiker, der jedes Lehrbuch der Guerillataktik von Lawrence von Arabien über Mao Tse-tung bis Che Guevara studiert hatte. Wadi Haddad war auch kein eifernder, vollbärtiger Islamist, der seine Mitmenschen mit dem Krummsäbel bedroht hätte, sondern approbierter Arzt. Haddad wurde 1927 in Palästina geboren, floh 1948 nach der Staatsgründung Israels in den Libanon, studierte an der Amerikanischen Universität in Beirut Medizin und praktizierte eine Zeitlang als Kinderarzt. Der gute Doktor war religiös in der griechisch-orthodoxen Lehre aufgewachsen, doch an der Universität bekehrte er sich zum Marxismus maoistischer Observanz. Sein humanitäres Engagement, wenn er denn eines praktizierte, gilt ausschließlich der palästinensischen Sache. Im Bruderringen mit George Habasch war ihm als Arbeitsfeld das Ausland zugestanden worden, und von Aktionen außerhalb des umkämpften Palästinensergebiets erhofft er sich die größte propagandistische Wirkung.

Durch die Explosion von Dawson's Field wird die Kampfzone erweitert und die ganze Welt aufmerksam. Im gewalttätigen September von 1970 können die Palästinenser, die bis dahin nirgends als Verhandlungspartner akzeptiert waren, den größten Sieg ihrer Geschichte feiern. Da sie keinen eigenen Staat vorzuweisen haben, durften sie nicht einmal die Aufnahme in die UNO beanspruchen. Hatten sie bisher eine Niederlage nach der anderen hinnehmen müssen, waren sie herumgeschubst und vertrieben worden und von internationalen Hilfslieferungen sowie

Zuwendungen der arabischen Brüder abhängig, so weiß jetzt wenigstens die ganze Welt von ihrem traurigen Los.

Nach langen Verhandlungen liefert die britische Regierung schließlich Leila Khaled aus, und auch die in Deutschland und in der Schweiz inhaftierten Terroristen werden freigelassen, darunter die drei Angreifer des El-Al-Flugzeugs vom Februar 1969 in Zürich. «Deshalb konnten wir weitermachen», wird Khaled drei Jahrzehnte später in der BBC sagen, «denn es wurde uns lebhaft vor Augen geführt, dass wir unsere Ziele im bewaffneten Kampf erreichen konnten.» [18]

Das alles findet in Jordanien statt, dessen König Hussein sich das Treiben der Terroristen gefallen lassen muss, weil diese das Land, das sie nach dem Sechs-Tage-Krieg aufgenommen hat, schlicht okkupiert haben. Die Palästinenser treten mit einem ungeheuren Selbstbewusstsein auf, wenn sie mit umgehängter MP durch die Straßen der Hauptstadt Amman patrouillieren, als gehörte Jordanien bereits ihnen. Im Schutz der Flüchtlingslager und mit dem ständigen Verweis auf das Schicksal der nun schon zwanzig Jahre Heimatlosen steigt die politische Bedeutung der Fedajin, die sich durch die mehrfache Flugzeugentführung als moderne Raubritter präsentieren: ohne Angst, rücksichtslos und nur der Sache verpflichtet.

Die Palästinenser bringen das austarierte Machtgefüge der Welt des Kalten Krieges durcheinander. Da sie zwischen Anpassung und Widerstand wechseln und ihre Bundesgenossen überall suchen, werden ihre Vertreter mehr oder weniger offen in Washington, Peking, Pjöngjang, Ostberlin und natürlich auch in Moskau empfangen. Am meisten fürchtet König Hussein, dass Syrien den Palästinensern zu Hilfe kommen und in Jordanien einmarschieren könnte. Er bittet deshalb die britische Regierung, Israel, gegen das er 1967 zusammen mit den anderen arabischen Staaten Krieg führte, zum Eingreifen aufzufordern. Israel wäre dazu sogar bereit gewesen.[19]

Das Blutopfer, das Bewegungen wie die radikalen Palästinenser brauchen und von dem sie sich nähren wie Vampire, wird das Massaker im September 1970, mit dem König Hussein seine Vorherrschaft verteidigt. Zu seiner Unterstützung kreuzt vor der Küste Syriens die Sechste Flotte der US-Marine. Hussein lässt mit Hilfe amerikanischer

Jagdbomber die Lager der Palästinenser, in denen sich die Fedajin verstecken, zusammenschießen; die Aufständischen werden aus dem Land gejagt und sind wieder heimatlos. Unter Abu Ijad gründet sich eine neue Terrorgruppe, der «Schwarze September», der zunächst gegen jordanische Ziele vorgeht und dann wie die PFLP den großen, den internationalen Auftritt sucht. Den Kampf gegen die jordanische Armee haben die Palästinenser zwar verloren, aber der Kampf der radikalen Fraktion gegen Israel und um die internationale Aufmerksamkeit geht erst recht weiter.

Es darf als sicher gelten, dass Wadi Haddads gewalttätige Aktionen nicht bloß von der CIA, sondern auch vom KGB genau beobachtet wurden. Zumindest eine Zeitlang scheint die Sowjetunion ein besonderes Interesse an der PFLP und an Haddads Plänen gezeigt zu haben. Zwar lag auch der Sowjetunion an klaren Verhältnissen und sogar an einer Einigung zwischen Israel und den Palästinensern, doch beobachtete man in Moskau mit allergrößtem Misstrauen, dass sich Ägypten nach Nassers Tod mehr und mehr vom Ostblock abwandte und sogar in geheime Verhandlungen mit Israel trat. Da hier eine amerikanische Vorherrschaft drohte, erhoffte sich der KGB-Chef Jurij Andropow Einfluss auf die weiterhin aktiven Terror-Einheiten Haddads. Mit Sicherheit hat der einen Teil seiner Waffen (vielleicht über vermittelnde Länder) aus der Sowjetunion bezogen, aber dass er deshalb gleich vom KGB geführt wurde, wie der Überläufer Wassili Mitrochin behauptet, ist doch zweifelhaft.[20]

Haddad war ein Spieler, der jegliche Form von Unterstützung annahm, wenn sie nur der palästinensischen Sache diente. «Haddad arbeitete wie ein Dirigent. Wenn er einen seiner spektakulären Anschläge plante, stellte er ein Orchester aus verschiedenen Ländern zusammen. Er nannte das ‹Pool›. (…) Er hatte sie alle ausgebildet, und sie alle folgten dem Plan des Meisters.»[21]

Wird es weitere Flugzeugentführungen geben?, fragt einer aus der Runde den «Meister» bei jenem Dinner in Beirut. Solche direkten Fragen weist der Guerilla-Stratege Haddad zurück. Seine PFLP hat mit Flugzeugentführungen selbstverständlich nichts zu tun. «Aber sollten wir doch einmal eine Entführung planen», versichert er den Anwesenden, «dann wird niemand davon erfahren.» Genoud sitzt bei solchen

Treffen immer stumm daneben und beteiligt sich selten am Palaver. Er will höflich sein, ein schweigender Gast, der allerdings mit glühendem Herzen dabei ist und mitdenkt.

Ob es falsch wäre, ihn als das Gehirn, den Kopf des internationalen Terrorismus zu bezeichnen, fragt ihn 1995 sein Biograph Péan. Genoud widerspricht nicht und schränkt diese schmeichelhafte Zuschreibung nur wenig ein: «Ein Kopf, wenn sich die Gelegenheit ergab.»[22] Genoud betont das Komplizenhafte seiner Zusammenarbeit mit den Palästinensern und dass man sich dabei auf einer Wellenlänge befunden habe. Selbst die Sprache seiner Bundesgenossen macht er sich zu eigen, wenn er vom «internationalen Kampf» spricht (aber nur, weil die Zionisten als Erste den Kampf internationalisiert hätten). Péan hat Genoud direkt nach seiner Mitarbeit bei Terrorakten gefragt, aber er antwortete nur ausweichend. «Ich habe mich auf politische Kontakte beschränkt und an keiner einzigen Aktion teilgenommen. Das macht meine Stärke aus.»[23] Genouds Stärke besteht in seiner Begabung zur Fürsorge, und darum erfreut er sich bei den Terroristen einer ähnlichen Beliebtheit wie sonst nur bei den alten Nazis. Er mag nicht das kleine Großhirn des Terrors sein, aber ihm liegt das Schicksal der Männer am Herzen, die er als Opfer betrachtet. Sie haben sich in Aktionen gestürzt, unbedacht womöglich, aber für die richtige Sache, eine verlorene Sache, die deshalb auch die seine ist.

Nichts illustriert die schwärmerische und zugleich berechnende Politik der beiden Puppenspieler besser als eine kleine Szene während einer gemeinsamen Fahrt mit der Pariser Metro im Juni 1970. Der Bombenanschlag auf das Flugzeug der Swissair liegt erst ein gutes Jahr zurück, und die gewaltsame Vertreibung der Palästinenser aus Jordanien steht noch bevor. Genoud findet eine Geschichte in der Zeitung, die er Haddad, der neben Arabisch nur Englisch spricht, gleich übersetzt. Die Israelis haben einen jungen Mann verhaftet, der sich auffällig betragen hat. Der zwanzigjährige Schweizer Bruno Bréguet kam in Haifa mitten im Sommer im Mantel an. Darunter trug er einen Gürtel mit Sprengstoff. Bréguet kam nicht zufällig nach Haifa, und der Sprengstoff war erst recht kein Zufall. «Weil er zu Ihnen gehört, werde ich mich um ihn kümmern», verspricht Genoud dem Mann, der Bréguet in dieses wahnwitzige Abenteuer geschickt hat.

Genoud wirkt ehrlich gerührt. «In einer Zeit, in der so viele junge Menschen sich für nichts mehr begeistern, war er aufgebrochen, um, vielleicht sinnlos, etwas ‹Interessantes› zu machen.»[24] Etwas Interessantes: Das ist schon nicht mehr naiv, sondern als Provokation gemeint. Bréguet wird zu fünfzehn Jahren Haft verurteilt, was Genouds Empörung über den israelischen Staat natürlich noch weiter anfacht. Er fährt zur Familie Bréguets ins Tessin und spricht ihr Mut zu. Als der Sohn dank internationaler Intervention nach sieben Jahren vorzeitig entlassen wird, meldet er sich sofort zum bewaffneten Kampf zurück, und auch da wird Genoud zur Stelle sein.

Im gleichen September, der den ersten Höhepunkt des Terrors bringt, dringt auch die Geschichte des Schattenmanns zum ersten Mal ans Licht. In der italienischen Zeitschrift *Gente* erscheint eine reichlich fehlerbehaftete Geschichte über den «schwarzen Bankier», in der ausführlich von seinem seltsamen Oszillieren zwischen Links und Rechts die Rede ist. Staunend wird referiert, dass der Mann, der die Rechte am Bormann-Nachlass erworben hat, jetzt arabische Terroristen verteidigt.

«Er war ein sanfter Mann, so kultiviert!» Das ist alles, was Genoud auf die Frage einfällt, ob Haddad und er die Aktionen zusammen geplant haben – um sich dann bewundernd über die strategischen Fähigkeiten seines verehrten Freundes zu äußern, der schlau genug war, japanische Bundesgenossen zum Dienst an der palästinensischen Waffe zu verpflichten: «Die Japaner reisen in aller Ruhe in Israel ein, tragen wie normale Touristen ihren Fotoapparat, doch dann machen sie ihre Koffer auf und ratatatata! töten was weiß ich wie viele Menschen ... Das ist wahnsinnig, und so was hat Wadi Haddad gemacht und die Leute immer wieder überrascht. Er war ein Genie, dieser Bursche.»[25] Was Genoud hier so begeistert schildert, ist das Massaker, das Angehörige der Japanischen Roten Armee am 30. Mai 1972 auf dem israelischen Flughafen Lod anrichten.

Genoud hat Teil an der Propaganda für die hoffnungslose Sache der Palästinenser, für die Wadi Haddad auch sonst weltweit Begeisterung zu wecken versteht. «Von links wie von rechts finden sich Menschen, die bereit sind, in den Dienst der Sache zu treten. Es kommen junge Männer wie Carlos oder Johannes Weinrich, um sich zur Verfügung zu stellen.»[26]

Einer der wichtigsten, wenn auch nicht mehr der Jüngste, war François Genoud selber. «Wir haben Ideen ausgetauscht»,[27] nennt Genoud das und will sich noch eigens dafür verwendet haben, dass diese Ideen möglichst unblutig in die Welt kamen. Die Schweizer Bundesanwaltschaft und der Schweizer Geheimdienst haben seine Vorliebe für Reisen nach Beirut, später nach Tripolis oder Damaskus, genau beobachtet und zum Ausgleich für gelieferte Informationen offensichtlich schützend die Hand über ihn gehalten.[28] Nur wenn es um Bürokratisches geht, schreiten sie streng ein: Als Genoud, kaum dass er sich mit Wadi Haddad angefreundet hat, absurderweise eine «arabisch-schweizerische Handelskammer» gründen und dafür den Segen des ihn betreuenden Beamten einholen will, weist man sein Ansinnen zurück: «Genoud hat jedenfalls erkannt, dass er nicht mit unserer Unterstützung rechnen kann.»[29]

Aus politischen Gründen kann ihm diese Unterstützung natürlich nicht gewährt werden, aber die offensive Strategie, die Behörden über seine Pläne haarklein ins Bild zu setzen, gewährt ihm genau den Schutz vor Strafverfolgung, den er zum Weitermachen braucht. So gehört es zum normalen Nachrichtenaustausch, dass sich im März 1970, einen Monat nach dem Bombenattentat auf eine ihrer Maschinen, endlich doch ein Vertreter der Swissair bei Genoud meldet, um mit ihm darüber zu verhandeln, wie das Unternehmen in Zukunft von derlei Anschlägen verschont bleiben könne. So begeistert er sich sonst von der Gewalt zeigt, kann Genoud auch den Schweizer Geschäftsmann vorkehren, mit dem sich bei entsprechender Bezahlung über alles reden lässt. Draußen ist er der bedingungslose Idealist, zu Hause müht er sich um einen honetten Eindruck, den sich die Schweizer Behörden immer gefallen lassen.

Ihnen zuliebe hat Genoud Sorge dafür getragen, dass er keine Gewalttat beging. Rohe Gewalt wäre ihm ohnehin stillos erschienen und hätte dem Weltverständnis dieses Hitler-Anhängers widersprochen; schließlich verstand sich sein «Chef» als Friedensbringer. Dennoch faszinierten ihn die Männer, die ohne mitteleuropäische Skrupel bereit sind, im Interesse der Sache Gewalt gegen den klar umrissenen Feind anzuwenden: den Zionismus. Da herrschte Krieg, ein «Weltkrieg» sogar, und Genoud war auf seine Weise immer dabei.[30]

Am 18. Oktober 1970 wird im Frankfurter Hotel Interconti Belkassim Krim ermordet. Er war einer der Gründer der FLN und galt in den Fünfzigern als «bester Kunde» deutscher Waffenhändler.[31] Beim bald nach dem Sieg der Revolution ausgebrochenen Machtkampf war er wie Khider und Ben Bella dem stärkeren Boumedienne unterlegen. Obwohl er sich bereits mehrere Jahre im Ausland aufhielt, erschien Krim der Regierung in Algerien noch immer als Gefahr. Erst anderthalb Jahre zuvor war er von einem Sondergericht in Oran in Abwesenheit zum Tode verurteilt worden. Jetzt ist das Urteil vollstreckt worden. Hans Rechenberg schreibt aus Algier an den BKA-Präsidenten und bittet den «lieben Herrn Dickopf» um Akteneinsicht. Das ist zum mindesten ein sehr ungewöhnliches Begehren für einen Außenstehenden, aber Rechenberg, der sich als «Konfidenten» des Verfassungsschutzes bezeichnet, erläutert sogleich, warum er die Akten sehen will: Für seine Arbeit in Algerien sei die Klarstellung entscheidend. Er wolle sich nicht nachsagen lassen, nach der nationalsozialistischen ein weiteres Mal einer verbrecherischen Regierung Dienste geleistet zu haben.[32] Außerdem möchte Dickopf doch bitte dafür sorgen, «daß unser gemeinsamer Freund François aus der Schußlinie geholt» und jeder Zusammenhang mit der «Kriegskasse» zurückgewiesen werde. Der *Spiegel* hatte nämlich gemeldet, es sei der BCA-Verwaltungsrat Genoud gewesen, der Krim zum Flughafen in Genf gebracht hatte. Von dort aus flog der alte Freund – wegen der Sicherheitskontrollen, die durch die neuerdings so häufigen Flugzeugentführungen nötig werden, unbewaffnet – nach Frankfurt, wo er den Tod fand, den ihm seine früheren Freunde zugedacht hatten. Dickopf, der genau zu wissen scheint, worum es sich bei der «Kriegskasse» und bei Freund François handelt, tut wie geheißen. Im Untersuchungsbericht des BKA vom 7. Dezember 1970 taucht überraschend der alte Freund auf, der ohne jeden Zusammenhang folgendermaßen zitiert wird: «Nach Aussagen des Zeugen GENOUD hatte KRIM nie eine Möglichkeit, über die Geldmittel aus der legendären Kriegskasse der FLN zu verfügen. Vielmehr spricht alles für einen Anschlag aus politischen Motiven. Die Urheber dürften in den Kreisen der algerischen Machthaber zu suchen sein. Die Ausführung des Mordauftrages wurde allem Anschein nach dem algerischen militärischen Sicherheitsdienst übertragen, der sich vermutlich gedungener Mörder bediente.»[33] Die Dreieckspartie hat wieder einmal funktioniert. Eine nähere Untersuchung erübrigt sich schon allein wegen der «algerischen Machthaber», und dass die Herren Dickopf, Genoud und Rechenberg die Verhältnisse dort nur zu gut kennen, muss ja im Abschlussbericht nicht auftauchen.

Das algerische Jahrzehnt endet in einem Frankfurter Hotelzimmer. Die Terrorjahre beginnen.

13. Am Beispiel einer Flugzeugentführung

LH 649 war ein Langstreckenflug. In Tokio hatte die Maschine Besucher der Olympischen Winterspiele in Sapporo an Bord genommen, war in Hongkong, Bangkok und Delhi planmäßig zwischengelandet und sollte über Athen weiter nach Frankfurt fliegen. Fünfunddreißig Minuten nach dem Start in Delhi, es ist fast zwei Uhr morgens, übernehmen fünf arabische Piraten die Lufthansa-Maschine «Baden-Württemberg» mit ihren 173 Passagieren sowie fünfzehn Besatzungsmitgliedern. Ab sofort, das lassen sie gleich den Tower wissen, werde nicht mehr auf die international üblichen Kurs-Bezeichnungen reagiert, sondern nur noch auf «Heiliger Dschihad», und im Übrigen sei das Flugzeug von der «Organisation der Opfer der zionistischen Besetzung» gekapert. Die Entführer sind mit Trommelrevolvern und Eierhandgranaten ausgerüstet; nach der Landung werden im Passagierraum noch zusätzlich Schnüre mit Sprengkörpern angebracht. Anfangs schlafen die meisten Passagiere, und nicht wenige halten das, was sie beim Aufwachen sehen, für einen bösen Traum, der nicht aufhören will. Ein Anführer namens Jussuf[1] läuft, mit Handgranate und Pistole bewaffnet, durch den Gang und brüllt die Anweisung: «Hände hinter den Kopf!» Pässe, Kameras, spitze Gegenstände werden eingesammelt. Wer nicht spurt oder etwa nachlässt bei dieser Übung, erhält, wie Joseph Kennedy jr., schnell einen Hieb mit dem Revolver. Es handelt sich um den neunzehnjährigen Sohn des 1968 ermordeten Präsidentschaftskandidaten Robert Kennedy. Obwohl seither verschiedene Palästinenser-Kommandos die Freilassung des zu lebenslanger Haft verurteilten Attentäters Sirhan Sirhan, eines christlichen Palästinensers, gefordert hatten, und obwohl die Entführer den jungen Kennedy durch seinen Reisepass sofort identifizieren, sind sie an dieser prominenten Geisel angeblich nicht interessiert.

Am Dienstagmorgen, dem 22. Februar 1972, 3 Uhr 30 Ortszeit (5 Uhr 30 in Deutschland und der Schweiz) landet die «Baden-Württemberg» statt in Beirut im jemenitischen Aden. An Bord weiß niemand, wie es weitergehen soll. Immer mehr Sprengkörper werden angebracht, die leicht ausreichen würden, um die Maschine in die Luft zu jagen. Nicht nur die Piloten erinnern sich an die Bilder von der Sprengung der drei Flugzeuge in der jordanischen Wüste. Die Nachrichtenagentur dpa verbreitet ein schnarrendes Manifest der Entführer: «im namen des palaestinensischen volkes erklaeren wir[2], dass wir uns nicht ergeben werden. Der israelische nazi-staat wird niemals in frieden schlafen. Wir versprechen, unseren kampf fuer die befreiung fortzusetzen (...) bonn hat israel millionen von dollar zur unterstuetzung gegeben und faehrt damit fort. Es ist unsere pflicht, dies der welt zu zeigen.»[3]

Der «nazi-staat» sagt es überdeutlich: Bei der Entführung handelt es sich um eine politische Aktion. Deutschland, oder jedenfalls die Bundesrepublik, wird in die bereits Jahrzehnte währenden Auseinandersetzungen zwischen Israel und den Palästinensern hineingezogen. Bonn leistet seit den fünfziger Jahren Wiedergutmachungszahlungen an Israel, und die Palästinenser betrachten sich deshalb als Verlierer auch der deutschen Geschichte. Die Zahlungen an Israel hätten seine militärische Hochrüstung ermöglicht und damit die Palästinenser noch weiter ins Hintertreffen gebracht. Durch die Entführung des Lufthansa-Flugzeugs soll ein kleiner Ausgleich stattfinden.

Bei der Lufthansa in Köln langt am gleichen Nachmittag, es ist immer noch Dienstag, der 22. Februar, ein in englischer Sprache verfasstes Schreiben ein, das den Empfänger in aller Form («Dear Sir») davon in Kenntnis setzt, dass Flugnummer LH 649 sich in der Hand der «Zionist Occupation Victims Organisation» befinde und in genau einundvierzig Stunden in die Luft fliege, wenn den beigefügten Anweisungen nicht strikt Folge geleistet werde.

Gefordert werden fünf Millionen Dollar Lösegeld, mit dem sich ein Bote bereits am Mittwochmorgen um neun Uhr am Flughafen in Beirut einfinden soll. Das ist nur möglich, wenn er sofort ein Flugzeug chartert (Angaben zu privaten Anbietern liegen bei) oder eine Viertelstunde vor Mitternacht mit einer saudischen Linienmaschine nach Dschiddah fliegt und dort nach Beirut umsteigt. Der Verfasser dieses Briefes hat wirklich an alles gedacht: Der Geldbote soll, auch das steht in dem Erpresserbrief, eine graue Hose, ein schwarzes Sakko, einen weißen Pullunder sowie in der linken Hand das Magazin *Newsweek* tragen. Vier verschiedene Möglichkeiten erklärt der Brief, wie und von wo aus man mit einer Privatmaschine innerhalb der angegebenen Frist nach Beirut gelangen könne. Alles habe sich in vollkommener Verschwiegenheit abzuspielen, und wenn der Bote nicht rechtzeitig eintreffe, fliege das Flugzeug eben in die Luft. «Das ist unsere letzte Mitteilung. Weiteren Kontakt mit uns wird es nicht geben.»[4] In der Anlage findet sich eine Aufstellung darüber, wie die Lösegeldsumme in Dollar, DM, Schweizer Franken, Britischen Pfund und (hier darf man einen Absender mit einer gewissen Nähe zum französischen Währungsbereich vermuten) neue Französische Franc aufzuteilen ist, außerdem ein Luftbild des Flugplatzes sowie der Schlüssel zu einem Auto.

Der Lufthansa-Werksschutzleiter Jürgen Berger fliegt wie angeordnet los, den Koffer mit dem Lösegeld hat er bei sich; das Geld allein wiegt dreißig Pfund. In Aden sind erst Frauen und Kinder, dann die übrigen Passagiere freigelassen worden. Nur noch vor den Piloten und dem Kabinenpersonal verbreiten sich die Entführer über das Los der Palästinenser. Die Drohung gilt weiter, dass sie nicht davor zurückschrecken, das Flugzeug mitsamt der Besatzung in die Luft zu sprengen, falls die deutsche Regierung nicht auf ihre Forderungen eingehe. Am Flughafen Beirut wird Berger von einer Gruppe Palästinenser beobachtet, wie er zu dem verabredeten Auto geht, das durch Bilder des aktuellen und des früheren libanesischen Präsidenten gekennzeichnet ist. Berger folgt den Anweisungen, die er auf dem Beifahrersitz findet. Nachdem er zwei Kontrollpunkte passiert hat, trifft er etwa vierzig Kilometer außerhalb von Beirut auf Mitglieder der Organisation, zu denen auch die fabulöse Leila Khaled gehört. Man führt ihn in ein Café und unterhält sich mit ihm übers Kino, während die anderen das angelieferte Geld zählen. Die Summe stimmt genau, oder doch bis auf fünfzig Mark.[5] Berger bekommt das Code-Wort genannt («Al shahid Abu Talaat» – Unser Freund, der Märtyrer Abu Talaat[6]), das er telefonisch nach Aden durchgibt. Dort prescht ein Jeep vom Flughafengebäude auf die Landebahn, ein Mann schreit drei Mal die vereinbarten Worte, und das Auto dreht wieder um. Im Flugzeug bricht erst bei den Entführern, dann beim Kabinenpersonal der Jubel aus. «You can go now», sagen die Palästinenser. Niemand ist verletzt worden, alle sind glücklich. Die Luftpiraten werden von den jemenitischen Behörden der Form halber festgenommen und fast sofort wieder freigelassen.

Die Operation sei bis ins kleinste Detail geplant gewesen, wird Bundesverkehrsminister Georg Leber, in dessen Amtsbereich die Entführung fällt, in der Pressekonferenz am Freitag, als alles vorbei ist und Geiseln wie Flugzeug wieder glücklich nach Deutschland zurückgekehrt sind, fast anerkennend erklären. Dass die Entführer selber nur Ausführende waren und einen Plan vollstreckten, den andere entwickelt hatten, wurde durch die Logistik der Aktion deutlich. Der Kopf der Operation musste anderswo sein, die Gruppe im Flugzeug handelte nur auf Befehl.[7] Offensichtlich hätten die Entführer alle Schritte nur auf Anweisungen ihrer Zentrale unternommen, meint Leber, aber wo die sich befinden könnte, weiß er nicht zu sagen.

«Ich habe nie soviel Zorn in mir gehabt wie in diesen beiden Tagen»,[8] stöhnt Leber, denn er ist so machtlos wie alle anderen auch. Niemand kennt die Erpresser, niemand hat je zuvor von einer Gruppe gehört, die sich «Opfer der israelischen Besatzung» nennt. Die Entführer haben nicht mit sich reden lassen, und sie konnten, da es keinen Kontakt zu ihnen gab, ihre Forderungen ohne Verzögerung durchsetzen. Dennoch ist sicher, dass hier die PFLP unter einem Tarnnamen ihren Kampf für die Befreiung Palästinas fortsetzt und mit dieser Entführung ein weiteres Mal ihre Macht demonstrieren kann.

Wadi Haddads Organisation befindet sich in einer «Finanzkrise» und braucht dringend Geld.[9] Sie braucht Geld für weitere Operationen, und Deutschland, das bisher weitgehend verschont geblieben ist, soll dafür bezahlen, dass es weiter verschont bleibt. Der Begriff «Schutzgeld», der sonst eher in mafiosem Zusammenhang auftaucht, ist auch hier angebracht. Seit 1968 werden jedes Jahr Dutzende von Flugzeugen entführt. Die meisten Entführungen gehen glimpflich aus, aber die Fluggesellschaften fürchten inzwischen um ihre Passagiere und ihr Geschäft. Daher deutet alles darauf hin, dass die damals noch zu hundert Prozent in Staatsbesitz befindliche Lufthansa sich mit dieser Abschlagszahlung freikaufte. Sie war die einzige nicht; der mitteilsame ehemalige RAF-Terrorist Peter-Jürgen Boock weiß zu berichten, dass «die Palästinenser regelmäßig Erpressungsaktionen durchgeführt haben, um ihre ‹Kriegskasse› aufzufüllen. Bei solchen Erpressungsaktionen gegen Schiffahrtslinien und Luftgesellschaften sollte auch die RAF mitmachen und hatte dies auch bereits in Aussicht gestellt».[10] David Yallop behauptet in seinem Buch «To the End of the Earth», dass Anfang der Siebziger drei europäische und eine amerikanische Fluggesellschaft bei den Palästinensern tributpflichtig waren. «Mindestens eine europäische Gesellschaft zahlte mehr als eine Million Dollar pro Jahr an europäische Terroristen, um vor Angriffen auf ihre Maschinen sicher zu sein.»[11] Im Übrigen ist Yallop überzeugt davon, dass das Lösegeld für die «Baden-Württemberg» letztlich nicht von der Lufthansa oder vom deutschen Staat, sondern von der nicht ganz unvermögenden Familie Kennedy aufgebracht wurde.[12] Von der Lufthansa oder auch den anderen Fluggesellschaften ist dazu natürlich nichts zu erfahren, weil, wie es der Lufthansa-Sprecher fein formuliert, «unser Archivbestand zu diesem Thema nicht zur Verfügung steht».[13]

Die interkontinentale Erpressungsaktion war ein weiteres Meisterstück des großen Strategen Wadi Haddad, der sie zusammen mit seinem Freund François Genoud nach dessen spätem Bekenntnis in allen Details vorbereitet hatte.[14] Es liegt nahe, die Formulierung vom «nazistaat» Israel, gegen den sich die Entführung angeblich richtete, Genoud schlechtzuschreiben, doch wären solche Vergleiche auch einem christlich getauften Marxisten wie Haddad zuzutrauen. Seine Luftpiraten sind keine Verbrecher, sondern wie die Freiheitskämpfer der FLN Täter aus Überzeugung, Helden im antikolonialen Freiheitskampf. Allerdings sind die palästinensischen Terroristen wie die anderen Terrorgruppen der siebziger Jahre Irrlichter in der weltpolitischen Entwicklung. Am gleichen Tag, an dem die Entführer in Bangkok das Flugzeug besteigen, am 21. Februar 1972, trifft der amerikanische Präsident Richard Nixon zum ersten Staatsbesuch in Peking ein, wo ihn Mao Tse-tung empfangen wird. Die kommunistische Volksrepublik China wird in den Sicherheitsrat der Vereinten Nationen aufgenommen, das jahrzehntelang von den USA gestützte antikommunistische Taiwan hinausgeworfen. Die maoistisch denkende und am Beispiel der vietnamesischen Befreiungsbewegung geschulte PFLP aber macht weiter, als wäre nichts geschehen. Furcht und Schrecken begleitet sie und doch auch eine seltsame Faszination. Ihre Aktivisten zeigen sich weiterhin zu allem entschlossen, riskieren aber nur im Ausnahmefall ihr Leben. Banditen sind es, die Postkutschenräuber des Düsenzeitalters, ganz altmodisch auf die Macht vertrauend, die aus den Gewehrläufen kommt, und voller Verachtung für den Verhandlungstisch.

Diese Lust an der Gewalt infiziert auch anständige Schweizer Bürger, wie die Behörden besorgt feststellen. «Die engen Verbindungen, die er mit der *Front populaire* von George Habasch unterhält, sind eigentlich durch seinen Hass auf die Juden begründet. Er war auf bestimmte Weise bei der Verteidigung der Männer engagiert, die versucht haben, ein Schweizer Flugzeug zu entführen», heißt es in einem Geheimbericht vom November 1971 über – François Genoud, den die Beamten als «le sujet» führen. «Das Subjekt sucht junge Lehrkräfte für die Ausbildung arabischer Kommandos (vielleicht im Jemen).»[15] Folgen hat diese Beobachtung ganz offensichtlich keine. Das BKA vermutete Libanesen an Bord und sah richtig, dass die Entführer mit der Regierung Südjemens konspiriert haben mussten. Im Lauf des Jahres 1972 wurde bei nationalistischen Syrern ermittelt, doch verlor sich bald jede Spur. Dennoch, ganz ahnungslos konnten die Ermittler nicht geblieben sein, denn aus den berühmten «vertraulichen Quellen» wird ihnen bald zugetragen, dass ein «Dr. Haddad» mit weiteren fünf Personen die Aktion geplant hatte. Und warum, nur so eine Frage, warum überwachen die Schweizer Behörden den ehrenwerten Bürger Genoud, F., jahrelang, hören sein Telefon ab, lesen seine Post, beschatten ihn, wenn er ausgeht, horchen Freunde und Bekannte aus, führen Buch über sein Kommen und Gehen und verdächtigen ihn grundsätzlich, wenn auch ohne Beweise, in merkwürdige Geschäfte verwickelt zu sein, um ihn ausgerechnet jetzt, während der Entführung der Lufthansa-Maschine, aus der Überwachung zu entlassen? Man glaubt es kaum, aber am 17. Februar, dreieinhalb Monate, nachdem der Geheimdienst besorgt ist über die Verbindungen Genouds mit der *Front Populaire* und zum Jemen, fünf Tage vor der Entführung der Lufthansa-Maschine nach Aden, wird die Telefon-Überwachung Genouds, der seit fünfunddreißig Jahren unter staatlicher Aufsicht lebt, abgebrochen und erst nach einer Pause von fast zwei Jahren wieder aufgenommen.[16]

Genau das zeigt die Aktenlage. Wozu überwacht ein Geheimdienst, wenn er die Überwachung genau dann einstellt, als sein Objekt im Begriff ist, Straftaten zu begehen? Und so lautet die Begründung der wachsamen Bundesanwaltschaft: «Trotz dieses Verdachts, der immer auf diesem Objekt lag, sind wir der Meinung, dass die Kontrollmaßnahmen bezüglich Genouds aufgehoben werden können. Da wir wissen, mit welchen Gruppen er Umgang pflegt, schlagen wir vor, dass wir im Fall besonderer Vorkommnisse oder Spannungen insbesondere mit den arabischen Ländern, unverzüglich in Zusammenarbeit mit der Kantonspolizei vom Wallis und von Genf alle erforderlichen Maßnahmen ergreifen werden, um seine Aktivitäten aufs neue genauestens zu kontrollieren.» [17]

Was dem Schweizer Staatsschutz entging, was er nicht wissen wollte, aber doch gewiss von befreundeten Stellen nachgeliefert bekam, war Folgendes: Der einschlägig bekannte François Genoud war Komplize dieser Flugzeugentführung; ohne sein Mittun wäre sie nicht so erfolgreich (für die Palästinenser) und glücklich (für Besatzung und Passagiere) verlaufen. Erst kurz vor seinem Tod, als ihm keinerlei Verfolgung mehr drohte, hat Genoud zugegeben, dass er an der Entführung der «Baden-Württemberg» beteiligt war. Aber das war kein Geständnis, sondern er rühmte sich dieser Tat, denn es ging doch wieder einmal um eine gute, eine in seinen Augen gerechte Sache. «Dabei war die Höhe des Lösegeldes wichtig. Bei einer zu geringen Summe wären wir nicht ernst genommen worden, eine zu hohe hätte das ganze Unternehmen gefährdet, vor allem wenn man bedenkt, wie knapp die Zeit war, in der das Geld beschafft werden musste.» [18] Genoud sollte wie sonst auch im Hintergrund bleiben, ein seriöser Schweizer Geschäftsmann, der zwar häufig fliegt, aber doch deshalb noch lange nicht gemeinsame Sache mit Luftpiraten machen würde. Haddad hatte gründlich mit der Briefzustellung experimentiert und in mehreren Testläufen erprobt, wie lange ein Brief nach Köln brauchen würde, wo sich die Lufthansa-Zentrale befand. Doch dann ging der so schön ausgedachte Plan schief. Es gab eine Verzögerung, erst am Montag, dem 21. Februar 1972, landete ein Palästinenser mit dem Erpresserschreiben und den Erklärungen für die Agenturen in Genf. Es war bereits zu spät, um die Briefe wie geplant auf die Post zu geben, damit sie bei der Lufthansa gleich nach dem Bekanntwerden der Entführung hätten eintreffen können.

Der Ablauf war nicht mehr zu ändern, das Kommando stand bereit, die Aktion erforderte rasches Handeln. Genoud nahm deshalb die Briefe kurzerhand an sich, setzte sich mit seiner Frau ins Auto und fuhr über Nacht von Lausanne durch die Schweiz über Basel nach Deutschland. Unterwegs hörten sie im Autoradio die Bestätigung, für Genoud war es eine erste Erfolgsmeldung: eine Lufthansa-Maschine sei auf dem Weg von New Delhi nach Athen vom Kurs abgewichen und wahrscheinlich entführt worden. Das Ehepaar fuhr weiter und kam um sieben Uhr morgens in Köln an. Auf dem Postamt am Bahnhof werden die Briefe rasch für eine Express-Sendung frankiert, und dann reisen die beiden auch schon wieder ab. Sie wollen sich ein paar Tage Erholung in Belgien gönnen.[19] Damit ist der Schattenmann auch schon wieder aus der Geschichte verschwunden, fast spurlos. Und falls es Spuren gab, so blieb Genoud doch unbehelligt.

So jedenfalls lautet die Version Genouds, wie er sie 1994 und 1995 seinen beiden Biographen Laske und Péan erzählte. Er wird kaum übertrieben haben, allenfalls wird sich die Erinnerung an Details eingetrübt haben, und sicherlich hatte Genoud seine Freude daran, endlich diese Räuberpistole vorzutragen, bei der er manches ausgeschmückt haben mag. Genoud, der bei der Schweizer Polizei in Bern ein und aus ging und die Beamten dort mit ungewöhnlicher Kameraderie behandelte («Genoud kommt mir einen seiner periodischen Besuche abstatten»,[20] notiert der Beamte, während ein anderer Kollege über den Besucher klagt, der sich schon wieder «vertraulich über die naheliegenden Fragen» unterhalten wollte[21]), dieser Genoud musste nicht bei Nacht und Nebel den Eilbriefträger machen, obwohl ihm das Klandestine der Aktion gefallen haben dürfte. Er hat vielmehr – eigner Aussage zufolge – ganz offen mit den Zuständigen verhandelt, sie als Geschäftspartner besucht und am Ende zum Abschluss bewegen können. Vielleicht haben die Herren auch mit Sekt auf den Erfolg angestoßen (ohne Genoud, er trinkt keinen Alkohol), denn dank Genoud würde der Luftverkehr über Europa in Zukunft reibungslos verlaufen. Genoud hatte eine kostbare Ware anzubieten – Sicherheit –, und die verkaufte er als guter Geschäftsmann zu einem guten Preis.

Es fällt auf, wie wenig unternommen wurde, um die Täter zu fassen. Zunächst sollte sogar verschwiegen werden, dass Lösegeld bezahlt wurde; im *Spiegel* war die Rede von einem «weltweiten Geheimhaltungspakt».[22] Es sei, so kolportierte man zuerst, dem Abgesandten der Bundesregierung, Ministerialdirigent Kurt Müller, gelungen, die Entführer zum Aufgeben zu bewegen. Engländer, Franzosen, sogar die Sowjetunion sollen behilflich gewesen sein.[23] Lange jedoch ließ sich die Bedingung für die Freigabe des Flugzeugs nicht verheimlichen: dass sie nämlich nicht umsonst war, sondern nach damaligem Wert sechzehn Millionen Mark kostete, was umso peinlicher war, als die Lufthansa eben aus Kostengründen die Versicherung für ihre Flugzeuge gekündigt hatte.

Die bis heute bewahrte Geheimhaltungspolitik der Lufthansa hat sicherlich damit zu tun, dass das Lösegeld nicht bloß zur Finanzierung der PFLP diente, sondern eine Art Abstandszahlung sein sollte. Als sie nicht mehr geheim war, wollten sich auch die Entführer nicht mehr an die Vereinbarung gebunden fühlen: «Die Deutschen selbst hatten doch von uns verlangt, daß kein Wort über die Bedingungen der Freigabe ihres Jumbos und die Übergabe der fünf Millionen an die Öffentlichkeit dringen sollte. (…) Nach der Übergabe des Lösegeldes haben wir zugesagt, in Zukunft keine deutschen Flugzeuge mehr zu entführen. Das gilt jetzt nicht mehr»,[24] wie die Sprecher in *Bild am Sonntag* verlauten ließen. Im Oktober 1972 wurde entgegen der Absprache prompt wieder eine Lufthansa-Maschine entführt, doch steckte dann eine andere Terrorgruppe dahinter, der «Schwarze September». Wadi Haddad ging erst im Oktober 1977 wieder gegen die Lufthansa und damit direkt gegen Deutschland vor.

Das in Aden und Beirut erpresste Geld fand vielfache Verwendung. Eine Million ging für die genossenschaftliche Abwicklung der Entführung in den Jemen. Ein Teil wurde wie zum Hohn gewinnbringend in der Schweiz angelegt. Ob der Waisenfonds der PFLP, dem das Geld angeblich zufallen sollte, es auch erhalten hat, wird man bezweifeln dürfen. Da waren nämlich noch einige laufende Projekte, die finanziert sein wollten: Nachdem sie monatelang geübt hatten, stürmten am

30. Mai 1972 die drei Mitglieder der Japanischen Roten Armee in die Ankunftshalle des israelischen Flughafens Lod ein, mähten mit Maschinengewehrsalven siebenundzwanzig Menschen nieder und verletzten weitere achtundsiebzig Reisende. Am 5. September drang ein Kommando des «Schwarzen September» in München in die Unterkunft der israelischen Olympiamannschaft ein, brachte zwei Sportler um und nahm neun weitere als Geiseln, die dann auf dem Flughafen Fürstenfeldbruck ebenfalls getötet wurden. Nur sechs Wochen später wurde eine Lufthansa-Maschine auf dem Weg von Beirut nach Frankfurt entführt, und mit den Passagieren als Geiseln gelang es den Entführern, die drei überlebenden Attentäter freizupressen, die in Deutschland inhaftiert waren.

«Wadi Haddad wollte Deutschland treffen»,[25] erklärte Genoud später. Am 31. Oktober 1972 schreibt deshalb der Zentralrat der Juden in Deutschland an Bundeskanzler Willy Brandt: «Die Bezahlung eines Lösegeldes von fünf Millionen Dollar für die Freigabe einer Lufthansamaschine in diesem Jahr hat zur Finanzierung des Verbrechens von München und Fürstenfeldbruck und damit zu einem schweren Schaden für die Bundesrepublik geführt.»[26]

Bei der Entführung im Februar 1972 konnte die Bundesregierung kaum anders handeln, als den Erpressern nachzugeben, sie hat aber mit ihrem Nachgeben weitere Terror-Aktionen wie den Überfall auf die Olympischen Spiele befördert. Am 4. Februar 1972, nur wenige Wochen vor der Entführung der «Baden-Württemberg», hatte sich Bundeskanzler Willy Brandt in einer Fernsehansprache an die Deutschen gewandt und erklärt, «daß wir Gewalttätigkeit nicht akzeptieren und nicht dulden können (...). Gruppen oder einzelne, die auf Gewaltanwendung aus sind, müssen wissen, daß wir verpflichtet und entschlossen sind, ihnen mit allen rechtlichen Mitteln das Handwerk zu legen».[27] Polizeiliche, gar militärische Mittel standen der Regierung 1972 nicht zur Verfügung, aber niemand wird behaupten, dass bei der «Baden-Württemberg» alle kriminalistischen und rechtlichen Mittel ausgeschöpft worden wären.

Warum es nicht geschah? Gute Frage. Mit dem Tadel des Zentralrats der Juden könnte es sein trauriges Bewenden haben, wenn, ja wenn 1972 nicht immer noch Paul Dickopf im Bundeskriminalamt gesessen hätte. In den Nachkriegsjahren war Dickopf immer mutiger geworden, oder war es jedenfalls im Nachhinein gewesen, weshalb er unter den wohlwollenden Blicken seiner Vorgesetzten vom Abwehrmann zum Deserteur und schließlich zum Widerstandskämpfer avancieren konnte. In seinem Taschenkalender war genug Raum für Notizen, in dem er in jedem Dienstjahr als Erstes nach einer scharf kalkulierten Aufstellung seiner Lebenshaltungskosten den inzwischen erarbeiteten Rentenanspruch errechnete. Wie schon bei Schacht und Funk erstaunt, wie großzügig die treuen Diener der NS-Zwangsherrschaft im Nachfolgestaat, in der Bundesrepublik, versorgt wurden. Bei Dickopf war es nicht die staatliche Bundesbank, sondern die staatliche Sozialkasse, die sich seiner annahm. Zu seiner Erleichterung errang er 1969 eine Lastenausgleichszahlung in Höhe von DM 5760,–, absurderweise für die besonderen Aufwendungen, die ihm durch die Verlegung seiner Spionage-Aktivitäten in die Schweiz entstanden waren.[28] Dass diese Zahlung nicht mit der schönen Legende von Dickopfs heroischem Widerstand zusammenpasste, scheint niemandem aufgefallen zu sein.

Am 1. Juli 1971 jedenfalls schied Dickopf aus seinem Amt als BKA-Präsident, und Horst Herold folgte ihm nach. Hans-Dietrich Genscher, seinerseits ein Nachfolger Höcherls als Innenminister, sprach in seiner Abschiedsrede vom «Botschafter des Vertrauens für unser Land» und rühmte gänzlich ironiefrei Dickopfs «international bekannte Gesinnung zum demokratischen Staat».[29] Sein Wirken oder vielmehr sein Nicht-Handeln hat tatsächlich das Entstehen der Internationale des Terrors begünstigt; kein schlechter Erfolg für einen ehemaligen SS-Mann, dem 1945 die Arbeitslosigkeit drohte.

Als klassischer Polizist verstand Dickopf unter Aufklärungsarbeit das Anlegen von Dossiers über Gegner und die Pflege von Kontakten mit Freunden. Die letzten Jahre hatte dieser engagierte Demokrat mit dem Kampf gegen den Computer zugebracht. Ein elektronischer Datenabgleich war in der Konspirationsatmosphäre, in die Dickopf in Frankfurt und Berlin hineingewachsen war und die er ganz besonders während seines Oszillierens zwischen Stuttgart, Brüssel, Paris, Bern, Lausanne und wieder Frankfurt in den Jahren zwischen 1943 und 1947 geübt hatte, einfach nicht vorgesehen. Nach seiner Pensionierung widmete er sich ganz seinem späten Hobby, nämlich gedankenverloren weidenden

Kühen über den Rücken zu streichen. Sein Dienstherr Genscher, der ihn in seinen Memoiren als «bisweilen skurril»[30] beschreibt, bewahrte auch dem Staatsrentner die Treue: Dickopf erhielt nach seinem Abschied aus dem Amt neben seiner ehrlich verdienten Rente noch einen monatlichen Ehrensold in Höhe von 1563,68 Mark als Berater für «internationale kriminalpolizeiliche Zusammenarbeit».[31]

Auch dieses Geld, muss man sagen, war gut angelegt. Dickopf verfügte nach der Amtsübergabe an Horst Herold weiter über ein Zimmer samt Sekretärin im Bundeskriminalamt, weil er noch ein Jahr für Interpol wirken sollte. Dickopf galt als Ehrenmann und verdienter Kriminalist des Volkes. «Ich hatte daher 1972 keine Bedenken, dem Antifaschisten D. seine Arbeit als Interpol-Präsident zu erleichtern, die er vom nationalen Zentralbüro (BKA) aus erfüllen konnte»,[32] meint sein Nachfolger Herold mit leiser Süffisanz. Und so befand sich Dickopf auch während der Entführung der «Baden-Württemberg» in der Wiesbadener Behörde an der richtigen Stelle.

Luftpiraterie mit Geiselnahme ist ein Kapitalverbrechen und richtete sich auch in diesem Fall, in dem die Entführung im Ausland stattfand, gegen die Bundesrepublik Deutschland. Die aber tat nichts, oder zumindest nicht mehr, als einen schönen Bericht abfassen zu lassen. Am 9. Januar 1974 berichtet der stellvertretende BKA-Chef Heinl dem Bundesinnenministerium, dass «aufgrund der derzeitigen politisch-militärischen Lage im Vorderen Orient nicht mit einer weiteren Aufklärung gerechnet werden kann». Die Akten werden an die Oberstaatsanwaltschaft Köln gegeben, wo die weitere Aufklärung versandet. Inzwischen hat der Jom-Kippur-Krieg stattgefunden, in dem sich Israel ein weiteres Mal erfolgreich gegen die Aggressionen seiner Nachbarländer zur Wehr setzen konnte. Die arabischen Staaten konnten diese weitere Kränkung nur ertragen, indem sie der Bundesrepublik mit einem Öl-Boykott drohten und durch die Drosselung der Förderung für einen Preisschock mit nachfolgender Wirtschaftskrise sorgten. Die Weltpolitik war wieder einmal größer als jedes Aufklärungsinteresse.

Der Interpol- und ehemalige BKA-Präsident hätte zur Aufklärung sicherlich das eine oder andere beitragen können, aber warum sollte er? Ein Geheimnisträger wie er nimmt seine Aufgabe ernst, jedenfalls so, wie er sie versteht. Bei der *Spiegel*-Affäre griff er ein, obwohl es sich um eine politische Affäre handelte, nach der Flugzeugentführung von Delhi nach Aden griff er nicht ein, weil es eine war. Noch im September 1972, eine Woche nach der Katastrophe bei den Olympischen Spielen in München, musste das amerikanische Außenministerium Druck auf den deutschen Innenminister Hans-Dietrich Genscher ausüben, damit der international operierende Terrorismus bei der Generalversammlung von Interpol in Frankfurt überhaupt zur Sprache kam.[33]

In einem Interview hatte ein konkurrierender palästinensischer Aktivist nur Hohn für die deutsche Zurückhaltung, dieses Staatsverbrechen auf internationaler Ebene zu verfolgen: «Ihr habt wohl zuviel Geld! Hat Interpol geschlafen? Oder hat eure Regierung Interpol überhaupt nicht unterrichtet?»[34] Vielleicht hat der Palästinenser auch nur zu gut gewusst, wer wie über was unterrichtet war.

Den großen Kriminalisten Dickopf, den Interpol-Chef, den gewieften Geheimagenten «Caravel» und treuen Freund Genouds beschäftigte zuletzt nur noch das Interesse seiner amerikanischen Betreuer, und dass sich da auch nichts ändern sollte, obwohl er ja nun nicht mehr im Amt war. Vier Wochen nach der Entführung der «Baden-Württemberg» ist er vollkommen mit der Abrechnung seiner Spesen ausgelastet.[35]

Genoud wird also weiter seinen Geschäften nachgehen, die in jenen Jahren parallel die Tagebücher von Joseph Goebbels, seine palästinensischen Freunde und, damit verbunden, seine finanziellen Interessen in der arabischen Welt betreffen. Dickopf war ihm ein letztes Mal als Freund zu Diensten, wobei der gute Freund in seinem Zweit-Job als CIA-Informant seine Arbeitgeber wahrscheinlich über die Vorfälle in Köln und Aden unterrichtet hat. Ende 1972 schied er endgültig aus seinen Ämtern, die er so umsichtig ausgeübt hatte, und starb bereits ein Jahr später, betrauert auch im CIA-Hauptquartier, wo man sich dankbar der vielen Jahre einer «produktiven und angenehmen Beziehung mit Caravel» erinnerte.[36] Die Straße vor der BKA-Zweigstelle in Meckenheim trägt seinen Namen.

14. Joseph Goebbels wird endlich respektiert

Ohne das Andenken der Nachwelt verblasst selbst der satanische Glanz, mit dem die Nationalsozialisten ihr Volk und ihre Nachbarn schreckten. «Ich stehe vor mir, und ich glaube, auch vor der Nachwelt, rein und sauber da»,[1] soll Joseph Goebbels am Ende seiner Laufbahn gesagt haben, und sein getreuer Referent Wilfred von Oven konnte beobachten, wie er sich bei diesen historischen Worten die Tränen abtupfte, «die ihm», so ist das bei diesen sentimentalen Erinnerungen, «unaufhaltsam aus den Augen rollen».[2] Ohne Nachwelt ist alles nichts, und ohne einen Mann wie Genoud wäre die Nachwelt vom originaltönenden Goebbels und den Seinen weitgehend verschont geblieben. Aber Genoud sah es nun einmal als seine wichtigste Aufgabe, den 1945 so kläglich gescheiterten Kampf fortzusetzen und der Welt, die nichts mehr davon wissen wollte, von den Taten seiner Helden zu berichten oder, wie er es formulierte, «das unaufhebliche Recht von Personen auf geistiges Eigentum» durchzusetzen. «Dieses Recht, das damals und in der Folge gewissenlos und gewinnbringend mißachtet wurde, suchte ich für einige der Betroffenen zu schützen: Hitler, Bormann, Goebbels.»[3] Solche Treue war selten geworden und gewiss Rechtfertigung genug, um mit allen juristischen Mitteln gegen Verlage und wissenschaftliche Institutionen vorzugehen, die sich diesem «unaufheblichen Recht» nicht beugen wollten.

Fünfzehn Jahre sind vergangen, seit François Genoud angefangen hat, sich um das Erbe von Joseph Goebbels zu bemühen. Der Bundesgerichtshof hatte die Klage der Krankenschwester Hildegard Meyer-Bendels mit Urteil vom 22. Dezember 1960 ohne Entscheidung an das Oberlandesgericht Köln zurückverwiesen. In einem Urteil vom 30. Januar 1964 hatte das Oberlandesgericht Köln die Klage von Frau Meyer-Bendels endgültig abgewiesen und sie dazu verurteilt, den bis dahin greifbaren Goebbels-Nachlass an Genoud herauszugeben: einen Koffer, enthaltend Liebesbriefe, reimlose Gedichte, ein Drama mit dem Titel «Kampf der Arbeiterklasse», viele Zettel. Seit diesem Kölner Urteil besaß Genoud endgültig die Rechte an Goebbels, wenn er auch außer diesem einen Koffer nichts aus dem Nachlass in der Hand hatte. Das ebenfalls unveröffentlichte Tagebuch galt zum größten Teil als verschollen, verbrannt vielleicht, im Boden vergraben, verfault. Immer wieder machten sich Schatzgräber auf – unter ihnen auch David Irving, die kommende schwarze Mamba der Zeitgeschichtsforschung –, um an einsamen Orten, die ihnen von angeblichen Zeitzeugen genannt waren, nach dem Nazi-Papierschatz zu buddeln.[4] Es fand sich nichts.

Genoud war in diesen langen fünfzehn Jahren anderweitig beschäftigt. Die Revolution in Algerien, die sich fortsetzte im arabischen Aufstand der Palästinenser, hielt ihn von Goebbels fern, zumal die Aussicht lockte, die jungen Araber könnten sich von den Ideen seines geliebten Führers leiten lassen, wie er sie im «Politischen Testament» niedergelegt hatte. Es ist nicht seiner allein, aber Genoud hat Erfolg. «Für den Sozialismus sind hier alle», berichtet 1964 ein Reisender aus Algerien. «Für Hitler auch.»[5] Goebbels musste vorläufig warten. Sogar Adolf Eichmann war zeitweise wichtiger, da sich mit dessen wortreichen Erinnerungen zum ersten Mal in größerem Stil Geld verdienen ließ.

Dann kommt ihm wieder einmal die Weltgeschichte zu Hilfe. Ende der sechziger Jahre, als der Westen sich auf eine neue Ostpolitik besinnt, versucht die DDR, Joseph Goebbels und seine Hinterlassenschaft im Westen loszuschlagen. Es geht nicht mehr darum, wie noch wenige Jahre zuvor, westliche Journalisten mit Material über NS-Größen, die in der Bundesrepublik weiterwirken durften, zu munitionieren, vielmehr will die DDR den originalen Goebbels verkaufen, weil sie schlicht Devisen braucht. Auch passt es zum sorgfaltig gepflegten Selbstbild des ersten antifaschistischen Staates auf deutschem Boden, dass sich lieber die auf der anderen Seite des «antifaschistischen Schutzwalls» mit dem braunen Zeug befassen und dafür auch bezahlen sollen.

1945 war ein kompletter Satz der Goebbels-Tagebücher nach Moskau geschickt worden. Jetzt brachte ein «hochgestellter sowjetischer Gast» aus dem russischen Staatsarchiv Filmkopien davon als Geschenk ins DDR-Archiv.[6] Diese Filme wurden wiederum im Westen feilgeboten. Anfang Oktober 1971 wandte sich der Zeitgeschichtler Reimund Schnabel mit der Offerte «Mir stehen 3451 Seiten bisher unveröffentlichter Tagebuchblätter zur Verfügung» an verschiedene Redaktionen in der

Bundesrepublik.[7] Das Angebot wurde zunächst verschmäht; das westliche Misstrauen gegen jedwedes Material aus dem Osten war zu groß. Um die Sache ins Rollen zu bringen, bedurfte es einer Legende und eines willigen Helfers. Das wurde der Journalist Erwin Fischer. Auch Fischer erhielt dieses Goebbels-Angebot, allerdings wurde ihm gleich eine regelrechte Schnitzeljagd dazu geliefert. Nach eigenen Angaben wurde er nach Moskau gelotst, wo er zufällig auf einen Mann getroffen sein will, der ihn 1945 als Kriegsgefangenen im Lager Tscheljabinsk bewacht hatte und der ihm nun von dem Goebbels-Material erzählte. Noch dramatischer wird die Geschichte durch eine Übersetzerin, die ihm im thrillerbekannten klandestinen Ton zugeflüstert haben soll: «Wenn ich noch ein Wort sage, erschießen sie mich.»[8] Fischer, wie konnte er auch anders, wurde nur noch neugieriger. Nach dem üblichen Wodka-Umtrunk schließlich durfte er dreihundert der auf Glasplatten verfilmten Tagebuchseiten sehen. Auf der Suche nach mehr irrt Fischer durch die Ostblockstaaten, sucht in Budapest und Bratislava nach Goebbels, bis man ihm in Ostberlin – nur zögernd angeblich – weitere Seiten aushändigt, die er in Kopie mit in den Westen nimmt, um sie, wie mit den DDR-Historikern verabredet, in geeigneter Weise zu veröffentlichen.

Die Geschichte ist zwar spannend, aber sie leidet etwas darunter, dass es sich bei Fischer um IM «Hecht» handelt, einen straffgeführten Zuarbeiter des Ministeriums für Staatssicherheit der DDR. Von Geld soll zunächst nicht die Rede gewesen sein, aber dass sich mit Nazi-Schriftgut im Westen Geld verdienen ließ, wussten die Goebbels-Besitzer im Osten sehr wohl. Der Archivhistoriker Wolfgang Schumann, mit dem Fischer verhandelt hatte, erläuterte später fürs Gericht, dass Fischer auf dem westlichen Markt einsteigen sollte und sein Auftrag darin bestanden habe, «eine marktübliche Ablösesumme zu beschaffen. Diese sollte DM 250 000,– nicht unterschreiten».[9] Für die DDR ist Goebbels Wertmasse, die im Westen realisiert werden soll – und wieder einmal kommt da ein scheinbar neutraler Schweizer wie gerufen.

Nicht anders als beim Handel mit Militaria spielt sich dieser Deal mit raren Schriftzeugnissen auf dem grauen Markt ab, der wiederum von beiden Seiten streng geheimdienstlich kontrolliert wird. Nur ist überhaupt nicht klar, wem der verstorbene Dr. Goebbels nun eigentlich gehört. Darum soll die Stasi noch vor dem Verkauf vorfühlen, wie es um die Besitzrechte an den Goebbels'schen Tagebüchern steht. In je einem Treffbericht vom Herbst 1971 und dann vom Frühjahr 1972 notiert Hauptmann Helmut Wegener, dass er seinen IM «Theo», den bereits bekannten Monsignore Theodor Schmitz, aufgefordert habe, über dessen Westberliner Anwalt die Akten zum Kölner Prozess um die Goebbels-Rechte zu beschaffen.[10] Das gelingt zwar nicht, das Ost-West-Geschäft soll aber dennoch gewagt werden. Es ist ein Geschäft, über dessen Regeln jeder Bescheid weiß. «Dass Fischer mit der DDR zusammenarbeitete, war für uns ohne Zweifel»,[11] erklärt der Verleger Albrecht Knaus, aber das war noch lange kein Grund, auf die Veröffentlichung zu verzichten. Fischer wehrte sich zwar noch 1987 mit einer Gegendarstellung gegen den Vorwurf, er habe der DDR als Kurier gedient, aber nach der Wende kam heraus, dass er für die Stasi gearbeitet hatte.

Fischer bietet seinen Fund weisungsgemäß herum, kann über eine Agentin sogar einen amerikanischen Verlag interessieren und schließt dann doch exklusiv mit Albrecht Knaus ab, dem geschäftsführenden Verleger von Hoffmann und Campe. Knaus fordert allerdings sämtliche Nebenrechte mitsamt den lukrativen Auslandslizenzen. Es hitlert zu Anfang der siebziger Jahre gewaltig und nicht nur in Westdeutschland. Seit 1966 Albert Speer und Baldur von Schirach freigelassen worden waren, gab es ein erneuertes Interesse an diesem «Dritten Reich», das anders als in den Fünfzigern nicht mehr verdrängt, sondern gründlich ausgeleuchtet wurde. David Irving lieferte in immer neuen Biographien und Abhandlungen ein immer heroischeres Bild jener Zeit, und Hoffmann und Campe will mit seinem Goebbels dabei sein. «Das wird ein ganz großer Erfolg»,[12] wahrsagt Knaus im Herbst 1973. Er wird recht behalten. Die Tagebücher von Joseph Goebbels werden ein Triumph für Joseph Goebbels und für seinen treuen Soldaten François Genoud, sie werden ein Verlustgeschäft für Hoffmann und Campe, ein Glücksfall für die Forschung und nebenbei eine mittlere Katastrophe für die Bundesrepublik Deutschland.

Im Vertrag vom 10. Oktober 1972 erscheint Erwin Fischer als «Herausgeber»; seine Abtretung der Verwertungsrechte an den Tagebüchern soll vom Verlag mit 200 000 DM honoriert werden, «unter der

Voraussetzung, daß die Urheberrechtsfrage nach §5 und die Authentizität nach §6 zweifelsfrei geklärt werden kann». Zweifel kommen Knaus noch in der ersten Woche, aber nicht etwa an der Echtheit des Materials, sondern an den Besitzverhältnissen. Denn es gibt jemanden, der die Goebbels-Rechte beansprucht. Knaus wendet sich erst an den Stuttgarter Rechtsanwalt Ferdinand Sieger, einen führenden Urheberrechtsexperten, und dann direkt an François Genoud, der diese Rechte offenbar besitzt und nichts lieber sähe als eine ordentliche Ausgabe mit Texten seines Idols. Genoud, so präsentiert er sich, treiben weniger kommerzielle als idealistische Motive. Er will seinen Helden groß herausbringen, je mehr, je größer, desto besser.

Das Institut für Zeitgeschichte war ihm inzwischen zu klein geworden. Im Juni 1971 hatte ihn im Auftrag des Instituts der vielfach geschätzte Dokumentensammler David Irving besucht, in seiner Begleitung die junge Historikerin Elke Fröhlich, die viele Jahre später die Goebbels-Herausgeberin werden sollte. In seinem Protokoll schilderte Irving Genoud als «leicht antisemitisch, wohlhabend und herzlich». Außerdem sei er «zweifellos bereit, mit mir, wie er nur kann, zusammenzuarbeiten».[13] Irving tritt gleichzeitig als Literaturagent auf, denn er berichtet seinem Verleger Wolf Jobst Siedler, dass Genoud über unveröffentlichte Bormann- und Hitler-Texte verfüge. Er habe Genoud überreden können, die Briefe Bormanns an seine Frau nun auch in Deutschland zur Veröffentlichung freizugeben, vorausgesetzt, ein deutscher Verlag interessiere sich dafür. Siedler schreibt im Herbst 1971 selber an Genoud und zeigt sich allerdings «sehr interessiert» an der Veröffentlichung des Materials.[14] Genoud zögert, aber schließlich ist er in dieser Zeit auch anderweitig beschäftigt: Er muss Wadi Haddad bei seinen Erpressungsversuchen und Flugzeugentführungen unterstützen.

Als ahnte er etwas von diesem neuen Hobby seines Freundes, mit dem er gelegentlich Nazi-Originale austauscht, schreibt Irving am 16. Februar 1972 mit unfreiwilliger Ironie an Genoud: «Sie sind sicherlich mit Ihren eigenen Arbeiten voll ausgelastet.»[15] Tatsächlich dürfte der Brief seinen Adressaten zunächst nicht erreicht haben, musste doch Genoud seinerseits einen wichtigen Brief von Lausanne nach Köln zur Lufthansa expedieren. Elke Fröhlich, von Irving als «my assistant» bezeichnet,[16] telefoniert dann noch mehrmals mit Genoud, der immerhin bemerkt, dass eine Veröffentlichung für den Vater sehr positiv wäre, für den Vater Martin Bormann. Allerdings habe es damit keine Eile. Die Angehörigen müssten darüber entscheiden, und im Übrigen wünsche M. Genoud nach seinem Tempo vorzugehen und nicht nach dem Tempo von Mr. Irving.[17] Eine Einigung kommt dennoch nicht zustande; die Absprache mit Monsignore Schmitz, die Briefe nicht in deutscher Sprache zu veröffentlichen, hat weiter Bestand.

Der neue Fund kommt für Genoud so unerwartet wie gelegen. Goebbels ist seiner, und er will ihn haben. Denn ganz egal, wer die Tagebuchseiten in der Hand hat, er, Genoud, ist Inhaber der Goebbels-Urheberrechte, «gleichviel, ob es sich um schon veröffentlichte oder bisher unveröffentlichte Werke handelt». Nur er kann über sie verfügen, und eine Veröffentlichung wäre sehr positiv für seinen Goebbels. Der Zugriff auf den vollständigen Hitler ist ihm verwehrt geblieben, dafür bekommt er jetzt Goebbels und eine ungleich größere Papier- und Veröffentlichungsmasse in die Hand.

Goebbels erlebt ein spätes Comeback. 1971 ist schon ein erster Band seiner Reden erschienen, herausgegeben von Helmut Heiber vom Institut für Zeitgeschichte, jenem Historiker, der bereits eine wenig schmeichelhafte Goebbels-Biographie vorgelegt hat.[18] Genoud hasst diesen Mann. Und weil Goebbels' Reden seine sind und deshalb nur mit seiner Einwilligung erscheinen dürfen, hat er die Ausgabe mit einem Vorwort verziert, in dem er seine ganze Macht zur Schau stellt. Der loyale Knappe seines Führers klopft sich nicht nur auf die Schulter wegen seiner eigenen Verdienste um das Nazi-Schriftgut, sondern nutzt die Gelegenheit, den Historiker Heiber, der es wagt, in Goebbels keinen ganz so großen Mann zu sehen, heftig ans Schienbein zu treten. Er habe die Ausgabe nur gestattet, erklärt Genoud (und der Droste-Verlag und das Institut für Zeitgeschichte nehmen diese doppelte Beleidigung hin), da ihm daran liege, dass Goebbels ausgiebig zu Wort komme, und da er überzeugt sei, dass «die Füße derjenigen, welche die ‹Zeitgeschichtler der Art Heibers› hinaustragen werden, schon vor der Türe stehen».[19]

Genoud hat nämlich nicht vergessen, was er bei den Protestanten im Melanchthonstift gelernt hat. Das ist, fast nicht mehr erkennbar, eine

Anspielung auf eine Szene in der Apostelgeschichte, in der die Simonie, die Korruption im frühen Christentum, gegeißelt wird.[20] Genoud droht, und zwar mit dem angemaßten moralischen Recht des Gralshüters. Seine Sache, das dürfte inzwischen deutlich geworden sein, betreibt er nicht als Historiker oder mit der Distanz des Wissenschaftlers, sondern mit heißem Herzen. Die anderen, die sind doch nur am schnöden Gewinst interessiert, Genoud aber kämpft für seine Ideale und für den Mann, den er wegen «seines absoluten Ernstes und seiner musterhaften Aufrichtigkeit» bewundert.[21] Pardon kann da nicht gegeben werden.

Albrecht Knaus, seinerseits nicht ohne Erfahrung im Geschäft, will ganz sicher sein und bringt im Mai 1973 Fischer und Genoud in München zusammen, im Juli besucht Genoud Fischer in dessen Haus in Steingaden. Wieder heißt es, der Schweizer sei von ausgesuchter Höflichkeit gewesen und habe sich sehr um Fischer bemüht. Herr Fischer, der Vertrag mit Hoffmann und Campe ist doch viel zu bescheiden, soll er zu ihm gesagt haben, da lässt sich mehr herausholen, und warum Fischer sich nicht nach England zurückziehe, zu Freunden von Genoud, um dort an der Herausgabe der Notizen zu arbeiten. «Wir würden auf diese Weise viel mehr Geld verdienen.»[22] Das «wir» klingt gut und heißt am Ende nur, dass es Genoud zufließen soll.

Fischer reist wiederholt nach Ostberlin und schafft wie ein Lastesel weitere Goebbels-Seiten in den Westen und zu Hoffmann und Campe. Der Verleger zeigt sich dankbar und bereit, Fischers nächsten Roman zu veröffentlichen. Inzwischen steigen die Gestehungskosten für den erwarteten, für den sorgfältig geplanten Erfolg unaufhaltsam. Der Schatz Goebbels ist, wie sich erweist, gar nicht so leicht zu heben. Seine Handschrift ist kaum zu lesen, vieles ist missverständlich, alles erklärungsbedürftig – aber es lockt das große Geschäft. Bedenken, mit dem unverbesserlichen Nazi François Genoud zusammenzuarbeiten, hat man nicht. Er trägt ja keine Stiefel und schlägt nicht mit der Reitpeitsche um sich, sondern zeigt sich wohlerzogen, charmant und immer um die Damen bemüht. Gewiss schwadroniert Genoud unbekümmert von seiner großen Liebe, «aber so war er immer», wie sein Geschäftspartner Knaus bestätigt, «nazibesessen, aber ein amüsanter Mensch».[23]

Um Genouds kostspielige Ansprüche zu klären und sich abzusichern, holt Knaus bei Ferdinand Sieger ein Rechtsgutachten ein. Sieger erklärt am 2. April 1973, «die Inhaberschaft der Nutzungsrechte an den Tagebüchern für François Genoud» habe sich «stabilisiert» und damit natürlich auch für Knaus und seinen Verlag, denn es handele sich bei den Tagebüchern nicht um ein amtliches Werk, sondern tatsächlich um echte Tagebücher, also um einen «literarischen Nachlaß», womit die Bedingung der Nachlassregelung von 1955 erfüllt wäre.

Fragen des geistigen Eigentums sah man im Ostblock immer etwas laxer, aber mit dieser eiskalten Enteignung durch den kapitalistischen Westen hatten die Verantwortlichen dann doch nicht gerechnet. Nicht bloß Fischer, sondern auch die DDR mit ihrer so sorgfältig eingefädelten Transfer-Legende war ausgetrickst worden. In Ostberlin hatte sich niemand vorstellen können, dass an Goebbels nicht nur ein Urheberrecht bestehen sollte, sondern dass jemand für das Wirken des Propagandaministers auch noch gerichtlich bestätigt Tantiemen beanspruchen durfte. Joseph Goebbels mochte Minister und Hauptschuldiger sein (oder es doch geworden sein, hätte er sich nicht vorher umgebracht), es ist aber tröstlich zu wissen, dass er dabei mit aller Kraft an seinem Nachlass arbeitete, für seine Erben. Nur ein Beispiel am Rande, um welche geistigen Schätze es hier geht: «Die Juden melden sich wieder. (…) Diese Juden muss man einmal, wenn man die Macht dazu besitzt, wie die Ratten totschlagen. In Deutschland haben wir das ja Gott sei Dank schon redlich besorgt. Ich hoffe, dass sich die Welt daran ein Beispiel nehmen wird.»[24] Die Stasi durfte sich ordentlich düpiert fühlen, weil da jemand noch schlauer war als sie.

Es ist der Herbst 1973, in dem beim Propyläen-Verlag Joachim Fests langerwartete Hitler-Biographie herauskommt. Für Hoffmann und Campe kann Albrecht Knaus mit einem Original dagegenhalten und stolz eine Sensation ankündigen: Die vermissten, jahrzehntelang gesuchten Goebbels-Tagebücher sind endlich gefunden, und sein Verlag wird sie herausbringen. Bei der Pressekonferenz auf der Buchmesse in Frankfurt sitzt neben dem Finder Fischer und dem Juristen Sieger auch François Genoud auf dem Podium. Beim alljährlichen Hochamt der Büchermacher wird der Mann, der eigentlich wie ein internationaler Gangster behandelt werden müsste, als weltläufiger Gentleman wahrgenommen, als nobler Ausländer, der nicht etwa wegen fehlender Manieren, sondern wegen dieser seltsamen Nazi-Macke auffällt. Niemand scheint von den buntgemischten Tätigkeiten und vielfältigen Interessen des freundlichen Mannes zu wissen, der achtzehn Monate zuvor mitgeholfen hat, die Lufthansa zu erpressen und dabei 188 Menschen in Lebensgefahr brachte. Die Schweizer warten noch zwei Monate, dann hören sie ihn wieder ab, lesen seine Post und erhalten weiter Besuch von ihm.

Es ist zum Verzweifeln: Was sollen sie von Genouds losem Gerede halten, in das er dem CIA-Informanten gegenüber verfällt, nämlich dass er nach Möglichkeiten suche, eine Flasche Chianti im Flugzeug nach Tel Aviv und zurück zu transportieren? Im Gespräch mit einem Geschäftsfreund, der das brav an die CIA weitererzählt, schwärmt Genoud von immer neuen Gewalttaten. Nicht die Flasche sollte den Sprengstoff enthalten, sondern selber ganz aus Sprengstoff geformt sein. Als der Trick zu früh auffliegt (die Flasche explodiert vorzeitig), grübelt Genoud darüber nach, ob sich Sprengstoff dann nicht auch in Keksdosen transportieren lasse.[25] Auf diesem Weg werden 1977 Waffen und Handgranaten an Bord der «Landshut» gelangen.

Genoud, der bisher lieber im Hintergrund agierte oder allenfalls vor Gericht seine Interessen durchzusetzen suchte, wird in Frankfurt dank seiner erstrittenen Rechte im lukrativen Zwischenreich von Aufklärung und Nazi-Ehrfurcht ernst genommen, nach vorn auf die Bühne geholt und darf dort ungehemmt seine nazifreundliche Propaganda verbreiten. Das ist eine echte Messeneuheit. Der *agent littéraire*, der kein Verleger ist und kein Wissenschaftler, aber recht unverblümt sein kann, kündigt auf der Pressekonferenz offen wie immer seine Absichten für das Goebbels-Unternehmen an, das er bereits als das seine betrachtet: «Wir werden darauf bestehen, daß das Ganze veröffentlicht wird.» Zunächst gibt es noch gar keinen Veröffentlichungsvertrag mit ihm, doch an Entschlossenheit und innerer Überzeugung scheint es ihm nicht zu fehlen. Auf die Frage eines Journalisten, worin er denn die Größe von Joseph Goebbels sehe, antwortet Genoud mit entwaffnender Direktheit: «Also ich glaube, daß eine einmalige Erscheinung von Goebbels gehört einer Zeit, von welchem die Deutschen stolz sein durften. Und was vielleicht heute nicht der Fall ist, weil man sie umerzogen hat, nicht wahr.» Wieder einmal erklärt er sich zum Nachfolger der Hitlerei, zum einzig wahren Nationalsozialisten. Im umerzogenen Publikum herrscht mehr Überraschung als Unmut, und wer hätte auch ankommen können gegen diese höchstpersönliche Anteilnahme? «Also das ist die Auffassung von einem Ausländer, der aber Deutschland sehr geliebt hat, nicht wahr, und weiterliebt.»[26]

Liebe, was sonst. «Wenn man mit ihm Geschäfte machen wollte, durfte man nicht ‹Nazi› sagen, sondern musste von den ‹Nationalsozialisten› sprechen»,[27] weiß sein damaliger Verleger. Doch das große Werk verzögert sich immer noch, Goebbels' schwer zu lesende Handschrift erschwert die Ausgabe. Zunächst ist an drei Bände gedacht, auch das wäre nur eine Auswahl aus dem ohnehin sehr lückenhaften Material, das Fischer inzwischen angeschleppt hat und für das er noch immer nicht im Sinn des Vertrags bezahlt worden ist. Albrecht Knaus ist weiter vom Erfolg überzeugt und schließt deshalb am 16. April und am 7. Mai 1974 einen weiteren Vertrag mit Genoud, dem er 250 000 DM zuerkennt. Darin heißt es, der Verlag «hat sich das Material zu Tagebüchern, an denen die vertragsgegenständlichen Rechte bestehen, beschafft». Fischer ist also binnen weniger Monate vom Herausgeber zum anonymen Lieferanten degradiert worden. Was einmal nach dem Wunsch der DDR eine über jeden Verdacht erhabene, eine «antifaschistische» Edition sein sollte, droht jetzt eine Ausgabe von Genouds Gnaden zu werden. Unter Punkt IV im Vertrag stimmt er einerseits zu, dass die Aufzeichnungen «geschichtlich wahr und ausgewogen» zu edieren seien, zudem soll es dem «Rechtegeber» aber unbenommen sein, «eine Entstellung oder andere Beeinträchtigung des Vertragswerks zu verbieten, die geeignet ist, die berechtigten geistigen und persönlichen Interessen des Autors am Werk zu gefährden». Damit wird diesem Rechtegeber die Ausübung des Urheberpersönlichkeitsrechts ausdrücklich zugestanden. Der so umsorgte Autor ist immer noch Joseph Goebbels.

Aus praktischen Gründen, weil nämlich der Fundus des Tagebuch-Diktators trotz seiner Lücken zu umfangreich ist, entschließt sich der Verlag endlich, zuerst mit einer Auswahl der Notate von 1945 herauszukommen. Diese bedürfen auch keiner Transkribierung, weil sie an der

Schreibmaschine entstanden, in einer riesigen Type, der sogenannten Führer-Schrift. Eberhard Jäckel und der unvermeidliche Hugh Trevor-Roper sind mit Genouds Segen als wissenschaftliche Berater gewonnen worden, doch am Ende ist es der Schriftsteller Rolf Hochhuth, der die Einleitung schreibt. Genoud äußert anfänglich keine Einwände gegen Hochhuth als Goebbels-Interpreten, er hat nichts von ihm gelesen und weiß von ihm wahrscheinlich nur, dass er das seinerzeit aufsehenerregende Stück «Soldaten» (1967) geschrieben hat, in dem Winston Churchill auf der Basis der Recherchen von David Irving als Kriegsverbrecher dargestellt wird. Nun wagt Hochhuth sich mit großer Geste an ein Charakterbild von Joseph Goebbels, das diesen bereits auf der ersten Seite als mordsüchtigen Haupttäter im Endkampf um Berlin zeigt. Die Tagebucheinträge bestätigen das. Nachdem sein Führer für fliegende Standgerichte gesorgt hatte, wird der Kommandant, der die für den alliierten Vormarsch so wichtige Brücke von Remagen nicht hat sprengen lassen, zum Tod verurteilt und zwei Stunden später erschossen. Am 14. März 1945 frohlockt Goebbels: «Das ist wenigstens ein Lichtzeichen.» [28]

In Frankfurt hatte Genoud 1973 den gebannt lauschenden Zuhörern bereits Großes angekündigt: «Goebbels gehört der Geschichte und ist ein großer Mann, der sich selber gut verteidigt, wenn man ihm die Gelegenheit gibt, sich auszusprechen.» [29] Diese Gelegenheit erhält er in dem Tagebuch-Band, der 1977, vier Jahre nach der großen Pressekonferenz, endlich erscheint. In der Zwischenzeit hatte sich Genoud persönlich um Goebbels-Nachschub bemüht und war selber nach Ostberlin gefahren, um sich mit den dortigen Behörden zu verständigen.[30] Joseph Goebbels in einer ansprechenden Ausgabe zu drucken, ist ihm wichtig. Ein «Buch nur aus Judenmassaker oder nur aus Militär-Lagebericht» komme nicht in Frage, hatte Genoud erklärt. Heraus kam dann der reine Goebbels, der in den letzten Kriegstagen kein Halten mehr kennt: Hinrichtungen von Defätisten, auch Generälen, sind unerlässlich, je mehr, desto besser: «Ich bitte den Führer eindringlich, in diesem Stile mit seinen Massnahmen fortzufahren.» [31] «Die Juden treiben ein sehr frevelhaftes und leichtfertiges Spiel.» [32] «Erfreulich ist die Meldung, dass der von den Angloamerikanern in Aachen eingesetzte Bürgermeister Oppenhoff in der Nacht vom Dienstag zum Mittwoch von drei deutschen Partisanen erschossen worden ist. (...) Trotzdem bin ich mit der Arbeit unserer Werwolf-Organisation nicht zufrieden. (...) Ich werde beim nächsten Vortrag beim Führer evtl. versuchen, mir selbst diese Organisation anzueignen.»[33]

Joseph Goebbels kommt ausgiebig zu Wort, womöglich sogar ausgiebiger, als es selbst seinem Herold Genoud lieb sein kann. Wegen Hochhuths Vorwort hatte er erst damit gedroht, das Erscheinen der Ausgabe zu unterbinden, am Ende war ihm sein doppeltes Anliegen dann aber wichtiger: nationalsozialistisches Gedankengut zu verbreiten und damit auch noch Geld zu verdienen. Genouds Rache für das Vorwort Hochhuths ist nicht subtil, sondern drastisch. Stärker noch als auf der ersten Pressekonferenz tritt er in diesem Buch als Erbe des «großen Mannes» auf. François Genoud versichert dem Leser, dass ihm, dem «Inhaber der Werknutzungsrechte an den Werken von Dr. Joseph Goebbels», die Genehmigung zur Veröffentlichung «nicht leicht gefallen» sei.[34] Angeblich waren sie nie zur Veröffentlichung gedacht, «sondern nur eine Materialsammlung. Kurz vor seinem Tod hat er verordnet, sie zu vernichten». Das philologische Tremolo tönt so eindringlich, als wäre es Max Brod, der sich rühmt, das noch unbekannte Werk seines Freundes Franz Kafka vor dem Feuer bewahrt zu haben. «Ich setze mich über die letzte Verfügung des Autors hinweg, weil ich der Meinung bin, daß selbst dieser ‹unziselierte› Goebbels auf die eindrucksvollste Weise den letzten Akt der Tragödie eines Volkes und seines Helden wiedergibt.» Mit dem letzten Satz verhöhnt der «Nazi aus dem 3. Reich»,[35] wie ihn seine Prozessgegnerin Hildegard Meyer-Bendels nannte, Hochhuth und den Verlag: «Mein historisches Gewissen ließ mir keine andere Wahl.»[36]

15. Carlos

Elegant vom Kopf bis zu den handgenähten Lederschuhen, aber mit dem glühenden Wunsch, «ein Kämpfer zu werden» – so soll Carlos eines Tages im Beiruter Büro von Bassam Abu-Sharif erschienen sein.[1] Der arbeitete 1970 als Rekrutierungsoffizier für Wadi Haddad, der den Kampf der Palästinenser in die ganze Welt tragen wollte. Carlos wurde der bekannteste Virtuose in Haddads und Genouds Orchester, ein Musiker jedoch, der sich bald nicht mehr ins Ensemble einfügen wollte.

Carlos war prädestiniert zum internationalen Guerillaeinsatz: mutig, weltgewandt, ohne Skrupel und völlig gewissenlos. Ein Revolutionär, aber mit beständig wechselnder Loyalität. Noch immer befeuert er die Fantasie der Journalisten, dabei ist er im Wesentlichen eine Medienerfindung, die sich über die Jahre mit freundlicher Unterstützung des Gegenstands herausbildete. Inzwischen ist Carlos schon über fünfzehn Jahre eingesperrt und hat wenig Aussicht, je wieder freigelassen zu werden, doch sorgt er noch immer für ein leichtes Gruseln, wenn nur sein Name fällt. In der ganzen Welt, auch dort, wo Carlos nie war, verbreitete sein Name Furcht und Schrecken. Hunderte von Menschenleben soll er auf dem Gewissen haben, andererseits wird er als verwöhnter Bubi geschildert, ein Muttersöhnchen (darin Andreas Baader nicht unähnlich), das die Frauen versorgten, wofür er sie mit Verachtung strafte. Sein kommunistischer Vater, ein Rechtsanwalt in Caracas, hatte ihm und seinen beiden Brüdern heilige Namen gegeben und sie Vladimir, Ilich und Lenin genannt. Der mittlere, Ilich Ramírez Sánchez, wurde 1968 mit neunzehn Jahren auf die Patrice-Lumumba-Universität nach Moskau geschickt, eine Kader-Schule für die kommunistische Weltbewegung. Der Legende nach fiel Ilich Ramírez Sánchez sofort auf, weil er viel trank und auch sonst Geschmack am Wohlleben fand; auf Betreiben der kommunistischen Partei Venezuelas, die weitere Schande fürchtete, soll er bald wieder fortgeschickt worden sein. Dass ihn vorher der KGB rekrutiert hätte,[2] würde zwar in die Legende passen, ist aber nur ein frommes Märchen. Che Guevara, der die Revolution von Kuba nach Bolivien tragen und damit ganz Lateinamerika entflammen wollte, war schon tot, sein Feldzug in Südamerika zu Ende, aber in Moskau hörte der Student Ramírez Sánchez vom heldenhaften Kampf des palästinensischen Volkes und reiste deshalb nach seiner Relegierung in den Libanon. Jeder Ausländer war dort willkommen, bestätigte er doch die Botschaft vom internationalen Befreiungskampf, dem sich die Palästinenser verschrieben hatten. In Beirut trafen sich – wie weiter oben geschildert – die verschiedensten, rasch gewaltbereiten Freischärler. Die USA lösten Frankreich und England als Schutzmacht ab, und der lokale Gegner wurde Israel, gegen das sich alte Rechte und neue Linke Seit' an Seit' in Stellung brachten. So zog 1970 auch der antikommunistische DDR-Flüchtling und militante Neo-Nazi Udo Albrecht nach Jordanien, um sich der linken PLO anzuschließen. Im Bürgerkrieg kämpfte er mit den Palästinensern gegen die jordanischen Truppen, wurde gefangen genommen, konnte dann aber mit Hilfe des bewährten Hans-Jürgen Wischnewski, der inzwischen zum stellvertretenden SPD-Vorsitzenden aufgestiegen war, wieder ausreisen.[3]

Der spätere Carlos erhielt hier eine Ausbildung, und da Wadi Haddad sorgfältig darauf achtete, dass seine prospektiven Kämpfer voneinander getrennt blieben, wird er nicht bemerkt haben, dass sich zur gleichen Zeit die Vorhut der Roten Armee Fraktion bei den gleichen Bundesbrüdern an der Waffe ausbilden ließ. Er sei im Kampf verwundet worden und bei Prüfungen sei er immer der Beste gewesen, erzählte Carlos später. «Wir führten ein richtiges Guerilla-Leben», kann er stolz berichten. «Der Kampf hatte nichts mehr mit der Weltrevolution zu tun, sondern wurde ein Teil von mir, wurde mein Schicksal.»[4]

Haddad schickt den vielversprechenden jungen Mann nach London, wo er Nachhilfe in Spanisch gibt, mögliche Ziele ausspäht und ansonsten wie zuvor dem Wohlleben frönt. «Ich mag gutes Essen, Getränke, Zigarren, und gut müssen auch die Schuhe sein. Ich gebe zu, ich bin ein Epikuräer.»[5] Chef der Europaabteilung der PFLP ist zu diesem Zeitpunkt Muhammad Boudia. Der algerische Autor und Regisseur ist ein alter Kämpfer. 1958 hat er in der Nähe von Marseille eine Raffinerie mit sechzehn Millionen Litern Rohöl in die Luft gesprengt. Er wurde gefasst und verbrachte drei Jahre im Gefängnis. Nils Andersson veröffentlichte

1962 das Stück «Naissance», das Boudia im Gefängnis geschrieben hatte, und befreundete sich mit dem Autor. Nach der Befreiung wurde Boudia Leiter des algerischen Nationaltheaters, musste aber das Land verlassen, als Boumedienne Ben Bella vertrieb. Er geht nach Paris, wo er das Théâtre de l'Ouest Parisien leitet und gleichzeitig die Aktivitäten der verschiedenen Terrorgruppen koordiniert, die er nach den Vorgaben des Dirigenten Haddad in Bewegung setzt. Haddad bringt Boudia und Genoud zusammen, und wieder kann der Idealist einen Mann der Tat bewundern, einen echten Aktivisten. Im Sommer 1972 steckt ein Kommando unter Boudias Führung eine Raffinerie in Triest an und kann die Benzinversorgung für ganz Österreich und Süddeutschland unterbrechen. Das Rächer-Kommando, das die israelische Regierung nach dem Anschlag auf die israelische Mannschaft bei den Olympischen Spielen in München losschickt, tötet 1973 auch Muhammad Boudia. Mit dem Münchner Anschlag hatte er zwar nur wenig zu tun, aber er unterstützt seit Ende der sechziger Jahre die palästinensische Sache und ist ein erfolgreicher, ein gefährlicher Terrorist. Der Mossad platziert eine Splitterbombe unter dem Fahrersitz seines Autos und sprengt Boudia in die Luft.

Dieses spektakuläre Attentat stellt vorübergehend eine Art Waffengleichheit zwischen Israel und den Freischärlern her, die unermüdlich gegen die «Zionisten» anrennen. Palästinenser entführten am 8. Mai 1972 mit Boudias Hilfe eine belgische Verkehrsmaschine, um die Freilassung von arabischen Geiseln zu erzwingen. Auf dem Flughafen Lod wurden sie überwältigt. Boudia wurde auch vorgeworfen, er sei der Drahtzieher eines Attentats gewesen, bei dem Anfang 1973 in Madrid ein israelischer Agent starb.

Jetzt, nach dem Tod Boudias, braucht die terroristische Fraktion der Palästinenser dringend einen Erfolg. Ein Kommando «Muhammad Boudia» besetzt im September 1973 einen Zug von Bratislava nach Marchegg und verlangt die Schließung des Auffanglagers Schönau, in dem Juden aus der Sowjetunion aufgenommen werden. Der österreichische Bundeskanzler Bruno Kreisky gibt nach, schließt das Lager und eröffnet heimlich ein anderes. Haddad bestellt den «Schläfer» Carlos nach Beirut. Die ehemalige RAF-Angehörige Margrit Schiller berichtet, dass sie und ihre Gefährten zur gleichen Zeit von den palästinensischen Freunden auf eine gemeinsame Aktion vorbereitet wurden. Ein Kommando aus Arabern und Deutschen sollte ein israelisches Flugzeug entführen. Die Freischärler werden aber gebremst, weil diesmal ganze Staaten gegen das verhasste Israel losschlagen wollen.[6] Im Herbst 1973 wird aus dem Nahost-Konflikt ein offener Krieg. Am 6. Oktober greifen Ägypten und Syrien gemeinsam Israel an, um den Jom-Kippur-Krieg innerhalb von zwei Wochen gemeinsam zu verlieren. Für Haddad ein weiterer Beweis, dass gegen den Feind nur mit spektakulären Anschlägen, ausgeführt von seiner aus der ganzen Welt rekrutierten Guerilla, etwas zu erreichen ist.

Carlos' erste Tat, eine Mutprobe, soll die Ermordung von Joseph Sieff werden, einem der bekanntesten Zionisten Großbritanniens. Der Besitzer der Kaufhauskette Marks & Spencer hatte Israel schon 1948 bei der Staatsgründung unterstützt und spendete als stellvertretender Ehrenpräsident der British Zionist Foundation weiter großzügig für das bedrohte Land. Damit machte er sich verhasst und zur Zielscheibe antiisraelischer Aktionen. «Sieff war ein sehr netter Mann, sehr philanthropisch, und wurde von Carlos in seiner Bedeutung für den Zionismus weit überschätzt»,[7] meint der Verleger Lord Weidenfeld. Sieff war einmal sein Schwiegervater gewesen; der Verleger hatte 1952 in erster Ehe Sieffs Tochter Jane geheiratet. Auf einer Reise nach Paris hatten sie den gutaussehenden François Genoud kennengelernt, den sie wegen seines südländischen Aussehens erst für einen Juden hielten. Inzwischen unterstützt Genoud mit seinen Erträgen aus dem Nazi-Geschäft den palästinensischen Terror, unter anderem auch die Aktionen Wadi Haddads gegen Israel. Als Genoud und Weidenfeld sich kennenlernten, war Carlos erst drei Jahre alt, aber jetzt war er ein junger Mann, der darauf brannte, endlich seine Laufbahn als Berufsrevolutionär zu beginnen. Wie so viele seiner Anschläge missglückte auch das Attentat auf Sieff, den späteren Baron Sieff of Brimpton, aber es zeigte ihn bereits in der ganzen Brutalität, zu der er fähig war.

«Wenn man jemanden umbringen will, sollte man zwei Waffen bereithalten. Die eine hat einen Schalldämpfer, und die andere hat ein größeres Kaliber und dient der Selbstverteidigung, falls etwas Unerwartetes geschehen sollte»,[8] erklärte er später seinem atemlos lauschenden Interviewer Asim al-Jundi. Am Tag vor Silvester 1973 fährt Carlos mit nur einer Pistole in der Hand zu dem Haus 48, Queen's Grove im Londoner Stadtteil St John's Wood. Auf sein Klingeln öffnet der Butler, den Carlos sogleich mit der Waffe bedroht, damit der ihn zum Hausherrn bringt. Sieff und seine Frau wollten eben ausgehen, er befindet sich noch im Badezimmer, Carlos drängt sich sogleich hinein und beginnt zu schießen. «Normalerweise gebe ich drei Schüsse auf die Gegend um die Nase ab, die eigentlich immer zum Tod führen.»[9] Aber die Beretta blockiert, nur ein einziger Schuss löst sich. Der sechzigjährige Sieff stürzt heftig blutend zu Boden, überlebt aber, weil die Kugel von seinen Zähnen abgelenkt wird. Carlos flieht und kann unerkannt entkommen.

Es ist nicht Genouds Pistole, die Carlos gegen Sieff richtet, es ist auch nicht das Geld, das Genoud durch den Verleger Weidenfeld und mit seinen Nazi-Devotionalien verdient hat, das Carlos den Aufenthalt in London finanziert, aber ein bisschen makaber ist der Zusammenhang schon. Der unheilbare Nazi aus der Schweiz, dem es durch die falsche Staatsangehörigkeit verwehrt gewesen war, am Kampf des deutschen Volkes teilzunehmen, half noch drei Jahrzehnte nach Kriegsende mit, Hitlers Ausrottungsphantasien «gegen den Weltvergifter aller Völker, das internationale Judentum», in die Tat umzusetzen.

Noch ist Carlos so unbedeutend, dass er von Genoud nur aus der Ferne wissen kann. Später aber sieht er doch Parallelen zwischen seiner und der eigenen Berufung. Sie hätten beide mit zwanzig die bestimmende Kraft ihres Lebens kennengelernt: Genoud 1936 in Bagdad den Mufti und er, Carlos, 1970 in Beirut Wadi Haddad. Genoud revanchierte sich für dieses Kompliment: «Als unsere Wege sich kreuzten, war Carlos noch jung. Er hat sich mit Leib und Seele in den palästinensischen Kampf gestürzt und dafür viele Male sein Leben riskiert.»[10] Zumindest in seinem Antizionismus stand Carlos dem Meister kaum nach: Carlos studierte die *Jewish Chronicle*, um Namen für Entführungsopfer zu finden.[11] Er brachte eine Liste von fünfhundert prominenten Briten jüdischer Herkunft zusammen, darunter auch George Weidenfeld.[12]

Haddad hat inzwischen andere Pläne. Das Attentat auf Sieff ist zwar fehlgeschlagen, aber Carlos hat sich als furchtloser Kämpfer erwiesen, als Mann für schwierigere Aufgaben. Als ein Kommando der Japanischen Roten Armee 1974 die französische Botschaft in Den Haag besetzt, um einen der Ihren, der sich in französischem Gewahrsam befindet, freizupressen, fungiert Carlos als Verbindungsmann. Die Geiselnehmer sitzen bald in der Botschaft fest, die französische Regierung bringt den Gefangenen zwar in die Niederlande, gibt ihn aber nicht frei. Carlos ist nicht um das Mittel verlegen, das seinen japanischen Kameraden die Freiheit ermöglichen wird: Er wirft eine Bombe in das Bistro «Drugstore» am Boulevard Saint-Germain in Paris, mit der zwei Menschen getötet und mehrere Dutzend verletzt werden.

Zwei Mal versucht er anschließend, auf dem Pariser Flughafen Orly eine El-Al-Maschine mit einer russischen Rakete zu beschießen. Die Aktion schlägt wieder fehl, aber sein Ruhm verbreitet sich. Inzwischen heißt Ilich «Carlos», was vielleicht wirklich, wie die Legende wissen will, einmal sein Tarnname war. Sein Helfer bei den Anschlägen in Orly ist Johannes Weinrich von den Frankfurter «Revolutionären Zellen». Für ihn eröffnet sich in Paris endlich die weltweite Perspektive, die Weinrich in der kleinen Bundesrepublik vermisst hat. «Die Palästinenser waren unter den dort vertretenen revolutionären Gruppen und Organisationen ein wenig wie die Heilsarmee auf dem Bahnhof.»[13] Nachdem die RAF stillgelegt zu sein scheint, treten diese «Feierabend-Terroristen» mit einer ungleich höheren Gewaltbereitschaft auf. Sehr früh gibt es Verbindungen in den Nahen Osten; das Bündnis mit Wadi Haddads PFLP wird zu beiderseitigem Nutzen eingegangen. «Wenn man in Europa perspektivisch weiterkommen wollte, dann konnte man sich von den Palästinensern nicht abnabeln»,[14] erläutert Weinrich diesen Bund.

Als im April 1975 eine neuformierte RAF die deutsche Botschaft in Stockholm besetzt und die Freilassung der deutschen Gefangenen fordert, steht auf der Liste auch Johannes Weinrich, der nach Orly festgenommen worden war. Allem Vernehmen nach war auch Carlos an der Vorbereitung dieses RAF-Überfalls beteiligt. Er passte zur Auswärts-Strategie der PFLP; Haddad ließ Botschaften in der ganzen Welt angreifen.

Im Juni 1975, nicht lang nach Stockholm, wird Michel Moukharbel in Beirut festgehalten, wo er sich neue Instruktionen von Haddad geholt hatte. Moukharbel ist der Nachfolger Boudias als Chef der europäischen Operationen. Unter Druck sagt er bei der französischen Polizei, möglicherweise auch beim Mossad aus und führt am 27. Juni 1975 zwei Beamte des französischen Geheimdienstes DST zu der Wohnung, in der sich Carlos aufhält. In angeblich nur sechs Sekunden – so sein eigener Bericht – erschießt Carlos die zwei Agenten sowie Moukharbel und kann fliehen, obwohl draußen die Polizei wartet. «Du kannst dir vorstellen, wie ruhig meine Nerven waren. Ich bin aus dem dritten Stock auf den Übergang zum nächsten Haus gesprungen und dann ganz ruhig weitergegangen, als wenn mich die ganze Sache nichts anginge.» [15]

Wieder einmal hat Carlos seine Kaltblütigkeit bewiesen und sich dabei gleichzeitig eines Konkurrenten entledigt. Fortan ist er selber der Leiter von Haddads europäischen Aktionen. Die größte findet kurz vor Weihnachten 1975 in Wien statt. Haddads Plan besteht darin, von den in der Opec-Konferenz versammelten arabischen Brüdern eine Zwangsabgabe für die Palästinenser zu erpressen. In der Opec haben sich die ölexportierenden Länder zusammengeschlossen. Nach dem verlorenen Jom-Kippur-Krieg drosseln die arabischen Länder die Produktion, um den ölabhängigen Westen für seine Solidarität mit Israel zu bestrafen. In den USA und Europa kommt es zu einer Wirtschaftskrise, aus der sich die Industrie 1975 bereits erholt, zumal der mächtigste Ölminister, Scheich Jamani aus Saudi-Arabien, die Fördermenge wieder anhebt. Das stört vor allem Libyen, das sich als Anwalt der radikalen Palästinenser versteht. Die PLO Arafats bewegt sich längst Richtung Westen und ist nach den mehrfachen Niederlagen im Krieg gegen Israel sogar zu Verhandlungen bereit. Ein Jahr nach dem Krieg, am 13. November 1974, darf Arafat bei der Vollversammlung der Vereinten Nationen in seinem gewohnten Guerilla-Outfit von der Tribüne aus seine berühmte Rede halten: «Ich komme mit dem Ölzweig und der Waffe eines Freiheitskämpfers in der Hand. Lassen Sie nicht zu, daß mir der Ölzweig aus der Hand fällt.» [16]

Wadi Haddad würde ebenso wenig wie sein Kompagnon Genoud jemals einen Ölzweig anfassen. Wenn Arafat ihn aufgibt, wird Haddad den Kampf eben allein fortsetzen. Es gilt heute als einigermaßen sicher, dass er sich damit gleichzeitig zum Handlanger Gaddafis machte oder jedenfalls durch Gaddafi über die Opec-Konferenz so weit Bescheid wusste, dass er sein Kommando dorthin schicken konnte; die

Waffen zu dieser Aktion kamen jedenfalls aus der libyschen Botschaft in Wien.[17]

Angeblich sollte zunächst Anis Naccache («Khaled») das Unternehmen führen und, so stellte er es später dar, womöglich rechtzeitig scheitern lassen. Naccache behauptet nämlich, dass er besonders heikle Operationen an Ali Hassan Salameh gemeldet habe, Arafats Geheimdienstchef, von dem offenbar bekannt war, dass er sie an die möglichen Zielobjekte weitergeben würde. Nur in Wien habe es nicht geklappt.[18] Ganz anders als bei den übrigen Aktionen Haddads soll der Überfall innerhalb von nur fünfundzwanzig Tagen geplant worden sein. Carlos wird von Haddad zum Anführer bestimmt, und wieder bedient er sich der Hilfe deutscher Genossen. Da ist einmal Gabriele Kröcher-Tiedemann, die 1975 bei der Lorenz-Entführung freigepresst und nach Aden ausgeflogen worden war, sowie Hans-Joachim Klein, der Mann fürs Handfeste im Frankfurter intellektuellen Untergrund. Klein reparierte Autos und war ein bekannter Waffennarr. Da er bei der Bundeswehr gedient hatte, kann er als einer der wenigen in seinem Umfeld mit Waffen auch tatsächlich umgehen. Vor allem aber kann Klein bewundern. Er bewundert den Straßenkämpfer Joschka Fischer, doch geht ihm in der Politik jedes Unterscheidungsvermögen ab. Seine militärische Ausbildung bei Wadi Haddad hat er in Hörweite von spanischen Falangisten gemacht, die dort ebenfalls trainiert wurden. Bis in die neunziger Jahre hält er sich für das Ergebnis der Ehe einer jüdischen Frau mit einem nationalsozialistischen Polizisten. Trotz dieser vermeintlichen Herkunft, die ihn als Proletarier unter den Frankfurter akademischen Aktivisten adelte, fand er nichts dabei, Carlos und dessen faktisch antisemitischen Zielen zuzuarbeiten. Als ihn Daniel Cohn-Bendit nach seinem militanten Engagement ausgerechnet für die Palästinenser fragt, erwidert er mit einem Satz, der auch von François Genoud stammen könnte: «Es gibt ein Sprichwort, das heißt: ‹Je weiter entfernt die Revolution, desto verführerischer ist sie.›» [19]

Nach Fischer fasziniert ihn jetzt Carlos, der alles hat, was Klein abgeht: «Seine Gewandtheit, sein Sinn für Luxus, seine Waffen, die Tatsache, daß er sechs Sprachen spricht, die Wahnsinnsmenge von Zeitungen, die er noch in anderen Sprachen las, seine Kenntnis der politischen

Begebenheiten auf der ganzen Welt, sein Haus, das vollgestopft war mit Sprengkörpern. Für mich war er ein terroristischer Gentleman.»[20]

Nach einem perfekt ausgearbeiteten Plan, der sich in der Praxis dann doch nicht reibungslos durchführen lässt, stürmen drei Palästinenser zusammen mit Carlos, Klein und Gabriele Kröcher-Tiedemann in das UNO-Gebäude am Wiener Ring, töten einen libyschen und einen irakischen Delegierten sowie einen österreichischen Polizisten. Klein wird durch einen Bauchschuss lebensgefährlich verletzt. Dennoch können elf Ölminister und mehr als sechzig weitere Delegierte als Geiseln genommen werden. Klein wird im Krankenhaus behandelt, die Entführer erzwingen die mehrfache Verlesung einer antiisraelischen Erklärung im Österreichischen Rundfunk, in der unter anderem auch die Verstaatlichung der arabischen Ölquellen verlangt wird, und erreichen schließlich freies Geleit ins Ausland mit einem Flugzeug der Austrian Airlines. Klein wird ebenso wie die Geiseln an Bord der Maschine gebracht und nach Algier geflogen, wo sie von einer immer noch mit Freischärlern sympathisierenden Regierung erwartet und geschützt werden.

Warum Wien? Hans-Joachim Klein formuliert das Ziel des Abenteuers im schönsten Frankfurter seminarmarxistischen Stil, aber völlig korrekt: «Die Widersprüche im arabischen Raum sollten verschärft, der palästinensische Widerstand gestärkt werden.»[21] In Wien ging es wieder um die Sache der Palästinenser, aber auch um viel Geld. Ganz klar ist der Sinn des großen Unternehmens dennoch nie geworden. Die zumeist arabischen Minister sollten offenbar unter Druck gesetzt werden, damit ihre Länder weiter oder zum ersten Mal Kontributionen an die Palästinenser und ganz besonders an eine revolutionäre Kampfgruppe wie die PFLP zahlten. Da Carlos' Auftrag gelautet hatte, den saudischen Minister Jamani und dessen iranischen Kollegen zu erschießen, er aber lieber Lösegeld nahm, wurde er hinterher von Wadi Haddad aus der PFLP ausgestoßen. Anfang 1976[22] soll er bei Abu-Sharif erschienen sein und verkündet haben, dass ihn Haddad mit den Worten hinausgeworfen habe: «Stars sind schlecht für das Ausführen von Anordnungen. Du hast meine Weisungen nicht befolgt. In meinen Operationsteams ist kein Platz für Stars. Du kannst gehen.»[23] In seinem Gespräch mit Asim al-Jundi bestreitet Carlos selbstverständlich den Rauswurf, und selbst seiner späteren Frau Magdalena Kopp, die ihm Anfang 1976 in Süd-Jemen begegnet, kann er vormachen, «er sei im Einvernehmen mit Wadi Haddad auseinander gegangen».[24]

Carlos ist fürs Erste heimatlos, aber wenigstens kann er sich auf seinen Freund Genoud verlassen. Einfach hineinspaziert, geschossen, mit den Geiseln die Ausreise erzwungen; das hatte es bis dahin noch nicht gegeben. Das amerikanische Magazin *Time* wird das Unternehmen später nicht ohne Grund «Terror der Weltklasse»[25] nennen. Und was hat Genoud damit zu tun?

Genoud bewundert Carlos für das Attentat auf die Opec-Konferenz: für «die Tat eines Aktivisten, rasch, beherzt, und aus tiefer Überzeugung, die außer Frage steht».[26] Ein solches Kompliment kann bei Gelegenheit sogar dem sonst so verhassten israelischen Ministerpräsidenten Menachem Begin gelten: «Er war ein furchtbarer Terrorist, der seinen Kampf bedenkenlos durchgezogen hat.» Damit meint er Begins frühe terroristische Aktionen im jüdischen Kampfverband Irgun, die sich mit ihren Anschlägen gegen die britische Mandatsmacht, aber auch gegen die Palästinenser richteten. «Und der Gipfel: Er hat den Friedensnobelpreis bekommen! Begin war mein Todfeind, aber ich respektiere ihn.»[27] Für den tollkühnen Carlos spricht aber vor allem, dass er sich am «Weltkrieg gegen den Zionismus» beteiligt hat, dass er «ein Soldat» war.[28]

16. Der Vertrauensmann

Am 22. Januar 1979 tötet ein israelisches Einsatzkommando in Beirut den sogenannten «Roten Prinzen», Ali Hassan Salameh, den der Mossad für einen der Organisatoren des arabischen Überfalls auf die Olympischen Spiele 1972 in München hält. Das war er nicht, wenn er ursprünglich auch zur gewalttätigen Fraktion unter den Palästinensern gehörte. Salameh war der Verbindungsmann Arafats zur CIA. Der Kontakt entspann sich bereits Ende 1969; im Jahr darauf traf sich der Beiruter CIA-Vertreter Robert Ames in Kuwait mit Salameh.[1] Nur wenige Monate später erscheint der gleiche Salameh, der den Kampfnamen Abu Hassan trägt, bei Horst Mahler, Ulrike Meinhof, Andreas Baader und Peter Homann, die sich Anfang Juli 1970 in einem PLO-Lager in der Nähe von Amman unter Aufsicht diverser Geheimdienste zur RAF zusammenschließen. Im September des gleichen Jahres bricht der Kampf um die Vorherrschaft in Jordanien aus; die Palästinenser werden vertrieben. Abu Ijad gründet danach zusammen mit Salameh den «Schwarzen September», der Terroranschläge in Jordanien, im Sudan, in Italien, Deutschland, den Niederlanden verübt. Dennoch trifft sich auf Wunsch des amerikanischen Außenministers Henry Kissinger der stellvertretende CIA-Chef Vernon Walters 1977 mit Salameh, der inzwischen Arafats Sicherheitschef ist. So unbegreiflich es klingt, aber einer der ärgsten Feinde Israels entwickelte sich bald zum wichtigsten Verbindungsmann ausgerechnet der Schutzmacht Israels. Der «Rote Prinz» sorgte dafür, dass die amerikanischen Botschaftsangehörigen in Beirut unbehelligt blieben und die Behörden rechtzeitig gewarnt wurden, wenn irgendwo Anschläge zu erwarten waren. Die USA versuchten sogar, Salameh als halboffiziellen Mitarbeiter (Deckname: «MJTRUST / 2») zu rekrutieren und luden ihn und seine Frau zu einem Besuch der Vereinigten Staaten ein; Salameh soll sich besonders gefreut haben, weil er endlich Disney World in Florida besuchen konnte. Mit seinen Informationen belieferte er nicht nur Kissinger, sondern auch den deutschen, italienischen und japanischen Geheimdienst. Nur Geld wollte Salameh nicht nehmen, das verbot ihm sein Stolz als Araber.[2] Die Geheimdiplomatie hatte Erfolg: Nach der Niederlage 1973, dem mittlerweile vierten verlorenen Krieg, wollte sich Arafat seinem Ziel auf dem Verhandlungsweg nähern.[3] Die Amerikaner schlossen, wie es David Ignatius formuliert, einen recht pragmatischen «Sonderfrieden» mit Salameh: «Er konnte vielen Menschen das Leben retten.»[4] Gewalttätige Aktionen wurden fortan ausgelagert – zu irregulären Gruppen wie der PFLP, und sie mussten vor allem die Amerikaner verschonen. Salamehs Tod bedeutete für die USA einen schweren Verlust, weshalb Präsident Jimmy Carter Salamehs Ermordung durch die Israelis offiziell missbilligte.[5]

In dieses west-östliche Zwielicht, in dem es keine eindeutige Loyalität, aber sehr viele widerstreitende Interessen gibt, passt die so wenig fassbare Gestalt des François Genoud gut hinein. Er mochte sich als Anwalt, auch als Propagandist der jungen Völker fühlen, die sich von der jeweiligen Kolonialmacht befreit hatten, noch mehr muss ihn aber die geheime Macht fasziniert haben, die jeden Geheimnisträger umgibt. Seit den Tagen mit seinem Freund Dickopf war Genoud mit Geheimwissen aller Art vertraut, und wenn dabei auch noch ein finanzieller Vorteil heraussprang, umso besser. Die Betreuung seiner Schützlinge Bréguet und Carlos, später die von Barbie und Magdalena Kopp, war schließlich kostenintensiv.

Schon seit 1969 sorgt man sich bei der Schweizer Bundespolizei um den finanziellen Status von Genoud. Wovon lebt dieser Mann eigentlich? Auf jeden Fall davon, dass er den Behörden auf der Nase herumtanzt. In seiner Steuererklärung gibt er nur 20 000 Schweizer Franken übers Jahr an, kein schlechtes Einkommen damals,[6] aber für einen Bankier auch wieder nicht übermäßig viel und mit Sicherheit zu wenig, um – wie es der Bericht aufzählt – in einem einzigen Jahr «90 Mal nach Genf, 50 Mal in die übrige Schweiz, 15 Mal nach Paris, 5 Mal nach Deutschland, 4 Mal in den Nahen Osten, 2 Mal nach Italien und Belgien, je 1 Mal nach London und Madrid» zu fahren.[7]

1975 verlässt Genoud auch noch die Bank und gründet seine eigene Firma. Wovon lebt dieser Mann?

Seine hektische Reisetätigkeit liefert Hinweise. Über dem sich anbahnenden Goebbels-Triumph vernachlässigt Genoud seine eher zeitgenössischen Hobbys keineswegs. Die arabische Welt braucht ihn, die verschiedenen Geheimdienste kommen ohne sein Wissen, ob groß oder klein, gar nicht mehr aus. Genoud beschäftigt sich, wie der CIA-Lauscher in seiner Nähe melden kann, während dieser Jahre auffällig viel mit Flugzeugentführungen und Anschlägen auf Flughäfen und hält angeblich Kontakt zu George Habasch, der seinen Agentenführern als Politiker einfach geläufiger ist als Wadi Haddad.[8] Genoud fraternisiert mit der Gewalt und behauptet, dabei auch noch ein gutes Werk zu tun. Obwohl nach wie vor von einem manischen Hass auf Israel beseelt, macht er den menschenfreundlichen Vorschlag, anstatt Flugzeuge zu entführen und damit womöglich unbeteiligte Zivilisten zu töten, doch lieber Computer anzugreifen, was die Gesellschaften ebenfalls empfindlich treffe.[9]

In den Unterlagen wird er inzwischen als INFISHY / 2 geführt, das heißt, er ist kein regelrechter Agent oder hauptberuflicher Mitarbeiter, sondern er wird (mehr oder weniger mit seinem Wissen) abgeschöpft. François Genoud steht nicht nur mit der PFLP im Gespräch, sondern auch mit Libyen, das das größte Interesse an einem Anschlag auf die anderen arabischen Ölförderländer hat. Er verhandelt mit Libyen über Geld, das ihm die Gründung der Tarnfirma Valcomar ermöglicht, er transferiert Geld an die IRA, das laut CIA aus einer Schutzgebühr stammen könnte und das er wiederum einer Fluggesellschaft abpressen konnte. Und der friedliebende, der gewaltlose Genoud beteiligt sich weiter an Wadi Haddads Überlegungen. Der Plan, explodierende Weinflaschen in den Gepäckraum zu schmuggeln, wird aber ebenso aufgegeben wie das Vorhaben, ein Flugzeug voller Sprengstoff über Israel abstürzen zu lassen.

Welche Rolle spielt Genoud bei diesen terroristischen Aktionen? In der neutralen Schweiz, in Lausanne, in der Nähe des UN-Standorts Genf, nicht weit von der Grenze zu Frankreich, kommt ihm eine wichtige Aufgabe zu: Er vermittelt, unter anderem mit Geld, zwischen Militanz und Bürokratie. Vielleicht meint Hans-Joachim Klein Genoud, wenn er sagt: «Die Palästinenser haben in Europa Probleme mit der Logistik. Deshalb hat Carlos, er war übrigens der Finanzchef für Europa, zum Beispiel in Paris eine Riesen-Logistik-Zentrale aufgebaut, die ist ja dann hochgegangen. Aber die konnte Carlos auch nur mit Unterstützung von Deutschen machen, von Europäern, die sich mit den Verhältnissen auskennen.» [10]

Die CIA-Akten belegen nur, dass Genoud ständig mit Gewalt-Gedanken umgeht, sie sind kein Beweis dafür, dass er an den entsprechenden Aktionen auch beteiligt war. Mit Sicherheit lieferte er den Leuten, die ihn umgaben und die er nicht zum innersten Kreis von politischen Freunden zählen konnte, Spielmaterial zum Weitergeben. Ob Genoud in die Vorbereitungen des Opec-Überfalls einbezogen ist oder nicht – es fehlen dafür bisher die Beweise –, die Geheimdienste ringen wieder einmal die Hände. Kann es sein, überlegt der CIA-Kontaktmann bei der Schweizer Bundespolizei, könnte es vielleicht sein, dass Genoud «nicht übermäßig intelligent» ist? Dass er mit anderen Worten mehr vorspielt, als er tatsächlich ist? Und da sich das Gespräch unter gebildeten Gentlemen abspielt, fällt ihnen auch der Vergleich mit einer Kurzgeschichte von James Thurber ein, «Das Doppelleben des Herrn Mitty»: «Co [für Kontaktperson] überlegt, ob I/2 [Genoud] vielleicht auch ein Mitty-artiger Phantast ist, der früher einmal bei allem Wichtigen dabei war und sich jetzt verzweifelt einbildet, es wäre noch immer so.» [11]

Wenn Genoud nicht nach Deutschland reist, um sich die Goebbels-Tagebücher zu sichern, denkt er den Berichten des Informanten zufolge über ein Mordkomplott nach. Der amerikanische Außenminister Henry Kissinger, den Genoud womöglich noch mehr als den israelischen Ministerpräsidenten Menachem Begin hasst, soll getötet werden. 1973 steigt Kissinger vom Nationalen Sicherheitsberater zum Außenminister auf; zusammen mit seinem Verhandlungspartner Le Duc Tho wird ihm der Nobelpreis zugesprochen, weil sie den Frieden in Vietnam in greifbare Nähe gebracht haben. Mit Duldung der Sowjetunion verhandelt Kissinger in einer aufreibenden Pendeldiplomatie mit allen Parteien im Nahen Osten, um endlich eine friedliche Lösung zu erreichen, mit der das Existenzrecht Israels gesichert, aber auch die Interessen der Palästinenser nicht vernachlässigt werden.

Genoud will aber von einer Friedenslösung für den Nahen Osten nichts wissen. Wie sein bewunderter Freund Haddad gehört er zur «Ablehnungsfront», zu jenen, die eine Aussöhnung mit Israel, und sei es nur die Tolerierung seiner staatlichen Existenz, mit allen Mitteln bekämpfen. «Dauerthema bei diesen Gesprächen war die Ermordung von Henry Kissinger, nach Meinung des Informanten wichtigstes Ziel für G[enoud] und arabische Verbindungen»,[12] heißt es in den Protokollen der CIA. Genoud bespreche sich regelmäßig mit seinen Nazi-Freunden, die seinen Antisemitismus teilen, um derartige Anschläge theoretisch durchzuspielen und auf ihren möglichen Erfolg zu überprüfen. Diese sinistren Gestalten stünden auch bereit, um dabei Hilfsdienste zu leisten. Als Kissinger sich im Genfer Hotel Intercontinental aufhält, ärgert sich Genoud über die verpasste Gelegenheit: «Da hätten wir ihn kriegen können.»[13] Auch ein Attentat auf den Schah ist geplant, und dann ist der Zorn groß, als ihnen beide durch die Lappen gehen.

Einmal wird der Mann, der so gern der Chef einer Räuberbande in den Bergen gewesen wäre, wegen seines Faibles für Gewalttäter doch verhaftet, von der deutschen Polizei allerdings nur und folgenlos. Es sind die klassischen Tage des Kalten Krieges, 15. Mai 1974, Schauplatz natürlich: das Berlin der vier Siegermächte. Als Genoud festgenommen wird, wählt die Bundesversammlung gerade Walter Scheel (FDP) als Nachfolger Gustav Heinemanns (SPD) zum Bundespräsidenten. Die Sowjetunion protestiert wie gewohnt gegen die Anwesenheit westdeutscher Parlamentarier in der Viermächtestadt Berlin. Bonn hat eben fassungslos die Enttarnung eines Spions im Kanzleramt und den nachfolgenden Sturz Willy Brandts erlebt, des ersten sozialdemokratischen Kanzlers seit 1930. Ausnahmsweise hatte François Genoud damit nichts zu tun.[14] Er wollte an diesem Tag nur von Berlin-Tempelhof nach Frankfurt reisen, und schon wird er festgehalten. Die deutsche Polizei verfügt, dass er mit der nächsten PanAm-Maschine nach Frankfurt und von dort in die Schweiz zu fliegen habe und ansonsten gegen ihn eine Einreisesperre verhängt sei.

Genoud kann das nicht verstehen, aber er weiß sich zu helfen. Wieder delegiert er, um einen anderen so richtig auftrumpfen zu lassen. Eine wichtige Mission habe ihn nach Berlin geführt, schreibt an Genouds Stelle sein alter Freund Rechenberg in der Beschwerde, eigentlich waren es gleich drei Aufträge, und alle politisch von großer Bedeutung – die «Angelegenheit des sogenannten MUFTI-Fonds» im Westen, «eine

Besprechung in der Angelegenheit der Goebbels-Tagebücher» im Osten Berlins, und außerdem wollte Genoud zu geschäftlichen Besprechungen im Rheinland, in Hessen und im Saargebiet (Erdöllieferung aus Libyen) in die Bundesrepublik einfliegen.[15] Rechenberg ist kein Jurist, und sein Adressat Posser ist nicht zuständig, aber ein alter Bekannter, der inzwischen aufgestiegen ist in der Welt. Vielleicht kann der ja helfen.

Als Angehöriger der Anwaltskanzlei Gustav Heinemanns hat Diether Posser einst mehrere Algerier verteidigt, die sich in der Bundesrepublik strafbar gemacht hatten. Dieses Engagement muss den linksliberalen Posser mit den Nazi-Nostalgikern Genoud und Rechenberg zusammengebracht haben. Diether Posser und er haben sich nach Genouds Darstellung 1959 in Marokko kennengelernt, als Posser ihm half, seinen Freund Abderrahmane Youssoufi freizubekommen, der sich als Regime-Kritiker unbeliebt gemacht hatte. Hinterher habe Posser eine «sehr achtbare politische Laufbahn absolviert». Genoud unterstellt ihm in völliger Verkennung sogar, Posser habe seine Sympathien für die Nazis unter einem unauffälligen Mantel sozialdemokratischer Einfärbung verborgen.[16] Die Praxis-Nachfolger Heinemanns weisen jeglichen Verdacht zurück, «dass die Kanzlei oder Gustav Heinemann jemanden vertreten habe, der Verwertungsrechtsinhaber für die Schriften von Joseph Goebbels sei».[17] Ein Kontakt muss aber bestanden haben; im Archiv findet sich zumindest ein Brief aus der Sozietät an Hans Rechenberg, in dem man mitteilt, Rechenberg nicht helfen zu können. Der hatte auf eine juristische Unterstützung seines alten Chefs Ramcke gehofft, den er von einer demilitarisierten Generation zu Unrecht geschmäht glaubte.[18]

Dennoch ist diese Petition ein seltsames Manöver. Es ist nicht Mannesmut vor Königsthronen, was Genoud und Rechenberg treibt. In diesem Brief an Posser zittert echte Empörung über einen Verstoß gegen den Comment. Der beauftragte Schreiber kann nicht begreifen, warum ein so wichtiger und staatspolitisch so wertvoller Mann wie François Genoud nicht anders als ein gewöhnlicher Krimineller behandelt wird. Wenn ausgerechnet ein Schweizer Bürger so viel Verantwortung zeigt, dass er sich in den Monaten nach der ersten großen Ölkrise in der Bundesrepublik um den Nachschub aus Libyen kümmern will, warum wird er dann festgenommen?

Posser ist inzwischen Justizminister des Landes Nordrhein-Westfalen und bestimmt nicht der offizielle Ansprechpartner einer so dringlichen Ansprache. Experte ist er trotzdem. Vier Wochen vor der Entführung der «Baden-Württemberg» hatte er einer Gruppe, die sich mit den Palästinensern politisch verbunden fühlte, vorgeworfen, ihr Weg führe «von scheinrevolutionären Phrasen über einen blinden Aktionismus in die – mühsam, aber vergeblich politisch frisierte – Kriminalität».[19] Das galt aber der deutschen Rote Armee Fraktion (RAF) und Heinrich Böll, der den Leuten um Andreas Baader und Ulrike Meinhof politische Motive zuerkannt hatte. Bei Genoud und dessen Freunden wendet der Minister andere Maßstäbe an. Von Kriminalität ist keine Rede mehr.

Sowenig sich die Taten und Untaten Genouds sonst belegen lassen, weil er doch immer Sorge trug, dass ihm zumindest formal kein Verstoß nachzuweisen war, hier wird schlagartig ein Teil seiner Aktivitäten offenbar. Bei allem, was er treibt, fühlt er sich jedoch unschuldig oder jedenfalls im Recht, auch wenn das den Polizisten, die ihn in Tempelhof festnehmen, nicht gleich einleuchtet. Dabei wird deutlich, wie sehr Genoud bei seinem ganzen Treiben auf die Hilfe oder zumindest das Wohlwollen von Amtsvertretern angewiesen war und wie bereitwillig ihm diese zu Diensten waren. Diesmal geht es nicht um die Schweizer Behörden, sondern um deutsche. Genoud ist in Deutschland keineswegs unbekannt und seine exotischen Freundschaften machen ihn besonders verdächtig. Keine zwei Jahre zuvor hat ein palästinensisches Kommando, dem Genoud nicht nur weltanschaulich nahesteht, in München die israelische Olympia-Mannschaft überfallen. Da Genoud in solchen Fällen zwar so gut wie nie unmittelbar beteiligt, oft aber der wichtigste Mittelsmann ist, gäbe es genug Gründe, ihn zumindest vorübergehend festzuhalten. Zumal, wenn er derart forsch auftritt.

Rechenberg hält aber genau diese Forschheit für angebracht und fragt den zum Landesminister aufgestiegenen Sympathisanten der algerischen Revolte angelegentlich, ob Posser, der doch die «Aktivität von M. Genoud, vor allem im Sinne der Pflege und Erhaltung guter Beziehungen Deutschlands zur arabischen Welt», seit zehn Jahren kenne, nicht in Bonn beim Innenministerium intervenieren könne?

Minister Posser tut wie gebeten und interveniert. Er wendet sich an Jürgen Schmude, wie er ein ehemaliges Mitglied des Anwaltsbüros Gustav Heinemann und inzwischen der neue Staatssekretär im Bundesinnenministerium. Genoud kennt aber noch mehr Leute. Es handle sich bei Genoud um einen Zurückweisungsfall, erklärt das Bundesamt für Verfassungsschutz (BfV) auf amtliche Nachfrage, «weil er zu dem am 28. 6. 1973 in Paris ermordeten algerischen Staatsangehörigen Mohamed Ali Boudia, geb. am 24. 2. 32 in Algier, und zu dem Vertreter der PLO in der Schweiz, Daoud Amin Barakat, geb. am 13. 5. 42 in Jerusalem, Kontakte unterhielt bzw. unterhält». Der Bericht weiß: «Über Boudia ist bekannt, daß er an mehreren Anschlägen palästinensischer Terroristen in Europa mitgewirkt hat.» [20]

Das ist sachbearbeiterhaft dezent ausgedrückt und umspielt sehr schön die Tatsache, dass Boudia auf eine Weise ums Leben kam, die Posser aus seinem Einsatz für die Algerien-Kämpfer kannte und deshalb fürchten musste. Auch die «Rote Hand» verstand ähnlich brutal und effektiv mit Autobomben umzugehen. Für den Verfassungsschutz war das Grund genug, den Schweizer Bürger am 29. September 1973 auf die «Grenzüberwachungsliste» zu setzen, auf der er unter der Nummer 176 verzeichnet wird. Seither darf der reisefreudige M. Genoud nicht mehr in die Bundesrepublik. Die Frage ist nur: Warum durfte er bis dahin immer unbehelligt nach Deutschland, quer durch Europa und in die Mittelmeeranrainer Algerien, Libanon und Ägypten reisen?

Eine Hypothese: Weil er einerseits Männer wie Boudia und Barakat kennt, und weil er andererseits Männer wie Diether Posser kennt.

Natürlich kann darüber nicht offen gesprochen werden, schon gar nicht im offiziellen Briefwechsel, den ein Staatssekretär führt. Die Informationen, die Schmude und Posser über Genouds vielfältige Tätigkeiten einholen, stammen außerdem gar nicht vom BfV, sondern «von einem befreundeten Dienst» (es handelt sich natürlich um den Mossad, der wiederum bei den Schweizer Behörden vorstellig geworden war [21]) und wären deshalb nicht «gerichtsverwertbar», was aber nichts daran ändert, dass M. Genoud für die Bundesrepublik ein mögliches «Sicherheitsrisiko» darstellt. Im Verfassungsschutzbericht für das Jahr 1974 heißt es: «Ein besonderes Sicherheitsrisiko geht weiterhin von der noch immer für Terroraktionen auf internationaler Ebene eintretenden PFLP aus», die mit türkischen und japanischen Terroristen zusammenarbeite. Das BfV sieht eine furchterregende «Arabische Rote Armee» am Werk, die aus japanischen Extremisten bestehe und «in Westeuropa operative Stützpunkte unterhält».[22] Andererseits könnte Genoud in seiner Eigenschaft als Sicherheitsfaktor sogar noch wichtiger sein, so sieht es der Geheimdienst.

Jedenfalls fühlt Genoud sich durch das Verhalten der deutschen Grenzbeamten ins Unrecht gesetzt. Ein Mann, der bei den Schweizer Kollegen ein und aus geht, kann doch nicht so mit sich umspringen lassen. Schließlich schreibt er selber an den «sehr verehrten, lieben Herrn Justizminister» Posser. Sein Bemühen, in der Sache des Mufti-Fonds Genugtuung zu erhalten, sei doch legal, und was den Vorwurf angehe, er kenne die falschen Leute, so habe er sich gar nichts vorzuwerfen, sich vielmehr durch seine Kontakte ganz besondere Verdienste erworben. Er klingt richtig beleidigt: Anfang März dieses Jahres, nachdem er erfahren habe, dass aufgrund einer Verkettung von unseligen Umständen die ‹Japan Air Lines› in Gefahr stehe, habe er sich entschlossen, etwas Positives zu tun und Kontakt mit der JAL in Deutschland aufzunehmen.[23] Das ist ein Geständnis, wie es schöner und beiläufiger kaum denkbar ist: Genoud hat offenbar zwischen der terroristischen Japanischen Roten Armee (JRA), die im Auftrag der palästinensischen PFLP Flugzeuge entführt und Sprengstoffanschläge unternimmt, und der japanischen Fluggesellschaft JAL vermittelt – oder sich, je nach Perspektive, gleich selber an einer Erpressung beteiligt.[24] Ähnlich hat er es schließlich bei der Swissair gehalten.

Wie gefährlich dieses Geschäft für die Passagiere war, ist der Beichte Hans-Joachim Kleins zu entnehmen, der sich nach dem Opec-Überfall von den «Revolutionären Zellen» und damit von Wadi Haddad lossagte. Kleins Bericht in seinem Buch «Rückkehr in die Menschlichkeit» zufolge wollte Haddad ein mit Touristen besetztes Flugzeug der Japan Airlines in die Luft sprengen, eine «Aktion, bei der es ausschließlich um Geld ging».[25] Der Koffer mit dem Sprengstoff wurde rechtzeitig entdeckt, die Erpressung soll dennoch stattgefunden haben.

Nachweisen lässt es sich nicht,[26] aber ganz offensichtlich hat Genoud hier sein Geheimwissen genutzt, um die betroffene Seite vorzuwarnen, nicht ohne allerdings wieder einmal über Geld zu reden. Er habe, wird Genoud viel später seinem Biographen Pierre Péan anvertrauen, «mit den Japanern von der JAL ein bedeutendes Lösegeld ausgehandelt, damit die Flugzeuge dieser Gesellschaft unbehelligt blieben».[27] Die Verhandlungen seien aber am Ende doch gescheitert, weil sie durch ein Leck vorzeitig bekanntgeworden seien. In seinem Brief an Posser schreckt Genoud nicht vor einer versteckten Drohung für den Fall zurück, dass der Minister ihm nicht helfen würde: Außerdem wäre es besonders skandalös und auch unvernünftig, ihn für eine gute Tat, eine gute Absicht, zu bestrafen. Vielleicht war es ja eine gute Tat, mit der Genoud Schlimmeres verhindert hat: Zwar entführten die Terroristen der Japanischen Roten Armee im Herbst 1974 kein Flugzeug der JAL, aber sie besetzen die französische Botschaft in Den Haag, und in Paris tötet Boudias Nachfolger Carlos mit einer aus einem US-Depot in der Bundesrepublik gestohlenen Handgranate zwei Menschen. Genoud hat diese Granate nicht geworfen (ebenso wenig wie Haddad), er hat auch kein Flugzeug entführt, als Mitorganisator steht er aber im Hintergrund dieser Aktionen, wo er sich freuen kann, dass der arabische Aufstand des Mufti seine Fortsetzung in Europa findet.

Posser versteht die Anspielung, er begreift, worum es geht, und zieht sicherheitshalber Erkundigungen ein. Ein guter Bekannter, ein Bundesgenosse, ein Informant und wichtiger Vermittler muss geschützt werden. Jedenfalls schickt Posser den Brief nach vier Wochen an seinen alten *collega* Schmude mit folgender Weißwäsche weiter: «Ich kann mir eigentlich nicht denken, daß Herr Genoud mißbilligenswerte Kontakte zu arabischen Terroristen unterhält. Wenn solche Kontakte tatsächlich bestehen sollten, nehme ich an, daß er sich um eine Vermittlung bemüht wie etwa im Falle der ‹Japan Air Lines›. Aus früheren Besprechungen mit Herrn Genoud, dem ich mehrfach seit Anfang der 60-er Jahre begegnet bin, weiß ich, dass er terroristischen Aktivitäten nach seiner glaubhaften Darstellung ablehnend gegenübersteht, sie jedenfalls nicht unterstützen will.»[28]

Die «glaubhafte Darstellung» ist besonders hübsch, denn glaubhaft gemacht hat sie offensichtlich die Schweizer Bundesanwaltschaft. Dort hat man am Tag vorher nach einem Besuch Genouds genau diese Erklärung notiert: «Genoud bestätigt, dass er niemals eine revolutionäre Tat unterstützt hat, sei es, dass er direkt daran beteiligt gewesen wäre oder auf die eine oder andere Art zur Finanzierung beigetragen hätte.» [29] Keine missbilligenswerten Kontakte: Noch mehr als zwanzig Jahre nach dieser peinlichen Affäre erinnert sich Genoud dankbar der Hilfe seines «alten Bekannten» Dr. Posser.[30]

Der Hinweis auf die gemeinsame antikoloniale Vorgeschichte verfängt bei Posser, der seine juristische Laufbahn als die eines «Anwalts im kalten Krieg» begreift. Genoud jedenfalls wird trotz seiner dubiosen Kontakte alsbald wieder aus der Grenzüberwachung genommen und kann weiter seine Geschäfte betreiben, nämlich sich um die Veröffentlichung der nachgelassenen Werke Goebbels' ebenso wie um die Mufti-Aktien kümmern. Das Anliegen der armen Palästinenser wird er dabei nicht aus dem Auge verlieren.[31]

Genoud und Haddad sind nicht die RAF und für Posser deshalb nicht kriminell. Doch anders als der Justizminister von Nordrhein-Westfalen behauptet, wirkt Genoud sehr wohl an terroristischen Aktivitäten mit. «Wenn wir ihn auch nicht einer direkten Aktion für fähig halten, dann doch, dass er imstande ist, Hinweise zur Umsetzung einer Gewalttat zu geben», hatte die Schweizer Bundesanwaltschaft im Dezember 1973 in schierer Verzweiflung notiert. «Im Übrigen ist uns später noch eine weitere Information zugegangen, der zufolge sich palästinensische Terroristen nach einem Attentat in ein Appartement in Pully flüchten würden, nämlich genau dorthin, wo Genoud ist. Die Telefonüberwachung hat bisher keine Hinweise von größerem Interesse ergeben, aber deutlich erkennen lassen, dass der Vorgenannte heute wie schon in der Vergangenheit mit den Arabern in Kontakt steht.» [32]

Das Appartement in Pully läuft auf den Namen seiner Schwiegermutter, Genoud bezahlt die Miete und beherbergt dort liebe Gäste wie zum Beispiel seinen Freund Rechenberg, aber auch den inzwischen exilierten Ahmed Ben Bella.[33] Dass auch Salameh dort wohnte, ist wahrscheinlich, aber nicht erwiesen. Aber dass die beiden gute Freunde waren, bewies Genoud gern mit einem der vielen Pässe, die der «Rote Prinz» mit sich führte, wenn er sie nicht bei Genoud deponierte.[34] Der israelische Geheimdienst, der sich so gründlich um den «Roten Prinzen» kümmerte, dürfte schon deshalb auch Genoud seine Aufmerksamkeit geschenkt haben. Durch ihn blieb er stets auf dem Laufenden.

Für Genoud muss die Erfahrung, dass sich der Kampf gegen den Kolonialismus im Antiimperialismus der Linken fortsetzte, ein wahrer Jungbrunnen gewesen sein. Wie der Briefwechsel mit Diether Posser zeigt, geht er seinen dunklen Geschäften im hellen Tageslicht und grundsätzlich mit dem Einverständnis der Zuständigen nach. Sein früher Kontakt zu Dickopf hatte ihn verwöhnt, warum sollte er dieses klandestine Niveau verlassen, das ihn überall als Zuträger und Informant nützlich und sogar beliebt machte?

Die Geheimdienste nutzen ihn und ärgern sich doch über ihn. Bei der CIA gibt es immer wieder Klagen wegen des «Mangels an harten Infos».[35] Die Klage wird noch lauter, wenn sich die Schweizer Bundespolizei (Chef der politischen Polizei im Jahr 1975 ist André Amstein[36]) darüber beschwert, man sei sich zwar sicher, dass Genoud Geld für die Fedajin besorgt, aber trotzdem einfach nicht in der Lage, ihm nachzuweisen, dass er etwas Illegales tue. «[Der Informant] findet F/2 [Genouds Deck-Bezeichnung] persönlich unausstehlich und muss zugeben, dass er bei dem Versuch, F/2 zur Mitarbeit zu gewinnen, einmalig erfolglos geblieben ist, obwohl er sich in einem herzlichen Verhältnis glaubt.»[37] Aus der «Unterquelle», die sich die CIA erwartet hat, ist nichts geworden, und dass sie sich noch entwickeln würde, dafür seien die «Aussichten trübe».[38]

Seinem Biographen Pierre Péan, der nicht glauben kann, dass sich Genoud all die Jahre ohne Schwierigkeiten quer durch Europa und den Nahen Osten bewegen konnte, vertraut der alte Mann im Rückblick ein Berufsgeheimnis an: Er sei «ein unauffälliger Typ», behauptet er schelmisch. «Vielleicht gibt es bei den verschiedenen Diensten Akten über mich, aber ich werde nicht behelligt. (…) Die ‹Dienste› taugen nicht viel (…) Die masturbieren mit solchen Geschichten. Sie nehmen sich ernst, aber es ist nicht ernst!»[39]

Für François Genoud ist Politik, und das heißt bei ihm im Zweifel auch Terrorismus, ein großes Indianerspiel. Da er die Regeln erfunden hat, muss er einfach immer gewinnen.

17. Freischärler

Nichts deutet vorläufig darauf hin, doch in den siebziger Jahren kehrt nicht nur der Islamismus zurück, auch das Ende der Sowjetunion dämmert herauf. Die USA sind zwar durch den innenpolitischen Widerstand gegen den Vietnamkrieg und einen wegen Watergate gelähmten Präsidenten geschwächt, doch ein illusionsfreier Stratege wie Außenminister Henry Kissinger, der die Macht theoretisch und praktisch genossen hat, ergreift die Gelegenheit des für die arabischen Nachbarn desaströsen Jom-Kippur-Krieges, um zwischen den verfeindeten Staaten zu vermitteln, sodass die USA zur beherrschenden Macht auch im Nahen Osten werden. Der überraschende Besuch Richard Nixons in Peking im Jahr 1972 hat die Sowjetunion in höchstem Maß verunsichert. Obwohl sie bis dahin wenig Neigung zeigte, den palästinensischen Terrorismus zu unterstützen, scheint sich in der Regierung der UdSSR der Gedanke durchzusetzen, dass sich mit der palästinensischen Frage ein Hebel in einer sonst weitgehend verlorenen Sache ansetzen ließe. An einer Ausweitung des Terrors allerdings hat die Sowjetunion ebenso wenig Interesse wie die europäischen Regierungen oder die USA. Bei einem geheimen Besuch in Moskau im September 1974 soll sowjetischen Akten zufolge Wadi Haddad versprochen haben, seine terroristischen Unternehmungen auf Israel und die besetzten Gebiete zu beschränken und auf «unverantwortliches und unsinniges Verhalten» zu verzichten.[1] Unkontrollierbare Anschläge, beispielsweise auf den internationalen Flugverkehr, lagen nicht im Interesse der Sowjetunion. Dafür sagt ihm Jurji Andropow, der Chef des KGB, die Lieferung von Waffen zu, die aber nicht für den Guerillakrieg zur Luft geeignet sind, den Haddad bisher so erfolgreich betrieben hat und von dem er keineswegs ablassen will. Im folgenden Mai unterrichtet Andropow den Parteichef Leonid Breschnew von einer streng geheimen Lieferung an die PFLP. Darunter befinden sich achtundfünfzig Kalaschnikows, fünfzig Pistolen und 34000 Schuss Munition. Das Material soll vor der Küste von Südjemen ausgeladen und dort, in der Nähe eines PFLP-Ausbildungslagers, an Land gebracht werden.[2]

Wenn es sich so zugetragen hat, war es bestimmt nicht die einzige Lieferung, die aus der Sowjetunion oder aus einem anderen, mit ihr befreundeten Staat in den Nahen Osten ging. Zum Werkzeug Moskaus, als den ihn manche sehen, taugt der «Puppenspieler» Haddad deshalb noch lange nicht, denn auch diese Sendung aus dem sozialistischen Bruderland hielt ihn nicht davon ab, gegen die Interessen der Sowjetunion seinen Krieg gegen Israel aus dem Ausland und mit Hilfe nichtarabischer Söldner fortzusetzen.

Haddad ist der Gewalt keineswegs abhold, er weiß sogar genau, wie sehr er die Westler mit seinen archaischen Angriffen schrecken kann. Doch nicht jede seiner Aktionen muss plakativ auf das Leid der Palästinenser verweisen. Manchmal hilft Diskretion und eine nachdrücklich, aber höflich vorgetragene Erpressung weiter, und der Bote Genoud ist dafür sein wichtigster Mann. Er kämpft nicht, er schießt nicht, er schmeißt keine Bomben. Das alles tut Haddad auch nicht. Und deshalb sind die beiden Strategen auf Aktivisten angewiesen: auf kampfbereite Abenteurer, am besten Europäer, die nach Dieter Kunzelmanns Vorgabe in Palästina das neue, das näher gelegene und deshalb leichter zu befreiende Vietnam sehen.

Im Nahen Osten herrschen klare Verhältnisse, und die Frage nach Links oder Rechts erübrigt sich: Wer nicht für uns ist, der ist gegen uns. «Wadi Haddad hatte keine Bedenken, er dachte strategisch»,[3] meint Willi Voss, der 1972 als Neonazi im Gefolge Udo Albrechts zur Fatah in den Libanon ging. In den Ausbildungslagern der PLO sollen gern Schallplatten mit deutscher Marschmusik und dem Horst-Wessel-Lied gespielt worden sein. «Die Palästinenser, und nicht nur die, die in Deutschland studiert haben und die Sprache sprechen, singen mit»,[4] behauptet Odfried Hepp, der ebenfalls als Neonazi von den Palästinensern eine Ausbildung für den Kampf zu Hause erwartete. So gelingt den Waffenbrüdern Genoud und Haddad ganz nebenbei die Konvergenz der Systeme, wenn linke, gewaltbereite Intellektuelle im Einsatz für die Verdammten dieser Erde wie ihre rechten Väter gegen die Juden vorgehen. «Für uns hatte der gemeinsame Kampf mit den Palästinensern überhaupt nichts mit Antisemitismus zu tun»,[5] erklärte später ein Mitglied der «Revolutionären Zellen», aber danach fragte Haddad gar nicht. Für ihn waren die Linken aus Europa ein Werkzeug, wie auch Genoud für ihn ein wichtiges Werkzeug war. In Europa galt Haddad bestenfalls als schmutziger Araber. Ein gesitteter Geschäftsmann wie Genoud dagegen wurde auch bei der Swissair, bei der Bundesanwaltschaft, bei der Polizei, beim Geheimdienst empfangen. Auch wenn Haddad Gewalttäter wie den nachmalig berüchtigten «Captain Mahmoud» einsetzte, der 1977 die Passagiere der «Landshut» aufs übelste drangsalierte, wusste er doch um den Wert der Diplomatie. Nur durfte sie nicht, wie die Politik seines Erzfeindes Yassir Arafat, zu einer Verständigung mit Israel führen.

Gleichwohl hatte sich die PLO unter der Führung Arafats dazu entschlossen, mit der Aussicht auf das Selbstbestimmungsrecht der Palästinenser in Verhandlungen mit Israel zu treten und dafür die Waffe aus der Hand zu legen. Als der Mufti 1974 stirbt, hat er, wie sein Jünger Genoud überliefert, noch mit seinen letzten Atemzügen den Mann verflucht, der fälschlich so gern als sein Neffe bezeichnet wird: «Wie kannst du nur dieses Lächeln aufrecht erhalten, während du unser Volk von einer Katastrophe zur nächsten führst?» [6]

Arafats Kurs der Annäherung an den Westen und auch an Israel scheint für viele in der PLO der bessere Weg. Anfang 1976, nach dem zwar aufsehenerregenden, aber nicht erfolgreichen Anschlag auf die Opec-Konferenz, stößt George Habasch seinen Freund Haddad deshalb aus der PFLP aus. Er steht dem von Arafat begonnenen Friedensprozess im Weg, aber vielleicht handelt es sich auch nur um ein taktisches Manöver innerhalb der PLO, um weiter die Option auf das Wechselspiel zwischen Maschinengewehr und Ölzweig zu wahren. Haddad, der im Nahen Osten wie ein Heiliger verehrt wird, steht nicht allein mit seiner Weigerung; die «Ablehnungsfront» bleibt hart. Da er nach wie vor über ergebene Kämpfer verfügt, kann Haddad nach dem Ausschluss von Beirut nach Bagdad umziehen und sein Netzwerk unter dem Schutz der irakischen Regierung aufrechterhalten. Finanziell wird er von Gaddafi abhängig, der ebenso wenig gewillt ist, Arafats Versöhnungspolitik zu folgen. In einem CIA-Bericht heißt es: «Die extremistischen Ansichten und Grundsätze, die Gaddafi und Haddad teilen, die buchstäblich unbegrenzten finanziellen Mittel, die dem einen zur Verfügung stehen und die strategischen Fertigkeiten des anderen gehen dabei eine furchterregende Verbindung ein.»[7]

Anders als Genoud ist Wadi Haddad der deutsche, der europäische Antisemitismus fremd. Doch als die Israelis sein Elternhaus zerstört haben, hat er sich geschworen, Israel und dessen echte oder vermeintliche Unterstützer «bis an das Ende seines Lebens zu verfolgen».[8] Sein bestes Argument besteht im schlechten Gewissen der im Ausland angeworbenen Kämpfer, die daher die Sache der Palästinenser zu ihrer machen können. «Wenn wir Euch helfen, dann wollen wir im Gegenzug das und das», so beschreibt Johannes Weinrich dieses internationale Geschäft auf Gegenseitigkeit. «Die Palästinenser haben gesagt: Wir engagieren uns für Euch, dann engagiert Euch auch für uns.»[9]

Der israelische Geheimdienst charakterisiert seinen großen Gegenspieler als eine Gestalt, die aus Dostojewskis Roman «Die Dämonen» stammen könnte, als einen «Desperado». Er benimmt sich wie ein russischer Anarchist aus dem 19. Jahrhundert, der fast mystische Befriedigung darüber empfindet, daß er von der übrigen Welt isoliert ist und daß für ihn daher eigene Gesetze und Vorschriften gelten».[10] Dabei kann Haddad über Leichen gehen. Er schickt den deutschen Sympathisanten Bernd Hausmann mit einem Koffer voller Sprengstoff nach Israel, der am 25. Mai 1976 auf dem Flughafen Ben Gurion explodiert und neben Hausmann eine Beamtin in die Luft jagt.[11] Es könnte sich hier um jene Erpressungsaktion handeln, die auch Peter-Jürgen Boock erwähnt, «die ich aber nicht näher bezeichnen möchte».[12] Angeblich ging es um fünf Millionen Dollar.

Vier Wochen später entführt ein Kommando, dem zwei Araber angehören, das aber von den RZ-Mitgliedern Brigitte Kuhlmann und Wilfried Böse angeführt wird, eine Air-France-Maschine auf dem Weg nach Paris. Das Flugzeug landet zum ersten Mal in Bengasi, um dort, auf libyschem Boden, aufzutanken, und schließlich in Entebbe, dem Flughafen der ugandischen Hauptstadt Kampala. Der dortige Diktator Idi Amin hat sich mit den radikalen Arabern und vor allem mit Gaddafi befreundet; Wadi Haddad findet in ihm einen wichtigen Bundesgenossen. Die Entführer fordern die Freilassung von fünfundfünfzig überwiegend palästinensischen Geiseln, die in verschiedenen Ländern im Gefängnis sitzen; außerdem stehen Fritz Teufel und Inge Viett von der «Bewegung 2. Juni» und Jan-Carl Raspe und Werner Hoppe von der RAF auf der Liste. Wie Brigitte Kuhlmann arbeitete Wilfried Böse bis 1973 im Verlag Roter Stern, der in jenem Jahr Raspes Diplomarbeit «Zur Sozialisation proletarischer Kinder» herausbringt.

Die Internationalisten Böse und Kuhlmann offenbaren eine besondere Kenntnis der deutschen Geschichte und trennen die israelischen Passagiere von den übrigen. Den Juden – es befanden sich Holocaust-Überlebende unter den Passagieren – musste das wie eine Wiederaufnahme der Selektion von Auschwitz vorkommen, aber noch heute bestreiten einzelne Mitglieder der RZ, dass es sich hier um eine antisemitische Tat gehandelt haben könnte. «Für uns war das [Wadi Haddads] Recht, Israelis festzunehmen, so wie er als Palästinenser auch dauernd von den Israelis verhaftet, beraubt, gefoltert wurde.» [13] Einem israelischen Kommando gelingt es, die Geiseln zu befreien; die Entführer werden erschossen. Wadi Haddad, so heißt es, habe noch eine Stunde vor dem Eintreffen der Befreier fliehen können. Nach der gescheiterten Aktion zahlen die Fluggesellschaften kein Schutzgeld mehr.[14]

Je mehr sich die gemäßigten Palästinenser auf den Westen zubewegen, desto erbitterter führt Haddad seinen Kampf gegen Israel. Genoud sieht die Sache moralisch, aber nach seiner Fasson: «Habasch kneift immer und zieht den Schwanz ein, genau wie Arafat. Das sind ein paar erbärmliche Kerle. Sie übernehmen keinerlei Verantwortung. Falsche Fuffziger, die für ein gutes Führungszeugnis ihre alten Freunde ausliefern!» [15]

Auf die Frage, ob er sich an weiteren Anschlägen seines bewunderten Haddad beteiligt habe, schwieg Genoud. Er bekannte sich bereitwillig zu allen möglichen Handlangerdiensten, will aber selber nie die Hand gegen andere erhoben haben. In diesem dämmrigen Durcheinander zwischen Ost und West, zwischen Links und Rechts, bewegt sich Genoud auf eine parsivaleske Weise, die für Außenstehende zwischen Dummheit und extremer Frechheit schwankt. Mit unklarem Auftrag [16] reist er 1975 in Begleitung des algerischen Anwalts Ali André Mécili durch Südamerika. In der US-Botschaft in Bogotà beantragt er ein Visum für die USA, das ihm verweigert wird. Man kennt ihn und will ihn nicht im

Lande haben. Nach seiner Rückkehr beschwert er sich bei der Behörde, mit deren Vertrauen er sonst so gut und so erfolgreich wirkt. Folgsam erscheint am 14. August 1975 sein Verbindungsbeamter aus dem Kanton Waadt bei den Amerikanern und fragt, warum seinem Schützling das Visum verweigert werde. «Gibt zu, dass F/2 seit vielen Jahre Quelle für [Auslassung]», notiert die CIA. «[Der Offizier] trifft sich durchschnittlich einmal im Monat mit ihm.» Die CIA kann nichts für die Schweizer Kollegen tun, doch wirkt man auf die Bundesanwaltschaft ein, doch endlich mehr aus F/2 herauszuholen.

Es stellen sich die alten Fragen: Wem ist Genoud eigentlich verpflichtet? Für wen arbeitet er? Dabei ist die Antwort doch so einfach: François Genoud ist nur für François Genoud tätig. Die von ihm mitgegründete Bank hat er im Unfrieden verlassen, aber mit der Valcomar und libyschem Geld hat er sich eine neue bürgerliche Fassade errichtet. In den Berichten ist auch von einer Firma namens Interfat die Rede, die er laut Informantenbericht der CIA mit seinen vertrauten alten Nazis und insbesondere dem alten Haudegen Otto Skorzeny gründen will.

In den letzten Jahren seines Lebens bietet Haddad noch einmal alle Kräfte auf, um das verhasste Israel zu bekriegen. Er findet genug Hilfswillige, Verrannte, Selbstmordattentäter. Er genießt außerdem die Unterstützung der Sowjetunion, der DDR, Jugoslawiens, Libyens und der irakischen Regierung. Seine Aktivitäten sind höchst gefährlich für Israel und für den Westen insgesamt. Genoud assistiert ihm dabei von der neutralen Schweiz aus. Es ist auffällig, wie bescheiden die überlieferten Aufzeichnungen für diesen Zeitraum sowohl beim Schweizer Geheimdienst wie bei der CIA ausfallen. Dass sich in den Archiven wenig dazu findet, heißt aber nicht, dass überhaupt nichts existiert. Zu vermuten ist, dass nähere Details über den internationalen Terrorismus um Genoud zu den Verschlusssachen gehören, wie sie der Geheimdienst jeden Landes bewahrt.

Genoud glaubt weiter daran, dass die Freischärler, die im Auftrag der Palästinenser Anschläge verüben, nichts anderes als Freiheitskämpfer seien, denen wenigstens er Gerechtigkeit widerfahren lassen will. Er könnte, er sollte es besser wissen. Seine Tochter Martine, die einmal sagte, sie könne bloß hoffen, nicht nach Martin Bormann genannt zu sein, die aber immerhin ein Patenkind des «intimen Freunds» General Ramcke ist, begleitet ihren Vater 1970 auf einer seiner Reisen nach Beirut, wo sie den christlich-maronitischen Witwer Georges Debbas kennenlernt, den sie zwei Jahre später heiratet. Der Bauunternehmer Debbas ist Mitglied einer der führenden Familien des Landes – sein Onkel Charles war Präsident des Libanon –, und er ist Mitglied der PFLP.[17] Kurz nach einem Besuch Genouds bei der Familie seiner Tochter wird Martine am 6. März 1976 in ihrem Haus überfallen. Es ist ein Massaker. Die Angreifer stellen vierzehn Personen an die Wand und beginnen, sie zu erschießen. Acht Menschen bleiben tot zurück, darunter Debbas, nur zwei kommen ungeschoren davon, der älteste Sohn von Debbas und Martine.

Offenbar handelt es sich bei diesem Albtraum um ein Scharmützel innerhalb der libanesischen Fraktionen. Genoud glaubt, dass Ahmed Jibril für den Überfall verantwortlich ist, der ebenfalls zur PFLP gehört, sich als Moslem aber nach Syrien orientiert, das seine Einflusssphäre im Libanon auszuweiten hofft. Debbas habe sich noch am Tag vorher mit Arafat sowie mit Walid Dschumblat und Camille Chamoun getroffen, den beiden einflussreichsten christlichen Clanchefs, um von diesen eine Zusicherung zu erlangen, dass die Christen wieder in das von Dschumblats Drusen beherrschte Chouf zurückkehren dürften.[18] Aber Genoud kann sich auch gut vorstellen, dass es die Attentäter eigentlich auf ihn abgesehen hatten, auf den Bündnispartner des christlichen Arabers Haddad, der eine andere Fraktion der PFLP befehligt.[19]

Unbegreiflicherweise hat Genoud auch nach diesem Attentat noch immer nicht genug vom Terrorismus. Die neuesten Pläne seines Freundes müssen ihm besonders zusagen. Die «Revolutionären Zellen», inzwischen die ergebenste Truppe Haddads, sollen den Vorsitzenden der Jüdischen Gemeinde in Berlin, Heinz Galinski, umbringen. Als mögliches Ziel ins Auge gefasst werden auch Ignaz Lipinski, der Vertreter der Frankfurter Gemeinde, sowie Simon Wiesenthal, der als sogenannter «Nazi-Jäger» Genoud besonders verhasst ist. Wie weit diese Pläne gedeihen, ist nicht mehr festzustellen, da Hans-Joachim Klein aus den «Revolutionären Zellen» aussteigt, die Vorhaben in einem Interview bekanntmacht und damit ihre Ausführung vereitelt. Im Mai 1977 erschien sein Absagebrief im *Spiegel*. Klein hatte sich damit an die Redaktion gewandt und als Beglaubigung einen Revolver Kaliber 0,38 mitsamt der Munition beigefügt. Klein wollte, nicht anders als Joschka Fischer im Jahr zuvor, «den Genossen, die sich bestimmt unter Spaß-Guerilla was ganz anderes vorgestellt haben als es tatsächlich betrieben wird, die aber damit spekulieren mitzumachen, den Sprung in den ‹Untergrund› ersparen».[20] Das neue «Familienoberhaupt» der RZ – gemeint ist Johannes Weinrich – habe ihm erklärt: «Ein politisches Interesse, Galinsky und Libinsky umzulegen, besteht bei uns nicht. Aber wir müssen Abu Hani [Wadi Haddad] beweisen, daß unsere angeschlagene Truppe (nach Entebbe) nach wie vor steht, und außerdem wollen wir nach wie vor einiges von ihm.»[21] Als Peter-Jürgen Boock im September 1976 nach Aden kommt, wird mit Verspätung darüber diskutiert, ob man sich überhaupt in diese Abhängigkeit begeben dürfe. Die RAF sollte «solche Söldnertätigkeiten und Auftragsarbeiten nicht durchführen»,[22] aber natürlich arbeitet man dann doch zusammen.

Mittlerweile ist der kompromisslose Widerstand, der Genoud an den Arabern in der Gruppe Haddad so imponiert, nur noch ein Störfaktor in der Weltpolitik. Haddads Wirken ist auch nicht mehr geheim; die Amerikaner und die Deutschen wissen, dass er der große internationale Unruhestifter ist, über den die irakische Regierung «keine volle Kontrolle» besitzt, zumal er auch noch von Libyen unterstützt wird.[23] Wie lästig Haddads Aktionen inzwischen selbst seinen arabischen Freunden sind, wird im Herbst 1977 deutlich, als die RAF zu ihrer «Offensive '77» ansetzt. Wadi Haddad hat für die Ausbildung des im Jahr davor noch hoffnungslos zersprengten Haufens gesorgt. Im Sommer 1976 finden sich in Südjemen Mitglieder der «Revolutionären Zellen», der «Bewegung 2. Juni» und der kaum mehr existenten RAF zusammen, um den Rachefeldzug gegen «das System» zu planen, das sie für den Tod von Holger Meins und Ulrike Meinhof verantwortlich machen, und gleichzeitig die Befreiung ihrer Gefangenen zu organisieren. Haddad ist gern behilflich. Er schuldet den Deutschen nach dem Desaster von Entebbe mehr als einen Toten; außerdem ist neben der Aufmerksamkeit für die palästinensische Sache mit einer solchen Aktion wieder Geld zu gewinnen.

Der deutsche Einsatz der vergangenen Jahre sollte sich jetzt auszahlen, doch es wurde für die RAF erst recht zu einer Katastrophe. Die RAF ist zu diesem Zeitpunkt alles andere als autonom, sondern auf fremde Hilfe angewiesen. Ob sie deshalb gleich von Anfang an wie eine «Marionette an den Strippen diverser Geheimdienste»[24] gehangen hat, ist deshalb noch nicht sicher, auf jeden Fall ermöglicht der bedenkenlose Haddad den Deutschen einen bisher ungekannten militanten Rausch. Vielleicht stimmt es sogar, was Peter-Jürgen Boock, der drogensüchtige Zeugmeister der RAF, erlebt hat. Zusammen mit Haddad gibt er am Flughafen in Bagdad «zwei Raketenwerfer, vier Panzerfäuste sowjetischer Herkunft und drei Maschinenpistolen» als Gepäck auf, das in Paris anstandslos ausgeladen und übergeben wird.[25] Mit diesem Arsenal wird die RAF Krieg führen.

Am 5. September 1977 entführt ein RAF-Kommando in Köln den Arbeitgeberpräsidenten Hanns Martin Schleyer. In einem Erpresserschreiben wird die Freilassung der RAF-Gefangenen gefordert. Die Bundesregierung geht nicht darauf ein und will die Entführer so lange hinhalten, bis sie die Nerven verlieren. Peter-Jürgen Boock und Brigitte Mohnhaupt reisen nach Bagdad, wo sie sich einigermaßen sicher fühlen dürfen. Die PFLP an ihrem neuen Sitz in Bagdad bietet ein «Aufnahmeland für die Gefangenen, Waffen»,[26] und sie garantiert eine Gewalttätigkeit, vor der die RAF bisher noch zurückgeschreckt war. In Bagdad treffen sie auf «Steve», der sie zu Wadi Haddad führt. «Steve» ist Johannes Weinrich von den «Revolutionären Zellen», der inzwischen Adjutant von «Carlos» ist, hier aber den Mittler für Wadi Haddad macht.

Haddad bietet eine Entsatz-Aktion an: entweder die Besetzung einer Botschaft oder – probates Mittel der PFLP – die Entführung eines Flugzeugs. Die Anführer der RAF wählen die Entführung, und Haddad kündigt den Nichtangriffspakt mit der Lufthansa auf, die ohnehin nicht mehr bereit ist, Schutzgeld zu bezahlen. Es ist ein riskantes Spiel, und wieder einmal wird es in aller Öffentlichkeit ausgetragen. Während Mohnhaupt und Boock noch mit Haddad verhandeln, landet Hans-Jürgen Wischnewski, inzwischen Staatsminister im Bundeskanzleramt, auf dem Flughafen von Bagdad, um von der irakischen Regierung die Bestätigung einzuholen, dass sie die deutschen Terroristen, die die RAF freipressen will, auf keinen Fall aufnehmen würde.[27] Die Bundesregierung weiß offenbar nicht, dass Bagdad längst der bevorzugte Rückzugsraum der RAF ist; Ende September halten sich dort bereits zehn gesuchte Gruppenmitglieder auf.

Fast zeitgleich entführen die Genossen von der Japanischen Roten Armee, Haddads weit erfolgreichere Zöglinge, ein Flugzeug der Japan Airlines nach Algerien. Sie können von der Regierung in Tokio die Freilassung von neun Gefährten sowie ein Lösegeld von sechs Millionen Dollar erpressen. Nach diesem Beispiel entführt ein palästinensisches Kommando am 13. Oktober 1977 kurz nach dem Start in Palma de Mallorca die Lufthansa-Maschine «Landshut» und dirigiert sie übers Mittelmeer und die Arabische Halbinsel nach Aden. In der Erklärung, die das Kommando «Martyr Halimeh» «an alle revolutionäre der welt / an alle freien araber / an unsere palästinensischen massen» verbreitet, wird die bewährte linksradikale Linie vom Nationalsozialismus zum heutigen Staat Israel gezogen. Neben der Freilassung der RAF-Gefangenen und zweier ihrer eigenen fordern die Erpresser die Rekordsumme von fünfzehn Millionen Dollar. Das Kommando ist benannt nach dem Kampfnamen Brigitte Kuhlmanns, der ehemaligen Lehramtsstudentin aus Hannover, die in Entebbe getötet worden war. Damit erklärt sich auch der Ausfall gegen die «schmutzigste piraterie der imperialistisch-reaktionären allianz», nämlich «die zionistische invasion von entebbe» im Manifest der Entführer.[28] «Captain Mahmud» empfiehlt den Passagieren, nicht auf ein zweites Entebbe zu hoffen, aber die Operation scheitert dennoch. In Aden bleibt die erwartete Unterstützung aus, weil die sozialistischen Bruderstaaten Druck auf die Regierung von Südjemen ausgeübt haben. In Mogadischu werden drei der vier Entführer von einem deutschen Befreiungskommando erschossen; die vierte Terroristin überlebt schwer verletzt.

Wenn Haddad mit der «Landshut»-Entführung noch einmal Unfrieden stiften und um jeden Preis eine Annäherung zwischen den Palästinensern und Israel verhindern wollte, so ist dieses Vorhaben glanzlos gescheitert. Arafat selber erklärte die Entführung der deutschen Passagiermaschine für kontraproduktiv und forderte die Hijacker auf, sich zu ergeben. Am 24. November 1977 trifft der österreichische Bundeskanzler Bruno Kreisky – jener Kreisky, der zwei Jahre zuvor die Geiselnehmer der Opec-Konferenz hatte ziehen lassen – in Wien mit Ali

Hassan Salameh und Issam al-Sartawi zusammen, beide von Yassir Arafat zu Verhandlungen bevollmächtigt. Auch die Bundesrepublik entsendet einen Vertreter. Die PLO bietet an, ihre bisherige Politik zu ändern. Sie wolle sich in Zukunft von palästinensischen Terrorakten nicht mehr bloß distanzieren, sondern «auf der Grundlage ihrer intimen Kenntnisse – insbesondere auch der europäischen Terroristenszene – aktiv an der Bekämpfung des Terrorismus beteiligen».[29] Als eine Delegation der PFLP nach Ost-Berlin reist, verabschieden sich die Aktivisten ausdrücklich von Haddads Politik. Wie Schüler, die ertappt worden sind, geloben sie Besserung: «Die Führung der PFLP hat nicht die Absicht bzw. kein Interesse, (...) erneut international in Verruf zu kommen, den internationalen Terrorismus zu unterstützen bzw. dadurch das politische Profil der PFLP der Jahre bis Anfang 1970 wieder aufleben zu lassen.»[30]

Im Herbst 1977 verliert Genoud einen seiner besten Freunde: Hans Rechenberg stirbt am 7. Dezember an Krebs. Die CIA hatte zuletzt wieder Interesse an ihm gefunden, ohne sich einen besseren Reim auf ihn machen zu können als in den sechziger Jahren. Rechenberg bleibt so undurchsichtig wie Genoud. Der erlebt diesen Herbst, in dem sich die Bundesrepublik wegen der Schleyer-Entführung in einer Staatskrise wähnt, als Höhepunkt seiner jahrelangen Arbeit für den Nationalsozialismus. Endlich ist das Tagebuch von Joseph Goebbels erschienen, jedenfalls in den letzten Aufzeichnungen. Während Haddad in Bagdad noch immer fassungslos ist, weil die Regierung in Südjemen seinen genialen PFLP-RAF-Plan vereitelt hat, indem sie die «Landshut» zum Weiterflug nach Somalia drängte, denkt Genoud an alte Freunde und schickt David Irving am 4. November Kopien der «Tischgespräche» Hitlers aus seinem Besitz. Das Institut für Zeitgeschichte lädt ihn zu einer Diskussion ein, die am 18. November in München stattfindet. Anlass ist das Erscheinen der Goebbels-Tagebücher aus dem Jahr 1977. Institutsleiter Broszat hält die Teilnahme Genouds für unbedingt erforderlich, schon um zu vermeiden, dass bei der Erörterung dieser Fragen etwas Falsches gesagt wird und in die Öffentlichkeit gelangt. Bei dieser Gelegenheit erlaubt er sich, das alte Problem der nicht bekannten Originale anzusprechen und fragt, ob die deutsche Manuskriptfassung der 1953 von Trevor-Roper herausgegebenen «Table Talks» und des 1959 herausgegebenen

«Le Testament Politique de Hitler» bei Genoud oder anderswo vorhanden oder zugänglich sei. Ganz kann Broszat auf den bewährten komplizenhaften Ton nicht verzichten. Wenn es nämlich zuträfe, was dem Institut «von verschiedener Seite» zugetragen werde, dass nämlich die deutsche Fassung nicht mehr oder teilweise nicht mehr zugänglich, d. h. ein Verlust dieser wichtigen Überlieferung bei Genoud oder den Erben eingetreten sei, würde eine solche Äußerung Aufsehen erregen, weshalb man sich doch besser vorher darüber besprechen sollte.[31] Genoud antwortet am 31. September, nach Rückkehr von einer Reise,[32] dass er selbstverständlich gerne kommt. Zur Frage der Originale äußert er sich aber nicht.

Einen Tag nach dem Goebbels-Kolloquium in München reist der ägyptische Präsident Anwar as-Sadat nach Tel Aviv, um inmitten einer empörten arabischen Umwelt einen Separat-Frieden mit Israel zu schließen. Abu Ijad vom Geheimdienst der PLO sitzt mit seinen Kameraden vierzig Stunden vor dem Fernseher. Die Tränen laufen ihm übers Gesicht, «Minute für Minute verfolge ich diesen Besuch, Inbegriff der Ehrlosigkeit und der Schande».[33]

Nachdem zwei seiner spektakulärsten Aktionen ebenso spektakulär gescheitert sind, ist der Fürst des internationalen Terrors auch politisch ohne Rückhalt. Selbst wenn er bis dahin unter dem Schutz der Sowjetunion gestanden haben sollte – jetzt muss er aus dem Weg geräumt werden.[34] Wadi Haddad ist erst fünfzig Jahre alt, als er am 28. März 1978 völlig überraschend stirbt. Als offizielle Todesursache gilt eine Leukämie-Erkrankung. Um sie behandeln zu lassen, fliegt er nach Berlin, wo er in der Charité Aufnahme, aber keine Heilung mehr findet. In den Stasi-Unterlagen behauptet «eine Quelle aus dem Operationsgebiet» (das ist die Bundesrepublik Deutschland), «im Beisein von ‹Carlos› und einer Verbindungsperson der Quelle [sei Wadi Haddad] 1977/78 ein zellenzersetzender, im Blut nicht nachweisbarer Giftstoff verabreicht worden». Dieses Gift habe zum raschen Tod geführt.[35] Der mit Geheimdiensten vertraute Autor Aaron J. Klein glaubt zu wissen, dass Haddad vom Mossad ermordet wurde, ein Verdacht, der in dieser paranoiden Welt des Verrats und der ständig wechselnden Loyalitäten naheliegt. Es soll gelungen sein, die (belgische!) Schokolade zu vergiften, die er so gern aß.[36] Auf die Frage, warum in der Sache Wadi Haddad nie wegen doch erwiesener terroristischer Taten zum Schaden der Bundesrepublik ermittelt wurde, antwortet die Generalbundesanwaltschaft merkwürdig ausweichend: Einmal heißt es, es gebe keine «Umstände, die einen solchen Verdacht begründen könnten»,[37] dann wieder verbieten sich «Aufnahme oder Fortführung von Ermittlungen gegen einen Toten».[38] Neben Carlos und Georges Habasch reisen auch Stefan Wisniewski und Rolf Heißler (die 2007 von Boock als Mörder Schleyers benannt werden sollten) zu den Trauerfeierlichkeiten für Abu Hani nach Bagdad, wo dessen elfjähriger Sohn eine bewegende Trauerrede auf den gnadenlosen Kämpfer hält.[39]

Im Sommer 1977 konnte Genoud seinen Schützling Bruno Bréguet begrüßen, der nach sieben Jahren in einem israelischen Gefängnis freigekommen ist. Er verschreibt sich sofort der Fortsetzung des Kampfes, an dem ihn die israelische Polizei 1970 gehindert hat. Mehr denn je kann er sagen: «Ich bin ein Palästinenser.» In der Haft sei er allein von dem Gedanken beherrscht gewesen, «eines Tages meine Folterknechte töten zu können».[40] Jetzt meldet er sich mit sieben Jahren Verspätung zum Einsatz bei einem Mann, der ebenfalls 1970 Palästinenser ehrenhalber wurde, bei Carlos.

Genoud nimmt den Landsmann Bréguet an die Hand, will ihn Haddad vorstellen, der ihn ebenso wenig persönlich kennt. Die irakische Botschaft gewährt ihm allerdings kein Visum. Bréguet zieht nach Berlin, schreibt sich an der Universität ein und hält über die Mauer Kontakt zu einer «Organisation internationaler Revolutionäre» (OIR). Carlos hat sie gegründet. Sie besteht aus Johannes Weinrich, Ali Kamal al-Issawi und Magdalena Kopp, die erst Weinrichs Freundin ist, dann zu Carlos wechselt, dessen Frau sie später wird. Magdalena Kopp kommt ebenfalls von den «Revolutionären Zellen», die sich internationalisieren und zerfallen. Carlos will der Nachfolger Haddads werden, und Genoud unterstützt ihn dabei, auch wenn die Operationen der neuen Organisation immer weniger mit dem Nahen Osten und mit Palästina zu tun haben und aus den Revolutionären schlichte Söldner werden. «Meine Freundschaft hat sich auf [Haddads] Freunde übertragen, da gab es keine Veränderung.»[41]

Zuerst müssen sie ein neues Basislager finden, denn aus dem Irak, der inzwischen als Brutstätte für Terroristen gilt, werden sie ausgewiesen. Carlos, Weinrich und Kopp ziehen nach Budapest, wo sie vom ungarischen Geheimdienst beschützt und gleichzeitig überwacht werden. Die Verbindung mit Libyen reißt ab, sodass Carlos dankbar einen Auftrag des rumänischen Geheimdienstes Securitate annimmt. Im Sommer 1978 ist der stellvertretende Chef der rumänischen Auslandsspionage, General Ion Mihai Pacepa, zu den Amerikanern übergelaufen. Carlos soll den Auftrag erhalten haben, diesen Mann sowie eine Anzahl weiterer Regimegegner umzubringen, die im westlichen Ausland leben. Dies hätte die Möglichkeiten der Gruppe jedoch weit überfordert. Dann soll die OIR wenigstens den rumänischen Sender von *Radio Free Europe* in München ausschalten. Mit amerikanischer Unterstützung werden von dort aus antikommunistische Beiträge nach Osteuropa ausgestrahlt, darunter in Fortsetzungen Pacepas Buch «Red Horizons», in dem er mit Nicolae Ceauşescu und dem Kommunismus insgesamt abrechnet. Weinrich übernimmt die Planung, Bréguet und einige weitere Hilfskräfte sollen den Anschlag durchführen. Am 21. Februar 1981 detoniert eine Bombe vor dem Sender und verletzt acht Menschen schwer. Allerdings ist statt der rumänischen die tschechoslowakische Abteilung getroffen worden.

Carlos wähnt sich gleichwohl im Geschäft. Angeblich soll er von Libyen, wo man ihm plötzlich wieder gewogen ist, den Auftrag erhalten haben, den Verräter Sadat umzubringen.[42] Zu Carlos' Ärger kommt ihm die islamistische Al-Dschihad zuvor. Seine eigenen Offiziere töten den versöhnungsbereiten Sadat am 6. Oktober 1981 während einer Militärparade.

Trotz solcher Rückschläge geht die Entspannung auch im Nahen Osten weiter. In Ägypten kommt es nach Sadats Tod wider Erwarten nicht zu einem islamistischen Umsturz. Der Regierungsantritt Ronald Reagans bringt eine Wiederaufnahme der rhetorischen Konfrontation des Kalten Krieges, doch selbst die Großmächte sind nicht mehr an einer ideologischen Auseinandersetzung interessiert. Carlos und seine Leute werden immer mehr zu Fremdlingen in der sich verändernden Welt. Im Ostblock sind sie eingeschlossen, können aber immer noch Waffen für die IRA und die ETA weiterleiten, die ihnen von nach wie vor sympathisierenden Vertrauensleuten zugeschustert werden. Genoud rühmt sich, für den Transfer von libyschem Geld zur IRA nach Irland gesorgt zu haben. «Ich für mein Teil glaube an die irische Sache: Das war die erste Kolonie, und es wird die letzte sein. Ich glaube an diesen Kampf.»[43] Auch das ist ein Ersatzkrieg für den Hitler-Verehrer, und wieder einer, an dem er sich nur aus dem Hintergrund beteiligt, finanzielle Arrangements trifft, Gespräche führt, die richtigen Leute zusammenbringt und zuletzt mit ihnen gemeinsam über die Erfolge jubelt, über tote Soldaten – sofern es die des Feindes sind.

Mit seinem eigentümlichen Verständnis vom antikolonialen Kampf rüstet Gaddafi die IRA kostenlos mit Waffen aus. Allein 1985/86 werden an der irischen Ostküste südlich von Dublin 136 Tonnen Waffen und Munition gelöscht. Überdies erhalten die Rebellen zwei Millionen Pfund Taschengeld.[44] Wenn Genoud, wie er es behauptet, der Verbindungsmann zwischen Libyen und der IRA ist, dann ist er auch für das bis dahin unerhörte Militanzniveau mitverantwortlich, mit dem die irische Untergrundarmee gegen die britische Hoheit über Nordirland losbombte. Gaddafi wird dann aber schwach und lässt es an Idealismus fehlen: «Die wurden von Gaddafi unterhalten, aber dann fallengelassen. Bei den Arabern gibt es immer Verrat …»[45]

François Genoud, der Treueste der Treuen, überträgt seine Loyalität auf den neuen Helden. Carlos und seine Leute betätigen sich als Waffenschmuggler und Erpresser und nehmen jeden Auftrag an. Einer kommt vom syrischen Geheimdienst: Der Chefredakteur der in Paris erscheinenden arabischen Zeitschrift *Al Watan al Arabi,* der Carlos einmal ein unbedachtes Interview gegeben hatte, das ihn hinterher reute, soll bestraft werden. Carlos schickt Magdalena Kopp und Bruno Bréguet nach Paris. Die beiden haben eine Ladung Sprengstoff und Waffen bei sich und dazu den Auftrag, die Zeitschrift anzugreifen. Plötzlich fällt Carlos aber etwas anderes ein, denn er braucht Geld.[46] Der ungarische Geheimdienst weiß durch seine fast lückenlose Überwachung der internationalen Revolutionäre recht genau über den geplanten Anschlag Bescheid und warnt die französischen Kollegen schon vor der Ankunft der Bombenleger. Die werden in einer Tiefgarage in der Nähe der Champs-

Elysées erwischt, versuchen noch zu fliehen, werden aber schließlich doch festgenommen.

Erst jetzt, nach der Ergreifung seiner Freundin, wird der internationale Revolutionär Carlos wieder aktiv. In den letzten Jahren hat er sich in einer Art Vorruhestand befunden. Da er sich nach dem Opec-Überfall, der ihn vor aller Welt im Fernsehen zeigte, im Westen nicht mehr blicken lassen kann, hält er sich mit Vorliebe in den wenigen Bars von Ost-Berlin auf, wo er unter den missbilligenden Blicken des DDR-Geheimdienstes den reichen Geschäftsmann spielt. Mit einer unfassbaren Hilflosigkeit duldet die DDR, dass auf ihrem Staatsgebiet Waffen und Sprengstoff umgeschlagen werden, und sorgt außerdem dafür, dass im Westen gesuchte Terroristen untertauchen können.

Zehn Tage nach der Verhaftung von Bréguet und Kopp langt ein Brief von Carlos beim französischen Innenminister Gaston Defferre an, in dem er Frankreich den Krieg und seine Abgesandten zu «Soldaten» erklärt. «Wir werden es nicht akzeptieren, dass unsere Kameraden im Gefängnis sitzen. Wir werden es nicht tolerieren, dass unsere Kameraden in ein anderes Land ausgeliefert werden. Wir befinden uns nicht im Krieg gegen das sozialistische Frankreich», versichert er dem Minister noch, «und ich bitte Sie, uns nicht zu zwingen, dies zu ändern.»[47] Damit man ihm auch glaube, hat er diese Drohung nicht etwa unterschrieben, sondern mit seinem Daumenabdruck gezeichnet.

Frankreich hat sich bisher allen Extremisten gegenüber äußerst tolerant gezeigt. So konnte sich in Paris immer ein Teil der RAF aufhalten, ohne von der Polizei behelligt zu werden, weil ihre Straftaten ja anderswo stattfanden. Im postkolonialen Weltverständnis war Frankreich ein Asylland, das auch jenen eine Heimstatt bieten wollte, die im Ausland gesucht wurden. Hauptsache, sie ließen Frankreich in Ruhe. Für Carlos' Begriffe hatten nicht er und die internationalen Revolutionäre gegen diesen Comment verstoßen, sondern das «sozialistische Frankreich», weil es nicht bereit war, auf seinem Boden Anschläge gegen ausländische Vertretungen zuzulassen. Deshalb schlägt Carlos mit der ihm eigenen Brutalität zurück. Sechs Wochen nach der Verhaftung Bréguets und Kopps explodiert eine Bombe im Zug von Paris nach Toulon und bringt fünf Menschen um ihr Leben. In den folgenden Wochen sterben französische Botschaftsangehörige in Athen und Beirut. Frankreich lässt sich dennoch nicht bedrängen und stellt die beiden Carlos-Soldaten vor Gericht. François Genoud schickt seinen bewährten Verteidiger Jacques Vergès zu Magdalena Kopp. Für ihn ist sie die neue Djamila Bouhired, und der Anwalt, der die Heldin aus der Schlacht um Algier schon vor vielen Jahren verlassen hat, verliebt sich prompt in die jüngere Inkarnation. «Zu Weihnachten brachte mir Jacques Delikatessen von Fauchon, einem bekannten Luxusgeschäft in Paris. Von seinen Reisen schickte er Postkarten, die für mich in meiner Einsamkeit und Isolation eine ganz besondere Bedeutung hatten.» [48]

Am 22. April, und zwar exakt zum Beginn des ersten Verhandlungstags, explodiert eine Autobombe in der Rue Marbeuf, genau an der Stelle, wo Magdalena Kopp und Bruno Bréguet den Chefredakteur von *Al Watan al Arabi* umbringen sollten. Es ist nur ein Beweis, wozu die Carlos-Gruppe in der Lage ist. Die Bombe verletzt mehrere Menschen lebensgefährlich; eine Frau verblutet am Tatort. Im Gerichtssaal hebt Jacques Vergès zu einer gewaltigen Rede an, mit der er die Freilassung der Angeklagten fordert, damit nicht noch mehr Blut vergossen werde.[49] Das Gericht ist unbeeindruckt; die Angeklagten werden zu vier und fünf Jahren Haft verurteilt.

Magdalena Kopp behauptet, dass sie in ihrer Zelle «so gut wie nichts» über die Anschläge erfahren habe. «Meine Hauptbeschäftigung bestand darin, meinen Tag sinnvoll einzuteilen.» [50] Carlos gibt nicht auf; er will sein Mädchen wiederhaben. In Rom wird im Juni 1982 Christa Margot Fröhlich festgenommen, als sie mit einem Koffer voller Sprengstoff am Bahnhof ankommt. Auch sie war von Carlos losgeschickt worden, um mit einem Attentat die Freilassung Magdalena Kopps zu erzwingen.

Wie um zu unterstreichen, dass die Revolutionäre tatsächlich international operierten, hat Johannes Weinrich im Mai 1982 fünfundzwanzig Kilo Sprengstoff in die DDR eingeführt, die ihm zunächst abgenommen, dann aber wieder ausgehändigt werden, nachdem er versichert hat, dass er das Dynamit nicht einsetzen werde. Mit Wissen der Staatssicherheit schafft Weinrich das Paket in den Westteil der Stadt. Am 25. August 1983 stirbt bei einer Explosion im *Maison de France* am Kurfürstendamm durch diesen staatlich betreuten Sprengstoff ein Mann, einundzwanzig Menschen werden verletzt. Eine Woche später geht in der deutschen Botschaft in Saudi-Arabien ein Brief an den westdeutschen Innenminister Friedrich Zimmermann ein, in dem sich der Absender – es ist wieder der auftrumpfende Macho Carlos – als Teil einer Organisation bekennt, die das «französische Konsulat» (gemeint ist das *Maison de France*) zerstört habe. Zimmermann wird aufgefordert, den Anschlag als Warnung zu begreifen. Er soll «von den Maßnahmen, die von Ihren Vorgängern gegen unsere Organisation unternommen wurden, ablassen». Carlos der Comandante vergisst seine Leute nicht und erinnert an die Genossin, mit der er 1975 die Opec-Konferenz überfiel. Er betrachte, schreibt er, «jede juristische oder polizeiliche Maßnahme gegen Mrs. Kröcher-Tiedemann (oder gegen irgend jemand sonst) wegen angeblicher oder tatsächlicher Verbindung mit Aktivitäten» als «mutwillige Aggression, auf die wir entsprechend reagieren werden».[51]

An Silvester 1983 explodiert im Schnellzug Marseille–Paris eine Kofferbombe und tötet wiederum drei Menschen. Im Bahnhof St. Charles in Marseille, wo der Zug abgefahren ist, explodiert ein weiterer Koffer; es sterben noch einmal zwei Menschen. Fünfzig werden verletzt. Alles zur höheren Ehre von Carlos, der es nicht dulden mochte, dass man ihm die Frau und einen «Soldaten» wegnahm. «An einer Aktion wie der am Bahnhof St. Charles war ich ebenso wenig beteiligt wie an irgendeiner anderen», beteuert Genoud viele Jahre später seine Unschuld. «Das hat auf einer anderen Ebene stattgefunden.»[52]

Wer und was diese andere Ebene ist, verrät er natürlich nicht, ebenso wenig wie er darüber Auskunft gibt, in welchem Verhältnis er zu den Hilfskräften stand, derer sich Carlos bediente, um diese Anschläge durchführen zu können. Aber wie es denn mit den «83 unschuldigen Opfern» stünde, die Carlos zugeschrieben werden, begehrt 1994 ein Journalist von ihm zu wissen. «Es gibt keinen Krieg ohne Opfer», versetzt Genoud mit steinerner Ruhe. Es sei ja schön und gut, Carlos als «Kriminellen und Terroristen» zu bezeichnen, «aber es handelt sich hier eindeutig um einen Weltkrieg gegen den Zionismus. Ich mache das Recht geltend, dass man sich gegen den Feind wehrt und ihn tötet».[53] Wobei Genoud fein heraußen ist, weil er seinen Weltkrieg gegen den Zionismus führen konnte, ohne je selber einen Menschen zu töten.

18. Barbie kehrt heim

François Genoud erlebt das bürokratische Ende einer Jahrzehnte dauernden Jagd am 5. Februar 1983 vor dem Fernseher, doch ihm ist die Genugtuung fremd, die andere bei den Bildern spüren: Klaus Barbie, der «Schlächter von Lyon», ist endlich aus Bolivien ausgewiesen worden und wird demnächst am Ort seiner Verbrechen vor Gericht stehen. Dafür haben Beate und Serge Klarsfeld fünfzehn Jahre gekämpft, denn so lange war der Weltöffentlichkeit bereits bekannt, dass es sich bei dem Geschäftsmann Klaus Altmann, der in La Paz residierte, der den bolivianischen Geheimdienst beriet und einen schwunghaften Waffenhandel betrieb, um den Massenmörder Klaus Barbie handelte. In Südamerika schien er vor jeder juristischen Verfolgung sicher. Die britische Schauspielerin Helen Mirren wird später erklären, dass sie aufgehört habe, Kokain zu nehmen, als ihr klargeworden sei, dass «mein kleiner Koksschniefer auf einer Party direkt zu dem verdammten schrecklichen Mann in Südamerika führte».[1]

Genoud fühlt sich an das Kidnapping von Adolf Eichmann fast ein Vierteljahrhundert zuvor erinnert und findet die Festnahme natürlich «schändlich». «Wir werden uns darum kümmern müssen», sagt er zu seiner Frau, die von diesem einsamen Enthusiasmus nicht begeistert ist. Genoud ist inzwischen siebenundsechzig und durch viele Auseinandersetzungen gehärtet. Die Sensation scheint ihn aufs Neue zu beflügeln; schließlich hat er nie die Träume seiner Jugend vergessen. «Wir werden uns darum kümmern müssen»,[2] verspricht der gute Samariter also, aber so ist er: François Genoud allein im Recht gegen eine Welt von Feinden.

Sein Selbstbewusstsein zeigt sich auch hier wieder ebenso naiv wie wahnhaft. Vor dem näheren Kontakt mit den brutalen Exekutoren des von ihm verherrlichten «Dritten Reiches» ist er bisher immer zurückgeschreckt («Keine Juden-Massaker!»), doch bei Barbie ist es anders. Barbie war in Frankreich stationiert und hat mit Genouds Freunden gearbeitet, den Leuten, die mit den Deutschen kollaboriert haben. Barbie ist ein natürlicher Freund und gehört zur großen Nazi-Familie, der sich auch Genoud zugehörig fühlt. Es braucht nur einen Anruf der Witwe des Fliegerhelden Hans-Ulrich Rudel, die ihm vom Kummer berichtet, der Barbies Tochter befallen hat, und Genoud fühlt sich zu neuen seelsorgerischen Taten gerufen. Er kann nicht anders, als ein weiteres Mal als Beschützer der Beleidigten und Entrechteten aufzutreten.

An Klaus Barbie soll ein ähnliches Exempel wie an Adolf Eichmann statuiert werden, das weiß Genoud, das wissen aber auch die anderen Prozessbeobachter. Es wird das Verfahren gegen den letzten kapitalen Kriegsverbrecher aus dem «Dritten Reich» sein. Barbie kommt stellvertretend für die vielen anderen vor Gericht, die nie belangt wurden. Frankreich hat die Todesstrafe eben abgeschafft, doch das Urteil lebenslänglich steht bereits fest. Der 1913 geborene Lehrersohn Klaus Barbie hatte die Schule nur mit Mühe abschließen können und war schon deshalb geneigt, in den Juden sein persönliches Unglück und im Nationalsozialismus die Rettung zu sehen, vor allem seine. Damals muss der gläubige Katholik ein gutmütiger, sogar empfindsamer junger Mann gewesen sein, denn er hatte Gefängnisse besucht und sich die Betreuung der Insassen zur Aufgabe gemacht. Das neue Regime gab ihm die Möglichkeit, endlich selber Macht auszuüben. Barbie tritt 1935 in die SS ein, wird Gestapo-Mann und übernimmt, nachdem Deutschland 1940 die Benelux-Staaten und Frankreich überrollt hatte, das Judenreferat in Den Haag. Unterwegs entwickelt er sich schon rein beruflich zum Herrenmenschen und Sadisten.

«Loyal war er in erster und letzter Linie nur zu sich selber»,[3] schreibt Tom Bower in seinem Buch über den Mann, der sich bald den Ruf erarbeiten wird, ganz besonders grausam zu sein. In Lyon foltert er Résistance-Angehörige, und deren Anführer Jean Moulin quält er so lange, bis er stirbt. Bei der Polizeiarbeit in Frankreich reift Barbie zum Folter-Experten heran. Er schlägt seine Opfer, drückt ihnen glühende Zigaretten ins Gesicht, taucht sie in der Badewanne unter, treibt ihnen Nadeln zwischen die Rippen bis in die Lungenflügel. Frauen lässt er auf satanische Weise quälen. Die Bewohner des jüdischen Kinderheims von Izieu werden verhaftet und nach Auschwitz transportiert. «Ich bin gekommen, um zu töten»,[4] soll Barbie gesagt haben, und das tut er auch. Für seine Verdienste erhält er bald das Eiserne Kreuz. Der aufstrebende junge Mann fängt sich von seinem obersten Chef Heinrich Himmler nur den Tadel ein, dass er sich nicht entschlossen genug fortpflanze; zwei Kinder sind für einen SS-Mann zu wenig.

Nach der Kapitulation kann sich Barbie eine halbe Existenz auf dem Schwarzmarkt aufbauen, kehrt aber bei erster Gelegenheit zur alten Tätigkeit unter neuer Leitung zurück. Der Wind hat sich gedreht, oder doch nicht ganz: Die Feinde von gestern sind auch die Feinde von heute. Kaum nämlich war der Zweite Weltkrieg auch im Fernen Osten zu Ende, begann ein neuer. Innerhalb weniger Jahre übernahm die Sowjetunion die Macht in den ihrer Einflusssphäre zugeschlagenen Staaten Osteuropas. Die Siegermacht USA weiß wenig über diesen Ostblock. Die Deutschen, die einen weltanschaulichen Feldzug gegen den Bolschewismus geführt hatten (der in den Reden ihres Führers oft nicht vom «internationalen Judentum» zu unterscheiden war), waren deshalb den amerikanischen Freunden nicht bloß willkommen, sondern wurden als die einzigen Experten dringend gebraucht: Fachleute wie Paul Dickopf oder eben Klaus Barbie. Winston Churchill hält 1946 in Fulton eine Rede, in der er von dem «Eisernen Vorhang» spricht, der sich über Europa gesenkt habe und Ost und West teile. Barbie kann den neuen Auftraggebern berichten, dass er über Informanten verfüge, die bis weit hinein in die bis vor kurzem noch mit den USA verbündete Sowjetunion platziert seien. Der Kalte Krieg hat begonnen, und niemand ist besser dafür vorbereitet als die alten Kameraden, die wissen, wo der Feind sitzt.

Während die Amerikaner Klaus Barbie gebrauchen können und anständig bezahlen, ermitteln die Franzosen gegen ihn; die Grenze zur französischen Besatzungszone liegt nicht weit von Memmingen und Augsburg, wo Barbie sitzt und im Schutz der Amerikaner Kommunisten denunziert. CIC-Agent Robert S. Taylor machte 1947 die Bekanntschaft Barbies. Die beiden trafen eine Vereinbarung: Wenn Barbie seine alten SS-Verbindungen kappe, könne er für den CIC arbeiten. Natürlich war bekannt, dass nach Barbie gefahndet wurde, aber, wie Taylor am 27. Mai 1947 in einem Memorandum schrieb, «BARBIE impressed this Agent as an honest man, both intellectually and personally, absolutely without nerves or fear. He is strongly anti-Communist and a Nazi idealist who believes that he and his beliefs were betrayed by the Nazis in power.» [5]

Mit dieser Selbstentschuldung gaben sich seine neuen Arbeitgeber zufrieden: idealistisch, antikommunistisch und vor allem durch nichts zu erschüttern. Das war die alte Schule der Gestapo-Folterkeller.

Spätestens 1949 verlangte Frankreich die Auslieferung Barbies. Viermal insgesamt wurde er von den Franzosen verhört, doch gab es zwischen den verschiedenen französischen Fraktionen so viel Streit, dass er weiter unbehelligt blieb. Die Amerikaner mussten Barbie allmählich loswerden und übergaben ihn der Obhut der katholischen Kirche. Sie bezahlten Pater Krunoslav Draganovic, einem kroatischen Faschisten,[6] der die «Rattenlinie» für die Flucht genau dieser Art lästig gewordener Mitarbeiter betrieb, 1400 Dollar je Erwachsenen (Barbie reiste mit seiner Frau und den zwei Kindern aus). Noch in München empfing er einen Ausweis des Roten Kreuzes auf den Namen «Klaus Altmann», fuhr nach Genua und erhielt neben der Passage nach Buenos Aires fünfzig Dollar Zehrgeld. Pater Draganovic begleitete ihn bis an den Hafen und soll gesagt haben: «Wir müssen eine Art Reserve aufbauen, auf die wir in Zukunft zurückgreifen können.»[7]

Am 22. März 1951 verließ Barbie auf der *Corrientes* Genua und Europa, einer der letzten Kriegsverbrecher, die ausgeschifft wurden. Barbie erhielt laut Einwanderungsakte 92 368/51[8] eine unbefristete Aufenthaltsgenehmigung für Argentinien, reiste aber wie mit dem kroatischen Pater vereinbart weiter nach Bolivien. Er musste sich jetzt allein durchschlagen. Der ehemalige Schwarzmarktprofi zeigte auch im Busch Geschäftsgeist. Zunächst betreibt er, mit mäßigem Erfolg, etliche Plantagen, ein Sägewerk, ein Transportunternehmen. Der Vietnamkrieg steigert die Nachfrage nach Chinin. Barbie liefert den Rohstoff für schmerzstillende Mittel an die deutsche Firma Boehringer; das Geld geht auf ein Tarnkonto auf den Bahamas. Die Nähe zum Militär bringt Barbie die Aufträge ein, die ihm – anders als beispielsweise dem SS-Kameraden Eichmann – ein angenehmes Leben sichern. Er rüstet die bolivianische Armee mit europäischen Waffen aus und arbeitet dabei sogar mit Frankreich zusammen. 1967, nach dem Sechs-Tage-Krieg, erhält er über den bolivianischen Botschafter in Madrid das absurdeste Angebot: Israel, das unter dem Waffenembargo zu leiden hat, hofft auf neue Lieferungen, die auf dem Papier erst nach Bolivien geleitet werden sollen, allerdings auf dem Meer, außerhalb jeglicher Hoheitsgewässer, von Israel übernommen würden. Den Transport soll die Transmaritima übernehmen, Generaldirektor: Klaus Altmann. General Barrientos, 1964 mit nordamerikanischer Hilfe Präsident geworden, erhält zehn Prozent des Frachtwertes als Schweige- und Komplizengeld.

Die U. S. Army hatte nach 1951 alle Verbindungen mit Barbie abgebrochen, doch Mitte der sechziger Jahre wird man wieder auf den stillgelegten Agenten aufmerksam. Einer der Geheimdienstleute, der ihn aus der Zeit in Deutschland kennt, empfiehlt ihn als Informationsquelle für Südamerika. Der Schock über die kubanische Revolution wirkt nach, und die Forderung Che Guevaras, gleich mehrere Vietnams zu schaffen, verbreitet Furcht und Schrecken. Und so verständigt man sich zwischen Army und CIA über diesen Klaus Barbie, der inzwischen Altmann heißt und gelegentlich als Folterberater für das bolivianische Innenministerium arbeitet, aber bei Bedarf auch beim Nachbar-Diktator Stroessner in Paraguay aushilft. Man erinnert sich seiner alten Leistungen und überlegt, ob Barbie sich nicht wenigstens als Berater für die schwierigen Verhältnisse in Südamerika heranziehen ließe.

Barbie wusste, dass er beobachtet wurde. Einmal war er schon nach Peru ausgewichen, doch konnte er sich bisher immer darauf verlassen, dass die Regierung ihn schützte. Sogar nach Deutschland reiste der Geschäftsmann Klaus Altmann, zu Verhandlungen mit der Hapag-Lloyd. Trotz eines Haftbefehls störte sich niemand an seiner Reisetätigkeit. Er muss zufällig in Hamburg gewesen sein, als Monika Ertl dort am 1. April 1971 Robert Quintillada erschießt, den bolivianischen Generalkonsul, der zu dem Kommando gehört hatte, das 1967 Che Guevara zur Strecke brachte. In Bolivien versucht Monika Ertl anschließend, zusammen mit Régis Debray Barbie zu entführen. Der Versuch scheitert, sie wird umgebracht. 1967 war Debray zum ersten Mal nach Bolivien gefahren, und zwar im Auftrag der Zeitschrift *Révolution.* «Es war der Redakteur Vergès, der den jungen Studenten Régis Debray nach Bolivien schickte auf die Suche nach Ché Guevara und dessen Guerilleros.» [9] Er wurde verhaftet, angeblich auch gefoltert, vier Jahre eingesperrt, aber nach internationalen Eingaben wieder freigelassen. Die geplante Entführung Barbies in das sozialistische Chile von Präsident Salvador Allende scheitert.

Reporter besuchten Barbie ganz offen, plauderten mit ihm über die alten Zeiten, ließen sich seine Hetzreden gegen das verkommene, verjudete Deutschland gefallen und fuhren wieder heim. 1979 hatte sich Gerd Heidemann vom *Stern* mit ihm getroffen, der hoffte, mit Barbies Hilfe den angeblich immer noch herumgeisternden Martin Bormann zu finden. Barbie war ein Monster, das frei herumlief, das besichtigt, angestarrt, auch bewundert werden konnte, wie es Heidemann tat, der sich bei ihm nachträglich entschuldigte, weil der *Stern* aus seinem, aus Heidemanns Material eine unfreundliche Geschichte über den «SS-Spezialisten für Folter, Mord und Hinrichtungen» gebastelt habe. In einem Brief vom 22. August 1981 bat Heidemann Barbie zerknirscht um «Verzeihung». «Ich bedaure sehr, durch diese dumme Geschichte Ihre Freundschaft verloren zu haben», und das zu einem Zeitpunkt, da «ich gerade Ihnen eine wichtige Sache anvertrauen möchte und dazu evtl. Ihren Rat benötige».[10] Dieses Rats, das wurde im Frühjahr nach Barbies Ergreifung deutlich, war Heidemann dringend bedürftig. Er hätte den alten SS-Mann liebend gern als Gutachter für die Hitler-Tagebücher beigezogen, die der «Detektiv» (*Stern*-Werbung mit dem Reporter Heidemann) durch seine Begeisterung für alle Arten von Nazi-Souvenirs «aufgespürt» hatte.

Nachdem sich eine französische Gruppe um Beate Klarsfeld und ihren Mann Serge jahrelang um die Auslieferung Barbies bemüht hatte, gelang sie endlich unter der sozialistischen Regierung François Mitterrands und mit Hilfe einer neuen bolivianischen Regierung, die endlich einmal nicht so korrupt war.

Deutschland bleibt er erspart. Die Bundesrepublik zeigt nur sehr wenig Interesse, den aus der bolivianischen Staatsbürgerschaft entlassenen Klaus Altmann aufzunehmen und anzuklagen. Der westdeutsche Botschafter in La Paz hatte es dem Ministerpräsidenten Hernán Siles Zuazo zu erklären versucht: Im Oktober 1982 war Helmut Kohl (CDU) im Bundestag zum Kanzler gewählt worden, und im März sollten Wahlen die neue Koalition aus CDU und FDP bestätigen. Vier Wochen vor der Bundestagswahl hätte dieser Wiedergänger aus der deutschen Vergangenheit nur gestört.

Wenn auch nicht in der leibhaftigen Gestalt von Klaus Barbie, so kehrt der Nationalsozialismus in jenen Jahren doch in vielfältiger Form nach Deutschland zurück. Albrecht Knaus, der mittlerweile Hoffmann und Campe verlassen hat, bringt 1981 in seinem neuen Verlag, den er unter eigenem Namen im Haus Bertelsmann führt, endlich die deutsche Ausgabe von Hitlers «Politischem Testament» heraus.[11] Zwanzig Jahre sind vergangen, seit Engländer und Franzosen von den arabischen Großmachtträumen des Führers lesen durften; jetzt soll auch sein eigenes Volk davon erfahren. Wie in den früheren Ausgaben stammt die Einführung von Hugh Trevor-Roper.

Am 25. April 1983 verkündet die Leitung des *Stern*, dessen Verlag ebenfalls zu Bertelsmann gehört, dass Hitler ein Tagebuch geführt habe, das in den kommenden Monaten veröffentlicht werden soll. Nicht anders als im Fall der Goebbels-Tagebücher wird scheinheilig die Wahrheit beschworen, die es hier endlich zu lesen gebe. Auf das Angebot, Martin Bormanns Testament drucken zu dürfen, reagierte der *Stern* 1964 mit der Zusicherung, «den Sinn der zur Veröffentlichung ausgewählten Dokumente weder durch Hinzufügung noch durch Kürzung zu verändern». Die Veröffentlichung – Genoud klingt nicht anders – soll «ausschließlich im Interesse der historischen Wahrheit erfolgen».[12] Das war allerdings noch die Zeit des legendären Chefredakteurs Henri Nannen. Der aktuelle Chef Peter Koch verspricht deshalb auch gleich, dass die Geschichte des «Dritten Reiches» wegen dieser Tagebücher «in großen Teilen neu geschrieben werden müsse». Als vermeintlicher Experte und erwiesener Nazi bestätigt Genouds alter Freund Karl Wolff bereitwillig, dass diese Hitler-Tagebücher echt seien. Wolff, der sich selbstverständlich als «Idealist» versteht, ist dankbar, dass er «an einer Korrektur der Geschichte des Dritten Reiches mitarbeiten konnte».[13] Für den internationalen Verkauf wird als Gutachter wiederum Hugh Trevor-Roper beigezogen, der die Tagebücher nach sehr kurzer Inaugenscheinnahme für echt erklärt. Allerdings steht der Historiker nebenbei in den Diensten Rupert Murdochs, dessen *Sunday Times* die Tagebücher ankauft.[14]

Es ist, als würden alle einer Art von pornographischem Reiz erliegen, von dem der Bertelsmann-Vorstand Manfred Fischer selbst noch schwärmt, als die «Tagebücher» innerhalb einer Woche als recht plumpe Fälschung entlarvt sind: «Es ist ein geradezu sinnliches Erlebnis, so ein

Ding in der Hand zu haben. Diese Gewissheit – das Tagebuch hat DER geschrieben – und jetzt halte ich es in der Hand!» Genoud, mit dem sich Heidemann vor der Veröffentlichung ebenfalls besprochen hat, nimmt die Gelegenheit wahr, sein Lieblingsthema zu propagieren: Die Tagebücher bestätigen für ihn «den seit einigen Jahren in der neueren NS-Forschung feststellbaren Trend zur Neubewertung und Rehabilitierung des politischen Avantgardisten Adolf Hitler».[15]

Barbie kommt da wie gerufen. Nach der Überstellung des Gefangenen ruft der hilfsbereite Genoud den bewährten Jacques Vergès an und fragt ihn, ob er bereit sei, die Verteidigung Barbies zu übernehmen. Vergès bestreitet, dass sie Freunde seien, dass sie es je gewesen seien, aber er sagt: «Ich bin – und ich brauche dies nicht zu verbergen – Genoud in den Wandelgängen der FLN begegnet.»[16] Lieber wäre er François Mitterrand begegnet, erklärt er mit der ihm eigenen Maliziosität, doch sei der «als Justizminister und als Innenminister für die Unterdrückung zuständig» gewesen.[17]

Für Vergès, den ein «tief sitzendes Bedürfnis nach Rampenlicht und Berühmtheit» treibt,[18] ist Klaus Barbie die Rettung. Nach sieben Jahren, die er unbekannten Aufenthalts war und sich Gerüchten zufolge entweder bei seinem Jugendfreund Pol Pot in Kambodscha oder bei den jüngeren Freunden von der PLO in Syrien, vielleicht auch im Kongo aufgehalten hat, ist er eines Tages plötzlich wieder in Paris aufgetaucht. Vergès selber erklärte, er sei «auf der anderen Seite des Spiegels» gewesen, was zu der Deutung Anlass geben sollte, dass er sich zwischendurch als Guerillakämpfer durchgeschlagen habe und selber mit der Waffe in der Hand im Dschungel herumgelaufen sei. Wahrscheinlicher und weit weniger glamourös klingt die Version, dass er krank war und zumindest zeitweise in einem Sanatorium lebte.[19] Der Fall seines deutschen Kollegen Klaus Croissant sollte sein großes Comeback werden. Croissant, ein Wahlverteidiger Andreas Baaders und der Unterstützung einer terroristischen Vereinigung verdächtigt, floh im Sommer 1977 nach Paris, wo ihn Vergès als politischen Kämpfer präsentierte, der mit knapper Not einem Polizeistaat entronnen sei. «Klaus und er waren sich ähnlich», meint Peter O. Chotjewitz, der ebenfalls Anwalt ist. «Vielleicht waren sie sogar befreundet»,[20] aber das glaubt er selber nicht. Trotz der nicht geringen Sympathie, die die RAF in Frankreich genoss, wurde Croissant einen Monat nach der Selbstmordaktion in Stammheim nach Deutschland ausgeliefert. Barbie bietet Vergès endlich die ersehnte Gelegenheit, sich mit einem politischen Prozess wieder in Szene zu setzen.

Nach Genouds Anfrage bittet sich Vergès zwei Tage Bedenkzeit aus und sagt dann zu. Ein so stilbewusster und geltungssüchtiger Mann wie er weiß genau, dass es keine schlechte, sondern nur nützliche Reklame gibt. Der maoistische Freibeuter, der ehemalige Résistance-Soldat, der einst für die Freiheit Frankreichs und gegen die nationalsozialistische Gewaltherrschaft gekämpft hat, wird sich immer wieder dafür rechtfertigen müssen, weil er sich ausgerechnet mit dem bekennenden Nazi Genoud zusammentut, aber letztlich dient auch das nur seinem Ruhm. Genoud nimmt seine Reisediplomatie wieder auf und fährt nach München, um Witwe Rudel und Tochter Barbie aufzuklären. «Maître Vergès ist Kommunist, ein Gegner; er war bei *France libre* dabei. Aber er ist ein mutiger Mann, einer, der keine Angst hat zu schockieren. Ich glaube, dass er viel geeigneter wäre, Ihren Vater zu verteidigen als irgendein Winkeladvokat aus Lyon.» [21]

Mit dem Winkeladvokaten ist Alain de La Servette gemeint, der Barbie zunächst vertreten hat und von Vergès in einem atemberaubenden Tempo verdrängt wird. Für den großen Auftritt tut er alles. Entgegen seiner angestrengten Mondänität, die er von der Zigarre bis zu seiner Büroausstattung wie aus einem Marlene-Dietrich-Film zelebriert, ist Vergès aber kein guter Verteidiger und bestimmt nicht der Mann, den sich Genoud für Barbie gewünscht hätte. Allerdings hat er sich seit den sechziger Jahren ein Album von illustren Mandanten angelegt, und dabei ist es ihm ziemlich egal, ob es sich um Blutsäufer aus Afrika, Terroristen, Rechtsradikale oder gleich richtige Nazis handelt. In einem letzten Radikalisierungsschub fand dieser Vergès erstaunliches Gefallen daran, Auschwitz-Leugner wie Roger Garaudy zu vertreten und sich die antisemitischen Sprüche seiner Mandanten wie bunte Ketten um den Hals zu hängen. Im Mittelpunkt steht ohnehin nie der Angeklagte, sondern sein besseres Ich, der Anwalt, Maître Vergès. Darum wird er sich später auch um die Verteidigung Saddam Husseins bemühen (er wurde nicht zugelassen) und um die von Slobodan Milošević (er wurde deswegen kurz ein Held in Serbien und trat als Gastredner auf einer politischen Versammlung auf). In den meisten seiner spektakulären Fälle war er wenig erfolgreich, schon allein, weil er dem Gericht mit seiner Geltungssucht und mit Plädoyers, die oft wenig mit dem Fall zu tun hatten, einfach nur auf die Nerven ging.

Vergès provoziert leidenschaftlich gern – auch das verbindet ihn mit Genoud –, aber er ist selbst für Anwaltsverhältnisse extrem selbstgefällig, wenn er kokettiert: «Im Herzen des schlimmsten Kriminellen gibt es einen Garten der Unschuld.»[22] Einen ungeheilten und offensichtlich unheilbaren Gestapo-Mann wie den vielfachen Mörder Klaus Altmann, *né* Barbie, hatte der ehemalige Anti-Nazi Vergès bei aller Provokationslust bis dahin aber nicht vertreten. Genoud formuliert einen Brief, in dem Barbie Vergès bitten soll, ihn zu verteidigen. Er veranstaltet im Nazi-Freundeskreis auch eine Umlage, mit der die Kosten für den prominenten Anwalt aufgebracht werden sollen. Vergès lässt sich gern helfen und bestreitet lediglich, dass ihm der «Schweizer Neonazi François Genoud» das Hotel bezahlt habe.[23]

So hat sich ein *Trio infernal* zusammengefunden, wie es übler gar nicht denkbar ist: der Mörder Klaus Barbie, dem sein Alter den Anschein der verfolgten Unschuld gibt; der ewige Widerstandskämpfer Vergès, dem die Gegner ausgegangen sind; und der unbelehrbare Nazi Genoud, der die beiden im Namen Hitlers zusammengebracht hat, welcher für ihn längst vom grellen Flair eines Befreiungstheologen umgeben ist. Egal, wie es ausgeht, für das Aufsehen ist gesorgt.

Genoud, der Barbie als «*mon capitaine*» anspricht, verteidigt sein Engagement nonchalant mit dem schlichten Satz: «Jeder hat seine Hobbys.»[24] Dass dieser Eifer seinen Ruf schädigen könnte, scheint ihn weniger gekümmert zu haben als die Sorge, es könnte dem Angeklagten womöglich ein Leids geschehen. Der treue Gefängnisgast Genoud besucht deshalb den großen Ausrotter regelmäßig in seiner Zelle und hört damit auch nach der Verurteilung nicht auf. Worüber sie dabei gesprochen haben, ist nicht bekannt, aber es dürfte ein vor allem seelsorgerisches Verhältnis gewesen sein, das François Genoud das vertraute, gute Gefühl gab, jemandem beizustehen, den die ganze Welt hasst. Maître La Servette resigniert und ist von Vergès' Bereitschaft irritiert, Geld aus der Nazi-Ecke zu nehmen: «Ich weiß immer gern, woher mein Honorar kommt.»[25]

Vergès geht einiges durch den Kopf. Seinen Auftrag begreift er nicht nur als juristisches und politisches Mandat, er will selber eingreifen und bespricht mit Carlos und Weinrich, wie man den Beschuldigten aus dem Gefängnis befreien könnte. Bei einem dann selber andernorts, vielleicht weiter im Osten zu organisierenden Schauprozess könnte Barbie als Kronzeuge gegen die USA auftreten, die ihn so lange protegiert hatten. Von dieser Idee kommt Vergès wieder ab. Carlos notiert für einen seiner Genossen: «Die Sache mit Barbie brauchst du nicht mit den sozialistischen Ländern zu verhandeln.»[26] Auch Magdalena Kopp leistet Prozesshilfe: In ihrer Zelle übersetzt sie Artikel aus deutschen Zeitungen und strickt einen Pullover für Vergès.[27]

Immer wieder wird der Prozess verschoben, bis er nach vier Jahren, am 11. Mai 1987, endlich beginnt. Genoud schwebt eine Verteidigung vor, wie er sie auch bei Eichmann empfohlen hatte, an die sich der Angeklagte damals aber nicht halten wollte. Barbie soll sich dem Prozess verweigern und durch sein Schweigen auf das Unrecht hinweisen, das ihm durch die Auslieferung aus Bolivien widerfahren sei. Barbie tut wie befohlen und bezeichnet sich als «juristisch abwesend». Er bittet darum, nicht mehr vor Gericht erscheinen zu müssen, was ihm ohne weiteres bewilligt wird.

Genoud glaubt im Ernst, er könne seinen Freund nach der bewährten Maxime «ein gefallener Mann, ein Opfer von Verbrechen»[28] verteidigen lassen. Beim Handel mit Nazi-Schriftgut stockt lang schon der Nachschub, aber das Zeug ist immer noch begehrt, wie die Affäre um die Hitler-Tagebücher wieder gezeigt hat. Genoud besorgt eine Schreibmaschine, und bald schmuggelt Vergès Barbies sogenannte Memoiren aus dem Gefängnis.[29] Der ehemalige SS-Unterscharführer Franz Schönhuber, CSU-Renegat und inzwischen Chef der rechtsgerichteten Republikaner, bekommt die ersten Seiten des Tagebuchs zu lesen, hat aber keine Verwendung dafür. Die Notizen sind nicht sensationell genug und auch sonst wenig ergiebig.[30] Vielleicht lag dem Tatmenschen Barbie das Schreiben einfach nicht.

Für die Ankläger wird es nicht leicht, Barbie überhaupt weiterer

Vergehen zu beschuldigen, da er wegen seiner bekannten Verbrechen bereits zwei Mal in Abwesenheit zum Tode verurteilt worden war, wodurch diese Untaten nach französischem Recht abgegolten sind. Es treten Überlebende auf, Angehörige der Opfer, Zeugen der Taten Barbies, aber Vergès beeindruckt das alles nicht. Als der Friedensnobelpreisträger und Holocaust-Überlebende Elie Wiesel vom Mord an den Juden spricht, trumpft der Anwalt auf seine bezaubernde Weise auf: Und wie es mit dem Mord an den algerischen Kindern stehe, mit My Lai, mit der Ermordung von Palästinensern durch israelische Soldaten? Er operiert so schamlos, wie es sich sonst niemand trauen würde. Als vom Nazi-Gesetz die Rede ist, das für Juden das Tragen des gelben Sterns zur Vorschrift machte, kontert Vergès mit einem klassischen Vergès-Argument, das nichts zur Sache beiträgt, aber seinen Ruhm als Brachialverteidiger weiter vermehrt: «Meine Mutter brauchte keinen Stern. Sie war gelb von Kopf bis Fuß.»

Vergès hat selber berichtet, wie überrascht, ja, wie schockiert Barbie war, als er sah, wer ihn vor Gericht vertreten sollte. Ein Mischling! Ein asiatischer Untermensch! Das sagte er natürlich nicht, es war jedoch seinem Blick anzumerken. Es ist aber dann Vergès, der die einfache Strategie Genouds unterläuft und mit der ihm eigenen Pompositāt das Verfahren umkehren und Frankreich den Schauprozess machen will. Der Anwalt benutzt den Rassismus, um den Rassismus anzuprangern. Sein Verteidiger-Team ist entsprechend organisiert: Vergès selber ist Eurasier, Nabil Buaitra stammt aus Algerien, Raul Jiménez aus Bolivien und Jean-Martin Mbemba aus Brazzaville. Zusammen bilden sie einen einzigen Vorwurf an die französische Mehrheitskultur, vor allem der Schwarze Mbemba, für den die Verbrechen des Nationalsozialismus nichts wiegen im Vergleich mit der Apartheid, die bis zum Prozess (also noch 1987) in Südafrika bestanden hat und von allen toleriert wurde. «Können Sie über Barbie richten?», fragt er die Richter beschwörend.

Vergès hat den Beruf des Anwalts öfter mit dem eines Künstlers verglichen[31] und besteht darauf, dass ein Anwalt und sein Klient sich fremd bleiben müssten. Barbie ist ihm ganz und gar fremd, er hat auch keinerlei Interesse, ihn näher kennenzulernen. Das mag in Barbies Fall sogar verständlich sein, entspricht aber nicht ganz dem Berufsbild des

Anwalts, der sich mehr als Verteidiger und weniger als Künstler verstehen sollte. Selten wurde ein Angeklagter so schlecht verteidigt wie Barbie.

Es geht aber auch gar nicht um Barbie. Vergès startet einen Generalangriff auf Frankreich, auf das Frankreich, das mit Hitler-Deutschland kollaboriert hatte, das Frankreich, das seiner Meinung nach die Hitler-Verbrechen in Indochina und Afrika fortgesetzt hatte und sich jetzt einen alten Mann vorlädt, um diesen als Sündenbock für die eigenen Verbrechen zu bestrafen. Staatspräsident François Mitterrand hatte 1981 bei seinem Amtsantritt als Erstes das Grab des Freiheitskämpfers Jean Moulin im Panthéon aufgesucht, der durch Barbie gestorben war. Später kam heraus, dass der gleiche Mitterrand nicht nur eine sehr gewundene politische Laufbahn hinter sich hatte, sondern auch jedes Jahr Blumen am Grab des Kollaborateurs Pétain niederlegen ließ.

Mit dieser Schizophrenie hätte sich Vergès beschäftigen können, hätte das die Möglichkeiten seiner forensischen Kunst nicht doch überstiegen. Der ehemals linke Revolutionär Jacques Vergès kennt nur mehr zwei Feinde: das französische Establishment und Israel, womit er im Zweifel alle Juden meint. Der Antirassist ist längst selber zum Rassisten geworden. Das verbindet ihn mit Genoud und auch mit Barbie. Weniger an ihm als an Frankreich, das den Kriegsverbrecher anklagt, will Vergès ein Exempel statuieren: Der Résistance-Kämpfer beschuldigt seine Landsleute der Kollaboration, über die bis heute nur sehr zögernd gesprochen wird. Dabei tritt zwangsläufig die neue Kollaboration in den Hintergrund, die durch wendige Gestalten wie Barbie nach dem Krieg in Deutschland fortgesetzt wurde, weil Männer wie er – ehrlich, idealistisch für die einen, angstfrei, rücksichtslos, brutal zu den anderen – immer gebraucht werden.

Niemand hätte erwartet, dass einer, der als junger Mann mit de Gaulle gegen die deutsche Besatzung kämpfte, eines Tages – weit über sein Mandat hinaus – einen Administrator der deutschen Gewalt verteidigen würde. Niemand hatte allerdings auch erwartet, dass Vergès mit seiner Theatralik so drastisch scheitern würde; selbst die Schlachtenbummler wandten sich enttäuscht von ihm ab. Nur zeitweise gelang Vergès das Kunststück, die Verteidigung Barbies mit seinem eigenen, von Frantz Fanon inspirierten Antikolonialismus zusammenzuführen: «Unsere moralische Überlegenheit kommt daher, daß wir im Namen der Menschheit sprechen, die Ankläger im Prozeß sprechen nur im Namen des weißen Europäers. Macht weiter so, dann wird man euch auslachen von den anderen Ufern der Ozeane.»[32]

Wer ihm noch einen Rest der alten *gloire* zugebilligt hätte, einen Hauch wenigstens von der Romantik, die ihn doch umgab, weil er sich in den Kolonialkrieg gegen Frankreich eingemischt hatte, weil er die Partei der Freiheitskämpfer ergriffen hatte, erlebte das Fiasko des ehemaligen Résistance-Kämpfers. Die Regierung unter General de Gaulle hatte Vergès wegen seiner FLN-Nähe einst töten wollen, der französische Geheimdienst «Service action» hatte den Anschlag schon vorbereitet, als Ministerpräsident Michel Debré dann doch zurückzuckte.[33]

Im Gerichtssaal hatte Barbie nichts Satanisches mehr. Der Greis, den Genoud im Gefängnis besucht, ist nicht viel älter als er, eine im Alter sogar ansehnlicher gewordene Hülle, bei der fast nichts mehr an das erinnert, was Klaus Barbie einmal war: ein Sadist, der im Auftrag einer mörderischen Ideologie wütete. «Sprechen Sie Klaus Barbie frei!», verlangt Vergès bei seinem dramatischen Auftritt vor dem Hohen Gericht. «Sprechen Sie Klaus Barbie frei, im Namen der Menschheit, von Recht und Gesetz und im Namen Frankreichs», lautet am Ende das matte Plädoyer. Es ist das Privileg jedes Anwalts, nicht bloß mit Recht und Gesetz zu argumentieren, sondern zu versuchen, Gericht und Publikum moralisch zu beeindrucken. Bei Vergès war die Moral nur ein rhetorisches Mittel unter vielen. Wenn einer seine Macht nutzt, um vierundvierzig Kinder eines jüdischen Waisenhauses möglichst kraftsparend zu expedieren und dafür zu sorgen, dass sie so rasch wie möglich nach Auschwitz transportiert und dort ohne Verzug umgebracht werden, versagt jegliches rationale Argument. Ebenso wenig ist zu begreifen, wie jemand für einen solchen Vollzugssadisten Verständnis, ja sogar Zuneigung aufbringen kann, wie es Vergès im Interesse seiner eigenen Sache behauptet.

Mehrfach kommen beim Wortwechsel zwischen Staatsanwaltschaft und Verteidigung François Genoud und dessen Rolle zur Sprache. Es wird überlegt, ob man ihn vorladen solle, aber dann unterbleibt der

Auftritt doch. Genoud wäre womöglich gar nicht so ungern gekommen. Das Gericht verurteilt den inzwischen dreiundsiebzigjährigen Barbie schließlich nach einem nur zweimonatigen Prozess zu lebenslanger Haft. Soldatisch, wie man das von ihm erwarten konnte, nahm Barbie das Urteil zwar nicht an, aber hin. Zum Schluss hatte er die Courtoisie, seine letzten Worte auf Französisch zu sprechen: «Ich habe die Razzia von Izieu nicht begangen. Ich hatte nie die Macht, über Deportationen zu entscheiden. Ich habe den Widerstand bekämpft. Das war der Krieg. Der Krieg ist vorbei. Danke.» [34]

Zu seinen größten Schätzen zählte Genoud eine Karte, die der sterbenskranke Klaus Barbie 1991 dem Witwer nach dem Tod seiner Frau geschrieben hatte und die nur in der Aufforderung bestand: «Kopf hoch!»

19. Goebbels, noch einmal

Am 18. November 1977 veranstaltet das Münchner Institut für Zeitgeschichte ein Kolloquium über Urheberrecht und Wissenschaftsfreiheit. Als *habitué* und langjähriger Geschäftspartner ist auch François Genoud eingeladen, weil der über das Urheberrecht an Joseph Goebbels verfügt oder es jedenfalls erfolgreich beanspruchen kann. Als wollte man diesen zweifelhaften Rechtsanspruch bestätigen, wird er im Verzeichnis der Gesprächsteilnehmer ein weiteres Mal als «Verleger» aufgeführt.[1] Der Gast zeigt die gewohnte Höflichkeit, entschuldigt sich erst («Ich spreche Ihre Sprache nur schlecht») und kommt dann auf das Urheberrecht, die «kleine Lücke», die der Rechtsstaat gelassen und die er entdeckt habe. «Ich meine, es ist sehr positiv von Ihrem Rechtsstaat, daß dieses bescheidene Recht der Entrechteten respektiert wurde.»[2] Das mit dem entrechteten Goebbels sagt er sicherlich lächelnd, und neben ihm sitzen Wissenschaftler und Juristen und müssen sich, sei's aus Höflichkeit, sei es, weil sie dem «Verleger» noch mehr jener kostenpflichtigen Dokumente zu verdanken hoffen, diese Frechheit gefallen lassen.

Auch hier nimmt Genoud die Gelegenheit wahr, Rolf Hochhuths Einleitung zur Goebbels-Ausgabe bei Hoffmann und Campe als «sehr beleidigend für den Autor» zu bezeichnen. «Und ich sehe auch gar nicht ein, warum man ehemaligen Verantwortlichen von Deutschland gegenüber, weil sie Nationalsozialisten waren und weil sie den Krieg verloren haben, nicht ein Minimum Anstand und Achtung erweist.»[3] Sich selber braucht Genoud diesen Vorwurf gewiss nicht zu machen, denn er weiß, was sich gehört, und wird den «ehemaligen Verantwortlichen» seine Achtung bis zu seinem letzten Atemzug bezeigen.

Bei der gleichen Gelegenheit erklärt Ferdinand Sieger, der als Urheberrechtler drei Jahre zuvor den Rechtsanspruch Genouds bestätigt hat, dass es mit den Gesetzen nach 1945 möglich gewesen wäre, «das Urheberrecht zu konfiszieren (...). Es ist nicht geschehen».[4] Alles Weitere regelt das Gesetz von Angebot und Nachfrage.

Das historische Gewissen, das Genoud keine andere Wahl ließ, als der

Veröffentlichung der Tagebücher zuzustimmen, zahlt sich jetzt aus. Nach all den Jahren, die er mit der Betreuung verstreut herumschmollender Nazis und ihren Hinterbliebenen verbracht hat, nach all dem selbstlosen Liebesdienst am geistigen Erbe des Nationalsozialismus setzt Genoud mit Goebbels plötzlich viel Geld um; 131 875,– DM zahlt allein der *Stern* für das Recht, aus den Tagebüchern einen Vorabdruck bringen zu dürfen. In den vier Jahren nach Erscheinen kommen für Genoud insgesamt 683 786,44 DM zusammen.[5]

Dann ist da noch der übergangene Bote. Erwin Fischer klagt auf Schadenersatz und erhält vor Gericht schließlich Recht und seine ursprünglich vereinbarte Entschädigung. Zu Genouds großem Ärger, der sich aus den Auslandsrechten weitere Einnahmen versprochen hatte, erscheint 1983 in London und New York eine nicht von ihm autorisierte Ausgabe der «Goebbels Diaries». Das Material dafür – Aufzeichnungen aus den Jahren 1939 bis 1941 – war Jahre zuvor in Hamburg während der Transkribierung der Goebbels-Handschrift für eine Druckfassung unter mysteriösen Umständen entwendet und von Unbekannten in London verkauft worden. Genoud verklagt Hoffmann und Campe auf Schadenersatz.

Sein Ärger wird nicht dadurch gemildert, dass Hoffmann und Campe seinen Goebbels dann doch nicht so ausführlich zu Wort kommen lassen will, sondern die geplante Goebbels-Edition abbricht. Der Scoop von 1973 hatte sich nicht in den erwarteten wirtschaftlichen Erfolg ummünzen lassen. Statt der erhofften 75 000 Exemplare werden nur 34 555 verkauft. Albrecht Knaus' Nachfolger sondieren die Möglichkeiten, wie sich die Reste noch einigermaßen ertragreich veräußern lassen könnten.

Ein anderer Verlag kommt nicht in Frage, da sich (gemessen am Aufwand) die kommerzielle Auswertung bereits als Fehlschlag erwiesen hat. Bleibt, wie immer in solchen Fällen, der Staat, genauer die von ihm beauftragten Institutionen zur Erforschung der Zeitgeschichte. Einrichtungen wie das Bundesarchiv und das Institut für Zeitgeschichte (IfZ) sind seit je daran interessiert, Dokumente, Materialien jeder Art und alles Schriftgut anzukaufen, das ihrem Forschungs- und Archivierungsauftrag dienen kann. Eberhard Böckel, der neue Verlagsleiter bei Hoffmann und Campe, tritt deshalb in Verhandlungen mit dem Bundesarchiv und wird mit dessen Direktor Hans Booms rasch einig.

François Genoud, der in der Hamburger Ausgabe die Krönung seines Lebenswerks sieht, ist natürlich enttäuscht, als es mit der Fortsetzung stockt. Da er nun einmal der Rechte-Inhaber ist, muss er für den Abbruch der Goebbels-Edition, seiner Ausgabe, erst noch gewonnen werden. Böckel trifft sich mit ihm am 21. Mai 1979 in Frankfurt und verbringt dort einen schönen Abend im «gemütlichen» Parkhotel, wie sich Genoud anschließend dankbar erinnert. Den Verlag bewegen inzwischen noch ganz andere Sorgen. Nicht nur die enttäuschenden Verkaufszahlen beeinträchtigen das Geschäft mit dem Nationalsozialismus, es ist insgesamt ein gesellschaftlicher Wandel eingetreten. In den siebziger Jahren findet ein Generationswechsel statt: Die Männer, die ihre Laufbahn zur Zeit des «Dritten Reiches» begonnen haben, scheiden allmählich aus der Öffentlichkeit, umgekehrt werden langsam Zweifel geäußert, ob denn die alte Garde in den Fünfzigern wirklich gleich zur neuen werden musste. Mit einiger Fassungslosigkeit erfährt der amerikanische Kongress, dass Interpol, das vom amerikanischen Steuerzahler mitfinanziert wird, von 1939 bis 1945 seinen Sitz in Berlin am Wannsee hatte. In einem Amtsgebäude fand nicht nur die gleichnamige Konferenz statt, Interpol-Chef war damals Reinhard Heydrich, der Chef des Reichssicherheitshauptamtes, und, nach Heydrichs Ermordung, Ernst Kaltenbrunner. Es war demnach kein Zufall, dass sich Interpol später grundsätzlich weigerte, bei der Suche nach Nazi-Kriegsverbrechern mitzuwirken und selbst in einer offiziellen Broschüre nicht auf antisemitische Untertöne verzichten mochte.[6] Mit gebührender Verspätung erwacht das Interesse an der erfolgreichen Laufbahn Paul Dickopfs. «Ist Ihnen bewusst», heißt es in einem Brief der «National Commission on Law Enforcement and Social Justice» an den Interpol-Generalsekretär, «dass sein Auftrag darin bestand, als geheimer NS-Abwehr-Offizier in der Schweiz zu arbeiten, in dem Land, in das er angeblich ‹geflohen› war?»[7]

Die Zeiten haben sich geändert. Böckel muss seinem Geschäftspartner in Frankfurt leider mitteilen, dass es wegen der Fernsehserie «Holocaust» Bedenken gebe. Diese Geschichte einer Familie, die im

Januar 1980 mit ungeheurem Aufsehen im deutschen Fernsehen gelaufen ist, hat, anders als der Eichmann- oder auch der Auschwitz-Prozess, das Publikum wirklich bewegt. «Holocaust» hat die Zuschauer sensibilisiert, sodass sie vielleicht nicht mehr ganz so wild darauf sind, unkommentiert von Goebbels' Mordlust zu lesen. Die Entwicklung nach der Ausstrahlung dieser Serie zeige, in welchem Maße solche Ausgaben – Böckel meint das «Tagebuch 1945» – auf die Ablehnung des Marktes, insbesondere veranlasst durch die Medien, stießen. Die Medien und der durch sie verleitete Markt nehmen leider Gottes Nazi-Literatur nicht mehr ganz so begeistert auf, wie sie es in den letzten Jahrzehnten getan haben. Überraschenderweise findet sich Genoud vorläufig drein und zeigt sich deshalb dem Vorschlag nicht grundsätzlich abgeneigt, dass Hoffmann und Campe seinen Goebbels ja verramschen könnte.

Der Verlag hat Glück und kann schließlich 1980 dem Bundesarchiv und dem IfZ die entzifferten Kopien verkaufen, ohne allerdings genau zu wissen, wer der Besitzer der Originale ist, «noch weiss [der Verkäufer], ob diese ganz oder teilweise noch existieren». Mit Sicherheit aber, und davon setzt der Verkäufer den Käufer bei Gelegenheit dieses Vertrags unnötigerweise in Kenntnis, existiert ein Herr François Genoud, der die Urheberrechte an den Tagebüchern «beansprucht». Herr Genoud, das steht auch in diesem Vertrag, wird von Verlagsseite keine Transkriptionen der von ihm urheberrechtlich beanspruchten Tagebücher erhalten, andererseits sollen die beiden Käufer dafür Sorge tragen, dass aus der wissenschaftlichen Nutzung, für die sie die Tagebücher «zugänglich» halten wollen, «keine Verwertung im Sinne des Urheberrechts direkt oder indirekt abgeleitet wird, die die von Herrn Genoud beanspruchten Urheber- bzw. Verwertungsrechte belasten könnte».[8] Es geht also, kurz gesagt, um die Frage, wer über die Goebbels-Urheberrechte verfügen darf. Als Kaufpreis wird der interessante Betrag von 72 997,– DM vereinbart, den sich die beiden Käufer teilen wollen. Die Deutsche Forschungsgemeinschaft (DFG) subventioniert die Transaktion mit DM 25 000.[9]

Genouds privater Devotionalienhandel wird damit endlich in den öffentlich-rechtlichen Bereich überführt; großzügig wie die beteiligten Institutionen sind, soll auch der Steuerzahler an der Transaktion teilhaben. Damit kommt ein Geschäft zum Abschluss, das Martin Broszat, der inzwischen das IfZ leitet, bereits zwanzig Jahre zuvor mit Genoud anzubahnen versuchte: Am 10. August 1960 hatte Broszat an Genoud geschrieben und die im folgenden Oktober geplante Edition der Tagebücher von Joseph Goebbels aus den Jahren 1925/26 angekündigt. Das «für die innere Physiognomie und die Frühgeschichte der NSDAP überaus aufschlußreiche Zeugnis» sollte «einer breiteren Öffentlichkeit» vorgelegt werden. Broszat, der sich später im Briefwechsel mit Saul Friedländer als «zwar betroffen, aber kaum belastet» bezeichnen wird,[10] schreibt an den ebenfalls, wenn auch anders betroffenen François Genoud: Im Institut sei erinnerlich, dass er, der sehr geehrte Herr Genoud, die Interessen der Goebbels-Erben und ihrer eventuellen Rechte auf Nachlässe Goebbels' wahrnehme, weshalb man nicht versäumen möchte, ihm von einem Fall Mitteilung zu machen, der in dieses Interessensgebiet fällt. Trotz aller Bemühungen sei es bisher nicht möglich gewesen, festzustellen, ob bestehende Goebbels-Erben-Rechte sich auch auf das seinerzeit von den Amerikanern beschlagnahmte Goebbels-Tagebuch aus den Jahren 1925/26 erstrecken. Sollte dies aber nachweislich der Fall sein, so Broszat, sei man selbstverständlich bereit, aus der Veröffentlichung etwa fließenden Gewinn den Berechtigten zur Verfügung zu stellen. Einer entsprechenden Vereinbarung hierüber stehe seitens des Instituts nichts im Wege.[11]

Diese Devotheit, die hier aus rechtlichen Gründen nur angedeutet werden kann, bestimmt seit je das Verhältnis, das das Münchner Institut mit François Genoud unterhielt. Während es zwanzig Jahre zuvor nur um Brosamen ging, wird jetzt über einen richtig dicken Brocken verhandelt. Doch der große Abschluss steht erst noch bevor. Zwischen 1980 und 1986 prozessiert François Genoud unermüdlich: gegen Hoffmann und Campe, gegen das Bundesarchiv, gegen das Institut für Zeitgeschichte. Er will sein Recht als Inhaber der Urheberrechte durchsetzen, und er fordert das, was ihm seiner Meinung nach zusteht. Für den Raubdruck in England und den USA, für dessen Zustandekommen er Hoffmann und Campe verantwortlich macht, verlangt er einen Schadenersatz in Höhe von 1 000 000 DM. Obwohl der Verlagsvertrag bereits 1982 beendet ist, fordert Genoud allen Ernstes, dass Hoffmann und Campe an seiner Statt die Klage gegen Putnam und Hamish Hamilton führe, da eine eigene, wie er beklagt, sich aus «hier nicht relevanten» Gründen als schwer durchführbar erwiesen habe.

Was da nicht «relevant» sein soll, ist doch sehr aufschlussreich. 1985 beantragt Genoud nämlich ein Visum für die USA, das ihm nicht wegen seines Faibles für den Nationalsozialismus, sondern wie früher schon wegen seiner wohlbekannten Verbindungen zu arabischen Terroristen verweigert wird. Drei Jahre vorher hat Jean-Claude Bührer in *Le Monde* einen Artikel veröffentlicht, in dem Genoud als «Mittelsmann zwischen ehemaligen Nazis und bestimmten arabischen Kreisen» bezeichnet wird, sodass sich seine extracurricularen Aktivitäten langsam herumsprechen. Der Anwalt von Hoffmann und Campe kann vor dem Hamburger Gericht einen weiteren der angeblich nicht relevanten Gründe offenlegen. Der Londoner Anwalt H. H. Marcus sah sich nicht in der Lage, einen Mann zu vertreten, «der für die Verteidigung des ‹Schlächters von Lyon›, Mr. Barbie, aufgekommen ist, der in Frankreich auf seinen Prozess wartet». Marcus war einmal Deutscher gewesen und hatte Deutschland verlassen müssen, in dem der bewusste Dr. Goebbels zum Totschlagen der Juden hetzte. «Mit Rücksicht auf unsere besondere Herkunft halte ich es weder für taktvoll noch für erstrebenswert, dass wir in dieser Angelegenheit tätig werden.» [12] In seinem Urteil vom 10. Oktober 1986 weist das Landgericht Hamburg Genouds Klage schließlich ab.

Dafür bringt es Genoud endlich zu einer Einigung mit dem Bundesarchiv und dem IfZ. In einem Vergleich schließen die beiden Parteien am 10. September 1985 eine Vereinbarung, die nur höchst widerstrebend herausgegeben wird. Der Grund für diese Diskretion liegt auf der Hand: der Vertrag ist eine einzige Peinlichkeit. Danach dürfen Archiv und IfZ das Goebbels-Material wissenschaftlich nutzen und nutzen lassen, allerdings müssen die Benutzer jeweils darauf hingewiesen werden, dass «vor jeder urheberrechtlichen Verwertung Genouds Einwilligung einzuholen» sei.[13] Zuerst soll unter staatlicher Aufsicht eine wissenschaftliche Ausgabe der Tagebücher zustande kommen, damit Herr Genoud nach deren Erscheinen seine eigene, naturgemäß kommerzielle Verwertung folgen lassen kann. Vor allem stimmen die Vertragspartner «darin überein, daß zum literarischen Nachlaß des Herrn Dr. Joseph Goebbels im Sinne dieser Vereinbarung die in der Übersicht gemäß Anlage genannten Aufzeichnungen und Festlegungen zählen (nachstehend Material genannt)». Ohne weiteres juristisches Federlesen wird das überwiegend amtliche «Material» des Propagandaministers damit zum privaten, deshalb urheberrechtlich schützenswerten und für jegliche nichtwissenschaftliche Nutzung kostenpflichtigen literarischen Werk erhoben. Genouds Vertragspartner stellen ihm außerdem die begehrten Transkriptionen zur Verfügung, für die er 100 000 DM bezahlt.

Der Goebbels-Geldkreislauf hat damit noch kein Ende, denn Genoud kann die Vorabdruckrechte an seinem Goebbels für 50 000 Mark an den *Spiegel* verkaufen. «Wobei man darauf gespannt sein darf», schreibt Claus Heinrich Meyer in der *Süddeutschen Zeitung*, «wie verschonend der *Spiegel* mit dem Lizenzvergeber Genoud umgehen wird.»[14] In seiner nächsten Hausmitteilung reagiert der *Spiegel* sofort darauf und versichert, er habe «in diesem Fall nicht zu verschonen noch anzuprangern. Sein Interesse gilt nicht Genoud, sondern Goebbels, gilt dem Inhalt, dem O-Ton der Tagebücher».

Nicht alle, das muss man fairerweise sagen, sind mit diesen Geschäften einverstanden. Im Interesse der Wissenschaft, so beantwortete das Bundesministerium des Innern eine Anfrage des Abgeordneten Jürgen Vahlberg (SPD) vom 14. Januar 1988, habe man sich den Rechtsansprüchen Genouds gefügt. «Der Abschluß des außergerichtlichen Vergleichs zwischen der Bundesrepublik Deutschland und Francois Genoud vom 10. September 1985 war zur Abwendung von gerichtlich eingeklagten Unterlassungs- und Herausgabeansprüchen sowie angedrohter Schadensersatzansprüche wegen des unkalkulierbaren Prozeßrisikos erforderlich.»[15]

War es wirklich notwendig? 1981 hatte die Bundesregierung ein Rechtsgutachten zum Nutzungs- und Urheberrecht von NS-Größen erstellen lassen, in dem es hieß: «Die besondere Anstößigkeit liegt darin, daß die Erben der Träger des Nationalsozialismus aus deren schriftlicher Hinterlassenschaft Tantiemen von möglicherweise nicht unbedeutender Höhe beziehen und damit das Unglück vermarkten, das die Autoren über Millionen von Menschen gebracht haben.» Meister in dieser Vermarktung war Albert Speer gewesen, Hitlers Rüstungsminister, der nach seinen zwanzig Jahren in Spandau durch lügenhafte

Memoiren und Tagebücher so viel Haftentschädigung erhielt, dass er als Millionär starb.

In dem Gutachten von 1981 wird immerhin eine «Gewinnabschöpfung» oder «Einziehung» von Staats wegen erwogen, aber vier Jahre später ist dieser Ehrgeiz bereits verflogen. Und so wird François Genoud an diesem 10. September 1985, vierzig Jahre nach jenem Kriegsende, das er im Namen seines vielgeliebten Deutschland (zu schweigen von seinem noch viel mehr geliebten Adolf Hitler) so bedauert hatte, zum ersten Mal und ganz offiziell Vertragspartner der Bundesrepublik Deutschland. Vertreten durch den Bundesminister des Innern, dieser vertreten durch den Präsidenten des Bundesarchivs, wird Genouds nie ernsthaft bestrittener Anspruch auf die Verwertungsrechte endlich legalisiert. Um des lieben Rechtsfriedens willen und noch mehr, um endlich in den Besitz der kostbaren Benutzerrechte an Goebbels zu kommen, schließt die Bundesrepublik Deutschland einen Vertrag mit einem Mann, der das Geld dringend braucht. Dringend braucht, um, nur zum Beispiel, Klaus Barbie beizustehen, kein Held zwar wie Bormann, wie Goebbels, wie Hitler, aber auch er in Genouds Augen ein Opfer, denn die Nachgeborenen, sie wollen nicht verstehen, dass dieser Mann Führer und Vaterland gedient hat. Genoud will das nicht vergessen, und wenn er der Einzige ist, der der Barbie'schen Form deutscher Ehre die Treue hält. Das Geld ist sicherlich auch hilfreich, wenn man im Verbund mit palästinensischen Terroristen die Lufthansa erpressen will oder sonst Lust hat, bei den Befreiungstaten von Carlos und dessen Räuberbande mitzutun. Oder sollte das Bundesinnenministerium im sonst so eifrigen Bundesnachrichtendienst nicht über wenigstens einen Agenten verfügt haben, der sich für die vom Vertragspartner Genoud ähnlich partnerschaftlich eingefädelte Waffenbrüderschaft zwischen Libyen und der IRA interessierte?

Die Ausgabe wird rasch begonnen, auch wenn das Goebbels-Material längst nicht vollständig ist. Bei der Annäherung der beiden deutschen Staaten kommt es zu einer Zusammenarbeit mit den bisher verschlossenen DDR-Archiven. Das zuständige ZK-Mitglied Kurt Hager segnet die Kooperation 1987 ab, lässt sie aber bereits im Jahr darauf wieder beenden, weil die DDR der Editionspraxis im Westen nicht traut. Der Institutsleiter Martin Broszat glaubt das Unternehmen durch eine Kampagne gefährdet, deren Ursprung er ganz klassisch in der DDR wähnt, wo der Vorwurf, das IfZ habe «mit dem ‹Faschisten› François Genoud paktiert», für Unruhe sorge. «Dieser Vorwurf», schreibt das ehemalige NSDAP-Mitglied Broszat[16] in einem bemerkenswerten Rechtfertigungstext, der sich vor allem an die staatlichen Stellen in Westdeutschland zu richten scheint, die das Institut und damit die Goebbels-Edition finanzieren, «hat begreiflicherweise in Ost-Berlin besondere Bedenken ausgelöst, seit dort bekannt bzw. bewußt gemacht wurde, daß der Schweizer Bankier Genoud u.a. auch den französischen Verteidiger des ehemaligen Gestapochefs von Lyon, Klaus Barbie, finanziert, der», und jetzt folgt ein bewährtes antikommunistisches Argument, «der nicht zuletzt angeklagt und verurteilt wurde, weil er für den Tod führender Mitglieder der kommunistischen französischen Résistance verantwortlich ist».[17]

War dem IfZ eine «Umgehung von Herrn Genoud» wirklich nicht möglich, weil ein «Bestreiten dieses Anspruches nicht allzu aussichtsreich sei und der Versuch hierzu Jahre in Anspruch nehmen würde»,[18] wie Martin Broszat vorsichtshalber in einer Notiz in der Institutszeitschrift feststellt? Siegfried Becker urteilt in einem Aufsatz zu Ehren von Hans Booms, der zusammen mit dem IfZ das Goebbels-Material aus Hamburg für das Bundesarchiv angekauft hatte, konform und ganz auf Genouds Linie: «Bei eingehender Würdigung aller Umstände wird man beipflichten, daß der Vergleich, der am 15. Okt. 1985 zum Ende des Rechtsstreits vor dem Landgericht München führte, notwendig und gerechtfertigt war.»[19] Für François Genoud war er notwendig, ob aber für die Forschung auch? Moralisch zu rechtfertigen ist der Vergleich nicht. «Das war ein posthumer Sieg für Joseph Goebbels. Er, der Teufel, war der einzige, der es erreicht hatte, dass seine Rechte respektiert wurden»,[20] frohlockte der Stellvertreter dieses Teufels auf Erden. Am behaupteten Recht Genouds mag nach den Gutachten von Ferdinand Sieger und Siegfried Becker heute niemand mehr zweifeln. 1991 erscheint immerhin ein Aufsatz des Berliner Urheberrechtlers Wilhelm Nordemann, der zu einem ganz anderen Schluss kommt. Er bestreitet den Tagebüchern die «eigenschöpferische Prägung», durch die erst ein literarisches Urheberrecht entstünde. «Die ‹Tagebücher› von Joseph Goebbels», resümiert Nordemann, «sind also der wissenschaftlich-kritischen Edition frei zugänglich, da sie weder einen Schutz aus dem allgemeinen Persönlichkeitsrecht noch einen solchen aus dem Urheberrecht genießen und demnach auch keinen Vermögenswert darstellen, der dem Nachlaß ihres Verfassers zuzurechnen wäre und damit einer Vermögenssperre nach dem MRG 52 unterläge.»[21]

Natürlich, es hätte Zeit und Geld gekostet, Genoud den Titel auf die Goebbels-Rechte streitig zu machen. Die Aussichten, diesen Streit zu gewinnen, waren nicht einmal schlecht, nur das Interesse daran war erstaunlich gering, und schließlich konnte man sich unter Gentlemen immer einigen. Genoud trat wie ein normaler Geschäftspartner auf, wohlerzogen, elegant und beseelt von einem jugendlichen Eifer, wenn es um seine Helden ging. Eben ein «exzentrischer Sympathisant rechtsgerichteter Anliegen»,[22] wie Lord Weidenfeld befand. Der Goebbels-Biograph Ralf Georg Reuth berichtet hingerissen, wie Genoud vor ihm erschien und «sich im Besprechungszimmer des Münchner Piper Verlages erstmals für einen Biographen der alte Stoffkoffer öffnete und mehrere hundert Briefe, zahlreiche literarische Versuche, sonstige Dokumente und ein paar in Seidenpapier eingeschlagene frühe Fotos von Goebbels und seinen Freundinnen aus der Studentenzeit zu Tage traten».[23] Genoud war deshalb auch beteiligt, als bei Piper eine von Reuth betreute Auswahl aus den Goebbels-Tagebüchern erschien, und sogar an der Goebbels-Biographie durfte er mitverdienen, da er Reuth «exklusiv sein gesamtes Material zur Auswertung für eine Biographie» zur Verfügung gestellt hatte. Dafür wurde er «in einem gewissen Umfang am Absatzhonorar beteiligt».[24]

Im Bundesinnenministerium, wo man eben noch gejauchzt hatte, weil der verhasste *Stern* auf den gefälschten Hitler hereingefallen war,[25] findet man deshalb nichts dabei, einen Vertrag mit dem Hitler-Verehrer Genoud abzuschließen und damit endgültig dessen Rechte an der Auswertung seiner alten Helden zu bestätigen. Im gleichen Jahr 1985 und ebenfalls zum Jahrestag des Kriegsendes verfasst der IfZ-Direktor Martin Broszat, den Genoud aus unbekannten Gründen für völlig ungeeignet zur Herausgabe der Goebbels-Tagebücher erklärt hatte, ein «Plädoyer für eine Historisierung des Nationalsozialismus». Broszat fordert die

Befreiung der Forschung «aus dem Zwangskorsett der Vorstellung einer alles umfassenden Gewaltherrschaft». Das ist das berechtigte Anliegen des Historikers, dem das rituelle Gedenken mitsamt einem ebenso rituellen Abscheu vor dem Nationalsozialismus nicht genügen kann. Am Ende läuft es aber auf das gleiche Bedürfnis hinaus, das auch den Heldenverehrer Genoud treibt: «In solcher erweiterten Perspektive wird in mancher Hinsicht der Ort des Nationalsozialismus in der deutschen Geschichte neu zu bestimmen sein.»[26] Der «gläubige, unverbesserliche Nazi» François Genoud drückte das nicht ganz so elegant, aber dafür präziser aus: «Adolf Hitler wollte wie Gandhi den Frieden.»[27]

François Genoud, falls das jemanden interessieren sollte, hat die Goebbels-Tagebücher nie gelesen.[28] Es geschah alles aus Liebe, *l'art pour l'art.*

20. Späte Abenteuer

1993, keine drei Jahre vor seinem Tod, beantragt Genoud bei den Schweizer Behörden Einsicht in seine Unterlagen. Das Begehren wird ihm mit der Begründung abgeschlagen, der Antragsteller habe «Umgang mit Terroristen, gewalttätigen Extremisten und Sympathisanten aus diesem Milieu» gepflogen, «und das noch bis in die jüngste Zeit». Einsicht in die Akten läge wegen der darin aufgeführten Verbindungen nicht im Interesse der Schweiz.[1]

Eine eindeutige Aussage, ein richtiges Eingeständnis ist das zwar nicht, aber doch eine recht weitreichende Beschreibung des Interesses, das die Schweiz an ihrem loyalen Bürger nahm und warum dieser sich frei bewegen konnte und nicht etwa eingesperrt wurde.

François Genoud führte sein ganzes Leben lang von der sicheren und ihn stets beschützenden Schweiz aus als Mehrfach-Agent eine zwielichtige und gleichzeitig pittoreske Existenz, wie sie nur in den dämmrigen Tagen des Kalten Krieges möglich war. Niemand, der über Jahrzehnte Geldgeschäfte mit Freischärlern macht, Aufständischen bei der Besorgung von Waffen behilflich ist, deshalb jeden Monat mehrfach quer durch Europa reist, regelmäßig nach Beirut, Algier, manchmal sogar bis Caracas fliegt, um seine undurchsichtigen Projekte am Laufen zu halten, kann der Überwachung durch Polizei und Geheimdienst weitgehend ausweichen. Es war, wie anders, ein Geschäft auf Gegenseitigkeit: «Nicht zuletzt ihm ist es zu verdanken, wenn die Schweiz von politischen Anschlägen arabischer Freiheitsbewegungen verschont wird»,[2] ließ die Bundesanwaltschaft Bern schon 1985 wissen. Genoud war nützlich, ein Freibeuter zwar, aber im Dienste der Staatsräson.

Der Komplize international operierender Terroristen war auf seine Art nützlich: Wer es verstand, ihn zu beschatten und seine vielfältigen Reisebewegungen richtig zu bewerten, konnte den ehrbaren Schweizer als Anzeiger gebrauchen. Damit erinnert Genoud an den amerikanischen Soldaten Tyrone Slothrop in Thomas Pynchons Roman «Gravity's Rainbow» (1973), der durch seine Erektionen jeweils anzeigt, wo in London die nächste V 2 einschlagen wird. Der Bewegungsmelder Genoud zeigt (willentlich oder wissentlich, auf jeden Fall verlässlich) an, was von seinen vielfältigen Gesprächspartnern als Nächstes geplant wurde. Die viele Jahrzehnte andauernde Überwachung, die ihn vorgeblich seines kriminellen Verhaltens überführen sollte, diente seiner Betreuung und war zugleich sein Schutz vor einer Verhaftung.

Genoud hat die Geheimdienste verachtet, sich ihrer bedient, mit ihnen gespielt, aber am Ende war er doch ihr Werkzeug. Ohne dass er selber den Denunzianten machen musste, den IM, der regelmäßig seine Berichte abliefert und dafür bescheidenes Honorar erhält, war über ihn alles zu erfahren. Für solches Agenten-Kleingeld, ein paar Mark hie, ein paar Dollar da und dort noch eine Handvoll Franken, wäre Genoud viel zu stolz gewesen, und das wiederum nutzten die Geheimdienste um ihn herum gerne aus.

Die Gefahr, dass die Nazis sich in irgendeiner Form wieder zur Macht aufschwingen würden, dass die alten Kräfte wieder erstarken würden, war spätestens in den sechziger Jahren vorbei. Dafür drohte eine neue Gefahr, der Terrorismus, in dessen Milieu ein Idealist, denn so verstand Genoud sich, doch erstaunlich rasch heimisch wurde. Mit ihm als Mittelsmann öffnete sich interessierten Beobachtern wie durch ein Spiegelfenster der Blick auf Vorgänge, die ihnen sonst verborgen geblieben wären. Genoud hätte sich natürlich selber nicht so gesehen, war aber schließlich doch nichts anderes als ein nützlicher Idiot.

Das Charakterbild des François Genoud, das sich während des Verfahrens gegen Klaus Barbie in der öffentlichen Wahrnehmung zu festigen beginnt, zeigt etwas ganz anderes, nämlich eine Chimäre, die unbegreiflicherweise aus vergangenen Zeiten in die neue Weltordnung hereindroht. Der weltläufige Schweizer wird mit Vorliebe als Spinne im Netz einer rechtsradikalen Verschwörung dargestellt, die sich über ganz Europa erstreckt. Nicht nur Erna Paris fabuliert in ihrem märchenhaften, aber gern kopierten Buch «Unhealed Wounds» (1985) über eine Organisation ehemaliger SS-Angehöriger namens «Die Spinne», deren Schatzmeister Genoud sein soll.[3] Je weniger man über ihn weiß, desto fantastischer werden die Details, mit denen dieses Bild ausgeschmückt wird. Im *Sozialdemokratischen Pressedienst* hat er dann schon die «Kontakte zwischen dem amerikanischen OSS (Dulles) und dem SS-General Wolff» vermittelt, die Zeitschrift *Der Weg* finanziert und unter anderem Barbies Flucht «unterstützt und gemanagt».[4] Die sogenannte *Executive Intelligence Review* (EIR) des amerikanischen Sektierers Lyndon LaRouche veröffentlicht 1984 ein Dossier über die «Hintergründe des internationalen Terrorismus», in dem, mit dezent gesetzten antisemitischen Untertönen, eine Nazi-Internationale behauptet wird, die sich mit den Kommunisten verbündet habe, sodass von Henri Curiel und Jacques Vergès bis zu Barbie und den Grünen alle am Gängelband Moskaus operierten, und natürlich ist es wiederum Genoud, der von Lausanne aus «seine Fäden zieht», vor allem im weltweiten Waffen- und Rauschgifthandel.[5] Auch in Claire Sterlings Werk «The Terror Network» (1981), das Ronald Reagan zum Beweis dafür diente, dass die Sowjetunion das «Reich des Bösen» sei, spielt Genoud diese eher literarische Rolle und wird damit maßlos überschätzt.[6] Eigentlich ist ihm alles zuzutrauen. «Unser Dienst hat von einer verlässlichen und uns seit langer Zeit bekannten Quelle die Information erhalten», meldet der französische Geheimdienst an die Schweizer Kollegen mit allen Anzeichen der Besorgnis, «derzufolge François Genoud eng mit dem internationalen Terrorismus verbandelt ist und tatsächlich gut über terroristische Aktivitäten informiert sein könnte, die für die Festlichkeiten an der Freiheitsstatue in New York vom 3. bis zum 7. Juli 1986 geplant sind.»[7]

Der internationale Finstermann aus Lausanne konnte mit diesen Schreckbildern offensichtlich ganz gut leben. Wenn ihm ohnehin alles zugetraut wurde, konnte er umso ungestörter jenen Geschäften nachgehen, die ihn tatsächlich interessierten. In Deutschland hatte Genoud endlich das Recht auf die Goebbels-Tagebücher zugesprochen bekommen, wie sollte er da aufhören zu missionieren? Nie hätte er doch in der Liebe zu Adolf Hitler und den Seinen nachgelassen. Die amerikanische Journalistin Barbara Victor erlebt 1986 einen glühenden Nazi, der getreu seinem Vorbild nicht raucht, nicht trinkt und kein Fleisch isst.[8] Genau wie sie findet es auch der amerikanische Anwalt Simon Nusbaum empörend, dass der Mann, der so vielfältiger Verbindungen in den Terrorismus verdächtigt wird und stolz seine unverbrüchliche Treue zum Nationalsozialismus bekundet, auf freiem Fuß bleiben darf. Nusbaum erscheint im Herbst 1986 sogar mit einem umfangreichen Genoud-Dossier im Pariser Büro der CIA, doch kann oder will man ihm auch da nicht helfen. Was fehlt, sei ein *smoking gun*, wird er beschieden. Man müsste den Finstermann schon auf frischer Tat ertappen, ihm irgendetwas Konkretes nachweisen können, wird Nusbaum mitgeteilt. Die Abfuhr, die André Amstein, der Chef der Schweizer Bundespolizei, zwanzig Jahre zuvor der Jüdischen Gemeinde erteilte, lautete kaum anders. Dass er viel zu wertvoll ist, um öffentlich irgendwelcher Untaten überführt und damit bloßgestellt zu werden, steht in den bisher freigegebenen Unterlagen selbstverständlich nicht.

Wenigstens drei Geheimdienste – der französische, der Schweizer und der amerikanische – tauschen sich regelmäßig über Genoud aus, doch finden sich in den Akten fast keine Informationen über die Jahre zwischen 1974 und 1982, in denen Genoud doch am aktivsten war, die Überwachung aber seltsamerweise eingestellt wurde. Seit die Zeitungen auf ihn aufmerksam geworden sind und immer dringlicher ein staatliches Eingreifen fordern, kommt es intern vermehrt zu Nachfragen, auf die in schöner Regelmäßigkeit mit einem Befund geantwortet wird, bei dem man das resignierte Schulterzucken des zuständigen Beamten zu sehen meint: «Die Gewitztheit, die er sich in vierzig Jahren Klandestinität angeeignet hat, erlaubt kaum, zu einer klaren Schlussfolgerung zu kommen. (…) Die Natur seiner praktisch immer konspirativen Kontakte und das misstrauische Gebaren François Genouds machen eine systematische Überwachung außerordentlich schwierig.»[9] Geradezu beleidigt registrieren die Überwacher, dass ihr Zielobjekt alle Regeln für konspiratives Verhalten thrillergerecht beherzigt: Er nennt am Telefon niemals Namen, vermeidet überhaupt eindeutige Aussagen und trifft sich mit seinen Kontaktleuten in öffentlichen Parks, in Cafés oder hinter verschlossenen Türen, wohin ihm nicht zu folgen ist. Selbstverständlich nutzt er nicht die Post, um Botschaften weiterzuleiten oder zu empfangen, sondern zieht persönliche Verabredungen vor, sodass die Polizei weiterhin ohne die nötigen Beweise, ohne den ersehnten Fauxpas bleibt.

Genoud, der Barbara Victor «aus dem Gleichgewicht oder senil» vorkommt,[10] verfolgt seine Projekte mit ungebrochener Leidenschaft. Von

Goebbels wendet er sich wieder seinem anderen Hobby zu: dem aktuellen Terrorismus. Ende 1985 beginnt sich Genoud für Wahid Gordji und die islamische Republik Iran zu interessieren. Die Schweizer beschließen erneut eine strenge Telefonüberwachung, denn bei dem angeblichen Dolmetscher Gordji, der in der französischen Botschaft des Iran in Paris tätig ist, handelt es sich um einen hochrangigen Vertreter der iranischen Geheimpolizei SAVAMA. Sein Auftrag lautet, feindliche Kräfte auszuschalten. 1979 haben die Iraner den Schah gestürzt und außer Landes gejagt, worauf der geistliche Führer Ayatollah Khomeini aus dem Exil in Paris nach Teheran zurückgekehrt ist und einen islamischen Gottesstaat ausgerufen hat. Seine Feinde, alle, die sich der Islamisierung des Iran widersetzen, lässt Khomeini unbarmherzig verfolgen. So versucht Carlos' alter Kampfgefährte Anis Naccache 1980 den ehemaligen iranischen Ministerpräsidenten Schapur Bachtiar in Paris zu ermorden.

Genoud und Gordji besprechen laut Berichten der überwachenden Polizei ein «gemeinsames Projekt». Worin das besteht, geht aus den Unterlagen nicht hervor, doch scheint es einen gemeinsamen Code zu geben. Beide frequentieren die rechtsradikale Buchhandlung Ogmios in Paris, wo man praktischerweise proarabische Sympathien hegt. Später wird Genoud die Besitzer als «Gauner» bezeichnen, weil sie alte Nazi-Literatur herausbringen, ohne den Erben Honorare zu bezahlen. Diesmal geht es um die Schriften Alfred Rosenbergs. Allerdings ist hier, anders als bei Joseph Goebbels, nichts mehr zu gewinnen. Rosenbergs Vermögen wurde bereits 1953 im Rahmen eines Sühneverfahrens durch einen Berliner Spruchkammerbescheid eingezogen.[11] Genoud, noch immer der gute Samariter, fährt sogar mit einem der Buchhändler nach Wien, wo die Tochter des völkischen NSDAP-Theoretikers Rosenberg wohnt, dessen «Mythus des XX. Jahrhunderts» die Omigos-Leute unter Verletzung des Copyrights herausgebracht haben.[12] Genoud zerstreitet sich in der Folge zwar mit ihnen, beteiligt sich aber an der Veröffentlichung eines anderen Buches, das mit Unterstützung der iranischen Regierung erscheinen soll.[13]

Über drei Jahre hinweg wird Genoud wieder abgehört. Es besteht begründeter Verdacht, dass er und Wahid Gordji sich über die Lieferung von Waffen und den Einsatz von Sprengmitteln unterhalten. Im März

1986 ist die Rede von «Apparaten», die auf Autos montiert werden sollen, einen Audi 100 oder einen Peugeot. Sollen damit Botschaften angegriffen werden? In allernächster Zeit drohten Anschläge, heißt es. Genoud kontaktiert einen dafür geeigneten Techniker. Es könnte sich hier um eine ganz harmlose Lieferung handeln, zum Beispiel in den Gottesstaat Iran – würde Gordji nicht vorgeworfen, ein für den 18. November 1985 geplantes Attentat gegen iranische Oppositionelle organisiert zu haben, das nur wegen mangelnder finanzieller Deckung unterblieb.

Wieder hält sich die Polizei zurück, denn Genouds Kontakte in die staatsterroristischen Länder Libyen, Syrien und Iran sind zu kostbar. «Wegen seiner gründlichen Vertrautheit mit diesem Milieu ist er tatsächlich die am besten geeignete Person, um die Rolle eines Vermittlers zu übernehmen (...), eine Art Drehscheibe, die nicht direkt mit dem Terrorismus verbunden ist, aber doch mit dessen Logistik.»[14] Die Lauscher können gerade noch registrieren, dass sich bei Genoud ein «Freund» ankündigt, ein algerischer Anwalt womöglich, von dem eine Beschreibung notiert wird, doch dann wird «aus Gründen, die wir nicht zu verantworten haben»,[15] wie der buchführende Beamte seufzt, die Überwachung plötzlich abgebrochen.

Seltsam.

Im Juni 1986 trifft sich Genoud in Paris mit Vergès und weiteren Freunden, die überwiegend aus dem Nahen Osten stammen. Es geht offensichtlich um die Befreiung der französischen Geiseln Roger Auque und Jean-Louis Normandin im Libanon. Der Mittelsmann, Helfer und klandestine Diplomat Genoud wird auf heimatlichem Boden vollends unbezahlbar, denn er kann zum Beispiel ohne weiteres einen Termin bei einem Direktor der Union des Banques suisses (UBS) erlangen, über die die Geiseln ausgelöst werden sollen. Die Sache beschleunige sich jetzt, berichtet er am Telefon, da die Person, die diese ganzen Fragen regele und insbesondere mit Frankreich über die Milliarde Dollar verhandele, vorbeikommen werde, um dieses formelle Gespräch mit dem Präsidenten oder sonst einem Verantwortlichen bei der Union des Banques suisses zu führen. Es sei jetzt ganz wichtig, erst einmal abzuwarten. Schließlich sei er derjenige, der mit dem französischen Premierminister Jacques Chirac spreche, und das sei ein wichtiges psychologisches

Element. Und er schärft seinem Gesprächspartner ein, die Bereitschaft zu Verhandlungen zu signalisieren.[16]

Was genau besagt dieses Wortgeröll? Genoud scheint bei der Freilassung von Geiseln gebraucht zu werden und dabei seine eigene Bedeutung kräftig hochzuspielen. Wo er selber steht, ist für die betroffenen Parteien längst nicht so wichtig wie die Frage, wen er kennt und wie er vermitteln kann. Nicht nur geographisch sitzt Genoud an einer wichtigen Stelle, denn in Genf treffen sich neben den Diplomaten auch die Banker, Wirtschaftsleute und Waffenhändler aus der ganzen Welt. So klingt es auch nicht unwahrscheinlich, dass Genoud Kontakt zu Barzan Ibrahim al-Tikriti hat, einem der Halbbrüder Saddam Husseins, der dessen Geld verwaltet, als er in Genf als UN-Botschafter des Irak wirkt.[17]

Der Fall Wahid Gordji entwickelt sich zu einer Staatsaffäre, die das traditionell araberfreundliche Frankreich schwer belastet. Im Sommer 1987 erhält Gordji nämlich eine Vorladung des Richters Gilles Boulouque, der die Voruntersuchung zu einem Bombenattentat leitet, das sich im September des vorangegangenen Jahres in Paris ereignet hat. Gordji flüchtet sich in die iranische Botschaft. Dort genießt er diplomatische Immunität, ist aber auch gefangen. Genoud, der ihn davor als einer der Letzten gesehen hat, begibt sich «aus Gründen, die wir nicht kennen»,[18] wie es im Polizeibericht heißt, nach Damaskus, Beirut und Larnaka.

Was er da treibt, entzieht sich zwar, da außerhalb der eigenen Reichweite, der Kenntnis des Schweizer Geheimdienstes, ist aber doch feststellbar. «Verschiedene Kontakte Genouds», heißt es im November 1987, «besonders jener mit Vergès, den Iranern und den Libyern, haben Geldsummen zum Gegenstand, zum Teil sehr hohe. (…) Genoud unterhält weiterhin dubiose Kontakte mit wichtigen Vertretern des Iran in der Schweiz, die im Verdacht illegaler Tätigkeit stehen. Die Überwachung erscheint umso unerlässlicher, als die Iraner nach der Schließung ihres Büros für Waffenankäufe in London dabei sind, nach Bern überzusiedeln, und Genoud bei diesem Vorgang eine wichtige Rolle spielen wird.»[19]

Der Iran ist, noch aus Zeiten des Schah-Regimes, an einer französischen Firma beteiligt, und Frankreich kann seine wirtschaftlichen Interessen im Nahen Osten so wenig wie seine politischen aufs Spiel setzen. Deshalb darf Wahid Gordji die iranische Botschaft bald wieder verlassen. Niemand hält ihn auf, als er aus Paris abreist und zurück nach Teheran geht, wo ihn Genoud alsbald besucht. Angeblich fährt er dorthin, um die Veröffentlichung eines Buches zu betreiben; für seine Bemühungen bleibt er nicht ganz ohne Honorar, wie das Dossier der überwachenden Polizei festhält.[20] Gordji beschäftigt Frankreich weiter; im Wahlkampf beschuldigen sich François Mitterrand und Jacques Chirac gegenseitig, bei diesem Fall versagt zu haben. Richter Boulouque, der Gordji, der Staatsräson folgend, im Austausch gegen die Geiseln im Libanon freigelassen hat, begeht 1990 Selbstmord. Der so vielseitig verwendbare Monsieur Genoud wird wie gewohnt nicht behelligt.

«Konkrete Straftaten konnten Genoud bis zur Stunde nicht nachgewiesen werden», heißt es wiederum salvatorisch in einem Geheimdienst-Resümee vom Mai 1987. «Hingegen sind wir nach wie vor überzeugt, dass er im Umfeld des staatlich unterstützten arabischen Terrorismus für logistische Belange (Finanzierung) eine Rolle spielt.» Warum das aber dann doch keine so große Rolle spielt, strafrechtlich jedenfalls, offenbart der nächste Satz: «Seine zahlreichen Kontakte zu Kreisen des iranischen Terrorismus, des syrischen Terrorismus und des ‹Fractions Armées Révolutionnaires Libanaises› machen Genoud für uns zudem zu einer ausserordentlich wichtigen Informationsquelle für die präventive Terrorismusbekämpfung.»[21] Diesen Sachverhalt bestätigen die Erkenntnisse, die Kollegen gewonnen haben. Am 23. Juni 1987 gibt die CIA eine Terrorwarnung heraus, die auf Informationen einer offiziellen Quelle beim israelischen Geheimdienst zurückgeht. Die Iraner sollen daran beteiligt sein sowie ein alter Bekannter. Der Bericht verkündet ohne Beweis: «Zu den Planern gehöre Francois Genoud, der Geld aus Algerien erhält.»[22] Auch den Schweizern wird mitgeteilt, Genoud habe als «Anstifter» agiert und «die ganze Operation von Algerien aus finanziert».[23] Es passiert aber nichts.

Das ist umso merkwürdiger, als sich in diesen Monaten die Öffentlichkeit mehr denn je für Genoud interessiert. Einer der Ankläger im Lyoner Prozess gegen Klaus Barbie hat Genoud nicht bloß als den Mann namhaft gemacht, der die Verteidigung durch Jacques Vergès finanziere, sondern ihn als Kriegsgewinnler bezeichnet, der sich seinen Teil an der Kriegsbeute der Nazis gesichert habe.

Die Schweizer wissen noch immer nicht, wie sie sich ihrem Landsmann gegenüber verhalten sollen: Im Dossier Genoud wird dieser im Mai 1988 als «wichtige Schachfigur des Iran»[24] bezeichnet, andererseits gilt er als «isoliert, von seinen gewohnten Beziehungen im Stich gelassen»,[25] weshalb seine Überwachung bereits im November wieder aufgehoben wird. «Es war nicht möglich, ihn einer illegalen Aktivität zu überführen, da sich keinerlei Beweis zu Tage fördern ließ.»[26]

Bei der CIA, die sich auf Informationen befreundeter Dienste verlassen muss, findet sich weit weniger Material über den Vertrauensmann verschiedenster Terrorgruppen und der sie unterstützenden Regierungen. «Obwohl er langsam alt wird, kann er doch noch eine ganze Menge Fäden ziehen»,[27] heißt es 1987 einmal allgemein. Sie verlieren immer wieder seine Spur, vielleicht auch das Interesse. Es mag Dilettantismus sein, wenn der CIA erst nach jahrelanger Beobachtung klar wird, dass Genoud jedes Jahr nach Belgien fährt, aber doch nur, um mit seiner Frau in Knokke Urlaub zu machen. Groß ist die Enttäuschung, als die Agenten merken, dass der angebliche Unterschlupf in einem Pensionszimmer besteht. Im Dezember 1987 wird Genoud mehrfach vor der iranischen Botschaft in Paris fotografiert, und es geht das Gerücht – mehr ist es auch nicht –, dass er zehn Millionen Dollar aus dem Waffenhandel mit dem Iran bezogen habe.[28]

Gegen Ende des Jahres 1988 wird der Fall Genoud für die Schweizer Behörden mangels Beweisen fürs Erste abgeschlossen. Dennoch, so heißt es im Abschlussbericht, der drei Jahre später entsteht, «schlagen wir vor, darauf zu verzichten, die Zielperson davon zu unterrichten, dass sie Gegenstand einer polizeilichen Untersuchung gewesen ist».[29]

Aber hätte es die Zielperson wirklich gekränkt, offiziell zu erfahren, was sie ohnehin längst wusste – dass sie über Jahrzehnte mehr oder weniger genau beobachtet wurde? Meist verstand es Genoud ja doch, die Überwacher auszutricksen. Vor allem hatte kein Geheimdienst, keine Polizei, keine Staatsanwaltschaft, kein Gericht je einen Grund gefunden, den Schweizer Schattenmann anzuklagen, zu verurteilen oder sonst irgendwie aus dem Verkehr zu ziehen. Warum ihn festnehmen, wenn es wesentlich nützlicher ist, ihm einfach zu folgen? Die Schweiz fand keinerlei Veranlassung, ihm sein dubioses Handwerk zu legen, da er gegen Schweizer Gesetze nicht verstieß. Seine Geschäfte waren schweizüblich: Verbindungen herstellen, Geldtransfer, Handel und Wandel, mit Waffen vielleicht, aber vielleicht auch nicht. Solange er seine (streng juristisch gesprochen: mutmaßlichen) Straftaten im Ausland beging, tat er dabei niemandem weh.

Insofern hatte sich seit den fünfziger Jahren, als Genoud anfing, die überlebenden Nazis abzuklappern und sich ihre schwelgerischen Erinnerungen an das tausendjährige Reich anzuhören, gar nicht so viel geändert. Wenn man ihn nur richtig abschöpfte, wusste man genau Bescheid über das, was in diesen rechten Kreisen gedacht und geplant wurde. Wer jetzt mit ihm redete oder zumindest gründlich auf sein Treiben Acht gab, konnte sich einiges über das zusammenreimen, was arabische Terroristen aus welchen Gründen auch immer gegen Einrichtungen im Westen planten. Und nicht immer musste es zu einem Mordanschlag kommen. Auch Terroristen lassen manchmal mit sich reden und sind mitunter gegen entsprechende Abstandszahlungen bereit, auf Gewalt zu verzichten. Für dergleichen friedenserhaltende Vereinbarungen wird der Mittler Genoud gebraucht.

Als gut funktionierende Bürokratie hat auch die schweizerische die Betreuung Genouds auf verschiedenen Ebenen unterschiedlich gestaltet. So konnten die einen ihn im Auge behalten, während die anderen sich seine Informationen und Verbindungen zunutze machten. Ein Mediator wie er war ein Glücksfall, und je weniger Fesseln man ihm anlegte, desto besser.

Am besten funktioniert der international bewegliche Genoud, wenn er seine Freunde zusammenbringen und alte und neue Interessen verbinden kann. Im Frühjahr 1989, kurz bevor die Mauer fällt, erreichen die rechtsgerichteten Republikaner bei den Wahlen zum Berliner Abgeordnetenhaus 7,5 Prozent der Stimmen und bei der Wahl zum Europaparlament 5,1 Prozent. «Auf dem Höhepunkt unserer so genannten Erfolge», so erzählt es der Republikaner-Chef Franz Schönhuber, habe ihn Genoud angerufen und hätte «meinem Leben beinahe eine entscheidende Wendung gegeben». Genoud fragte ihn, ob er ein Interview mit seinem Freund Ahmed Ben Bella machen wolle, um vielleicht ein Buch über den ehemaligen Fußballstar zu schreiben, der zum Revolutionär und Volkstribun geworden war und dann so schnell von der politischen Bühne verschwand. Ben Bella war längst aus dem algerischen Hausarrest entlassen worden und lebte in der Schweiz im politischen Asyl. Schönhuber teilte Genouds Begeisterung über den Befreiungskrieg, den die FLN gegen Frankreich geführt hatte, und stellte sich ein gemeinsames Unternehmen vor. «Er wollte mich als Propagandisten für die arabische Sache gewinnen.» Schönhuber war nicht abgeneigt. Das Spiel war auch nicht ohne Ironie, denn der einst mit der FLN sympathisierende Europaabgeordnete Schönhuber hatte in Straßburg den Franzosen Jean-Marie Le Pen zum Fraktionsvorsitzenden, einen ehemaligen Fremdenlegionär, der die aufständischen Algerier bekämpfte und zugab, sich persönlich an Folterungen beteiligt zu haben.[30] Auch der unvermeidliche Jacques Vergès kam wieder ins Spiel, gegen den der SS-Mann Schönhuber einst gekämpft haben mochte. Am Ende seien ihm aber doch Bedenken gekommen, er will wegen Genoud, der ihm gleichwohl außerordentlich sympathisch war, ein «bisschen misstrauisch» geworden sein und habe deshalb das gemeinsame Projekt abgesagt. Später bedauerte er es, «nicht eingestiegen zu sein».[31]

Im Januar 1991 stirbt Elisabeth Genoud. Allen Berichten zufolge war sie seine große Liebe. Elisabeth Genoud zog die Kinder groß, sie begleitete ihn auf vielen seiner Missions- und Betreuungsreisen durch Europa, sie ertrug sein seltsames Engagement für jene, die er für entrechtet hielt und misshandelt glaubte. Ohne sie verlässt ihn der Lebensmut, er wird ganz plötzlich alt. Seinen gewohnten Interessen bleibt er gleichwohl treu.

Mit dem Zusammenbruch der Sowjetunion lösen sich die alten Strukturen, und dabei kommt überraschend weiteres Goebbels-Material ans Licht. Gorbatschows Glasnost gilt mit einem Mal auch für die bisher versiegelten Archive, und sei es, dass der ausbrechende Kapitalismus den Beamten eine neue Einnahmequelle eröffnet. Im Goebbels-Business setzt sogleich ein Wettrennen ein. Das Münchner Institut für Zeitgeschichte darf eine Art Vorkaufsrecht beanspruchen, da es (nach dem deutschen Gesetz) die Nutzungsrechte erworben und bereits einige

Bände des Tagebuchs herausgebracht hat. Neu in Moskau aufgefundene Tagebuchblätter erlauben aber François Genoud, sein Recht auf Veröffentlichung und damit Honorierung auch dafür zu beanspruchen. Der bewährte Nazi-Spürhund David Irving erfährt über Elke Fröhlich (was diese vehement bestreitet) von der Entdeckung; Irving zufolge bittet sie ihn sogar darum, dem Direktor des Archivs das bisher nicht katalogisierte Material einfach abzukaufen, um es auf diese Weise aus dem Archiv herauszubekommen.[32] Irving jubelt über diesen «historischen Fund»: «Die Anerkennung für die Entdeckung gebührt Elke Fröhlich; für die Erbeutung und Transkription mir.»[33]

Wie immer bei Nazi-Material ist das Interesse bei den englischen Zeitungen besonders groß. Im Juni 1992 reist Irving im Auftrag der *Sunday Times*, die gespannt auf brisante Enthüllungen aus den noch unveröffentlichten Diktaten wartet, nach Moskau. Die Konkurrenz verschreit sofort, dass ausgerechnet ein «Nazi-Apologet» mit der Bergung des Materials betraut worden ist, doch als gewiefter Unternehmer auf dem Nazi-Jahrmarkt genießt Irving die Show und kann die besten Stunden seiner bisherigen Laufbahn erleben. Von Moskau aus verhandelt er telefonisch mit Cordula Schacht, der Anwältin Genouds, über Geld, über das Geld, das mit der Veröffentlichung der Goebbels-Notate fällig werden soll. Im Auftrag ihres Mandanten fordert sie einen Anteil an dem, was Irving von der *Sunday Times* erhalten soll, die sich schließlich bereit erklärt, für einen exklusiven Vorabdruck aus dem neuen Material zu bezahlen. Am 2. Juli 1992 ruft er seinen alten «Freund» (Irving) Genoud an und beginnt, mit ihm zu verhandeln. Den Aufzeichnungen Irvings zufolge hört sich Genoud am Telefon «seltsam» an, ist aber sonst ganz der Alte. Er wirft Irving vor, der habe ihn bei einer «jüdischen» amerikanischen Journalistin verleumdet.[34]

Irving gelingt es, mehrere Goebbels-Glasplatten aus dem Archiv herauszuholen und ins Moskauer Büro der *Sunday Times* zu schaffen. Die Kostprobe überzeugt die Redaktion sofort. Irving lässt die aus dem postkommunistischen Chaos organisierten Vorlagen sogar bis nach London bringen, ein Vorgang, der jeden Historiker empören muss. Wieder einmal geht es um die exklusiven Rechte an Nazi-Dokumenten, und da ist fast jedes Mittel recht. Dem Chefredakteur Andrew Neil zittern vor Ehrfurcht die Hände. «Ihm wurde klar», meint Irving, «dass er damit etwas in der Größenordnung der Enthüllungen über Princess Diana hatte.»[35] Außerdem bietet sich endlich die Gelegenheit, die Schmach, die die *Times* neun Jahre zuvor mit den Hitler-Tagebüchern erlitten hat, durch ein mehrfach geprüftes, ganz und gar echtes Original auszugleichen. In London bricht sogleich ein Bieterkrieg um die noch unveröffentlichten Tagebücher aus. Allein die *Daily Mail* hat laut *Time* 17 000 Pfund (50 000 Mark) bezahlt,[36] damit sie etwas abbekommt. Das Material muss trotz Irvings handgreiflicher Recherchen aus rechtlichen Gründen den Weg über München nehmen, das Geld geht wie immer nach Lausanne.[37] Aus dem Institut für Zeitgeschichte, von der Bearbeiterin Elke Fröhlich («She is my friend!», jauchzt Irving[38]), erhält die Zeitung allerdings nur eine Kopie des handschriftlichen Originals, und in der Redaktion ist zunächst niemand in der Lage, diese Schrift zu lesen.

Der kundige Irving verfügt in diesem Wettrennen über einen uneinholbaren Vorsprung: Er befindet sich nicht bloß in Moskau an der Quelle, wo er sich bereits von den langsameren Kollegen über seine Recherchen interviewen lässt, er spricht und versteht Deutsch, sodass er bisher unbekannte Seiten in ihrer Bedeutung erkennen und kopieren kann, und vor allem ist er in der Lage, Goebbels' Handschrift zu entziffern.

Die Summe, die Irving im Auftrag der *Sunday Times* zunächst bietet, findet Genoud «lächerlich»; er erwartet viel mehr aus England. Die beiden feilschen ausgiebig. Irving behauptet, Goebbels sei als Geschäft ohnehin «bald tot», und genau deshalb möchte Genoud unbedingt mehr herausschlagen als die zehntausend Pfund, die die Zeitung zu zahlen bereit ist.[39] Sie wird schließlich auch mehr zahlen, und Irving selber erhält für seine Mühen, wie er stolz meldet, die Kleinigkeit von 75 000 Pfund (plus Mehrwertsteuer).[40] Genüsslich weist er Genoud und seine Anwältin auf die «unklare Rechtslage» hin, die vor allem außerhalb Deutschlands seine Ansprüche kaum begründen könne. Frau Schacht versichert ihm, dass Genoud den Titel auch für andere Länder besäße, und dringt weiter auf ein höheres Honorar. Genoud spricht in bewährter Kampfeslust von «Banditen und Dieben», die ihn um sein Recht und Geld brächten, und nicht nur ihn, sondern auch die Goebbels-Angehörigen, die – das sagt er wirklich und wahrhaftig – «nach dem Krieg so viel zu leiden hatten».[41]

Inzwischen sind zwei Vertreter des Münchner Instituts für Zeitgeschichte nach Moskau geeilt, um einem möglichen Raubzug Irvings zuvorzukommen, aber Irving hat «gesehen, was ich sehen wollte, und mehrere hundert der wichtigsten Seiten kopiert».[42] Bei seiner Rückkehr aus Moskau wird er zum ersten Mal von jenen Protesten empfangen, die seither wie ein Bühnenbild zu seinen Auftritten gehören. Auf Plakaten bezeichnet man ihn nicht nur als «Hitler-Verehrer», sondern begrüßt ihn auch mit der Aufforderung «Vergast Irving».[43] Genoud, der seine Verehrung für Hitler ganz offen bekennt, kommt da besser davon. Aber er tritt auch nicht öffentlich auf und betrachtet lieber mit stiller Freude, wie die Journalisten ihn mit immer größerer Routine als braune Eminenz im Hintergrund zeichnen.

Der *Spiegel* kündigt knapp zwei Wochen später auf dem Titel «Neue Goebbels-Tagebücher» an. Auch da wollte man zuerst nur 10 000 Mark zahlen, aber wenn es um das Echte geht, darf es auch etwas mehr sein. Ein wenig peinlich ist es schon, mit Irving, der, wie die distanzierende Formel der Redaktion lautet, «als Rechercheur in Sachen Zeitgeschichte einen Ruf genießt, den er als Wissenschaftler wegen seiner rechtsradikalen Umtriebe längst ruiniert hat»,[44] Geschäfte machen zu müssen, aber es geht nun mal nicht anders. In seiner Hausmitteilung legt der *Spiegel* allerdings großen Wert auf den Hinweis, dass David Irving die Aufzeichnungen zwar entziffert, der *Spiegel* sie aber «Seite für Seite geprüft [hat] – es stimmt».[45] Die kostbaren Goebbels-Worte werden, ohne dass der Leser über den juristischen Zusammenhang informiert wird, wie schon 1987 mit «© Für die Originalzitate 1992 by François Genoud, Schweiz» ausgezeichnet. Keine Schonung, sondern Business as usual. Der «Nazi aus dem 3. Reich»[46] ist ein Geschäftspartner wie jeder andere.

In seinem Leitartikel spricht der *Independent*, der beim großen Goebbels-Wettbieten allerdings nicht mitmachen konnte, von *dirty money*. «Es handelt sich hier um einen Scoop, der eine widerwärtige Faszination bedienen soll. Nutznießer sind die Nachfahren eines Massenmörders und die Bewunderer eines weiteren.»[47] Solche Skrupel interessieren Genoud natürlich nicht, und dass er Massenmörder bewundert, und nicht nur tote, hat er oft genug erklärt. Dem britischen Publikum hat er sein Bild von Hitler unmissverständlich klargemacht: «Ich halte ihn für einen bedeutenden Mann. Alle, die das Gegenteil behaupten, werden bald vergessen sein. Stalin wird vergessen werden, Churchill wird vergessen werden, aber Hitler nie.»[48] Dafür sorgt nicht zuletzt Genoud selber, allzeit unterstützt von einer unermüdlichen Nazi-Industrie.

Obwohl gerüchteweise längst bekannt ist, dass Genoud als legaler Arm verschiedenster terroristischer Unternehmungen fungiert, bleibt er für die Medien vor allem als «Nazi-Bankier» interessant. Dabei wird seine unfreiwillige Rolle bei der Stilllegung von Terroristen immer wichtiger. Lang ist inzwischen die Liste von politischen Freunden Genouds, die eines gewaltsamen Todes starben: Belkacem Krim, Khider, Boudia, Moukharbel, Debbas, Salameh, Wadi Haddad, Ali André Mécili. Genoud hat Glück: Während so viele seiner Freunde wegen ihres gefährlichen Engagements zu Tode kommen, darf er am Leben bleiben.

Was macht ihn eigentlich zum «unangreifbaren Verdächtigen» (wie ihn Isabelle von Hildebrand nennt)? Die wahrscheinlichste Erklärung für Genouds langes Leben ist sein Nutzwert. Wie ein Trapper suchte Genoud einst die Gestrandeten des «Dritten Reiches» beziehungsweise deren Reliquien zusammen, um hinterher stolz seine Trophäen vorzuzeigen. Ein ähnlicher Stolz erfüllte ihn, als er mit den algerischen Revolutionären zusammenkam und sie unterstützen konnte, als sie die Unabhängigkeit ihres Landes erzwangen. Die Revolution geht für ihn in Palästina weiter, wo sich im Kleinkrieg gegen Israel der 1945 verlorene Kampf fortsetzen lässt. Die Schweiz konnte oder wollte ihm juristisch nicht beikommen. Es hätte für die Schweizer, aber auch für die israelischen oder amerikanischen Freunde viele Gründe und noch mehr Gelegenheiten gegeben, ihn umzubringen, ihn wenigstens aus dem Weg zu räumen oder einzusperren. In vollkommener Freiheit war er aber nützlicher.

Mit ihren unvorhersehbaren Attacken konnten die Terroristen seit Ende der sechziger Jahre das westliche Gefüge immer wieder stören, doch inzwischen gelingt es, sie zu kontrollieren oder jedenfalls genau zu beobachten. Keiner ist dafür besser geeignet als der Mittelsmann François Genoud.

Je mehr Genoud als *bête noire* gezeichnet wird, desto mehr Interesse sammelt sich auf ihm und desto weniger wird er in seinem Treiben behelligt. Der böse Nazi wirft einen Schatten, dunkel genug, dass sich darin wesentlich gefährlichere Männer verbergen können, die sich aber von der anderen Seite und mit dem rechten Geschick umso besser beobachten lassen. Bei einer Rückreise von Caracas trägt Genoud sich an der Grenzkontrolle am Flughafen als «Vermittler» in die Formulare ein, und als Vermittlung sieht er tatsächlich sein lebenslanges Wirken. Die Politik, die im Großen nicht weiterkommt, bedarf im Kleinen solcher Zwischenhändler, bedarf der Hilfe von Männern wie Genoud, die ausgerechnet der schlechte Leumund vor justiziellen und kriminalistischen Nachstellungen schützt. Genoud machte nie ein Geheimnis aus seinen nostalgischen Sympathien; aufdringlicher als er kann man seinen Hitler gar nicht verehren. Jemand, der die Judenvernichtung mit einem David Irving abgeschauten Zynismus bestreitet («Wenn die Leute nicht mehr produktiv waren, hat man ihren Abgang vielleicht beschleunigt, das halte ich für möglich»[49]), gilt ohnehin nicht als satisfaktionsfähig und erhält deshalb einen Freibrief, als wäre er ein alter Narr. Er wird nicht mehr ernst genommen und ist zugleich über jeden Verdacht erhaben, seine Informationen könnten mehr oder weniger absichtlich beim Mossad oder wenigstens bei der CIA landen. Aber genau so ist es in dieser diplomatischen Zwischenwelt zugegangen. Der gefürchtete Carlos ist für dieses Doppel- und Tripel-Spiel längst nicht gewitzt genug.

«Genoud ist die wichtigste Verbindung zu Carlos»,[50] erkennt die CIA 1991, die dem Schweizer liebend gern das Handwerk legen würde, wäre ihnen Carlos nicht noch wichtiger. Genouds Landsleute zucken mit den Schultern; für sie ist er nicht zu greifen. Sie haben den Fall gründlich untersucht, sein Telefon abgehört und «andere Methoden» an der Grenze der Legalität anwendet, sahen sich aber nie in der Lage, Beweise oder Informationen für Genouds Verbindungen mit dem Terrorismus zu finden. «Er kennt die Akteure, war offensichtlich an jedem Ende des Spektrums beteiligt, hat aber allem Anschein nach gegen kein Gesetz verstoßen»,[51] melden sie den Amerikanern. Alles, was die Geheimdienste am Ende an Fakten herausfinden (oder jedenfalls notieren), ist eine Bestellung, die Carlos und Weinrich aufgegeben haben und die Genoud brav ausführt: neue Einlegeblätter in ihrem Kalender fürs Jahr 1992.[52] Sei's aus Verzweiflung oder aus schierem Pragmatismus, der unangreifbare Genoud wird eben als Wünschelrutengänger eingesetzt. Die Nähe ist zumindest erwiesen, es geht nur darum, ihm auf den Fersen zu bleiben und so Carlos auf die Spur zu kommen.

Die Weltgemeinschaft, die sich nicht ständig von Terroristen stören lassen kann, will Carlos und die Seinen nicht mehr hinnehmen. Der Druck auf die Nationaldiktaturen im Nahen Osten wächst. Ungarn hatten die Revolutionäre bereits verlassen müssen, jetzt sind sie in den Vorderen Orient zurückgekehrt. Dorthin bestellt Carlos Magdalena Kopp, nachdem sie 1985 aus der französischen Haft entlassen worden ist. Mit Hilfe von Jacques Vergès und Gerd Albartus von den «Revolutionären Zellen» und selbstverständlich fürsorglich bewacht von der Stasi reist sie nach Ost-Berlin und dann weiter nach Damaskus, wo Carlos inzwischen mit Weinrich und weiteren Gefolgsleuten lebt und auf Aufträge der rumänischen, bulgarischen, der iranischen oder irakischen Regierung hofft. Magdalena Kopp wird schwanger und schenkt ihrem Mann (er hat sie *per procura* in Beirut geheiratet) das ersehnte Kind. Carlos wird zunächst ein begeisterter Vater und setzt sich mehr oder weniger zur Ruhe.

Magdalena Kopp deutet an, dass Genoud mit dem Lebenswandel des fett gewordenen Kämpfers keineswegs einverstanden ist. Der Mann, der einmal Frankreich den Privatkrieg erklärt hatte, weil es wagte, seine Geliebte einzusperren, der bedenkenlos Menschen umbrachte und Bomben warf, um seine Gegner einzuschüchtern, verschläft jetzt die Tage und geht abends in Nachtclubs. Seiner Frau überlässt er die Verschönerung des Heims und die Sorge um die Tochter Rosa. Das alte Feuer flackert nur auf, als er Albartus herbeizitiert, ihn in einem Schnellprozess zum Verräter erklärt und sofort exekutiert. Magdalena Kopp erlebt das alles und bleibt doch bei ihm, selber eine Gefangene. Mit einer unbegreiflichen Demut macht sich Genoud im autobiographischen Bericht Magdalena Kopps zum Boten des internationalen Revolutionärs Carlos, des einzigen Helden, der ihm nach den glorreichen Tagen der algerischen Revolution und seinen riskanten Unternehmungen mit Wadi Haddad noch geblieben ist.

Carlos schickt immer wieder Kuriere nach Genf, und Genoud kommt zu Besuch und ist wieder bereit zu helfen. Wie früher seine Nazis besucht Genoud jetzt seine alten Terroristen und wird nun auch ihr Samariter. Seine Hilfe geht gern ins Detail. Einmal möchte der Betreuer seinem Schützling Nazi-Lieder überspielen, was Carlos' Frau Magdalena als aufmüpfige Tochter eines gläubigen Nationalsozialisten natürlich furchtbar findet.[53] Genoud missioniert dabei aber keineswegs, er hält die Versorgung mit klassischem deutschem Liedgut für einen Liebesdienst, denn die Kämpfer sollen es im Exil doch schön und wenigstens annähernd wie daheim haben.

Der Revolutionär aus Venezuela, der einmal sein wollte wie Che Guevara, wird jetzt von einem unverbesserlichen Nationalsozialisten für die Mußestunden mit deutscher Marschmusik versorgt. Viel weiter kann die Konvergenz der Ideologien gar nicht mehr gehen. «Vielleicht», überlegt Magdalena Kopp, «vielleicht war Carlos gar kein Linker.»[54] Das allerdings wäre eine arg späte Erkenntnis nach so vielen Jahren, die zwar in teuren Hotels und im Schutz diverser Geheimdienste zugebracht wurden, aber doch dem Kampf für eine bessere Welt dienen sollten – traditionell ein linkes Anliegen. Anders als sein Vorläufer al-Husseini verstand sich der Terror-Mufti Wadi Haddad zwar als Marxist, als Guerillero im Geiste Mao Tse-tungs, aber auch er führte eine nationalistische Bewegung an, die sich nicht anders als die FLN oder der Vietminh durch den Widerstand gegen die Besatzungsmacht definierte. Nicht zufällig lautete der Name, unter dem ihn der KGB führte, «NATSIONALIST».

Die hehren Anliegen von der Selbstbestimmung der Völker, der Befreiung vom Kolonialismus oder sogar der Weltrevolution waren längst für eine Strategie drangegeben, in der nur mehr der Terror zählte, die Erpressung, die Macht der Bombe. Der Einzige, der noch an die alten Ideale glaubt, ist François Genoud. Darum hält er auch Freundschaft mit allen Aktivisten, die für ihn getreu der Unterscheidung des Terroristenführers Abu Ijad natürlich keine Terroristen sind, sondern Revolutionäre.[55]

Magdalena Kopp zufolge bat Genoud sie bei seinem ersten Besuch in Damaskus, ihn zu einer bestimmten Adresse zu führen. In dem Haus, erklärt er ihr, wohne Alois Brunner.[56] Ob sie wusste, dass es sich dabei um jenen SS-Hauptsturmführer handelte, der damit renommierte, das «schöne Wien judenfrei» gemacht zu haben, verrät sie nicht. Genoud waren die Männer, die erwiesenermaßen persönlich an der Ermordung von Juden beteiligt gewesen waren, eher unangenehm, da sich mit solchen Gewährsleuten die nationalsozialistische Ausrottungspolitik nicht mehr gut bestreiten ließ. Dabei waren Brunner und Genoud bereits mehr als ein Vierteljahrhundert vorher, während des Eichmann-Prozesses, in engeren Kontakt gekommen. Brunner sollte damals bei der Verteidigung seines ehemaligen Vorgesetzten helfen, und Genoud traf sich gern mit ihm. Jetzt allerdings will er Brunner angeblich «auf gar keinen Fall sehen».[57]

Warum, das kann sich Genouds Fremdenführerin nicht erklären. Die Anwesenheit Brunners, der sich in der Zwischenzeit seine eigenen Verdienste bei der Ausbildung der syrischen Armee erworben hat und ihr angeblich sogar dabei behilflich war, Kurden im Kampf gegen die Türkei auszubilden,[58] ist der Regierung in Damaskus nur mehr lästig. Syriens Ansehen leidet unter dem berechtigten Vorwurf, es beherberge einen Massenmörder. Beate und Serge Klarsfeld weisen die westlichen Regierungen immer wieder darauf hin, dass Brunner sich in Syrien aufhält. Der amerikanische Senator Edward Kennedy protestiert, sogar der westdeutsche Außenminister Hans-Dietrich Genscher fragt 1988 bei seinem Besuch in Syrien den Staatspräsidenten Hafiz al-Assad ganz undiplomatisch nach Brunner.[59] Beate Klarsfeld reist im Dezember 1991 illegal ein, um vor dem Innenministerium in Damaskus zu demonstrieren. Sie wird sofort abgeschoben. Doch trotz verschiedener internationaler Interventionen weigert sich die syrische Regierung, die schützende Hand von dem Nazi-Mörder Alois Brunner zu nehmen, aber dafür soll wenigstens der weltweit gesuchte Mörder Carlos abgeschoben werden. Genoud ist auch hier gern bereit zu helfen.

Es folgt ein besonders unwahrscheinliches Manöver, bei dem orientalischer Stolz und westliche Berechnung, die Lust an Verschwörungstheorien und nacktes finanzielles Interesse zusammenfinden. Der inzwischen vierundsiebzigjährige Genoud kommt mit einem Plan nach Damaskus, der gar zu märchenhaft klingt, als dass er wahr sein kann. Doch Magdalena Kopp verbürgt sich dafür, denn sie hat ihn als Skizze gesehen und erlebt, wie er in die Tat umgesetzt wurde. Angeblich ging der Vorsatz von der Familie des syrischen Geheimdienstchefs aus, die sich von Carlos erwartete, dass er auf seine bekannt drastische Art einen ungeliebten Stiefschwiegersohn beseitige. Es handelt sich um den 1952 geborenen Mansour Ojjeh,[60] den älteren Sohn des saudischen Geschäftsmanns Akram Ojjeh (1918–1991).[61] Akram Ojjeh ist ein international tätiger Waffenhändler, sehr reich, in dritter Ehe mit der Tochter des syrischen Verteidigungsministers Mustafa Tlass verheiratet und bereits sterbenskrank. Dessen Familie will verhindern, dass das Vermögen im Todesfall an den Sohn geht; es soll seiner künftigen Witwe, der Tochter der Familie Tlass, zufallen und der Sohn dafür sterben.

Die Geschichte spielt in der demimondial schillernden Prominenz, die an den Ufern des Mittelmeeres verkehrt und ein bemerkenswertes Vermögen verzehrt, nach dessen Herkunft vorsichtshalber niemand fragt. Vater und Sohn Ojjeh besitzen unter anderem die Firma Techniques d'Avant Garde (TAG), die vom lukrativen Technologietransfer zwischen Europa und dem Nahen Osten lebt und nebenbei als Sponsor für Autorennen beim Grand Prix von Monaco auffällt. Die beiden verbergen ihr Geld auch sonst nicht, sondern zeigen sich gern auf den riesigen Yachten, die an der Côte d'Azur vor Anker liegen.

Genoud kennt Ojjeh selbstverständlich; beide hatten sich in den Fünfzigern an der Genfer Banque Commerciale Arabe (BCA) beteiligt. Als wäre das ganze Unternehmen noch nicht exotisch genug, ändert sich der Plan plötzlich, und Mansour soll nicht mehr umgebracht, sondern nur mehr entführt werden. Bei seinem nächsten Besuch kann Genoud berichten, dass Dritte bereit seien, das geforderte Lösegeld in Höhe von sieben Millionen auch zu bezahlen, ohne dass der junge Ojjeh vorher entführt werden müsste. Genoud hat, vermutlich im Benehmen nicht nur mit der Familie, sondern gleich mit der syrischen Regierung, für diese humanitäre Lösung gesorgt. Carlos soll nur mehr vorformulierte Briefe aufsetzen. «Den Empfänger bestimmte Genoud. Er hatte die Fäden in die Hand genommen und bestimmte die Regeln.»[62]

Die ganze Geschichte, von der Magdalena Kopp versichert, sie habe sich so zugetragen, klingt hochgradig absurd, eine echte Räuberpistole. Aber das Geld wird tatsächlich bezahlt, und zwar in Schweizer Franken.

Vereinbarungsgemäß ist die Summe aufzuteilen unter Genoud, Johannes Weinrich, Magdalena Kopp und einige andere, wobei zuvor ganz nach europäischem, steuerschonendem Gebaren Benzinkosten, Arbeitsunterlagen, Kopien, die üblichen Betriebsausgaben also, in Anschlag zu bringen und abzuziehen sind. So bürokratisch gründlich können nur deutsche, von einem Schweizer geführte Terroristen sein.

Für seine Vermittlertätigkeit (und weil er Schulden hat) beansprucht Genoud – so Magdalena Kopp – wie bei den Goebbels-Tagebüchern die Hälfte der sieben Millionen für sich.[63] In den Akten wundern sich die Überwachungsbeamten immer über seine bescheidenen Einnahmen, die ihm niemals den aufwendigen Lebensstil erlauben würden, den er nach wie vor pflegt. Genoud handelt demnach mit Butter und Porzellan, kauft und verkauft Immobilien in London und an der spanischen Mittelmeerküste, aber es ist immer zu wenig. Absurderweise macht er einmal sogar einem arabischen Geschäftspartner, bei dem er Außenstände hat, Hoffnung auf die Goebbels-Einnahmen, die er demnächst von Hoffmann und Campe zu erwarten habe.[64] Doch diesmal scheint er wirklich pleite zu sein.

Carlos ist zwar seinerseits berechnend und notfalls skrupellos, aber durch solche Transaktionen auch leicht zu übertölpeln. War die ganze Entführung nicht doch nur ein Täuschungsmanöver und das Lösegeld schlicht und einfach eine Stilllegungsprämie, bei der mehrere interessierte Parteien zusammenlegten, um Carlos und seinen Leuten eine Pensionskasse einzurichten? Mit dem notorischen Ojjeh hatte das jedenfalls nichts zu tun. «Es ging auf einmal nur noch darum, Carlos zu bezahlen.»[65] Zum Ausgleich soll er aus Syrien verschwinden.

Carlos ist dazu bereit, und so beginnt eine demütigende Irrfahrt durch mögliche Asylländer. Der ehemals gefürchtete Terrorist, dem ein vom ihm selber großzügig geförderter Mythos Hunderte von Opfern andichtet, ist plötzlich auf der Flucht und wechselt die Länder so oft wie seine Hemden. Im Zweifel ist es der Staat Israel beziehungsweise der unverzichtbare Mossad, der ihn wieder einmal jagt. Genoud ist Carlos gern behilflich. Obwohl selber bereits ein alter Mann, bemüht sich der Vermittler für seinen Helden um einen Rückzugsort, an dem der langgediente Revolutionär unbehelligt sein Gnadenbrot verzehren könnte.

Im September 1991 wird die Carlos-Familie aus Syrien ausgewiesen und in ein Flugzeug nach Tripolis gesetzt. Kurz vorher hatte Carlos noch Besuch von Jacques Vergès erhalten, der ihm den Weg nach Algerien öffnen sollte. Die Libyer lassen den Flüchtling, den sie einst mit dem Überfall auf die Opec-Konferenz beauftragt hatten, gar nicht erst aussteigen, sondern schicken ihn mitsamt Frau, Kind und Mutter wieder zurück nach Damaskus. In Libyen hätte sich Carlos ohnehin nur ungern niederlassen wollen, weil er die Libyer nach Herrenmenschenart verachtet. Der Irak, der ihm und seinen Leuten so lange als Asyl gedient hatte, schiebt die Revolutionäre nach einiger Zeit ebenfalls ab. Wie es einem bezahlten Killer angemessen ist, drücken sie ihm zum Schluss noch einen Koffer mit zweihunderttausend Dollar in die Hand und schmeißen ihn aus dem Land. Genoud spricht mit Wahid Gordji, doch auch die Iraner wollen Carlos nicht haben. Kuba ist im Gespräch, dann der Jemen, wo sie zwar hinfliegen, allerdings bereits im Transitraum festgesetzt und schließlich nach Amman zurückgeschickt werden. Endlich ist der Sudan bereit, Carlos aufzunehmen, während Johannes Weinrich in den Jemen geht. Magdalena Kopp wird in klassischer Manier mitsamt der gemeinsamen Tochter bei ihrer Schwiegermutter in Venezuela deponiert. Die «Organisation Internationaler Revolutionäre», die einmal die Welt in Furcht und Schrecken versetzen wollte, ist in alle Richtungen zerstreut.

Carlos genießt das Exil im Sudan. Er ist jetzt Pensionär. In der Hauptstadt Khartum führt er wieder sein Leben als Playboy und lässt sich bereitwillig in der Disco fotografieren. Wenn er sich noch für Politik, gar für die Revolution, für den palästinensischen Kampf gegen den Zionismus und gegen die USA interessieren würde, müsste er jetzt unvermeidlich einem anderen Revolutionär begegnen, der sich seit 1992 ebenfalls in Khartum aufhält: Osama bin Laden. Aber die beiden kennen sich nicht.

Auch wenn die Geheimdienste ratlos sind und Mühe haben, der Fluchtroute von Carlos zu folgen, macht er sich durch sein gewohnt offenes Leben sogleich bekannt.

Außerdem sind da noch die geheimdienstlichen Verbindungen zwischen dem Sudan und Frankreich. Mehrfach reisen Beamte nach Paris mit dem offensichtlichen Auftrag, die Modalitäten einer Auslieferung zu besprechen. Im Sudan findet gerade ein Bürgerkrieg statt, und die französische Aufklärung ist der sudanesischen Regierung gern mit Luftaufnahmen behilflich. Als sich Carlos einer Operation unterzieht, bei der er sich zwei Krampfadern veröden lassen will, «um das Aufheizen meiner Hoden zu verhindern»,[66] wie er seiner Frau nach Venezuela berichtet, wird er unter Narkose ergriffen und von französischen Fallschirmjägern am 15. August 1994 sogleich außer Landes und nach Paris geschafft.

Für Genoud wiederholt sich die Geschichte, denn es waren die Fallschirmjäger des Generals Massu, die sich 1958 in einem letzten Aufbäumen dagegen gewehrt hatten, dass Algerien in die Freiheit entlassen würde. Außerdem hat er nicht vergessen, auf welche Weise seine Schützlinge Eichmann und Barbie vors Gericht gelangten. Im Jahr darauf wird Johannes Weinrich in Aden festgenommen und nach Deutschland überstellt. Und noch einen Kämpfer verliert die «Organisation Internationaler Revolutionäre»: Bruno Bréguet. Der Schweizer wird zum letzten Mal gesehen, als er am 10. November 1995 auf einem griechischen Schiff in Ancona ankommt, wo ihn die italienischen Behörden abweisen und wieder zurückschicken. Seither ist nichts mehr über ihn bekanntgeworden.

Der Publizist Jean Ziegler reichte am 19. März 1996, wenige Monate vor dem Tod Genouds, wegen Bréguets Verschwinden eine Anfrage im Schweizer Nationalrat ein. Der Bundesrat beschied ihn, dass Bréguet «unauffindbar» sei. «Ich bin überzeugt, dass mein Sohn am Ende wusste, dass er ausgenutzt wurde, und dass er das Genoud auch sagte», glaubt Bréguets Vater. Bruno Bréguet habe «die Tatsache, dass er sich mit Genoud eingelassen hat, mit dem Leben bezahlt». Killer, so die Anklage des Vaters, hätten seinen Sohn in Genouds Auftrag umgebracht. Es ist der trauernde Vater, der hier spricht, aber er spricht aus Erfahrung: «Wenn ich gewusst hätte, wer Genoud in Wahrheit ist und wenn ich ihn mit meinen eigenen Händen umgebracht hätte, wäre Bruno seinerseits noch am Leben.»[67] Die Verhaftung von Carlos betrachtet Genoud, nicht weiter überraschend, als einen weiteren Triumph des Neokolonialismus. «Er ist davon überzeugt», kann Genoud von Carlos berichten, «dass mehr noch als die Franzosen [der radikalislamische Religionsführer]

Tourabi und die CIA für seine Entführung verantwortlich sind. Er ist sich sicher, dass er nicht mehr nach Venezuela zurückkehren wird, denn er werde vorher liquidiert.»[68] Der Kolonialherr Frankreich lässt diesen Vorwurf nicht auf sich sitzen und zeigt Größe. Wie schon bei Barbie gelingt es Genoud auch diesmal, seinen Schützling im Gefängnis zu besuchen. Den Vorwand liefern, wie noch jedes Mal, die Erinnerungen, die der Häftling aufschreiben würde. Genoud will den Autor bei der Abfassung verlegerisch betreuen. Ausgerechnet der algerische Geheimdienst darf das entscheidende Wort einlegen, damit Genoud zu Carlos nach Paris fahren kann.

Schon vorher hat er ihm Geld geschickt und einen Anwalt besorgt; neben Mourad Oussedik ist das der unvermeidliche Jacques Vergès. (Carlos entlässt ihn bald und erklärt ihn zum Spion der französischen Regierung.) Genoud meldet sich laut Pierre Péan bei Jean-Louis Bruguière, der beim kommenden Prozess die Verhandlung leiten soll, und fordert, auch nicht überraschend, die Freilassung des Revolutionärs Carlos. Als der Richter seinerseits Genoud über dessen Verbindungen vernehmen will, schützt der sein Alter und allgemeine Erschöpfung vor. Den Besuch im Gefängnis in Fresnes darf er dennoch machen.

Es wird eine letzte heroische Begegnung, wenn auch nicht frei von Nebengedanken. So ist ihm der fette Revolutionär am liebsten, hinter Gittern unschädlich geworden und wehrlos seiner Betreuung ausgeliefert – der Fürsorge eines Mannes, den Carlos manchmal den «alten Trottel» genannt hatte. Jetzt sitzt der Revolutionär im Gefängnis, während der Trottel weiter frei ist. Genoud kann auch hier wieder sein idealistisches Denken vorzeigen: «Carlos ist ein wahrer Revolutionär, denn er hat vor nichts Angst.»[69]

Der «gefährlichste Mann der Welt» wird Frankreichs prominentester Häftling. Ihm kann keiner mehr helfen. Drei Jahre nach seiner Verhaftung beginnt sein Prozess, und nach zwei Wochen wird der Guerillero am 23. Dezember 1997 wegen des Mordes an zwei französischen Geheimdienstbeamten zu lebenslanger Haft verurteilt. Wegen seiner anderen Taten wird zwar auch ermittelt, aber da fast alle außerhalb Frankreichs verübt wurden, sind sie für die französische Justiz nicht weiter relevant. Hauptsache, er ist endlich eingesperrt.

Carlos führt kein schlechtes Leben im Gefängnis. Er versucht einen Hungerstreik, über den sogar amnesty international berichtet, bricht ihn aber bald wieder ab. Er verlobt sich mit seiner Anwältin Isabelle Coutant-Peyre, die in der Kanzlei von Vergès arbeitet, und er tritt 1998 in einen ausgedehnten Briefwechsel mit dem neuen venezolanischen Ministerpräsidenten Hugo Chávez, der ihn noch heute einen «Revolutionär» nennt.[70] Auch an Barack Obama wird ein Brief gehen: Kaum war der neue Präsident der USA vereidigt, wendet sich Carlos an ihn, gratuliert ihm zu dem Entschluss, die geheimen CIA-Gefängnisse schließen zu wollen, und bittet darum, «unseren Genossen Bruno BREGUET» freizulassen. «I remain, Mister President, yours in Revolution, ‹Carlos›». Mit einem unbegreiflichen Optimismus spricht er immer davon, dass er eines Tages nach Venezuela zurückkehren werde, um dort den Kampf für die Revolution fortzusetzen.

Sein wichtigster Partner aber bleibt bis zuletzt François Genoud. Statt der erhofften Memoiren schreibt sich Carlos im Gefängnis wenigstens Briefe mit dem langjährigen Gefährten und Betreuer. Er schreibt auf Englisch, womit er die Zensur kaum getäuscht haben wird, und jedes Mal redet er Genoud als seinen «liebsten Genossen» an. Ein Genosse hatte der lebenslängliche Freigeist Genoud bestimmt nie sein wollen. Die Brieffreunde erinnern sich dennoch dankbar an Wadi Haddad, der sie zusammengebracht hat und mit dem sie für die palästinensische Sache gekämpft haben. Beide sind berühmt genug, dass sie in der Literatur bereits zu den gefährlichsten Terroristen gerechnet werden. Als wär's eine gute Kritik, weist Carlos seinen Freund darauf hin, für wie wichtig ihn Victor Ostrovsky in seinem Buch über den Mossad hält.[71] Dann kehrt er wieder zurück zum gewohnten revolutionspathetischen Ton, mit dem er die Verdienste seines «liebsten Genossen» besingt: «Ich wünschte, ich würde wenn ich einmal dein reifes Alter erreicht habe, nur über ein Zehntel deines unbeugsamen Geistes verfügen. Ich bewundere dich aufrichtig, vertraue dir [anders als den Anwälten] und weiß deine Freundschaft zu schätzen. Mit revolutionärer Umarmung, Dein Carlos.»[72]

Diese Briefe sind kein Geheimnis, sie müssen schließlich die Polizeizensur passieren. Damit kann draußen jeder erfahren, dass Genoud engen Kontakt mit seinem berühmten Kämpfer hält. Bei den Schweizer

Behörden zuckt man nicht einmal mit den Achseln, was soll man machen? «Wenn ich schon nicht mit Gott im Einklang war, habe ich doch immer darauf geachtet, es mit den Schweizer Gesetzen zu sein.» Und Genoud legt größten Wert darauf, niemals gegen die Gesetze seines Heimatlandes verstoßen zu haben. «Die Schweiz hat mir als Basislager gedient»,[73] das er bis zuletzt immer wieder verlässt. Carlos betraut ihn mit der Aufgabe, eine «Lana» zu suchen, die er in Jordanien noch schnell geheiratet haben will und die jetzt schutzlos sei. Genoud reist pflichtschuldig in den Nahen Osten, um sie zu suchen, und findet sie nicht.

In der Betreuung von Gefangenen sah er seine erste Aufgabe; sie wird auch seine letzte, und sie wirkt lebensverlängernd. Genoud ist mit Ende siebzig körperlich bereits sehr eingeschränkt, er leidet unter Osteoporose. Dennoch reist er auf Wunsch von Carlos im Alter von achtzig Jahren noch zweimal nach Venezuela, um sich um Magdalena Kopp zu kümmern. Er sitzt bei ihr in der Küche und erzählt ihr von Hitler und seiner jugendlichen Begeisterung. «Ich rauche nicht, ich trinke nicht und ich esse kein Fleisch, wie mein Chef», sagt er und macht auch noch den Hitlergruß.[74] Sie sieht's mit Entsetzen.

Genoud führt seinen Auftrag aus und bestellt ihr, dass sie nicht aussagen solle. Doch da ist noch «Hans Benz» vom Bundesamt für Verfassungsschutz, der mit ihr reden und sie zu Aussagen über Carlos und den inzwischen ebenfalls ausgelieferten Johannes Weinrich bewegen will. Wenn sie nach Deutschland zurückkehre und aussage, soll sie straffrei ausgehen. Aus der Ferne untersagt ihr Carlos, mit diesem staatlichen Abgesandten zu reden, aber sie treffen sich doch. «Am Ende des Gesprächs fragte mich Benz, was ich von François Genoud halte.»[75]

Eine paradoxe Situation, soll Genoud sie doch in Carlos' Auftrag daran hindern, mit dem Verfassungsschutz zu reden. Andererseits scheint sich Genoud besonders gut mit dem deutschen Geheimdienst zu verstehen, jedenfalls weiß der wiederum genau über ihre jeweiligen Schritte Bescheid. Bei Magdalena Kopp lässt er kein gutes Haar an Bruno Bréguet, der seinerseits in seinen Briefen an sie von «F., meinem Todfeind» gesprochen hatte. Plötzlich dämmert ihr etwas. «War womöglich Genoud der Verräter?»[76] Eine Situation hat sie besonders irritiert: In genau dem Augenblick, in dem sie die deutsche Botschaft in

Caracas betritt, läutet ihr Handy. Genoud ruft aus der Schweiz an, um zu fragen, «ob alles in Ordnung sei oder ob ich irgendwelche Probleme habe».[77] Nachdem sie vor dem Verfassungsschutz ausgepackt und auch erzählt hat, wie die «Gruppe Internationaler Terroristen» Akram Ojjeh erpresst hat, macht ihr Genoud Vorwürfe, weil sie zu viel geplaudert habe. «Kopp erschrak», heißt es bei Oliver Schröm. «Arbeitete Genoud mit den Geheimdiensten zusammen, hatte er Carlos die ganze Zeit getäuscht und schließlich seinen Aufenthaltsort verraten?»[78]

Das kann, gegen Ende eines Lebens als *man of all seasons*, als Agent in vielfacher Sache, als interkontinental operierender Mittelsmann zwischen Terror und Geheimdienst, doch nur mehr eine rhetorische Frage sein. Vielmehr müsste man sich fragen, wie dämlich die für alle Welt so gefährlichen Terroristen sein mussten, wenn sie nicht bemerkt haben, wie sie von Genoud auf die ihm eigene Art betreut wurden. Und natürlich nach der Skrupellosigkeit der Behörden, die sich auf Genoud und sein stetes Spiel mit der Gewalt einließen. Dass er dabei über Leichen ging, scheint keinen gehindert zu haben, auch weiter mit ihm zusammenzuarbeiten.

Carlos sitzt in Haft, er hat wenig Aussichten, die Zelle je wieder zu verlassen, während Genouds Leben sich jetzt dem Ende zuneigt. Carlos nennt ihn, tadelnd, aber auch voller Anerkennung «moralistisch» und meint, er sei zu gutmütig, um den Verrat zu sehen, der ihn und damit doch auch Genoud umgebe. In einem seiner Briefe macht Carlos eine Anspielung auf die «explosive Leidenschaft», zu der «das fehlgeleitete Gefühl für Loyalität» einen «moralistischen Narren», eben seinen Genossen Genoud, verleitet habe.[79] Gemeint ist der mysteriöse Bombenanschlag, dem Genoud am 5. Oktober 1993[80] beinahe zum Opfer gefallen wäre. Der geschiedene Mann seiner Tochter Françoise entdeckt auf dem Treppenabsatz ein bereits halb aufgerissenes Paket mit einem Zeitzünder. Er stößt es die Stufen hinunter und geht zurück in die Wohnung seines Schwiegervaters, der sofort die Polizei und die Nachbarn alarmiert. Die Explosion drückt Türen und Fenster im Haus ein, aber Genoud passiert nichts.

Als möglicher Attentäter wird in den CIA-Unterlagen Ahmed Rami genannt. «Ich will nicht ausschließen, dass Bruno diese Bombe gelegt hat»,[81] meint sein Vater, und Bruno Bréguet hätte seine Gründe für diesen Anschlag gehabt. Mit der ihm eigenen Kaltblütigkeit beschimpft Genoud die «Versager» und bedauert, dass seine Nachbarn damit behelligt wurden, die «überhaupt nichts mit meinen Ideen zu tun haben». Nur eins tut ihm leid, dass ihn die Attentäter nicht richtig erwischt haben. «Mein Leben hat vor zwei Jahren aufgehört, als meine Frau gestorben ist.» Die Polizei bietet ihm eine Schutzwache an, er lehnt ab, so viel ist er sich schuldig; ohnehin ist ihm jede Lebensfreude vergangen.[82]

Das mag auch damit zusammenhängen, dass sich das Interesse an seiner Person inzwischen bedrohlich verstärkt. Angeblich will der New Yorker Senator Al D'Amato, der sich einen Namen als Anwalt von Holocaust-Überlebenden gemacht hat, eine Untersuchung über Genouds finanzielle Verhältnisse verlangen. Eine Beleidigungsklage, die Genoud durch seinen Schwiegersohn Maurice Cruchon gegen französische Journalisten führen lässt, zieht er dann doch wieder zurück, lässt seine Gegner aber folgende rätselhafte Erklärung unterschreiben: «Ich habe Monsieur Genoud nicht die persönliche Beteiligung an irgendeiner materiellen terroristischen Handlung zur Last gelegt. Vielmehr habe ich mir angesichts der in meinem Artikel wiedergegebenen Fakten und der Beziehungen, zu denen sich Monsieur Genoud bekennt, meine Gedanke[n] gemacht und mache sie mir auch weiterhin über die Art seiner Verbindungen zu terroristischen Vereinigungen und über seine Verantwortung und Rolle.»[83] An «materiellen terroristischen Handlungen» will Genoud nicht beteiligt gewesen sein, aber woran dann? Ein Dementi müsste anders formuliert sein. Besorgt um seinen Ruf wählt er schließlich die offensive Taktik und trifft sich mit den Journalisten, die ihm mit Enthüllungen drohen. Karl Laske von *Libération* lässt sich nicht davon abbringen, Genouds verschlungenen Weg durch die Nachkriegsgeschichte nachzuzeichnen. Pierre Péans «L'éxtremiste» besteht zum großen Teil aus Äußerungen Genouds, denen der Autor so wenig entgegensetzt, dass Genoud das Buch selber als seine «Biographie» versteht. Beide Bücher erscheinen in Genouds letztem Lebensjahr, als er schon nichts mehr zu fürchten hat.

Genoud sei wenigstens kein Verräter gewesen, meint Carlos, der möglicherweise doch mit Genouds Unterstützung ins Gefängnis gekommen ist. Carlos ficht das nicht an. Er hält seinem «treuesten Genossen» die Treue. «Er war nicht wie all die anderen Scheißkerle in Westdeutschland, die ihre Herkunft verraten haben und dann liberale Demokraten geworden sind und für die Amerikaner gearbeitet haben. Leute wie Genoud muss man respektieren. Genoud liebte den Führer. Gut, Hitler lag ideologisch nicht auf meiner Linie. Aber Hitler war ein ehrbarer Mann. Ehrbar! Er hat sich für die Sache geopfert, an die er glaubte. Solche Menschen muss man respektieren.»[84]

Auch alte Nazis sterben irgendwann. In ihren Briefen versprechen sich Carlos und François Genoud gegenseitig, dass sie nach ihrem Tod doch gewiss nach Walhall gelangen würden und dann endlich «mit all unseren schmerzlich vermissten Märtyrern vereint» wären.[85] Das wird ein Fest.

Ein Letztes

Genoud hatte seiner Heimat viel zu verdanken. «Die Schweizer haben die Freiheit erfunden»,[1] sagte der loyale Bürger aus Lausanne, und der «*Éditeur, révolutionnaire, croyant*» wusste diese Freiheit wohl zu nutzen. Am 30. Mai 1996 schart er seine Freunde um sich, bewirtet sie in seiner großzügigen Art und nimmt dann Gift. Zwei Boten der Sterbehilfe-Organisation «Exit» haben ihm sechs Gramm des weißen Pulvers zugestellt. Michael, der Held in Goebbels' frühem Roman, streicht im «Zarathustra» diese Sätze rot an: «Viele sterben zu spät, und Einige sterben zu früh. Noch klingt fremd die Lehre: ‹stirb zur rechten Zeit›.»[2] Genoud will den rechten Zeitpunkt wählen, er will heroisch sterben, dramatisch wie seine Helden Goebbels und Hitler. Seiner langjährigen Anwältin Cordula Schacht hatte er bereits die Verfügung an den Urheberrechten von Joseph Goebbels abgetreten.[3] Kurz vor dem Ende telefonierte Genoud noch mit Lord Dacre, dem ehemaligen Hugh Trevor-Roper. Bester Laune offensichtlich, plauderte er mit ihm über alte Zeiten und große Helden. Er freute sich darüber, dass nun auch in Polen eine Ausgabe seiner Hitler'schen «Tischgespräche» erscheinen würde.[4] Seine Freunde, so hieß es in der Todesanzeige in *L'Autre histoire*, «werden versuchen, sich von seinem Beispiel leiten zu lassen».[5] Aus dem Gefängnis grüßte Genouds größter Held und rühmte an Genoud, dass er bei einer «Selbstaufopferungsaktion» gegen Israel gestorben sei.[6] «God bless his soul!»[7] Für Carlos hört dieser Krampf nicht auf.

Anmerkungen

Abkürzungen

BArch	Bundesarchiv
BfV	Bundesamt für Verfassungsschutz
BND	Bundesnachrichtendienst, früher «Organisation Gehlen»
BStU	Der Bundesbeauftragte für die Unterlagen des Staatssicherheitsdienstes der ehemaligen Deutschen Demokratischen Republik (Birthler-Behörde)
IfZ	Institut für Zeitgeschichte, München
KAS	Konrad-Adenauer-Stiftung, St. Augustin
MfS	Ministerium für Staatssicherheit der DDR
NARA	National Archives, College Park, Maryland
PAAA	Politisches Archiv des Auswärtigen Amtes
PRO	Public Record Office, Kew Gardens, London

Einleitung

1 Als Motto seiner Dissertation «Wilhelm von Schütz als Dramatiker. Ein Beitrag zur Geschichte des Dramas der Romantischen Schule», Heidelberg 1921. Es stammt aus F. M. Dostojewskis Roman «Die Dämonen». Uebertragen von E. K. Rashin. München und Leipzig 1906, S. 362. – 2 Angaben nach: Isabelle von Hildebrand, «François Genoud: l'insaisissable suspect du Ministère public fédéral: 1934–1991», Mémoire de Licence, Département d'Histoire générale, Genève 2006 (ungedruckt), S. 120. – 3 Zitiert nach: Frank Möbus, «Wie, was – und wer? Zur An- oder Abwesenheit des Autors bei der literarischen Wertung». In: Nicholas Saul und Ricarda Schmidt (Hg.), «Literarische Wertung und Kanonbildung», Würzburg 2007, S. 95. – 4 Frank Möbus behalf sich, indem er Goebbels nach einem früheren Abdruck des Gedichts zitierte. – 5 Cordula Schacht an Frank Möbus am 10. Januar 2005. Kopie beim Autor. – 6 Sie hat, wie der *Spiegel* 1997 meldete, «die alleinige Verfügung an den Urheberrechten der Werke von Joseph Goebbels». *Der Spiegel* 29/1997, 14. Juli 1997. – 7 «Der Lautsprecher des Dritten Reichs». Bayern 2, 26. April 2010. Auskunft des Bayerischen Rundfunks vom 19. Mai 2010. – 8 E-Mail von Christian Reinisch vom 26. Mai 2008. – 9 «Goebbels-Reden». Band 1: 1932–1939, Düsseldorf 1971, Band II: 1939–1945, Düsseldorf 1972. Herausgegeben von Helmut Heiber. Düsseldorf 1971, S. VII. Die Einleitung steht in beiden Bänden. – 10 François Genoud in dem Fernsehfilm «*François Genoud, de Hitler à Carlos*» von Pierre Péan und Matthias Sanderson. France 2, 1996. – 11 «The truth is, I loved Hitler. François Genoud is honest, sympathetic, and a friend of the Nazis and Arab terrorists. Gitta Sereny has spent 25 years trying to understand Europe's most enigmatic man», in: *The Observer*, 28. April 1996. – 12 So hat es sich der politische Aktivist Nils Andersson von seinen algerischen Freunden berichten lassen. Vgl. auch: Aktennotiz vom 25. Februar 1965, Genfaufenthalt Peter Woog. ETH Zürich, Archiv

für Zeitgeschichte, IB JUNA Archiv, Doss. 566. – 13 Martin Broszat, «Zur Edition der Goebbels-Tagebücher», in: *Vierteljahrshefte für Zeitgeschichte*, 37. Jg. (1989), Heft 1. – 14 Helmut Heiber vom Institut für Zeitgeschichte in einem Brief vom 5. Januar 1961 an Agnes F. Peterson von der Hoover Institution in Stanford. Zitiert nach der Kopie in den Dacre Archives, Christ College, Oxford. Von der Hoover Institution unter dem Siegel «confidential» an Trevor-Roper weitergeleitet. – 15 «Erbberechtigte» (Leserbrief), in: *Der Spiegel*, 44/1973, 29. Oktober 1973. – 16 E-Mail vom 30. März 2005. – 17 E-Mail vom 13. Juli 2005. – 18 E-Mail vom 15. Juli 2005. – 19 E-Mail vom 19. Juli 2005. – 20 E-Mail vom 26. Mai 2005. – 21 E-Mail vom 2. Juni 2005.

1. Bildnis eines jungen Mannes

1 Oktober 1932, meint Ben Macintyre, «Swiss banker who worshipped Hitler commits suicide», in: *The Times*, 4. Juni 1996. – 2 Zitiert nach: Karl Laske, «Ein Leben zwischen Hitler und Carlos: François Genoud». Aus dem Französischen von Maria Hoffmann-Dartevelle, Zürich 1996, S. 13. – 3 Zitiert nach: Pierre Péan, «L'extrémiste. François Genoud, de Hitler à Carlos». Paris 1996, S. 8. Péan und Laske berufen sich auf Gespräche mit Genoud. – 4 Genoud bei Péan (1996), S. 9. – 5 Ebd. – 6 «The truth is, I loved Hitler. François Genoud is honest, sympathetic, and a friend of the Nazis and Arab terrorists. Gitta Sereny has spent 25 years trying to understand Europe's most enigmatic man», in: *The Observer*, 28. April 1996. – 7 François Genoud in dem Fernsehfilm *«François Genoud, de Hitler à Carlos»* von Pierre Péan und Matthias Sanderson, France 2, 1996. – 8 Vgl. Sereny (1996). – 9 Hermann Erbacher, «Die Geschichte des Melanchthonvereins», in: «1917–1967. Festschrift». Freiburg 1967, S. 43. – 10 Zeugnis beim Evangelischen Oberkirchenrat, Landeskirchliches Archiv in Karlsruhe. – 11 *«François Genoud, de Hitler à Carlos»* von Pierre Péan und Matthias Sanderson. France 2, 1996. – 12 Carlos Bauverd, «Post Mortem. Lettre à un père fasciste». Paris 2003, S. 33. – 13 Genoud bei Péan (1996), S. 62. – 14 Genoud bei Péan (1996), S. 63. – 15 Telefonat mit Albrecht Knaus am 24. September 2005. – 16 Vgl. Laske (1996), S. 21. – 17 Bauverd (2003), S. 32. – 18 Genoud bei Péan (1996), S. 77. – 19 Zitiert nach: «Eine Tonne Dynamit auf zwei Beinen», in: *Der Spiegel*, 41/1948, 9. Oktober 1948. – 20 So zitiert Genoud den Mufti. Vgl. Péan (1996), S. 88. – 21 Jean Bauverd, «Expédition Suisse-Asie. Décors et aventures. Préface de Benjamin Vallonton. Neuchâtel, Paris 1937. – 22 Genoud bei Péan 1996, S. 88. – 23 Eintrag vom 26. April 1944. «Die Tagebücher von Joseph Goebbels». Im Auftrag des Instituts für Zeitgeschichte und mit Unterstützung des Staatlichen Archivdienstes Rußlands/Herausgegeben von Elke Fröhlich. Teil II/Diktate 1941–1945, Band 12, April–Juni 1944. Bearbeitet von Hartmut Mehringer. München 1995, S. 188. – 24 Heinrich Himmler an Amin al-Husseini, ohne Datum (vermutlich November 1943), IfZ München Eich 1313, zitiert nach Sönke Zankel, «Der Jude als Anti-Muslim – Amin al-Husseini und die Judenfrage», in: Niklas Günther und Sönke Zankel (Hg.), «Abrahams Enkel – Juden, Christen, Muslime und die Schoa». Stuttgart 2006, S. 52. – 25 Brief vom 25. Juli 1944. Zitiert nach: «The Arab higher Committee. Its Origins, Personnel and Purposes». The Documentary record. Submitted to The United Nations. May, 1947. By The Nation Associates. Dort S. 63.

PRO, London, Eastern F. O. 371 1947. Palestine file No. 4714. – 26 Abu Ijad, «Heimat oder Tod. Der Freiheitskampf der Palästinenser». Mit einem Vorwort und unter Mitarbeit von Eric Rouleau. Aus dem Französischen von Elke Paquier. Düsseldorf, Wien 1979. [Das Original erschien unter dem Titel «Un Palestinien sans Patrie» im selben Jahr in Paris.] S. 58. – 27 Vgl. Péan (1996), S. 172. – 28 Bauverd (2003), S. 33. – 29 Bauverd (2003), S. 45. – 30 «Die Tagebücher von Joseph Goebbels», II/12. Herausgegeben von Elke Fröhlich, München 1995, S. 188 f. Eintrag vom 26. April 1944. – 31 Entwurf Hitlers, Berlin, den [Auslassung] März 1941. PRO, Abschrift Pol.VII 188 g.Rs. – 32 «Weekly Review of Foreign Broadcasts, F. C. C. [Federal Communications Commission], No. 118, 3/4/44, Near and Middle East», NACP RG 165, MID, Regional File, 1922–44, Palestine, entry 77, box 2719, folder 2930. Zitiert nach: Jeffrey Herf, «Nazi Propaganda for the Arab World». New Haven/London 2009, S. 213. – 33 Zitiert nach Dieter Schenk, «Die braunen Wurzeln des BKA». Durchgesehene Ausgabe, Frankfurt am Main 2003 [2001], S. 271. Höcherl war freilich selber Mitglied der NSDAP gewesen. – 34 Zitiert nach: Armand Mergen, «Die BKA Story». München, Berlin 1987, S. 91. – 35 Zitiert nach Mergen (1987), S. 51. – 36 Daten nach: Dieter Schenk, «Der Chef. Horst Herold und das BKA». Hamburg 1998, S. 65. – 37 Vgl. die Personalakte Dickopfs im Berliner Document Center, heute im Bundesarchiv. – 38 Schenk (2003), S. 87. – 39 Nach der Schreibweise in Péan (1996), S. 56. Laske (1996) führt ihn als den syrischen Studenten Menudhin Daoud (S. 21). In den Fiches des Schweizer Geheimdienstes ist er «un certain DAOUK, de Beyrouth, neveu de OMAR BEY». – 40 BArch N 1265/9, «Lebensschilderung» vom 15. Februar 1945. Zitiert nach Schenk (2003), S. 92. – 41 Vgl. «The truth is, I loved Hitler. François Genoud is honest, sympathetic, and a friend of the Nazis and Arab terrorists. Gitta Sereny has spent 25 years trying to understand Europe's most enigmatic man», in: *The Observer*, 28. April 1996. – 42 Alle Zitate: Hans-Dietrich Genscher, «Erinnerungen». Berlin 1995, S. 138. – 43 Peter-Ferdinand Koch, «Die Tagebücher des Doktor Joseph Goebbels. Geschichte & Vermarktung». Hamburg, München 1988, S. 93. – 44 Koch (1988), S. 89. – 45 Genoud bei Péan (1996), S. 366. – 46 Dieter Schenk, «Personelle und organisatorische Verknüpfungen des BKA zu Vorgängerinstitutionen», in: Bundeskriminalamt (Hg.), «Das Bundeskriminalamt stellt sich seiner Geschichte. Dokumentation einer Kolloquienreihe». Köln 2008, S. 113. – 47 Isabelle von Hildebrand, «François Genoud: l'insaisissable suspect du Ministère public fédéral: 1934–1991», Mémoire de Licence, Département d'Histoire générale, Genève 2006, S. 5 (ungedruckt), nennt den 1. April 1942 als Datum. – 48 Vgl. Hansjakob Stehle, «Martin Bormann im west-östlichen Zwielicht. Die Freundin machte Karriere in der DDR, sein Agent wurde BKA-Chef», in: *Die Zeit*, 24/1997, 6. Juni 1997. – 49 So Marion Gräfin Dönhoff am 14. August 1997 an den *Spiegel*-Redakteur Fritjof Meyer, der das Vernehmungsprotokoll der Amerikaner von 1946 gefunden hatte. Christoph Dönhoff schrieb unter eigenem Namen, dem seiner Schwester oder unter Pseudonym bis 1965 insgesamt 110 Artikel für die *Zeit*. Der *Spiegel* wusste die Gräfin zu schonen und berichtete nicht über ihre nahe Verwandtschaft. Vgl. Klaus Harpprecht, «Die Gräfin: Marion Dönhoff. Eine Biographie». Reinbek bei Hamburg 2008, S. 302, 374. – 50 BAR, E 4320 (B) 1973/17/53. – 51 Christina von

Braun, «Stille Post. Eine andere Familiengeschichte». Berlin 2007, S. 218 f. – 52 Vgl. Schenk (2003), S. 86. – 53 Mergen (1987), S. 86.

2. Das Ende, ein Anfang

1 «Die Tagebücher von Joseph Goebbels». Herausgegeben von Elke Fröhlich II / 3. München 1995, S. 142. Eintrag zum 23. Juli 1944. – 2 Zitiert nach: Joseph Goebbels, «Tagebücher 1945. Die letzten Aufzeichnungen». Einführung Rolf Hochhuth. Bergisch Gladbach 1980 [1977], S. 533. – 3 Ebd. – 4 Zitiert nach: Wilfred von Oven, «Mit Goebbels bis zum Ende». II. Band. Buenos Aires 1950, S. 313. Dieses Buch, das im argentinischen Dürer-Verlag (also im später beschriebenen Umfeld von Eberhard Fritsch, Hans-Ulrich Rudel, Willem Sassen und Adolf Eichmann) erschien, begleitet den Propagandaminister im Stil der Eckermann'schen «Gespräche mit Goethe» fast bis zum Ende. Der Adjutant verließ seinen Minister am 24. April 1945. Absurderweise gibt es den Brief noch in einer anderen, etwas verlässlicher wirkenden Fassung. Dort heißt es: «Die Lügen, werden eines Tages in sich zusammenbrechen und über ihnen wieder die Wahrheit triumphieren. Es wird die Stunde sein, da wir über allem stehen, rein und makellos, so wie unser Glaube und Streben immer gewesen ist.» Vgl. Goebbels, «Tagebücher 1945» (1977), S. 532. Was aber ist die richtige Fassung? Der letzte Brief des Ehepaars Goebbels ließ sich weder im Bundesarchiv noch im Archiv des Instituts für Zeitgeschichte finden; er wird nur immer aus zweiter Hand zitiert. Auch Oven konnte ihn nicht kennen, da er sich, wie erwähnt, bereits Tage vor der Niederschrift von seinem Dienstherrn verabschiedet hatte und untertauchte. In der ersten ernstzunehmenden deutschen Goebbels-Biographie, der von Helmut Heiber («Joseph Goebbels». Berlin 1962, S. 399), wird Goebbels ohne Nachweis, aber erkennbar nach Oven zitiert, da Heiber Ovens falscher Angabe folgt, Harald Quandt habe sich Ende April 1945 in einem Gefangenenlager in Kanada befunden. – 5 Zitiert nach: Oven (II, 1950), S. 312. – 6 Ebd., S. 313. – 7 Brief vom 2. April 1945. Die Briefe befinden sich in einer von François Genoud angefertigten Kopie im Bestand des Münchner Instituts für Zeitgeschichte. – 8 Oven (II, 1950), S. 302. Eintrag zum 16. April 1945. – 9 Ebd., S. 304. – 10 Ebd. – 11 2. Lagebesprechung am 27. April 1945. Zitiert nach «‹… und warum dann überhaupt noch leben!›», in: *Der Spiegel*, 3 / 1966, 10. Januar 1966. – 12 Goebbels (1977), S. 539. – 13 Ebd., S. 541. – 14 Zitiert nach dem Wortlaut in: Goebbels (1977), S. 539. – 15 Der in solchen Dingen kundige *Spiegel* bezeichnet ihn als Stabschef. Vgl. *Der Spiegel*, 1 / 53, Neujahr 1953. – 16 Funkspruch vom 22. April 1945 um 9 Uhr 21 an «Hummel, Obersalzberg», zitiert nach: Lew Besymenski, «Die letzten Notizen von Martin Bormann. Ein Dokument und sein Verfasser». Aus dem Russischen von Reinhild Holler. Stuttgart 1974, S. 199. – 17 Antony Beevor behauptet ohne den geringsten Beleg, Bormann sei durch eine russische Kugel gestorben. Antony Beevor, «Berlin 1945. Das Ende». Aus dem Englischen von Frank Wolf, München 2005 [Das Original erschien unter dem Titel «Berlin: The Downfall 1945» 2002 in London.], S. 417. Noch seltsamer: Für Reinhard Gehlen, den späteren BND-Chef, war Bormann «Moskaus prominentester Informant», der 1945 natürlich entkommen konnte und später als «Berater der sowjetischen Regierung» wirkte. Vgl. Reinhard Gehlen, «The

Gehlen Memoirs. The first full edition of the Memoirs of General Reinhard Gehlen 1942–1971». Translated by David Irving. London 1972, S. 87f. – 18 Eugen Dollmann, «Dolmetscher der Diktatoren», Bayreuth 1963, S. 241. – 19 David Irving, «Notes on an interview with Frau (Baldur) v Schirach, in ‹Osteria› restaurant, 9–12 p.m., 27. November 1970», IfZ, Archiv, ZS 2238. – 20 Dollmann (1963), S. 241. – 21 Zuletzt in der Ausstellung «War is over 1945–2005» in Bergamo. – 22 Bei dieser «Alpenfestung» handelt es sich um ein Fantasieprojekt des Tiroler Gauleiters Franz Hofer, mit dem er Hitler immer wieder vergeblich bestürmte. Vgl. Rodney G. Minott, «Top Secret. Hitlers Alpenfestung. Tatsachenbericht über einen Mythos». Aus dem Amerikanischen von Paul Baudisch. Reinbek bei Hamburg 1967. Das Original erschien unter dem eindeutigen Titel «The Fortress That Never Was» 1964 in New York. – 23 Vgl. Kerstin von Lingen, «Conspiracy of Silence: How the ‹Old Boys› of American Intelligence Shielded SS General Karl Wolff from Prosecution», in: *Holocaust and Genocide Studies* 22, no. 1 (Spring 2008). – 24 Rudolf Rahn, «Ruheloses Leben. Aufzeichnungen und Erinnerungen», Düsseldorf 1949, unpaginierte Seite 295 – 25 Der Lyriker Werner Riegel 1954 in einem Brief an Kurt Hiller. Der ehemalige Autor der *Weltbühne* war nach London emigriert. Zitiert nach: Rüdiger Schütt (Hg.), «Zwischen den Kriegen. Werner Riegel, Klaus Rainer Röhl und Peter Rühmkorf – Briefwechsel mit Kurt Hiller 1953–1971». München 2009, S. 162. Brief 43 vom 10. August 1954. – 26 So eine im Ortslazarett Meran gegebene Erklärung, von der das bischöfliche Ordinariat Berlin eine beglaubigte Abschrift hat. Zitiert nach: Anna Maria Sigmund, «Die Frauen der Nazis II. Wien 2000, S. 41. – 27 Gitta Sereny, «Am Abgrund: Gespräche mit dem Henker. Franz Stangl und die Morde von Treblinka». Überarbeitete Neuausgabe. Aus dem Englischen von Helmut Röhrling. München, Zürich 1995, S. 368. – 28 Wie beispielsweise in Gerald Steinacher, «Nazis auf der Flucht. Wie Kriegsverbrecher über Italien nach Übersee entkamen». Innsbruck, Wien, Bozen 2008, S. 175 kolportiert. Theodor Schmitz, der es wissen muss, hat ausdrücklich erklärt, dass Gerda Bormann nicht konvertiert sei. – 29 Ebd. – 30 Sereny (1995), S. 368. – 31 Martin Bormann, «Leben gegen Schatten. Gelebte Zeit – geschenkte Zeit. Begegnungen – Erfahrungen – Folgerungen». Paderborn 1996, S. 93. – 32 Diese Sonderaudienz arrangierte der Pallottiner-Pater Anton Weber. Vgl. Gitta Sereny, «Am Abgrund. Eine Gewissensforschung. Gespräche mit Franz Stangl, Kommandant von Treblinka, und anderen». Deutsche Erstausgabe, kein Übersetzer genannt (Originaltitel: «Into the Darkness», London 1974). Frankfurt, Berlin, Wien 1979, S. 356. – 33 Bormann (1996), S. 114. Die Kirche sorgte sich um Schäfchen besonders dann, wenn sie wieder in die Kirche zurückstrebten oder der *Una Sancta* zumindest Gelegenheit gaben, ihre Großmütigkeit zu demonstrieren. Am 21. Oktober 1950 wurde die Frau des ehemaligen Botschafters in Italien, Winifred von Mackensen, von Pius XII. in Privataudienz empfangen. Sie war die Tochter des in Nürnberg inhaftierten ehemaligen Reichsaußenministers Konstantin von Neurath und kann neben dem päpstlichen Segen die Botschaft mitnehmen: «Ihrem Vater ist großes Unrecht geschehen!» Zitiert nach *Revue*, Nr. 32, 11. August 1950. Am 8. Dezember 1952 wurde auch der ehemalige Reichsbankpräsident und Reichswirtschaftsminister Hjalmar Schacht in Privataudienz beim Papst Pius XII.

empfangen. – 34 IfZ, Archiv, 172 / 2, F 189 / 2. – 35 Ein besonders kurioses Beispiel dafür, wie lange diese Freude anhalten kann, liefert der ehemalige Wehrmachtssoldat Alfred Läpple in seinem Buch «Paula Hitler. Die Schwester. Ein Leben in der Zeitenwende». Inning [2]2005 [2003], S. 258 f. Diese auffallend verständnisvolle Biographie erschien im rechtsgerichteten Druffel & Vowinckel-Verlag. Der Autor war Regens am Priesterseminar in Freising; zu den Studenten, die er dort betreute, gehörte auch Joseph Ratzinger. – 36 Jochen von Lang, «Der Sekretär. Martin Bormann: Der Mann, der Hitler beherrschte». Unter Mitarbeit von Claus Sibyll. 3., völlig überarbeitete Neuauflage München 1987, S. 332. – 37 Zitiert nach: Hansjakob Stehle, «Martin Bormann im west-östlichen Zwielicht. Die Freundin machte Karriere in der DDR, sein Agent wurde BKA-Chef», in: *Die Zeit*, 24 / 1997, 6. Juni 1997. – 38 Der Akte G. VII. 442 / 49 im Bayerischen Landesamt für Vermögensverwaltung zufolge wird Theodor Schmitz am 11. Januar 1950 offizieller Vormund der Bormann-Kinder. Vgl. Anna Maria Sigmund, «Die Frauen der Nazis II. Wien 2000, S. 206.

3. Der Handlungsreisende

1 Zitiert nach: Uki Goñi, «Odessa. Die wahre Geschichte. Fluchthilfe für NS-Kriegsverbrecher». Aus dem Englischen von Theo Bruns und Stefanie Graefe. Berlin 2006, S. 224. – 2 Alois C. Hudal, «Römische Tagebücher. Lebensbeichte eines alten Bischofs». Graz, Stuttgart 1976, S. 21. – 3 Sagt der Jesuit Burkhart Schneider in: Gitta Sereny, «Am Abgrund. Eine Gewissensforschung. Gespräche mit Franz Stangl, Kommandant von Treblinka, und anderen». Deutsche Erstausgabe, kein Übersetzer genannt. (Originaltitel: «Into the Darkness», London 1974). Frankfurt, Berlin, Wien 1979, S. 334. – 4 Hudal (1976), S. 20. – 5 So Karl Wolff 1984 zu Frank Garbely. Vgl. dessen «Der Nibelunge vom Lac Leman», in: *profil* 1 / 86, 30. Dezember 1985. – 6 «Vorbemerkung» (Autor: Offiziell der Verlag; nach eigener Aussage: Albrecht Knaus) in: «Hitlers politisches Testament. Die Bormann-Diktate vom Februar und April 1945». Mit einem Essay von Hugh R. Trevor-Roper und einem Nachwort von André François-Poncet. Hamburg 1981. – 7 Kurt Joachim Fischer, «Niehans. Arzt des Papstes». München, Wien 1957, S. 152. – 8 Fischer (1957), S. 160. – 9 Fischer (1957), S. 161. – 10 Fischer (1957), S. 192. – 11 Karl Laske, «Ein Leben zwischen Hitler und Carlos: François Genoud». Aus dem Französischen von Maria Hoffmann-Dartevelle, Zürich 1996, S. 84. – 12 Sein Sohn Hartmut von Hentig in einem Brief vom 26. Februar 2006. – 13 Michael Bar-Zohar and Eitan Haber, «The Quest For The Red Prince». London 1983, S. 71. – 14 «Der Mufti lässt grüßen», in: *Der Spiegel*, 5 / 1953, 28. Januar 1953. Der Orientalist Wolfgang G. Schwanitz bestreitet das. Mail vom 20. Mai 2010. – 15 So zitieren ihn mit Berufung auf Augenzeugen Larry Collins / Dominique Lapierre in «O Jerusalem». Aus dem Amerikanischen unter Verwendung der französischen Ausgabe übertragen von Christian Spiel in Zusammenarbeit mit Ursula Knöller-Seyffarth. Reinbek bei Hamburg 1975, S. 50. [Das Original erschien 1971.] – 16 Genoud in Pierre Péan, «L'extrémiste. François Genoud, de Hitler à Carlos». Paris 1996, S. 102. – 17 *Ulenspiegel*, Heft 21, 1948. Zitiert nach: David Oels, «Rowohlts Rotationsromane. Das moderne Taschenbuch in Deutschland und der rasante Aufstieg

des Rowohlt Verlags nach 1945». In: Erhard Schütz / Peter Uwe Hohendahl (Hg.), «Solitäre und Netzwerker. Akteure des kulturpolitischen Konservativismus nach 1945 in den Westzonen Deutschlands». Essen 2009, S. 202. – 18 Franz von Papen, «Memoirs». Translated by Brian Connell. London 1952. Auf Deutsch trugen sie den so erhabenen wie verlogenen Titel «Der Wahrheit eine Gasse», München 1952. – 19 Diana Athill, «Stet. An editor's life». London 2001 [2000], S. 49. – 20 «Ein wenig betrübt, Ihre Marion. Marion Gräfin Dönhoff und Gerd Bucerius. Ein Briefwechsel aus fünf Jahrzehnten», herausgegeben von Haug von Kuenheim und Theo Sommer. Berlin 2003, S. 102. – 21 Genoud in Péan (1996), S. 44. – 22 «‹Phantastischer Gedächtnisverlust›», in: *Der Spiegel*, 45 / 2008, 3. November 2008. – 23 Vgl. Robert Wolfe, «Coddling a Nazi Turncoat», in: Richard Breitman, Norman J. W. Goda, Timothy Naftali, Robert Wolfe (Hg.), «U. S. Intelligence and the Nazis», New York 2005, S. 330. – 24 Wie es zu der Verschwörungstheorie kam: Vgl. Heinz Schneppen, «Odessa und das Vierte Reich. Mythen der Zeitgeschichte». Berlin 2007. – 25 Vgl. «Treffbericht» vom 13. Februar 1969 (Treffen 16. Januar 1969), MfS AIM 2717 / 75, Bd. II / 1. – 26 Vgl. «The Bormann Letters. The Private Correspondence between Martin Bormann and his wife from January 1943 to April 1945». Translated by R. H. Stevens. Edited with an introduction and notes by H. R. Trevor-Roper. London 1954, S. XXIII. – 27 Was sich Hansjakob Stehle vorstellen kann. – 28 Vgl. Lynn N. Nicholas, «Der Raub der Europa. Das Schicksal europäischer Kunstwerke im Dritten Reich». Aus dem Amerikanischen von Irene Bisang und Karin Tschumper. München 1995 [Original: «The Rape of Europe». New York 1994], S. 575. – 29 Französische Francs, die «alten Francs», waren nach dem Krieg nichts mehr wert. Gemeint sind wahrscheinlich Schweizer Franken. – 30 «Hitlers ‹Geheimmagazin› in die Schweiz verkauft», in: *Kölner Stadt-Anzeiger*, 22. Juni 1961. Mit Dank an Petra Schwarze. – 31 Rodolfo Siviero, «L'arte e il Nazismo. Esodo e ritorno delle opere d'arte italiane 1938 – 1963. A cura di Mario Ursino. Presentazione di Silvio Bertoldi. Firenze 1984, S. 135. Emanuel C. Hofacker hält die Angaben Sivieros für übertrieben, jedenfalls so weit es die eigenen Leistungen betrifft. Vgl. ders., «Rückführung illegal verbrachter Kulturgüter nach dem Ende des 2. Weltkriegs. Hintergründe, Entwicklung und rechtliche Grundlage der italienischen Restitutionsorderungen». Berlin 2004, S. 30. – 32 Paula Hitler erklärt 1957, «ein Schweizer», der nur Genoud sein kann, habe «mit seiner Spürnase» insgesamt «20 Aquarelle meines Bruders» aufgestöbert. Brief Paula Hitlers vom 23. Juni 1957 an einen ungenannten Adressaten, bei dem es sich offensichtlich um den Verleger Helmut Sündermann handelt, in dessen Haus auch das liebevolle Paula-Werk erscheint. Zitiert bei: Alfred Läpple, «Paula Hitler. Die Schwester. Ein Leben in der Zeitenwende. Inning ²2005 [2003], S. 258. – 33 Vgl. Hansjakob Stehle, «Martin Bormann im west-östlichen Zwielicht. Die Freundin machte Karriere in der DDR, sein Agent wurde BKA-Chef», in: *Die Zeit*, 24 / 1997, 6. Juni 1997. – 34 Genoud so bei Laske (1996), S. 96. Fast buchstäblich auch so zu Péan (1996), S. 164. – 35 Vgl. Péan (1996), S. 165. – 36 *L'Hebdo libéré*, 30. Oktober 1991. Zitiert nach Laske (1996), S. 98. – 37 Kurt P. Tauber, «Beyond Eagle and Swastika. German Nationalism Since 1945». Vol I. Middletown 1967, S. 240. – 38 Ebd. – 39 NARA, RG 263, Léon Degrelle, 023 –230 / 86 / 22 / 04, CIA-Memorandum JX-8724, 9 January 1956. Auf irgendeine Weise sollen die Russen an der Weiterleitung beteiligt gewesen sein. Das ist höchst unwahrscheinlich, aber das Gerücht hält sich seit dem 23. November 1952, als die *Welt am Sonntag* in einem fehlerreichen und vermutlich interessegeleiteten Artikel darüber berichtet. Dort heißt es noch vorsichtig, Bauverd habe sich «bemüht», diese Filme aufzukaufen. In Robert Brasillachs «Histoire du Cinéma» (Paris 1965), die der Neofaschist Maurice Bardèche fortsetzt, wird «Jud Süß» gelobt. Es gab verschiedene weitere Versuche, «Jud Süß» in den Vorderen Orient zu exportieren. 1960 lief er im ägyptischen Fernsehen. – 40 Vgl. Bauverd (2003), S. 34. – 41 Vgl. Roger Faligot, Rémi Kauffer, «Le Croissant et la Croix gammée. Les secrets de l'alliance entre l'Islam et le nazisme d'Hitler à nos jours». Paris 1990, S. 159–162. – 42 «François Genoud, le banquier pronazi, vient de mettre fin à ses jours. Il avait décidé de ne pas livrer son dernier combat, celui contre le mort, et de choisir le jour et l'heure de son départ. Le 30 mai, le banquier noir, l'ami du terroriste Carlos et le thuriféraire de Hitler a interrompu sa vie d'aventurie», par Frederico Camponovo, in: *Tribune de Genève*, 1./2. Juni 1996. – 43 Aufzeichnung von Abteilung 5, Rechtsabteilung, Bonn, den 17. Mai 1954, Politisches Archiv des Auswärtigen Amtes, Bestand B 130 Bd. 4794. Geheimhaltung gelöscht am 24. Juni 2008. – 44 Vgl. Astrid M. Eckert, «Kampf um die Akten. Die Westalliierten und die Rückgabe von deutschem Archivgut nach dem Zweiten Weltkrieg». Stuttgart 2004, S. 411, Fußnote. – 45 Gez: Prof. Buchheim, Interlaken, 11. August 1951. IfZ, Hausarchiv, ID 103/19.

4. Schwankende Gestalten

1 «Abermals Kempner: Einem Schädling muß das Handwerk gelegt werden», *Die Zeit*, 38/1951, 27. September 1951. «Wir wenden uns daher an [den amerikanischen Hochkommissar] Mr. McCloy und bitten ihn sehr ernsthaft, doch dafür zu sorgen, daß Amerikaner, denen es offensichtlich darauf ankommt, die guten Beziehungen zwischen den Vereinigten Staaten und der Bundesrepublik mit McCarthy-Methoden zu stören, innerhalb unserer Landesgrenzen nicht mehr geduldet werden.» – 2 «Zorn fraß am Herzen», in: *Der Spiegel*, 25/1953, 17. Juni 1953. – 3 Vgl. *Frankfurter Allgemeine*, 7. April 1951. Zitiert nach Norbert Frei, «Vergangenheitspolitik. Die Anfänge der Bundesrepublik und die NS-Vergangenheit». München 1999 [zuerst 1996], S. 78. – 4 Bundestagsberichte der 1. Wahlperiode, 234. Sitzung, Bonn, Mittwoch, den 22. Oktober 1952, S. 10736. – 5 Lebenslauf für Allen Dulles, zitiert nach Armand Mergen, «Die BKA Story». München, Berlin 1987, S. 98. – 6 Zitiert nach Pierre Péan, «L'extrémiste. François Genoud, de Hitler à Carlos». Paris 1996, S. 109. – 7 Lebenslauf Dickopf vom 14. Mai 1945. Zitiert nach Dieter Schenk, «Die braunen Wurzeln des BKA». Durchgesehene Ausgabe, Frankfurt am Main 2003 [2001], S. 69. – 8 Vgl. Tim Weiner, «CIA. Die ganze Geschichte». Aus dem Amerikanischen von Elke Enderwitz, Ulrich Enderwitz, Monika Noll, Rolf Schubert. Frankfurt am Main 2008, S. 381. [Die amerikanische Originalausgabe erschien 2009 unter dem Titel «Legacy of Ashes. The History of the CIA» in New York.] – 9 Notizen Dickopfs vom Dezember 1949. Zitiert nach Mergen (1987), S. 112. – 10 Ebd., S. 122. – 11 Brief Thomas Polgars vom 15. Juni 2006 an die Association of Former Intelligence Officers (AFIO), zitiert nach:

http://www.afio.com/sections/wins/2006/2006–24.html#Letter, zuletzt abgefragt am 31. August 2010. – 12 Beide Zitate aus «Lieber Spiegelleser», in: *Der Spiegel*, 17/1950, 27. April 1950. – 13 «Die Nebe-Serie hat Augstein sogar selbst geschrieben.» Hans Dieter Jaene, «Der Spiegel. Ein deutsches Nachrichtenmagazin». Frankfurt am Main 1968, S. 37. – 14 Mergen (1987), S. 78. – 15 Brief von Lord Weidenfeld vom 10. August 2005. – 16 «Wo ist General Ramcke? Als Wüsten-Kämpfer mit Feldmarschall Rommel vor El Alamein im August 1942», in: *Stern*, Heft 6, 4. Jg., 11. Februar 1951. – 17 Erich Kuby schrieb 1954 ein Hörbild, «Nur noch rauchende Trümmer. Das Ende der Festung Brest. Tagebuch des Soldaten Erich Kuby», über diese Verteidigung, durch das sich Ramcke in «seiner Ehre angetastet» fühlte und ihn deshalb verklagte. Kuby wurde fünf Jahre später freigesprochen. – 18 Dokument 112, CSDC (UK), GRGG 214. Bericht über am 20.–23. Okt. 44 von höheren PW-Offizieren erlangte Informationen [TNA, WO 208/4364], in: Sönke Neitzel, «Abgehört. Deutsche Generäle in britischer Kriegsgefangenschaft 1942–1945». Berlin 2005, S. 264. – 19 Vgl. «Erbitte Erbhof», in: *Der Spiegel*, 1/1951, 3. Januar 1951. – 20 Dokument 61, CSDIC (UK), GRGG 253/Bericht über am 26. + 27. Jan. 45 von höheren PW-Offizieren erlangte Informationen [TNA, WO 208/4365]. Zitiert nach: Neitzel (2005), S. 174. – 21 «Erbitte Erbhof», in: *Der Spiegel*, 1/1951, 3. Januar 1951. – 22 Zitiert nach: «Hitler-Erbe/Zwanzig Millionen», in: *Der Spiegel*, 28/1952, 9. Juli 1952. – 23 «Hintergründe meiner Flucht, Von H. B. Ramcke, General der Fallschirm-Truppe a. D.», In: *Nation Europa*. Monatsschrift im Dienst der europäischen Erneuerung. 1. Jg., Heft 3, März 1951, S. 31. – 24 Vgl. Graham Macklin, «Very Deeply Dyed in Black. Sir Oswald Mosley and the Resurrection of British Fascism after 1945». London, New York 2007, S. 111. – 25 Vgl. Friedemann Utz, «Preuße, Protestant, Pragmatiker. Der Staatssekretär Walter Strauß und sein Staat». Tübingen 2003, S. 360. – 26 H. B. Ramcke, «Fallschirmjäger. Damals und danach», Frankfurt am Main 1951, S. 259. – 27 Zitiert nach Wolfgang Kraushaar, «Die Protest-Chronik 1949–1959. Eine illustrierte Geschichte von Bewegung, Widerstand und Utopie», Band 1 («1949–1952»). Hamburg 1996, S. 680. – 28 Willem Sluyse, «Bernhard Ramcke – SS-Obergruppenführer honoris causa», in: *Der Weg*, Dezember 1952. – 29 Vgl. Gerald Steinacher, «Nazis auf der Flucht. Wie Kriegsverbrecher über Italien nach Übersee entkamen». Innsbruck, Wien, Bozen 2008, S. 143. – 30 Stiftung Theodor-Heuss-Haus, Bundespräsidialamt, Amtszeit Prof. Dr. Theodor Heuss, B 122, 2067 (Bundesarchiv). – 31 «Hintergründe meiner Flucht, Von H. B. Ramcke, General der Fallschirm-Truppe a. D.». In: *Nation Europa*. 1. Jg., Heft 3, März 1951, S. 38. – 32 [Georg] Winter, «Vermerk über die Dienstreise zum Institut für Zeitgeschichte in München, am 11. August 1952». Bundesarchiv, Az 330. – 33 Vgl. Tauber (1967, Bd. I), S. 277. – 34 Schwer lesbar allerdings, Auskunft von der CIA beim Document Center eingeholt während der Zeit der Telefonüberwachung. – 35 Vgl. «Ausländische Presse besuchte in Sonnenburg 414 Schutzhäftlinge». In: *12 Uhr Blatt*, Berlin, 24. Mai 1933. – 36 Mit einer hier angefügten Fußnote – «Die Darstellung entspricht tagebuchartigen Aufzeichnungen, die mir für die vorliegende Ausgabe des Buches Max v. Lützow überlassen hat» – versucht Diels, diese Beobachtung zu bekräftigen. Rudolf Diels, «Lucifer ante portas». Stuttgart 1950, S. 265. Der Untertitel «... es spricht der erste Chef der Gestapo ...» macht allerdings Appetit auf Informationen aus dem Inneren der nationalsozialistischen Terrorwelt. – 37 Autoren: Hans Kehrl, über «Deutsche Kriegswirtschaft», Kurt Lange, «Wie wird der Krieg bezahlt?», Günter Schlotterer, «Unser Außenhandel im Kriege», Edmund Sala, «Ernährungspolitik im Kriege». – 38 Hans Rechenberg, «Nationalsozialistische Kriegswirtschaft – die Waffenschmiede des Sieges!», in: *Wille und Macht*, Heft 7, 8. Jg., 1. April 1940, S. 1. – 39 Heinz Boberach (Hg.), «Meldungen aus dem Reich. Die geheimen Lageberichte des Sicherheitsdienstes der SS 1938 – 1945», Band 6, Herrsching 1984, S. 1955. – 40 «Die Tagebücher von Joseph Goebbels». I / 9, S. 384. Eintrag 18. Juni 1941. – 41 Angaben der Deutschen Dienststelle für die Benachrichtigung der nächsten Angehörigen von Gefallenen der ehemaligen deutschen Wehrmacht, 10. Januar 2007. – 42 Eintrag vom 5. Dezember 1951. Albert Speer, «Spandauer Tagebücher». Frankfurt, Berlin, Wien 1975, S. 272. – 43 «Hinter den Mauern von Spandau» von Jürgen Thorwald. In: *Revue*, Nr. 33, 18. August 1951. – 44 Beschluss des OLG Düsseldorf vom 16. November 1967 (6 Wkf 3 / 67). – 45 Ramcke (1951), S. 260. – 46 Zitiert nach Koch (1988), S. 43, der aber keinerlei Beleg dafür weiß. – 47 «Hitler-Erbe / Zwanzig Millionen», in: *Der Spiegel*, Nr. 28 / 1952, 9. Juli 1952. – 48 Genoud zu Laske, 15. Januar 1990, in: Laske (1996), S. 42.

5. Der Reichsverweser

1 Zitiert in Pierre Péan, «L'extrémiste. François Genoud, de Hitler à Carlos». Paris 1996, S. 164. – 2 «Goebbels-Reden». Band I: 1932 – 1939, Düsseldorf 1971, Band II: 1939 – 1945, Düsseldorf 1972. Herausgegeben von Helmut Heiber. Düsseldorf 1971, S. VII. – 3 Vgl. «Vorbemerkung» (Autor: Der Verlag, nach eigener Aussage: Albrecht Knaus) in: «Hitlers politisches Testament. Die Bormann-Diktate vom Februar und April 1945». Mit einem Essay von Hugh R. Trevor-Roper und einem Nachwort von André François-Poncet. Hamburg 1981, S. 11 f. – 4 http://www.legislation.gov.uk/ukpga/1988/48/section/301, zuletzt abgefragt am 9. September 2010. – 5 Ein Spruchkammerbescheid vom 15. Oktober 1948 zog Hitlers Vermögen in Bayern gemäß Art. 37 des Befreiungsgesetzes für den bayerischen Staat ein. Da Hitler «im Sinne dieser gesetzlichen Bestimmung als tot zu betrachten ist», fällt sein Nachlass, wie von ihm verfügt, dem Staat zu. Der Nachlasspfleger, der seinerseits Paula Hitler vertritt, erklärt sich mit «Einziehung und Überweisung des Nachlasses auf den Bayer. Staat einverstanden (...) Bei der Einziehung des gesamten Vermögens liess sich die Kammer davon leiten, dass die Hinterbliebene nicht in Not ist». Az.: I – 3568 / 48. Zu finden in Bundesarchiv, kleine Erwerbungen, N 1128 / 38. – 6 Schriftliche Mitteilung der Pressesprecherin im Bayerischen Staatsministerium der Finanzen vom 12. Mai 2005. Auch die Verlagsrechte Franz Eher Nachf. wurden auf den Freistaat übertragen. BFD III, Archiv 29, 1016, Abschrift des Schreibens des Bayer. Staatsministeriums der Finanzen an den Bundesminister der Justiz vom 18. November 1960, S. 2 f. – 7 Hans Buchheim an Dr. Mau, 11. August 1951, IfZ, Archiv, ID 103 / 19. – 8 Ebd. – 9 [Georg] Winter, «Vermerk über die Dienstreise zum Institut für Zeitgeschichte in München, am 11. August 1952». BArch B 198 / 236. – 10 Helmut Krausnick am 21. August 1953 an Genoud. IfZ, Hausarchiv, ID 103 / 19. – 11 Hans Buchheim an Hermann Mau, 11. August 1951. IfZ, Haus-

archiv, ID 103/19. – 12 George Weidenfeld, «Von Menschen und Zeiten. Die Autobiographie». Aus dem Englischen von Charlotte Breuer, Sonja Schumacher, Rita Seuß und Christine Strüh. Wien 1995. [Das Original erschien 1994 in London unter dem Titel «Remembering My Good Friends».] S. 338. – 13 Brief von Lord Weidenfeld vom 10. August 2005. – 14 Weidenfeld (1995), S. 338. – 15 Vgl. «Hitler-Erbe/Zwanzig Millionen», in: *Der Spiegel*, 28/1952, 9. Juni 1952. – 16 Vgl. «Hitler-Dokumente/Vom Wege ab», in: *Der Spiegel*, 3/1966, 10. Januar 1966. – 17 «The Bormann Letters. The Private Correspondence between Martin Bormann and his wife from January 1943 to April 1945». Edited with an introduction and notes by H. R. Trevor-Roper. London 1954, S. VIIF. – 18 Zitiert nach dem Faksimile in Peter-Ferdinand Koch (Hg.), «Die Tagebücher des Doktor Joseph Goebbels. Geschichte & Vermarktung». Hamburg 1988, S. 108. – 19 Brief Paula Hitlers vom 23. Juni 1957, vermutlich an Helmut Sündermann, zitiert bei: Alfred Läpple, «Paula Hitler. Die Schwester. Ein Leben in der Zeitenwende. Inning ^{2}2005 [2003], S. 258. – 20 Ebd., S. 258 f. – 21 Im Athenäum-Verlag erscheinen vier Jahre später unter dem Titel «Verlorene Siege» die Memoiren von Hitlers Feldmarschall Erich Manstein, denen er bald die Vorgeschichte «Aus einem Soldatenleben» hinterdreinschickt. Für den vom eigenen Regime bedrängten Schriftsteller Uwe Johnson hieß das, es lieber weiter in der DDR auszuhalten: «Bleibe im Lande und suche nach Anzeigen.» Uwe Johnson, «Begleitumstände. Frankfurter Vorlesungen». Frankfurt 1980, S. 113. – 22 Gutachten Mau vom 15. Mai 1951. IfZ, Hausarchiv, ID 103/25. – 23 2. VIII. 1941 abends – Wolfsschanze. In: Dr. Henry Picker, «Hitlers Tischgespräche im Führerhauptquartier 1941–42». Im Auftrage des Deutschen Instituts für Geschichte der nationalsozialistischen Zeit geordnet, eingeleitet und veröffentlicht von Gerhard Ritter [,] Professor der Geschichte a.d. Universität Freiburg. Bonn 1951, S. 43. – 24 Hannah Arendt, «Bei Hitler zu Tisch», in: *Der Monat*, 1951/52, Nr. 37, Heft 4, S. 85. Hinweis von Astrid M. Eckert. – 25 Vgl. Astrid M. Eckert, «Kampf um die Akten. Die Westalliierten und die Rückgabe von deutschem Archivgut nach dem Zweiten Weltkrieg». Stuttgart 2004, S. 410 f. – 26 Vgl. Aktenvermerk Fritz Freiherr v. Sieglers vom 14. November 1952. Brief Sieglers an Carl Dietrich Erdmann, 15. November 1952. IfZ, Hausarchiv, ZS 243/1. – 27 Horst Möller, «Das Institut für Zeitgeschichte und die Entwicklung der Zeitgeschichtsschreibung in Deutschland», in: «50 Jahre Institut für Zeitgeschichte. Eine Bilanz». Hrsg. Horst Möller und Udo Wengst. München 1999, S. 37. – 28 «Im Zentrum der Macht. Das Tagebuch von Staatssekretär [Otto] Lenz 1951–1953». Bearbeitet von Klaus Gotto, Hans-Otto Kleinmann und Reinhard Schreiner. Düsseldorf 1981, S. 92. Eintrag unter «Mittwoch, 6. Juni 1951». «‹Quick›», so die erklärende Fußnote, «begann am 8. 6. 1951 mit dem Abdruck von Henry Pickers ‹Hitlers Tischgespräche im Führerhauptquartier 1941–1942›, Bonn 1951. Vgl. dazu den Protest in DUD [Deutschland-Union-Dienst] vom 8. 6. 1951, und Kabinettssitzung vom 12. 6. 1951, KABINETTSPROTOKOLLE 1951, S. 430–444, hier 443.» Staatssekretär Strauß erhält den Auftrag, weitere Veröffentlichungen zu unterbinden. *Quick* erscheint trotzdem, nur die geplante Rundfunksendung unterbleibt. (Vgl. http://www.bundesarchiv.de/cocoon/barch/0000/k/k1951k/kap1_2/kap2_44/para3_19.html). – 29 Schreiben des Bayerischen Staatsministeriums der Finanzen vom 26. Juni

2008. – 30 Ebd. – 31 Brief vom 13. Dezember 1951. IfZ, Hausarchiv, ID 103 / 19. – 32 François Genoud an Dr. Mau vom Institut, 11. Dezember 1951. IfZ, Hausarchiv. – 33 Walter Strauß (1900 – 1976) arbeitete bis 1935 im Reichswirtschaftsministerium, ehe er wegen seiner jüdischen Herkunft gehen musste. Es kann gut sein, dass Rechenberg und er sich aus dieser Zeit kannten. Bis 1963 Staatssekretär im Justizministerium, dabei nochmal aktiv in der *Spiegel*-Affäre, anschließend bis 1970 Richter an Europäischen Gerichtshof. Er war «aufs stärkste von Gerhard Ritter eingenommen», schreibt Karl Buchheim in: «Eine sächsische Lebensgeschichte. Erinnerungen 1889 – 1972». Bearbeitet von Udo Wengst und Isabel F. Pantenberg, München 1996, S. 256. Strauß sitzt als Vertreter der Bundesregierung im Vorstand des Instituts. Kuratorium und Beirat hatten die Veröffentlichung in Buchform am 9. Februar 1951 einstimmig beschlossen. Vgl. Kabinettsprotokoll vom 12. Juni 1951 oder http://www.bundesarchiv.de/cocoon/barch/0000/k/k1951k/kap1_2/kap2_44/para3_19.html. – 34 Aktennotiz Hermann Mau vom 26. Nov.1951. M / Wz von Dr. Hermann Mau an Gen. Foertsch / Prof Buchheim. IfZ, Archiv, ID 103 / 19. – 35 Ebenfalls in der Aktennotiz vom 26. Nov. 1951. Dr. Hermann Mau an Gen. Foertsch / Prof Buchheim. – 36 «Soldatenbund / Wenn das interessieren sollte», in: *Der Spiegel*, 38 / 1951, 19. September 1951. – 37 Brief Picker an Hermann Mau, 8. Oktober 1951. IfZ, Archiv, ID 103 / 25. – 38 Hans Manfred Bock (éd), «Les Rapports mensuels d'André François-Poncet, haut-commissaire français en Allemagne 1949 – 1955. Les débuts de la République fédérale d'Allemagne», Imprimerie nationale, 1996, Rapport du 31 août 1951, p. 542. Zitiert nach: Barbara Lambauer, «Otto Abetz et les Français ou l'envers de la Collaboration». Préface de Jean-Pierre Azéma. Paris 2001, S. 691. – 39 R. H. (aller Wahrscheinlichkeit nach: Hans Rechenberg), «Bormanns Geist geht um. Lebt Hitlers Graue Eminenz? / Streit um ‹Tischgespräche› / Literaturagent contra Leibstenograph», in: *Der Fortschritt*, 43 / 1951. 26. Oktober 1951. Vgl. Brief vom 19. November 1951 an Dr. Mau vom IfZ, Archiv, ID 101 / 2: «das Vorgehen des Herrn Genoud, der im *Fortschritt* Nr. 43 den ersten der von ihm angekündigten Schritte in der Öffentlichkeit unternahm und gegen den wir uns wenden mussten». – 40 Rechenberg (1951). – 41 AF, MPF, E 4320 (B) 1973 / 17 / 1, le 23 janvier 1952. Zitiert nach Isabelle von Hildebrand, «François Genoud: l'insaisissable suspect du Ministère public fédéral: 1934 – 1991», Mémoire de Licence, Département d'Histoire générale, Genève 2006 (ungedruckt), S. 32. – 42 Brief Dr. Horst Weber an Staatssekretär Dr. Walter Strauß vom 1. April 1952, IfZ, Archiv, ED 94. – 43 AF, MPF, E 4320 (B) 1973 / 17 / 1, le 19 juin 1956, vielleicht auch vom 22. Juni 1957. Zitiert nach Hildebrand (2006), S. 32. – 44 AF, MPF, E 4320 (B) 1973 / 17 / 1, le 8 juillet 1957. Zitiert nach Hildebrand (2006), S. 32. – 45 Vgl. Tilmann Lahme, «Golo Mann. Biographie». Frankfurt am Main 2009, S. 230 – 232. – 46 Vgl. CIA Message 549 413, 10 May 1974. NARA, RG 263, 041 – 230 / 86 / 22 / 06. Freigegeben 2006. – 47 So jedenfalls der Tenor, wie ihn die *Spiegel*-Redakteurin Eva Windmöller wiedergibt. Vgl. «Hitlers Erben» (Leserbrief), in: *Der Spiegel*, 2 / 1953, 7. Januar 1953. – 48 Henry Picker an Hermann Mau, 12. November 1951. IfZ, Hausarchiv, ID 103 / 25. – 49 Wilhelm Treue, «Hitlers Denkschrift zum Vierjahresplan 1936», in: *Vierteljahrshefte für Zeitgeschichte*, 3. Jg. (1953), Heft 2. – 50 So in einer vertraulichen Notiz des zeitweiligen IfZ-Mitarbeiters

David Irving für das Münchner Institut nach einem Besuch bei Genoud in Lausanne am 21. Juni 1971. IfZ, Archiv, GENOUD I / 1. – 51 Brief vom 24. Juli 1952 aus Korfu. In: «Letters from Oxford: Hugh Trevor-Roper to Bernard Berenson». Edited by Richard Davenport-Hines. London 2006, S. 93 f. – 52 «Hitler's Table Talk 1941 – 1944». With an introductory essay on The Mind of Adolf Hitler by H. R. Trevor-Roper. Translated by Norman Cameron and R. H. Stevens. London 1953. – 53 «The Bormann letters. The Private Correspondence between Martin Bormann and his wife from January 1943 to April 1945». Edited with an introduction and notes by H. R. Trevor-Roper. Translated by R. H. Stevens. London 1954. Zitiert als Trevor-Roper (1954). – 54 H. R. Trevor-Roper, «Hitlers letzte Tage». Übersetzt von Joseph Kalmer und Gisela Breiting-Wolfsholz. Frankfurt, Berlin, Wien 1965 [1947]. Die Originalausgabe erschien 1946 unter dem Titel «The last days of Hitler» in London. – 55 Trevor-Roper (1954), S. XXIII. – 56 Brief Trevor-Ropers vom 18. Februar 1964 aus Oxford an den Studenten Louis Schmier in Chapel Hill, North Carolina. Durchschlag in den Dacre Archives, Christ College, Oxford in der Rubrik «Foreign Scholars», SCHMIER. – 57 «Hitler's Table Talk 1941 – 1944». With an introductory essay on The Mind of Adolf Hitler by H. R. Trevor-Roper. Translated by Norman Cameron and R. H. Stevens. London 1953, S. XXXV. – 58 «Vorwort», in: Henry Picker (1951), S. 33. Picker erinnert sich dankbar, dass Hitler ihn, der «alters- und dienstgradmäßig in der Tischordnung so ziemlich am Schluß rangierte, stets mit Handschlag zu begrüßen [pflegte], seit ich einmal seine Attacke gegen die Juristen zum Gelächter aller mit entsprechenden Gegenargumenten pariert hatte» (S. 37). – 59 H. R. Trevor-Roper, «The Mind of Adolf Hitler», in: Trevor-Roper (1953), S. XXXII. – 60 Trevor-Roper (1953), S. XIII. – 61 Trevor-Roper (1953), S. XXXVI. – 62 Treffbericht vom 13. Februar 1969 (Treffen 16. Januar 1969), MfS AIM 2717 / 75, Bd. II / 1. Blatt 000 003. – 63 Ebd. – 64 Ebd. – 65 Ebd. – 66 Trevor-Roper (1954), S. VII. – 67 Trevor-Roper (1954), S. VI.

6. Politisches Zwischenspiel: Die Naumann-Verschwörung

1 «Der Stenograf muß es wissen», In: *Der Spiegel*, 4 / 1951, 24. Januar 1951. – 2 Vgl. Otto Köhler, «Rudolf Augstein. Ein Leben für Deutschland». München 2002, S. 290 f. – 3 Ivone Kirkpatrick, «Im inneren Kreis. Erinnerungen eines Diplomaten». Ins Deutsche übertragen von Wolf D. Rogosky und mit Zustimmung des Autors in gekürzter Form erschienen in Berlin 1964. [Original: London 1959] S. 211. – 4 Zitiert nach: «Der Freiheit gehört die Zukunft. Wolfgang Döring». Eine politische Biographie von Wolfram Dorn und Dr. Wolfgang Wiedner. Bonn 1974 (Herausgeber: Wolfgang-Döring-Stiftung), S. 15. – 5 Dorn / Wiedner (1974), S. 18. – 6 Dorn / Wiedner (1974), S. 18. – 7 Dorn / Wiedner (1974), S. 23. – 8 In Art. 6 des Einigungsvertrags vom 31. August 1990 (BGBl. II S. 889) wurde dafür Sorge getragen, dass Art. 131 in den Ländern Brandenburg, Mecklenburg-Vorpommern, Sachsen, Sachsen-Anhalt und Thüringen sowie in Ost-Berlin wegen der dortigen ehemaligen SED-Mitglieder vorerst nicht in Kraft gesetzt worden ist. – 9 Jörg Michael Gutscher, «Die Entwicklung der FDP von ihren Anfängen bis 1961». Überarbeitete und erweiterte Neuausgabe. Mit einem Nachwort von Günter Meuschel. Königstein / Taunus 1984, S. 157. Es handelt

sich um eine historische Arbeit, die in dieser Neuauflage im Benehmen mit der Friedrich-Naumann-Stiftung erschien. – 10 Friedrich Middelhauve am 5. Februar 1953 vor der Auslandspresse in Bad Godesberg. Zitiert nach: Gutscher (1984), S. 156. – 11 Vgl. Ulrich Herbert, «Best. Biographische Studien über Radikalismus, Weltanschauung und Vernunft 1903–1989». Bonn 1996, S. 490. – 12 Nieders. LA / Pattensen, Nachlass Adolf von Thadden, VVP39, Nr. 45, 2. – 13 Vgl. «Neo-Nazi leader ‹was MI6 agent›», in: *Guardian*, 13. August 2002. http://www.guardian.co.uk/world/2002/aug/13/johnhooper, zuletzt abgefragt am 8. September 2010. – 14 Werner Best bezeichnet in seinem Beitrag «Der Krieg und das Recht», in: Ernst Jünger (Hg.), «Krieg und Krieger», Berlin 1930, S. 152, «die den Nationalismus tragende innere Haltung als *heroisch-realistische*». Jünger nimmt den Begriff in seinem Vorwort auf und macht daraus den «heroischen Realismus» (unpaginiert, S. 5). – 15 Armin Mohler am 21. Februar 1953 an Werner Best. Zitiert nach: Herbert (1996), S. 481. – 16 Notiz vom 26. August 1950, zitiert nach: Gutscher (1984), S. 157. – 17 *The Times*, 24. November 1952. Zitiert nach: Hans Dieter Müller, «Der Springer-Konzern. Eine kritische Studie». München 1968, S. 149. – 18 Rudolf Diels, «Lucifer ante portas … es spricht der erste Chef der Gestapo …». Stuttgart 1950, S. 75. – 19 Vgl. Graham Macklin, «Very Deeply Dyed in Black. Sir Oswald Mosley and the Resurrection of British Fascism after 1945». London, New York 2007, S. 112 f. – 20 Vgl. Macklin (2007), S. 181, unter Fußnote 128. – 21 Heiko Buschke, der heute in der Dokumentationsabteilung des *Spiegel* arbeitet, erwähnt in seiner Doktorarbeit «eine erstaunliche Sympathie, wenn nicht sogar Parteinahme des Magazins für den nationalliberalen Flügel». Heiko Buschke, «Deutsche Presse, Rechtsextremismus und nationalsozialistische Vergangenheit in der Ära Adenauer». Frankfurt, New York 2003, S. 274. – 22 «Nazi-Verschwörung / Nau-Nau», in: *Der Spiegel*, 4 / 1953, 21. Januar 1953 – 23 «Nau-Nau / Verschwörung wider den Geist», in: *Der Spiegel*, 20 / 1953, 13. Mai 1953. – 24 Ebd. – 25 Zitiert nach: Gutscher (1984), S. 156. – 26 Vgl. Neue Deutsche Biographie, http://www.deutsche-biographie.de/artikelNDB_pnd124730884.html, zuletzt abgefragt am 8. September 2010. – 27 Peter-Ferdinand Koch (Hg.), «Die Tagebücher des Doktor Joseph Goebbels. Geschichte & Vermarktung». Hamburg 1988, S. 71. Für ein Engagement Genouds mit Wissen und Willen gibt es keinerlei Beweis.

7. Joseph Goebbels bleibt umstritten

1 «Wie konnte es geschehen. Auszüge aus den Tagebüchern und Bekenntnissen eines Kriegsverbrechers». Herausgegeben von Max Fechner, Berlin. Berlin 1946, S. 7. – 2 Fechner (1946), S. 20. – 3 Fechner (1946), S. 131. – 4 Eintrag zum 22. Oktober 1936. «Die Tagebücher von Joseph Goebbels». I / 3, II, S. 222. – 5 Wilfred von Oven, «Mit Goebbels bis zum Ende». Band II. Buenos Aires 1950, S. 299. Das «Dritte Reich» war nicht bloß eine totalitäre Diktatur, sondern durch und durch korrupt, ihre Paladine verschwendungssüchtig wie absolutistische Monarchen: In seiner Eigenschaft als Filmminister zahlte Goebbels Leni Riefenstahl für ihren Olympia-Film zusätzlich zum vereinbarten Regie-Honorar von 250 000 Reichsmark und einem Gehalt von insgesamt 50 000 RM einen Bonus. («Man hört überall nur uneingeschränktes Lob. Ich

überweise Leni Riefenstahl noch 100 000 Mk.» Eintrag vom 22. April 1938. «Die Tagebücher von Joseph Goebbels». I / 5, S. 267. Am nächsten Tag folgt der Dank: «Frl. Riefenstahl ist ganz glücklich über die 100 000 Mk.» notiert ihr Auftraggeber, um gönnerhaft fortzufahren: «Sie hat sie auch verdient.» Tagebücher I / 5, S. 269. Der Bildhauer Arno Breker empfing auf Weisung Hitlers – selbstverständlich «ohne noch von dem entsetzlichen Völkermord an den Juden zu wissen» – annähernd 800 000 Reichsmark an Sonderzuwendungen. Nach dem Zweiten Weltkrieg wurde er als «Mitläufer» eingestuft und mit einer Strafe von 100 Reichsmark belegt. Vgl. Gerd R. Ueberschär / Winfried Vogel, «Dienen und Verdienen. Hitlers Geschenke an seine Eliten». Frankfurt am Main [2]2001 [1999]. Durchgesehene Ausgabe, S. 118 – 123, 264. – 6 Elke Fröhlich, «Joseph Goebbels und sein Tagebuch. Zu den handschriftlichen Aufzeichnungen von 1924 bis 1941», in: *Vierteljahrshefte für Zeitgeschichte*, 35. Jg. (1987), Heft 4. – 7 Vgl. ebd. – 8 Bernd Sösemann, «Propaganda – Macht – Geschichte. Eine Zwischenbilanz der Dokumentation der Niederschriften und Diktate von Joseph Goebbels», in: *Das historisch-politische Buch*. Ein Wegweiser durch das Schrifttum, 50. Jg. (2002), Heft 2. – 9 Joseph Goebbels, «Michael. Ein deutsches Schicksal in Tagebuchblättern». Verlag Frz. Eher Nachf., München 1931 [1929], S. 12. – 10 «Goebbels-Reden». Band 1: 1932 – 1939, Düsseldorf 1971, Band II: 1939 – 1945, Düsseldorf 1972. Herausgegeben von Helmut Heiber. Düsseldorf 1971, S. VII. – 11 «Goebbels-Nachlass / Der Stenograf muss es wissen», in: *Der Spiegel*, 4 / 1951, 24. Januar 1951. – 12 [Joseph] Goebbels, «Tagebücher. Aus den Jahren 1942 – 43». Mit andern Dokumenten herausgegeben von Louis P. Lochner. Zürich: Atlantis-Verlag 1948. Auf der Impressum-Seite heißt es: «Diese Ausgabe erscheint im Einverständnis mit dem Verlag Doubleday & Co., Inc., New York, gleichzeitig mit der amerikanischen Ausgabe (‹The Goebbels Diaries›).» – 13 Léon Degrelle, «La Campagne de Russie 1941 – 1944», Le Cheval ailé, Genf 1949, vertrieben über Paris, La Diffusion du livre. Copyright: Agence litteraire generale, Tangier. – 14 Vgl. Astrid M. Eckert und Stefan Martens, «Glasplatten im märkischen Sand. Zur Überlieferungsgeschichte der Tageseinträge und Diktate von Joseph Goebbels», in: *Vierteljahrshefte für Zeitgeschichte*, 52. Jg. (2004), Heft 3. – 15 Amtsgericht Zehlendorf, Geschäftsnummer 5 VI 623.54, Schreiben vom 21. September 1954. BArch N 1559 / 1. – 16 Am 15. Mai 1953. – 17 Von «Kulturraub» spricht Mommsen selber, aber so: «Einen ausgesprochenen Kulturraub habe ich im Osten nicht beobachten können, vielleicht deshalb, weil im Osten kaum etwas Mitnehmenswertes da war.» Wolfgang A. Mommsen an Georg Winter, den künftigen Chef des Bundesarchivs, in einem Brief vom 14. September 1947, in: BArch N 1333, NL Winter, Bd. 31. Zitiert nach: Astrid M. Eckert, «Kampf um die Akten. Die Westalliierten und die Rückgabe von deutschem Archivgut nach dem Zweiten Weltkrieg». Stuttgart 2004, S. 277, Fußnote 68. «Kriegsverbrecher», ebd., S. 126. Peter Köpf schildert in seinem Buch über die Familie Mommsen diesen Kriegseinsatz: «Er schaffte aus dem Baltikum fort, so viel er konnte: ‹Durch besondere Gelegenheiten wurden in den letzten Tagen einige Koffer versandt, die ich ganz besonders in Obhut zu nehmen bitte›, wies [Mommsen den Chef der Archivkommission Johannes] Papritz an, ‹da in einigen von ihnen sich außerordentliche Werte an Gold, Silber, Devisen, Juwelen und anderem befinden›.» Peter Köpf, «Die Mommsens». Hamburg, Leipzig, Wien 2004, S. 232. – 18 BArch B 198/2223, fo1.1 –, Heft 1 Josef Goebbels. Das zweite b ist von Hand eingefügt. – 19 Ebd. – 20 BArch B 198/228, Goebbels, Beiheft 2, Eing 10. Dez. 1957. – 21 Mommsen an Leyke im Januar 1955: «Außerdem haben wir ihr für Überlassung eines Filmes der in ihrer Hand befindlichen Göbbels-Dokumente einen Betrag von 389,89 DM gezahlt. Wir bitten, diese Angaben vertraulich zu behandeln, da wir über die von uns gezahlten Preise im Allgemeinen nichts verlauten lassen.» – 22 BArch B 198/2223, fo1.1 –. Mommsen, Gesprächsnotiz vom 4. Januar 1955. – 23 In den handschriftlichen Notizen wird Leyke deutlicher: «G. hatte das Grundstück von einer Jüdin Herz erworben.» – 24 BArch N 1559/1, 11. Oktober 1954. – 25 BArch N 1559/1, 11. Oktober 1954. – 26 Beide Zitate: Brief Leykes vom 20. Oktober 1954 an Harald Quandt. BArch N 1559/1. – 27 Brief Leykes vom 20. Oktober 1954 an Harald Quandt. BArch N 1559/1. – 28 Harald Quandt am 28. Oktober 1954 an Kurt Leyke. BArch N 1559/1. – 29 Ebd. – 30 Max W. Kimmich, Icking ü. München, am 17. Januar 1955. Als «Abschrift!» deklariert und unter BArch N 1559/1. Die Erfahrung, aus der Goebbels' Schwager (1893–1980) spricht, sind Filme wie «Der singende Tor» (1939), «Der Fuchs von Glenarvon (1940), «Nacht ohne Abschied» (1941/43). In seinem Film «Mein Leben für Irland» (1941) kommt eine Folterszene vor, die an eine ähnliche in «Jud Süß» angelehnt ist. – 31 BArch N 1559/1. – 32 Maria Kimmich am 27. Januar 1955 an Kurt Leyke. BArch N 1559/1. – 33 Alles im Brief Rechenbergs an Leyke vom 15. März 1955, BArch N 1559/1. – 34 Brief Leykes an Maria Kimmich, Hertha Goebbels, Wolfgang Goebbels vom 11. März 1955, abschriftlich an Rechenberg. BArch N 1559/1. – 35 24. März 1953, Rechenberg an Leyke aus Frankfurt, BArch N 1559/1. – 36 Brief von Weihnachten 1955 aus einem «Nerven-Sanatorium». – 37 BArch N 1559/4. – 38 Entwurf vom 12. Juni 1956. Aus der Altablage des Bundesjustizministeriums («Vertraulich») über «Einfuhr und Verbreitung staatsfeindlicher Schriften/Allgemeines»), Band 8, vom Juni 1956 bis Febr. 1957–4021/1–0 [handschriftlich:] 462. BArch B 141/17359. – 39 Oppenheimer an Leyke, Brief vom 28. Juni 1956, BArch N 1559/1. – 40 Einigung Ende 1956. Vgl. Koch (1988), S. 79. Koch behauptet, ihm beziehungsweise «dem Verlag» liege «ein Dossier ‹Genoud› vor, das Genouds nachrichtendienstliche Tätigkeiten nicht nur zum Teil offen lege, sondern zudem Rückschlüsse bis in die 60er bzw. 70er Jahre zulasse». (S. 321) – 41 Mitteilung des Bayerischen Staatsministeriums für Unterricht und Kultus an die Kuratoriumsmitglieder des Instituts vom 11. November 1960. IfZ, Hausarchiv, ID, 103/14. Dem Kuratorium, das die Zahlung absegnete, gehörte nicht nur Staatssekretär Walter Strauß, sondern auch der zeitweilige Minister und Politologieprofessor Theodor Eschenburg an. – 42 Brief Genouds an Kurt Leyke, München 13/10/62. BArch N 1559/5. – 43 Vgl. AF, MPF, E 4320 (B) 1973/17/1, le 22 juin 1957 [korrigiert aus 1956]. Zitiert nach Hildebrand (2006), S. 32. – 44 E-Mail von Karin Fitzner vom Historischen Archiv der Bundesbank vom 24. September 2008.

8. François Genoud schreibt für Hitler

1 François Genoud in Pierre Péan, «L'extrémiste. François Genoud, de Hitler à Carlos». Paris 1996, S. 108. – 2 E-Mail von David Irving vom 26. August 2005. – 3 Faksimile in: Lew Besymenski, «Die letzten Notizen von Martin Bormann. Ein Dokument und sein Verfasser». Aus dem Russischen übertragen von Reinhild Holler. Stuttgart 1974, S. 232. – 4 Zitiert nach: Max Domarus, «Hitler. Reden und Proklamationen 1932–1945. Kommentiert von einem deutschen Zeitgenossen. Band II, Untergang, 2. Halbband 1941–1945, S. 2240. – 5 Zitiert nach: «Verlagsrechte / Hitlers Erben», in: *Der Spiegel*, 49 / 1952, 3. Dezember 1952. – 6 Erich Kempka, «Die letzten Tage mit Adolf Hitler», erweitert und erläutert von Erich Kern. Preußisch Oldendorf, 1976 [1975], S. 240f. Wie Funk es hätte verstecken können, wenn er sich bei der Abfassung des Testaments gar nicht mehr in Berlin und schon gar nicht in der Nähe seines Führers befand, erklärt Kempka auch nicht. In seiner Aufzählung der nach dem 22. April 1945 im Bunker verbliebenen Männer, wie er sie beim Verhör am 20. Juni 1945 in Berchtesgaden liefert, kommt Funk jedenfalls nicht vor. Vgl. http://www.nizkor.org/ftp.cgi/imt/nca/nca-06/nca-06–3735-ps, zuletzt abgefragt am 6. September 2010. – 7 Denn so lautet der Nachweis bei Kempka: «Persönliche Mitteilung Francois Genouds an den Autor am 9. Juli 1975». Vgl.: Kempka (1976), S. 241, Fußnote 79. Allerdings ist Kempka bereits am 24. Januar 1975 verstorben, der «Autor» kann also nur der Ghostwriter Erich Kern sein, ein rechtsradikaler Publizist, der auch einmal SS-Sturmbannführer war. – 8 Albert Speer, «Spandauer Tagebücher». Frankfurt, Berlin, Wien 1975, S. 632. Eintrag vom 28. April 1965. – 9 Ebd. – 10 Joachim Fest, «Hitler. Eine Biographie». Berlin 1973, S. 1011. Fest verweist aber immerhin darauf, dass es einen «Originaltext» nicht gebe und es sich «zweifellos um ein überarbeitetes Manuskript» handle. Vgl. S. 1150, Fußnote 109. – 11 Brief an Berensons Lebensgefährtin Elizabetta «Nicky» Mariano, 3. December 1958. In: «Letters from Oxford: Hugh Trevor-Roper to Bernard Berenson». Edited by Richard Davenport-Hines. London 2006, S. 260. – 12 «Le Testament Politique de Hitler.» Notes recueillies par Martin Bormann. Préface de H. R. Trevor-Roper; Commentaires des André François-Poncet; Version française et présentation de François Genoud. Paris 1961. – 13 Als der *Monat* 1961 Trevor-Ropers Einleitung nachdruckt – H. R. Trevor-Roper, «Hitlers Testament. Die letzten Gespräche mit Bormann (Februar 1945)» –, ist die Redaktion vorsichtig: «Leider ist es uns trotz allen Bemühungen nicht gelungen, an die Photokopie des – vernichteten – deutschen Originals heranzukommen, nach der die englische wie die frühere französische Übersetzung hergestellt wurde und die sich im Besitz des französischen Journalisten François Genoud befindet. Trotz der Unzugänglichkeit des Originaltextes hegen die Fachleute jedoch keinen Zweifel daran, daß es sich hier tatsächlich um ein authentisches Dokument handelt. Um mißliebige, den Text notwendigerweise verfälschende Rückübersetzungen aus dem Englischen zu vermeiden, haben wir im Einverständnis mit dem Autor die von Trevor-Roper zitierten Stellen zwar möglichst wortgetreu, aber in indirekter Rede wiedergegeben.» Vorbemerkung zu Trevor-Ropers Aufsatz, *Der Monat*, 14. Jg., Oktober 1961, Heft 157, S. 36. – 14 Nur nebenbei: Trevor-Roper wusste genau, dass es sich *nicht* um Hitlers Testament oder

seine «letzten Gedanken» handelte. In der dritten Auflage seines Buches über «Hitlers letzte Tage» hatte er die Überlieferungsgeschichte des echten Testaments detailliert behandelt. (H. R. Trevor-Roper, «Hitlers letzte Tage». Übersetzt von Joseph Kalmer und Gisela Breiting-Wolfsholz. Frankfurt/Main, Berlin, Wien 1973 [1965], S. 174–188.) Seinem eigenen Bericht zufolge war es der Nachrichtenoffizier Trevor-Roper, der Hitlers Testamente bei den Boten entdeckte. Vgl. Adam Sisman, «Hugh Trevor-Roper. The Biography». London 2010, S. 139–142. – 15 Anfang der Einleitung von Hugh Trevor-Roper in: «Hitlers politisches Testament. Die Bormann-Diktate vom Februar und April 1945». Mit einem Essay von Hugh R. Trevor-Roper und einem Nachwort von André François-Poncet. Hamburg 1981, S. 17. Zitiert als Trevor-Roper (1981). «Unveränderter Wortlaut des Textes von 1961» steht in Klammern am Schluss, S. 40. Welcher Wortlaut, welcher Text und warum unverändert? – 16 Ebd., S. 64. – 17 Ebd., S. 117. – 18 Ebd., S. 66. – 19 Trevor-Roper (1981), S. 25. – 20 «Hitlers politisches Testament» (1981), S. 85. – 21 Eintrag vom 21. Juni 1941. «Die Tagebücher von Joseph Goebbels». I/9, S. 392. – 22 So Speer zu Joachim Fest. Vgl. Fest (1973), S. 1150, Fußnote 109. – 23 http://www.fpp.co.uk/Hitler/docs/Testament/byGenoud.html, zuletzt abgefragt am 17. August 2010. – 24 Ebd. – 25 Telefonat mit Albrecht Knaus am 24. September 2005. – 26 E-Mail von Elke Fröhlich vom 3. August 2005. – 27 «Hitlers politisches Testament» (1981), S. 85. – 28 Fritz Grobba, «Männer und Mächte im Orient. 25 Jahre diplomatischer Tätigkeit im Orient». Göttingen 1967, S. 317. – 29 Vgl.: Wolfgang G. Schwanitz, «‹Der Geist aus der Lampe›: Fritz Grobba und Berlins Politik im Nahen und Mittleren Osten». In: *Comparativ* 14 (2004), Heft 1. Zitiert nach: http://www.trafoberlin.de/pdf-dateien/Grobba%20Geist%20aus%20der%20Lampe.pdf, zuletzt abgefragt am 26. August 2010. – 30 Rudolf Rahn, «Hitlers arabisches Abenteuer». Er habe den Aufsatz «nach dem Kriege» verfasst, bemerkt Rahn dazu, aber dann doch «zurückgehalten» Politisches Archiv des Auswärtigen Amtes, Nachlass Rudolf Rahn, NL 955. – 31 François Genoud aus Bourges an Hans Rechenberg, 3. November 1961. NARA, RG 263, 01, 02–106–230/86/24/01. – 32 «Hitler-Testament/Lateinisches Gift», in: *Der Spiegel*, 3/1962, 17. Januar 1962. – 33 Ebd. – 34 «Ben Bella/Der Saim», in: *Der Spiegel*, 14/1962, 4. April 1962. – 35 Vgl. Genoud bei Péan (1996), S. 88. – 36 Werner Otto von Hentig an das Ministerium für Volksaufklärung und Propaganda, Pol. VII 1326/37. Berlin, den 29. Dezember 1937. AA PD R 104800. – 37 Vgl. Wolfgang G. Schwanitz, «‹Der Geist aus der Lampe›. Fritz Grobba und Berlins Politik im Nahen und Mittleren Orient». In: *Comparativ* 14 (2004), Heft 1, S. 141. Zitiert nach: http://www.trafoberlin.de/pdf-dateien/Grobba%20Geist%20aus%20der%20Lampe.pdf, zuletzt abgefragt am 26. August 2010. Als Quelle wird dort genannt: USArchII, T120, R63, S71, F50682ff. – 38 «Hitler-Tagebücher: Schweizer Forscher wittert Sensation. Rechtsextremer Publizist macht sich für den ‹Führer› stark», in: *Sonntagsblick*, 1. Mai 1983. – 39 Genoud zu Péan (1996), S. 203.

9. Ein Geschäft: Adolf Eichmann

1 Zitiert nach dem «Besprechungsprotokoll» in: Kurt Pätzold/Erika Schwarz, «Tagesordnung: Judenmord. Die Wannsee-Konferenz am 20. Januar 1942. Eine Dokumenta-

tion zur Organisation der ‹Endlösung›». Berlin [4]1998 [1992], S. 103. – 2 Robert M. W. Kempner, «Begegnung mit Hans Globke. Berlin–Nürnberg–Bonn», in: Klaus Gotto, «Der Staatssekretär Adenauers. Persönlichkeit und politisches Wirken Hans Globkes». Stuttgart 1980, S. 228. – 3 «Herr [Friedo] Sachser [zur Zeit der Doktorarbeit Chefredakteur der *Allgemeinen Wochenzeitung der Juden*, Mitarbeiter seit 1953] äußerte bei dem Gespräch am 27. 4. 89 auch die Ansicht, daß es zum damaligen Zeitpunkt wohl keinen besseren Fürsprecher für die Belange der Juden bei der Bundesregierung habe geben können als Globke, da dieser aus einem schlechten Gewissen heraus wohl mehr zu tun bereit gewesen sei, als z.B. jemand, der selber im Dritten Reich Verfolgungen erlitten habe.» Nachzulesen in: Norbert Jacobs, «Der Streit um Dr. Hans Globke in der öffentlichen Meinung der Bundesrepublik Deutschland 1949–1973. Ein Beitrag zur politischen Kultur in Deutschland». Diss., Bonn 1992, S. 147. – 4 Stephan Reinhardt: «Der Fall Globke», in: *Die Neue Gesellschaft/Frankfurter Hefte*, 42. Jg. (1995), Heft 5, S. 440. – 5 [Wilhelm] Stuckart/[Hans] Globke, «Kommentare zur deutschen Rassengesetzgebung. Band I. Reichsbürgergesetz vom 15. September 1935. Gesetz zum Schutze des deutschen Blutes und der deutschen Ehre vom 15. September 1935. Gesetz zum Schutze der Erbgesundheit des deutschen Volkes (Erbgesundheitsgesetz) vom 18. Oktober 1935. Nebst allen Ausführungsvorschriften und den einschlägigen Gesetzen und Verordnungen erläutert von Dr. Wilhelm Stuckart, Staatssekretär, und Dr. Hans Globke, Oberregierungsrat, beide im Reichs- und Preußischen Ministerium des Inneren.» Berlin, München 1936. – 6 Vgl. Erik Lommatzsch, «Hans Globke (1898–1973). Beamter im Dritten Reich und Staatssekretär Adenauers». Frankfurt, New York 2009, S. 75. – 7 Reinhardt (1995), S. 441. – 8 Egon Bahr in dem Film «Hans Maria Globke» von Jürgen Bevers und Bernhard Pfletschinger, gesendet am 8. Oktober 2008 auf arte. – 9 Vgl. Franz Josef Strauß, «Die Erinnerungen». Berlin 1989, S. 341–346. – 10 AA, Abteilung III (Hoppe), 13. Februar 1952, PA-AA, II 515–00h, Bd. 4. Zitiert nach: Ulrich Herbert, «Best. Biographische Studien über Radikalismus, Weltanschauung und Vernunft 1909–1989». Bonn 2001 [1996], S. 634, Fußnote. – 11 Zitiert nach: Harry Mulisch, «Strafsache 40/61. Eine Reportage über den Eichmann-Prozeß». Aus dem Niederländischen von Johannes Piron. Berlin 1995, S. 158. Die holländische Ausgabe erschien 1962 in Amsterdam, die deutsche zuerst 1963 in Köln. – 12 «Ich, Adolf Eichmann. Ein historischer Zeugenbericht». Herausgegeben von Dr. Rudolf Aschenauer. Leoni am Starnberger See 1980, S. 429. Auf dem für Willem Sassen besprochenen Tonband sagt Eichmann wörtlich: «... ich hab mich gestaunt und gewundert und gedacht, sehen Sie mal, Donnerwetter noch mal, und die sollen nun alle umgebracht worden sein und mit mir handeln sie, die Burschen, nicht wahr». Mit Dank an Bettina Stangneth. – 13 Alois C. Hudal, «Römische Tagebücher. Lebensbeichte eines alten Bischofs». Graz, Stuttgart 1976, S. 21. – 14 *Frankfurter Allgemeine*, 2. Juni 1960. In der Hauptverwaltung in Stuttgart wird von der Personalie der stellvertretende Vorstand Hanns Martin Schleyer unterrichtet, der als SS-Untersturmführer bis 1948 eine dreijährige Haft zu verbüßen hatte. «Der Umstand, dass Adolf Eichmann in einem unserer Unternehmen unter falschem Namen beschäftigt wurde, macht uns auch heute noch betroffen.» Aus einer E-Mail von Dr. Lothar Ulsamer, Leiter föderale und kommunale Projekte, Stiftungen bei der DaimlerChrysler AG, vom 12. August 2005. – 15 E-Mail von Saskia Sassen vom 27. September 2006. – 16 Zitate nach dem unveröffentlichten Manuskript «The Eichmann Diaries», das mir Stan Lauryssens freundlicherweise überlassen hat. Andererseits behauptet Saskia Sassen, dass Goebbels mehrfach versucht habe, ihren Vater wegen dessen «Autoritätsverachtung» einzusperren. E-Mail vom 27. September 2006. – 17 In ähnlicher Form berichtet es – ebenfalls mit Berufung auf Lauryssens – der *Stern*: «Das Netz der ‹Spinne›. Barbie – Eine Killer-Karriere (6)». Eine Serie von Kai Hermann, in: *Stern* 25/84, 14. Juni 1984. Noch fünfzehn Jahre vor dieser Enthüllung über Sassens Kriegseinsatz fand man beim *Stern* allerdings nichts dabei, den gleichen Sassen als Mitarbeiter zu beschäftigen. – 18 E-Mail von Saskia Sassen vom 27. September 2006. – 19 *Nation Europa.* Monatsschrift im Dienst der europäischen Erneuerung. 1. Jg., Heft 7, Juli 1951. Das Pamphlet erscheint im gleichen Jahr als selbständiger Sonderdruck. – 20 Wim Sassen und Fritz Zschäckel, «Brauchen wir heute Männer wie Rudel?» *Stern*, im Jahr 1950. Auch Zschäckel diente bei der SS. Der *Stern* bestritt, dass Nannen und Sassen sich «aus Kriegszeiten» gekannt haben sollen oder dass Sassen als Südamerika-Korrespondent für den *Stern* gearbeitet hätte. «Auch taucht Sassen zu keinem Zeitpunkt als Verfasser von Beiträgen im *stern* auf.» (Brief des Pressesprechers Frank Plümer vom 26. Oktober 2005.) Erst fünf Jahre später gab der *Stern* zu, dass «Sassen mehrere Geschichten an den *Stern* verkauft [hat], darunter haarsträubende Texte über den Nazi und Fliegerhelden Hans-Ulrich Rudel. Einige Monate steht er als Wilhelm S. v. Elsloo gar im *Stern*-Impressum». Vgl. «Eichmanns langer Schatten», in: *Stern*, 26/2010, 24. Juni 2010. – 21 *Der Weg*, VII (1953), Heft 6, S. 399, zitiert nach: Vgl. Holger M. Meding, «Flucht vor Nürnberg? Deutsche und österreichische Einwanderung in Argentinien 1945–1955». Köln, Weimar, Wien 1992, S. 172, Fußnote. – 22 E-Mail von Saskia Sassen vom 27. September 2006. – 23 Sassen Interview Tonband 67, S. 9. Zitiert nach: David Cesarini, «Adolf Eichmann. Bürokrat und Massenmörder. Biografie». Aus dem Englischen von Klaus-Dieter Schmidt. Berlin 2004 [im Original: «Eichmann: His Life and Crimes», London 2002], S. 310. – 24 Die Tonbandabschrift umfasst 716 Seiten mit handschriftlichen Bemerkungen und Verbesserungen Eichmanns. Sie befindet sich unter All.Proz. 6/95 bis 117 im Bundesarchiv. – 25 Vgl. Tom Segev, «Simon Wiesenthal. Die Biographie». Aus dem Hebräischen von Markus Lemke. München 2010, S. 188. – 26 François Genoud, zitiert bei Pierre Péan, «L'extrémiste. François Genoud, de Hitler à Carlos». Paris 1996, S. 258. – 27 Abschrift einer Unterredung am 7. März 1961 mit Horst Eichmann, von Fritz Bauer am 10. März 1961 dem Bundesaußenminister über den hessischen Justizminister mitgeteilt. BArch B 82, Nr. 432. – 28 «Grußbotschaft von Amin-el-Husseini, Großmufti von Palästina», in: *Der Weg*, 1956, Doppelheft 7/8, S. 449. – 29 *Stern* 26/1960, 25. Juni 1960. – 30 François Genoud, zitiert nach Péan (1996), S. 257. – 31 Wobei Gehlens führender Mitarbeiter Heinz Felfe, der 1962 als sowjetischer Spion enttarnt wurde, behauptet, der Mossad habe «das Tagebuch des Judenmörders Eichmann» geliefert und es sei von Gehlens Sekretärin ausgewertet worden. Vgl. Heinz Felfe, «Im Dienst des Gegners. 10 Jahre Moskaus Mann im BND». Hamburg, Zürich 1986, S. 248. – 32 Der *Stern* bestritt lange, die Memoiren gekauft zu haben. Vgl. Brief vom 26. Oktober 2005. Gleichwohl lagen sie Robert Pendorf vor, der auf ihrer Basis für den *Stern* Eichmanns Lebensgeschichte schrieb. Vgl. «Vorwort» in: Pendorf (1961), S. 7. – 33 François Genoud, zitiert bei Péan (1996), S. 258. – 34 Peter Krause: «Der Eichmann-Prozeß in der deutschen Presse». Frankfurt, New York 2002. – 35 Christina Große, «Der Eichmann-Prozeß zwischen Recht und Politik». Frankfurt 1995. – 36 Irmtrud Wojak, «Eichmanns Memoiren. Ein kritischer Essay». Frankfurt 2004 [2001]. – 37 François Genoud, zitiert nach Karl Laske, «Ein Leben zwischen Hitler und Carlos: François Genoud». Aus dem Französischen von Maria Hoffmann-Dartevelle, Zürich 1996, S. 164. – 38 Friedrich Karl Kaul, «Der Fall Eichmann». [Ost-]Berlin 1963, S. 126. – 39 Brief von Karl Jaspers vom 3. April 1961. Zitiert nach: Hannah Arendt / Karl Jaspers, «Briefwechsel 1926–1969». Herausgegeben von Lotte Köhler und Hans Saner. München, Zürich ²1987 [1985], S. 470. – 40 Zitiert nach Große (1995), S. 62. – 41 Schreiben Servatius' an das israelische Justizministerium vom 6. Januar 1961. BArch All.Proz. 6/227. – 42 Robert Servatius an die Zentrale Rechtsschutzstelle, 23. November 1960. BArch All.Proz. 6/227. – 43 BArch All.Proz. 6/253. – 44 Helmut Heiber vom Institut für Zeitgeschichte in einem Brief vom 5. Januar 1961 an Agnes F. Peterson von der Hoover Institution. IfZ, Hausarchiv, ID 50/13. – 45 18. und 25. November 1960, BArch B 305/954. – 46 Hanna Yablonka, «The State of Israel vs. Adolf Eichmann». Translated from the Hebrew by Ora Cummings with David Herman. New York 2004, S. 129. Hanna Yablonka kommt auf der Grundlage weiterer Belege zum gleichen Ergebnis: «Servatius' Kosten beliefen sich auf insgesamt DM 100000,–.» (S. 128) Die Kosten für eine Revision waren dabei nicht eingerechnet; sie wurden mit weiteren DM 10000,– pro Monat veranschlagt (vgl. S. 127f.). – 47 Vgl. Abteilung 5–503–88–80.86 VLR I Marmann in: BArch B 83. – 48 Schreiben Dieter Wechtenbruchs vom 3. September 2005 und 7. Oktober 2005. – 49 BArch All.Proz. 6/257. – 50 BArch All.Proz. 6/258. – 51 Abhörprotokoll der CIA. NARA, Central Intelligence Agency (Record Group 263) 01, 02–106–230/86/24/01. – 52 «Verteidigung Adolf Eichmann. Plädoyer von Dr. Robert Servatius». Bad Kreuznach 1961. Auf dem Umschlag heißt es «Plaidoyer». – 53 Arendt/Jaspers (1987), S. 471. – 54 «Zeit d[er].F[eststellung]: 9. 12. 60». BND Nr. 1603 II/60 geh, Stempel Geheim. Konrad-Adenauer-Stiftung (KAS), I –070–085/3. Der BND wusste bereits zwei Tage vor dem Treffen, dass am 15. Dezember ein weiteres stattfinden würde. – 55 Brief Robert Servatius an Genoud vom 27. März 1961. BArch All.Proz. 6/253. – 56 «Cession de Creance» beziehungsweise «Vollmacht» von Amin-el-Husseini vom 17. Dezember 1960, zusammen mit der Bestätigung Emmy Görings («München, den 12. Dezember 1960») als Faksimile im Anhang bei Péan (1996). – 57 Gegenüber dem Journalisten Kurt Seinitz, der den Wortlaut am 12. September 2010 bestätigt hat. – 58 Anonym, «Er ist, was er immer war: Ein Feind der Juden». In: *Bunte* 46/1985, 7. November 1985. – 59 Ebd. – 60 BArch All.Proz. 6/257. Vermerk: «15/XII». Im deutschen Entwurf finden sich noch zwei Anmerkungen: «Genoud z. Zt. in Kairo» und «Abschrift des Telegr. an Herrn Rechenberg (mit rotem Zettel)». Ob das Treffen nun in Damaskus oder Beirut stattfand oder ob es zwei gab, ist nicht festzustellen. – 61 François Genoud bei Péan (1996), S. 180. – 62 Anonym, «Er ist, was er immer war:

Ein Feind der Juden». In: *Bunte* 46/1985, 7. November 1985. In Andeutungen findet sich dieser wahnsinnige Plan in den CIA-Akten aus München bestätigt, wurde also vermutlich vom BND mitgeteilt. – 63 Auch die Gefangenen in Spandau machten sich Hoffnung, Skorzeny käme sie befreien. Vgl. Albert Speer, «Spandauer Tagebücher». Berlin 1975, S. 334. – 64 NARA, RG 263, 01, 02–106–230/86/24/01. Declassified 2007. Das ist die Auskunft, die die CIA vom BND über Rechenberg erbat und erhielt. – 65 Ebd. – 66 Brief Robert Servatius an François Genoud, 27. März 1961. BArch All.Proz 6/253. – 67 Alle Zitate aus dem Brief Rechenbergs an Servatius vom 31. März 1961. BArch All.Proz. 6/253. – 68 Allen W. Dulles am 20. September 1960. Empfänger unleserlich gemacht. Zitiert nach: http://www.gwu.edu/~nsarchiv/NSAEBB/NSAEBB150/box14_do_file_vol2/doc88.pdf, zuletzt abgefragt am 18. August 2010. – 69 Vgl. Ulrich Brochhagen, «Nach Nürnberg. Vergangenheitsbewältigung und Westintegration in der Ära Adenauer». Hamburg 1994, S. 342. – 70 Aufzeichnung über das Gespräch mit Dr. Shinnar in Zürich vom 2. November 1960, ISA, 4327/12. Gefunden in Yeshayahu A. Jelinek, «Deutschland und Israel 1945–1965. Ein neurotisches Verhältnis». München 2004, S. 349. – 71 Ebd., S. 350. – 72 Vgl. «Aktenklau für die Adenauer-Republik», in *Spiegel-online*, 2. September 2010. www.spiegel.de/politik/deutschland/0,1518,715292,00.html, zuletzt abgefragt am 11. September 2010. – 73 Memorandum für den CIA-Direktor, Datum unleserlich. Zitiert nach: http://www.gwu.edu/~nsarchiv/NSAEBB/NSAEBB150/box15_do_file_vol3/doc40.pdf, zuletzt abgefragt am 18. August 2010. – 74 «Eichmann jetzt Kommunist. Politisches Testament aus der Gefängniszelle», *Abendzeitung*, 7. Dezember 1961. – 75 Schreiben des Münchner CIA-Chefs an die Bonner Zentrale vom 28. Dezember 1961. Zitiert nach: http://www.gwu.edu/~nsarchiv/NSAEBB/NSAEBB150/box15_do_file_vol3/doc62.pdf, zuletzt abgefragt am 18. August 2010. – 76 Notiz Albert Nordens «Zur Besprechung mit Gen. Ulbricht». Ohne Datum, aber vor dem 7. März 1961. ZPA (Zentrales Parteiarchiv), IV 2/2028/3. Zitiert nach: Michael Lemke, «Kampagnen gegen Bonn. Die Systemkrise der DDR und die West-Propaganda der SED 1960–1963», in: *Vierteljahrshefte für Zeitgeschichte*, 41. Jg. (1993), Heft 2. – 77 Vgl. Michael Wildt, «Generation des Unbedingten. Das Führungskorps des Reichssicherheitshauptamtes». Hamburg 2003 [2002], S. 797–813. – 78 Brief François Genoud an Franz Rademacher, 9. März 62. BArch All. Proz. 6/257. – 79 Vgl. Richard Breitman, with Norman J. W. Goda and Paul Brown, «The Gestapo», in: Breitman/Goda/Naftali/Wolfe, «U. S. Intelligence and the Nazis». New York 2005, S. 161. – 80 So ist es einem Protokoll zu entnehmen, das der Rechtsanwalt Peter Woog am 24. Februar 1965 anfertigt. Archiv für Zeitgeschichte, ETH, Zürich, IB JUNA-Archiv/567, Korrespondenz Peter Woog. – 81 NARA, RG 263, 01, 02–024–230/86/22/04, Abhörprotokoll Februar 1962. – 82 Hans Mommsen, «Hannah Arendt und der Prozeß gegen Adolf Eichmann», in: Hannah Arendt, «Eichmann in Jerusalem. Ein Bericht von der Banalität des Bösen». Aus dem Amerikanischen von Brigitte Granzow. In der Übersetzung überarbeitete Neuausgabe München 1986 [1964], S. III sowie Fußnote 6 auf S. XXXIII. – 83 Konrad-Adenauer-Stiftung der Christlich Demokratischen Union in St. Augustin (KAS), I-070–085/3, Nachlass Dr. Hans Globke. – 84 Reinhard-M. Strecker, «Dr. Hans Globke: Aktenauszüge, Dokumente». Hamburg 1961. – 85 Telex von Rolf Vogel vom 5. Juni 1961 ans Bundeskanzleramt. KAS, Nachlass Globke, I –070 –088 / 1. – 86 Notiz des Staatssekretärs Karl Carstens nach einem Gespräch mit Verteidigungsminister Strauß vom 23. 2. 1962. Als Anlage 2 einer am 4. Januar 1965 zusammengestellten Sammlung. Stempel: «Streng geheim» und «Amtlich geheimhalten». PAAA, Band I, B 150, Band 44, Fiche 00044–1. – 87 Genoud, zitiert nach Péan (1996), S. 181. – 88 Vgl. Irmtrud Wojak, «Fritz Bauer 1903–1968. Eine Biografie». München 2009, S. 313. – 89 Dem Autor wurde die Einsichtnahme verwehrt. – 90 François Genoud, zitiert nach Péan (1996), S. 258. – 91 François Genoud, zitiert nach Laske (1996), S. 164.

10. Ein weiteres politisches Zwischenspiel: Algerien

1 Vgl. «Nazi-Verschwörung / Der Mufti läßt grüßen», in: *Der Spiegel*, 5 / 1953, 28. Januar 1953. – 2 Henriette von Schirach, «Der Preis der Herrlichkeit». Wiesbaden 1956, S. 235. – 3 Klaus Harpprecht, «Vorwort», in: Walter Schellenberg, «Aufzeichnungen. Die Memoiren des letzten Geheimdienstchefs unter Hitler». Herausgegeben von Gita Petersen. Wiesbaden, München 1979. Copyright 1956 in London bei André Deutsch, S. 11. – 4 Reinhard Gehlen, «The Gehlen Memoirs. The first full edition of the Memoirs of General Reinhard Gehlen 1942–1971». Translated by David Irving. London 1972, S. 286. Gehlen sagt das nur in der englischen, nicht in der deutschen Ausgabe seiner Memoiren, die 1971 erschien. – 5 Gehlen (1972), S. 217. – 6 Ebd. – 7 «Ägypten / Internationales / Zorn fraß am Herzen», in: *Der Spiegel*, 25 / 1953, 17. Juni 1953. – 8 Vgl. Ernst Jünger, «Jahre der Okkupation». Stuttgart 1958, S. 287 f. – 9 Robert St. John, «The Boss», New York 1960, S. 153. Zitiert nach: Kurt P. Tauber, «Beyond Eagle and Swastika. German Nationalism Since 1945». Vol. I. Middletown 1967, S. 1112. – 10 Vgl. Jutta Ditfurth, «Ulrike Meinhof. Die Biografie». Berlin 2007, S. 42. – 11 «Altes Programm» (Leserbrief), in: *Der Spiegel*, 45 / 1958, 5. November 1958. – 12 Genoud bei Pierre Péan, «L'extrémiste. François Genoud, de Hitler à Carlos». Paris 1996, S. 247. – 13 Eintrag 30. Januar 1942 (Freitag): [Joseph] Goebbels, «Tagebücher. Aus den Jahren 1942–43». Mit andern Dokumenten herausgegeben von Louis P. Lochner. Zürich: Atlantis-Verlag 1948, S. 62. Wortlaut völlig identisch mit der Goebbels-Ausgabe des IfZ: «Die Tagebücher von Joseph Goebbels». II / 3, S. 214. – 14 So erzählt es Franz Schönhuber. Telefonat am 3. Juni 2005. – 15 Zitiert nach: Georges Arnaud, Jacques Vergès, «Djamila Bouhired». Ins Deutsche übertragen von Elisabeth Schlieper. [Original: «Pour Djamila Bouhired», Paris 1958.] Berlin (Ost) 1959, S. 52 (unpaginiert). – 16 Barbara Nolte, «‹Glauben Sie, ich würde den Fall Hitler ablehnen?›. In: *Der Tagesspiegel*, 23. Mai 2004. – 17 Anfang des Plädoyers von Vergès, in: Arnaud (1959), S. 30. – 18 Telefonat mit Franz Schönhuber am 3. Juni 2005. – 19 Genoud bei Péan (1996), S. 244. – 20 Henri Alleg, «Die Folter». Mit Geleitworten von Jean-Paul Sartre und Eugen Kogon. Deutsch von Hede von Ullmann. Wien, München 1958. [Das französische Original hieß «La question».] – 21 Gespräch mit Volker Schlöndorff am 31. August 2007. – 22 Hans Magnus Enzensberger, «Algerien ist überall», in: *Diskus*, 11. Jg. (1961), Heft 6 / 7. Enzensberger hielt diese Rede am 27. Juni 1961 zur Eröffnung einer Ausstellung im Frankfurter Volksbildungsheim. – 23 Hans Magnus

Enzensberger, «Ich wünsche nicht gefährlich zu leben», in: Martin Walser (Hg.), «Die Alternative oder Brauchen wir eine neue Regierung?» Reinbek bei Hamburg 1961, S. 62. – 24 Frantz Fanon, «Von der Gewalt». Aus dem Französischen von Traugott König. In: *Kursbuch 2*, August 1965, S. 10. – 25 «Die RAF wollte nicht diskutieren». Interview mit Daniel Cohn-Bendit. In: *tageszeitung*, 14. Oktober 1997. – 26 Frantz Fanon, «Die Verdammten dieser Erde». Vorwort von Jean-Paul Sartre. Aus dem Französischen von Traugott König. Frankfurt am Main 1967 [1966; das französische Original «Les damnées de la terre» war bereits 1961 erschienen], S. 18. – 27 E-Mail von Nils Andersson vom 26. Dezember 2009. – 28 Thomas Scheffler, «Die SPD und der Algerienkrieg (1954–1962)». Berlin 1995, S. 60. – 29 Vgl. Hans-Jürgen Wischnewski, «Mit Leidenschaft und Augenmaß. In Mogadischu und anderswo. Politische Memoiren». München 1989, S. 110–112. – 30 Zitiert nach: «Der Tod kommt mit der Post. Ein Bericht über Frankreichs ‹Rote Hand›», in: *Der Spiegel*, 11/1960, 9. März 1960. – 31 Vgl. «Genickschuß im Bahnhof», in: *Focus*, 5/1996, 29. Januar 1996. – 32 Bernt Engelmann, «Meine Freunde die Waffenhändler. Kleine Kriege – große Geschäfte». Bergisch Gladbach 1964, S. 144. – 33 Engelmann (1964), S. 161. – 34 Zitiert nach: *Kristall* 11, 2. Vierteljahr 1960. – 35 «Der Tod kommt mit der Post. Ein Bericht über Frankreichs ‹Rote Hand›». 1. Fortsetzung, in: *Der Spiegel*, 11/1960, 9. März 1960. – 36 Hjalmar Schacht selber gründete, nach einem gescheiterten Versuch in Hamburg, am 15. Januar 1953 in Düsseldorf die Außenhandelsbank Schacht & Co. KG, «die sich vor allem mit der Finanzierung von Außenhandelsgeschäften beschäftigte», schreibt Christopher Kopper in «Hjalmar Schacht. Aufstieg und Fall von Hitlers mächtigstem Bankier». München 2006, S. 383. Schacht bezog vom 1. Oktober 1949 an von der Landeszentralbank von Niedersachsen ein «Ruhegehalt» von jährlich 24000 Mark, das jeweils angepasst wurde. Ab 1953 übernahm die Landeszentralbank von Bayern die Zahlungen. (Auskunft Historisches Archiv der Bundesbank vom 22. Juni 2006.) – 37 Genoud bei Karl Laske, «Ein Leben zwischen Hitler und Carlos: François Genoud». Aus dem Französischen von Maria Hoffmann-Dartevelle, Zürich 1996, S. 147. – 38 AF, MPF, E 4320 (B) 1973/17/1, le 15 avril 1958. Zitiert nach Hildebrand (2006), S. 33. – 39 Brief Jardins an François Genoud am 1. April 1957. Vgl. Pierre Assouline, «Une éminence grise: Jean Jardin (1904–1976)». Paris 1986, S. 322, Fußnote 19, S. 480. – 40 Genoud bei Péan (1996), S. 232. – 41 Genoud bei Laske (1996), S. 154. – 42 Meldung July 5 58. NARA, RG 263, 01, 02–024–230/86/22/04. – 43 17 May 63, Support to the Algerian Police. NARA, RG 263, 01, 02–024–230/86/22/04 (Dickopf). Freigegeben 2006. – 44 NARA, RG 263, 01, 02–106–230/86/24/01. – 45 ETH Zürich, Archiv für Zeitgeschichte, IB JUNA Archiv, Doss. 567. – 46 Aktennotiz vom 25. Februar 1965, Genfaufenthalt Peter Woog. ETH Zürich, Archiv für Zeitgeschichte, IB JUNA Archiv, Doss. 566. – 47 E-Mail Nils Andersson vom 26. Dezember 2009.

11. Die Welt wird rot

1 Vgl. Thomas Scheffler, «Die SPD und der Algerienkrieg (1954–1962)». Berlin 1995, S. 76. – 2 Zitiert nach: «Hitler-Tagebücher: Schweizer Forscher wittert Sensation. Rechtsextremer Publizist macht sich für den ‹Führer› stark», in: *Sonntagsblick*, 1. Mai

1983. – 3 Ahmed Ben Bella, «Che as I knew him», *Le Monde diplomatique*, Oktober 1997. Zu finden unter: www.mondediplo.con/1997/10/che. – 4 «Fünf Tage und Nächte durch die Wüste. Der Marsch der Brigade Ramcke von Katarra nach Marsa Matruk». Von H. Rechenberg, in: *Der Deutsche Fallschirmjäger (*DFF*)*, Heft 11 / 1962, S. 7 f. – 5 Vom ehemaligen Bundespräsidenten Scheel war nur die Auskunft zu erlangen, er könne sich an solche Vorgänge nicht erinnern. – 6 Vgl. Abhörprotokoll der CIA. NARA, Record Group 263, 01, 02–106–230 / 86 / 24 / 01. – 7 CIA-Chef John Foster Dulles, zitiert nach: Tim Weiner, «CIA. Die ganze Geschichte». Aus dem Amerikanischen von Elke Enderwitz, Ulrich Enderwitz, Monika Noll, Rolf Schubert. Frankfurt am Main 2008, S. 196. [Die amerikanische Originalausgabe erschien 2007 unter dem Titel «Legacy of Ashes. The History of the CIA» in New York.] – 8 Pierre Assouline, «Une éminence grise: Jean Jardin (1904–1976)». Paris 1986, S. 427. – 9 BArch, B 136, 6233, Fiche 3. – 10 «Président de la République» (Unterschrift: Ben Bella) an «Monsieur François GENOUD, Alger, le 28 octobre 1963». Zitiert nach dem Faksimile in Péan (1996), unpaginierter Anhang. – 11 So erzählt es François Genoud seinem Biographen. Zitiert nach Genoud bei Karl Laske, «Ein Leben zwischen Hitler und Carlos: François Genoud». Aus dem Französischen von Maria Hoffmann-Dartevelle, Zürich 1996, S. 207. – 12 AF, DFAE, 2001 (E) 1978 / 84 / 370, le 12 mars 1965. Zitiert nach Isabelle von Hildebrand, «François Genoud: l'insaisissable suspect du Ministère public fédéral: 1934–1991», Mémoire de Licence, Département d'Histoire générale, Genève 2006 (ungedruckt), S. 78. – 13 BStU, MfS-HA XX / 4, Nr. 2090, Blatt 3–5. – 14 Bericht Bichet Auskünfte AG, Genf, 3. Januar 1966. ETH Zürich, Archiv für Zeitgeschichte, IB JUNA Archiv, Doss. 567. – 15 Aktennotiz, Besprechung mit Herrn Dr. Amstein vom 23. März 1965. ETH Zürich, Archiv für Zeitgeschichte, IB JUNA Archiv, Doss. 569. – 16 AF, DFAE, 2001 (E) 1980 / 83 / 292, le 17 juillet 1969. Zitiert nach Hildebrand (2006), S. 78. – 17 Bei Laske gilt der Algerier Jussuf Denkmusch als Mörder (S. 216). Der soll von Madrid bis in die algerische Botschaft in Bern gelangt sein, wo ihn laut Frank Garbely François Genoud abholte und ins Tessin schaffte. Vgl. Frank Garbely, «Der Nibelunge vom Lac Leman», in: *profil* 1 / 86, 30. Dezember 1985. Laske gegenüber bestreitet das Genoud entschieden: «Das sind von Algier verbreitete Gerüchte.» (S. 217). – 18 Zitiert nach: Thomas Ellwein, Manfred Liebel, Inge Negt, «Die Spiegel-Affäre II. Die Reaktion der Öffentlichkeit». Olten und Freiburg 1966, S. 306 f. – 19 Vgl. Armand Mergen, «Die BKA Story». München, Berlin 1987, S. 181. – 20 BArch N 1265 / 41, Telegramm vom 14. X. 68.

12. Die Internationale des Terrors

1 Genoud bei Péan in: Pierre Péan, «L'extrémiste. François Genoud, de Hitler à Carlos». Paris 1996, S. 333 f. – 2 Vgl. Richard von Schirach, «Der Schatten meines Vaters». München 2005, S. 303. – 3 Zitiert nach Péan (1996), S. 47. – 4 Dieter Kunzelmann, «Brief aus Amman, in: *Agit 883*, 27. November 1969. Zitiert nach dem Faksimile in: Dieter Kunzelmann, «Leisten Sie keinen Widerstand! Bilder aus meinem Leben!» Berlin 1998, S. 123. – 5 Genoud bei Péan (1996), S. 322. – 6 Margrit Schiller, «‹Es war ein harter Kampf um meine Erinnerung›. Ein Lebensbericht aus der RAF». Mit

einem Nachwort von Osvaldo Bayer. Herausgegeben von Jens Mecklenburg. Hamburg 1999, S. 122. – 7 Brief von Detlev Claussen vom 2. Dezember 2004. Claussen war im Juni 1969, also bereits ein Jahr vor dem ersten RAF-Kommando, mit einer Gruppe des Frankfurter SDS auf Einladung der Palästinenser nach Jordanien gereist, um sich dort ein Bild von der Lage zu machen. – 8 Bassam Abu-Sharif / Uzi Mahnaimi, «Mein Feind – mein Freund. Ein Araber und ein Israeli kämpfen für eine gemeinsame Zukunft». [Original: Tried by Fire». London 1995.] Übersetzer ungenannt. München 1996, S. 87 f. – 9 In einem Interview mit der Zeitung *Feuille d'avis de Lausanne*, 16. Dezember 1969. Zitiert nach der deutschen Übersetzung in Laske (1996), S. 229. – 10 Vgl. AF, MPF, E 4320 (C) 2001 / 55 / 9, le 1er octobre 1970. Gefunden bei Hildebrand (2006), S. 43. – 11 Angaben nach Hildebrand (2006), S. 120. – 12 AF, MPF, E 4320 (C) 2001 / 55 / 9, le 20 janvier 1970. Zitiert nach Hildebrand (2006), S. 43. – 13 NARA, RG 263, 041 – 230 / 86 / 22 / 06, Bericht vom 16. September 1970. – 14 Abu-Sharif / Mahnaimi, (1996), S. 87. – 15 Zitiert nach Péan (1996), S. 337. – 16 Brief des Großmufti von Jerusalem an Hitler vom 20. Januar 1941. Zitiert nach: Fritz Grobba, «Männer und Mächte im Orient. 25 Jahre diplomatischer Tätigkeit im Orient». Göttingen 1967, S. 321. – 17 Vgl. Péan (1996), S. 337. – 18 «It made us continue the struggle because it showed us materially that we could achieve our goals by armed struggle.» Zitiert nach: «Transcripts: The guerrilla's story». Monday, 1 January, 2001, 00:20 GMT. http://news.bbc.co.uk / 2 / hi / in_depth / uk / 2000 / uk_confidential / 1 090 986.stm, zuletzt überprüft am 21. August 2010. – 19 «Es [Israel] hätte dann gewissermaßen auf Wunsch der Amerikaner gehandelt.» Der israelische Außenminister Abba Eban im Gespräch mit seinem westdeutschen Kollegen Walter Scheel. Botschafter Böker an das Auswärtige Amt in Bonn, 30. September 1970, Dok. 445. Vgl. «Akten zur Auswärtigen Politik der Bundesrepublik Deutschland 1970. Band III: 1. September bis 31. Dezember 1970, S. 1661. – 20 Mitrochin hält Haddad für einen KGB-Agenten, der 1970 geworben und von Jurj Andropov unter dem Namen NATSIONALIST geführt worden sei. Vgl. Christopher Andrew and Vasili Mitrokhin, «The Mitrokhin Archive. The KGB in Europe and the West». London 1999, S. 495 f. Bei Rami Ginat und Uri Bar-Noi, «Tacit Support for Terrorism: The Rapprochment between the USSR and Palestinian Guerrilla Organizations following the 1967 War», in: *The Journal of Strategic Studies*. Vol. 30, No. 2, April 2007, findet die Anwerbung erst 1974 statt, gleichwohl bezeichnen sie Haddad als «bewährten» Agenten. Die Autoren beziehen sich auf ein Protokoll, das Andropow am 16. Mai 1975 an den Parteivorsitzenden Leonid Breschnew schickte. – 21 Abu-Sharif / Mahnaimi, (1996), S. 88. – 22 Genoud bei Péan (1996), S. 334. – 23 Genoud bei Péan (1996), S. 328. – 24 Zitiert nach Laske (1996), S. 232. – 25 Genoud bei Péan (1996), S. 332. – 26 Ebd., S. 328. – 27 Genoud bei Péan (1996), S. 332. – 28 Vgl. Péan (1996), S. 344. – 29 AF, DFAE, 2001 (E) 1980 / 83 / 292, le 17 juillet 1969. Zitiert nach: Hildebrand (2006), S. 81. Im Original deutsch. – 30 Genoud bei Péan (1996), S. 375. – 31 Vgl. Bernt Engelmann, «Meine Freunde die Waffenhändler. Kleine Kriege – große Geschäfte». Bergisch Gladbach 1964, Bildunterschrift zwischen S. 212 und 213. – 32 Brief Rechenberg an Dickopf vom 27. Oktober 1970. BArch N 1265, Nachlass Dickopf. – 33 BArch, B 106 / 111 039, BMI 625 050 / 20. Ermordung Belkacem, Krim.

13. Am Beispiel einer Flugzeugentführung

1 Jussuf soll 1968 bereits die El-Al-Maschine gestürmt haben, die von Rom nach Algier entführt wurde. – 2 Im Original steht «wird». – 3 dpa, Telex vom 22. Februar 1972. – 4 BArch, ÖS 8–643411/1. Nach der offiziellen Übersetzung der Bundesregierung. – 5 «Am Boden des Koffers klebte ein Zettel, der die Unterschrift des Generaldirektors der Lufthansa trug: ‹Wir bitten zu entschuldigen, daß 50 Mark fehlen, aber es war unmöglich, an einem Sonntag die volle Summe zu beschaffen›», behauptet Bassam Abu-Sharif, der als Pressesprecher der PFLP fungierte. Die Geschichte mit dem fehlenden Schein ist eine für einen Thriller typische Pointe und deshalb auch erfunden: die Entführung fand, anders als Abu-Sharif behauptet, nicht am Wochenende statt. Bassam Abu-Sharif/Uzi Mahnaimi, «Mein Feind – mein Freund. Ein Araber und ein Israeli kämpfen für eine gemeinsame Zukunft». [Original: Tried by Fire». London 1995] München 1996, S. 99. – 6 Lt. *Stern* 11/1972, 1. März 1972, lautet es: «Habib ashshabid Abu Talaat» (Unser Freund, der Märtyrer Talaat). – 7 Vgl. «Jumbo-Crew für 16 Millionen ausgelöst», in: *Süddeutsche Zeitung*, 26./27. Februar 1972. – 8 «Neue Gelüste», in: *Der Spiegel*, 10/1972, 28. Februar 1972. – 9 Abu-Sharif/Mahnaimi (1996), S. 98. – 10 Aussage Peter-Jürgen Boock vor OStA beim BGH Pflieger, 1. April 1992. HIS, 1 BJs 182/83, Signatur: Bo, P/005/003, 01. 04. 92 bis 02. 04. 92. – 11 David Yallop, «To the Ends of the Earth: The Hunt for the Jackal». London 1994 [Erstausgabe 1993], S. 446. – 12 In einer E-Mail vom 23. Januar 2009 beharrt Yallop darauf, nach Auskunft seiner Informanten bei der CIA und den Palästinensern sei das Geld «letztlich» von der Kennedy-Familie bezahlt worden. Vgl. auch: Yallop (1994), S. 73. Meine schriftliche Nachfrage bei Joseph Kennedy brachte keinen Erfolg. – 13 E-Mail des Pressesprechers der Lufthansa vom 17. Mai 2005. – 14 Genoud bei Laske (1996), S. 242. Genoud bei Péan (1996), S. 363. – 15 AF, MPF, E 4320 (C) 2001/55/9, le 5 novembre 1971. Zitiert nach Isabelle von Hildebrand, «L'insaissinable suspect du Ministère public fédéral: 1934–1991». Genève 2006, S. 44. – 16 AF, MPF, E 4320 (C) 2001/55/9, le 16 février 1972. Zitiert nach, S. 45. – 17 AF, MPF, E 4320 (C) 2001/55/9, le 4 avril 1972. Zitiert nach Hildebrand (2006), S. 86. – 18 Péan (1996), S. 363. – 19 Vgl. Péan (1966), S. 364. – 20 AF, DFAE, 2001 (E) 1980/83/292, le 17 juillet 1969. Zitiert nach Hildebrand (2006), S. 78. – 21 AF, DFAE, 2001 (E) 1978/84/370, le 30 mars 1965. Zitiert nach Hildebrand (2006), S. 78. – 22 «Neue Gelüste», in: *Der Spiegel*, 10/1972, 28. Februar 1972. – 23 «Schließlich wäre ein Dank des Auswärtigen Amts für die Hilfe der Briten und Franzosen angezeigt.» Die hier folgende Fußnote verzeichnet eine handschriftliche Ergänzung des damaligen Außenministers Walter Scheel: «u UdSSR». Aufzeichnung des Ministerialdirigenten Müller, 1 B 4–82.00–92–667/72 VS-Vertraulich. Vom 25. Februar 1972. Dokument 43. Zitiert nach: «Akten zur Auswärtigen Politik der Bundesrepublik Deutschland 1972». Band I: 1. Januar bis 31. Mai 1972. München 2003, S. 198 f. – 24 «Wenn Sie zuviel sagen, knallt es», in: *Bild am Sonntag*, 27. Februar 1972. – 25 Genoud bei Laske (1996), S. 242. – 26 Auf der Kopie, die dem Ministerialdirigenten Dr. Klaus Kinkel zuging, heißt es handschriftlich: «die Täter von München haben wohl mit der dafür verantwortlichen PFLP nichts zu tun». Das kann schon sein, aber die verschiedenen palästinensischen Fraktionen waren im Streiten ebenso gut

wie in der allfälligen Kooperation. – 27 Zitiert nach: Arnulf Baring, «Machtwechsel. Die Ära Brandt-Scheel». Stuttgart 1982, S. 388. – 28 Vgl. Schenk (2003), S. 102. – 29 Hans-Dietrich Genscher, Rede zum Abschied von Paul Dickopf am 29. Juni 1971, zitiert nach Mergen (1987), S. 89. – 30 Hans-Dietrich Genscher, «Erinnerungen». Berlin 1995, S. 138. – 31 Vgl. *Der Spiegel*, 50 / 1973, 10. Dezember 1973. – 32 E-Mail von Horst Herold vom 22. April 2005. – 33 NARA, RG 263, 01, 02–024 –230 / 86 / 22 / 04. Nummer auf der Kopie nur schwer zu lesen, aber Ref.: State 165 698 vom 12. September 1972. 2007 freigegeben. – 34 Abu Schehab aus der von der PFLP abgespaltenen «Revolutionären Volksfront». «‹Alle grinsen über die dämlichen Deutschen›. Sternkorrespondent Walter W. Krause fragte arabische Guerillaführer: Wo sind die Bonner Millionen geblieben?», in: *Stern*, 2. April 1972. – 35 NARA, File No. 200 – 11 – 9, [der Rest ist unleserlich gemacht] vom 14. April 1972. 2007 freigegeben. – 36 Meldung No. 458 955, 24. September 1973, NARA, RG 263, 01, 02–024 –230 / 86 / 22 / 04.

14. Joseph Goebbels wird endlich respektiert

1 Joseph Goebbels am 16. April 1945 zu Wilfred von Oven, zitiert nach: Ders., «Mit Goebbels bis zum Ende». II. Band. Buenos Aires 1950, S. 301. – 2 von Oven (II, 1950), S. 301. – 3 Beide Zitate in: «Goebbels-Reden». Band 1: 1932 – 1939, Düsseldorf 1971, Band II: 1939 – 1945, Düsseldorf 1972. Herausgegeben von Helmut Heiber. Düsseldorf 1971, S. VII. – 4 David Irving, «Goebbels. Mastermind of the Third Reich». London 1996, S. 911, Fußnote. http://www.scribd.com/doc/19804396/Goebbels-Mastermind-of-the-Third-Reich, zuletzt abgefragt am 30. August 2010. – 5 Volkhard Brandes, «Wie der Stein ins Rollen kam. Vom Aufbruch in die Revolte der sechziger Jahre». Frankfurt am Main 1988, S. 104. – 6 So berichtet es Ludwig Nestler vom Dokumentationszentrum der Staatlichen Archivverwaltung der DDR. Zitiert nach: Elke Fröhlich, «Joseph Goebbels und sein Tagebuch. Zu den handschriftlichen Aufzeichnungen von 1924 bis 1941», in: *Vierteljahrshefte für Zeitgeschichte*, 35. Jg. (1987), Heft 4. – 7 Vgl. «Knüller aus dem Dunkel», in: *Der Spiegel*, 41 / 1973, 8. Oktober 1973. – 8 Erwin Fischer zu Karl Laske, in: Karl Laske, «Ein Leben zwischen Hitler und Carlos: François Genoud». Aus dem Französischen von Maria Hoffmann-Dartevelle. Zürich 1996, S. 248. – 9 Brief Prof. Dr. Wolfgang Schumann an Erwin Fischer vom 20. April 1982. Zitiert nach dem Faksimile in Peter-Ferdinand Koch, «Die Tagebücher des Doktor Joseph Goebbels. Geschichte & Vermarktung». Hamburg und München 1988, S. 160. – 10 Treffbericht vom 23. November 1971 und vom 24. April 1972, MfS AIM 2717 / 75, II / 1. – 11 Telefonat mit Albrecht Knaus am 24. September 2005. – 12 Zitiert nach: «Verlage / Knüller aus dem Dunkel», in: *Der Spiegel*, 41 / 1973, 8. Oktober 1973. – 13 Note on an interview of M. Francois Genoud at his home, Fontanettaz 25, Lausanne, Geneva, from 5 to 11 p.m., 21 June 19 171. IfZ, GENOUD I / 1, 21. 6. 1971. – 14 Wolf Jobst Siedler an François Genoud, 2. November 1971 (Übersetzungsvorlage). Zitiert nach der Kopie, die sich in Irvings Archiv und hier (http://www.fpp.co.uk/Hitler/Genoud/Genoud_1971_1994.pdf, zuletzt abgefragt am 22. August 2010) befindet. – 15 Brief David Irving an François Genoud, 16. Februar 1971, zitiert nach dem Durchschlag in: http://www.fpp.co.uk/Hitler/Genoud/Genoud_1971_1994.pdf, zuletzt abgefragt am 22. August 2010. – 16

Ebd. – 17 Telefongespräch Elke Fröhlich mit François Genoud am 15. April 1972. Zitiert nach der Notiz in http://www.fpp.co.uk/Hitler/Genoud/Genoud_1971_1994.pdf, zuletzt abgefragt am 22. August 2010. – 18 Helmut Heiber, «Joseph Goebbels». Berlin 1962. – 19 «Goebbels-Reden». Band 1: 1932–1939, Düsseldorf 1971, S. VIII. Herausgegeben von Helmut Heiber. Düsseldorf 1971, S. VIII. – 20 «Sihe / die füsse / dere / die deinen mann begraben haben / sind fur der thür / vnd werden dich hin aus tragen.» (Apg 5,9), in der Übersetzung von Martin Luther. – 21 Goebbels (1971), S. VIII. – 22 So erzählt es Erwin Fischer. Vgl. Laske (1996), S. 251. – 23 Telefonat mit Albrecht Knaus am 24. September 2005. – 24 Eintrag vom 14. März 1945. Joseph Goebbels, «Tagebücher 1945. Die letzten Aufzeichnungen». Bergisch Gladbach 1980 [1977], S. 228. – 25 CIA Message 278 577, 12 June 1974. NARA, RG 263, 041–230 / 86 / 22 / 06. – 26 Wortlaut, zitiert nach der Tonbandabschrift in Peter-Ferdinand Koch, «Die Tagebücher des Doktor Joseph Goebbels. Geschichte & Vermarktung». Hamburg und München 1988, S. 162. – 27 Telefonat mit Albrecht Knaus am 24. September 2005. – 28 Goebbels (1977), S. 15. Tagebucheintrag in dieser Ausgabe auf S. 236. – 29 Zitiert nach der Bandmitschrift in Koch (1988), S. 162. – 30 In den Stasi-Unterlagen ist dazu nichts zu finden. Der Schluss liegt nahe, dass Genoud in den höchsten Kreisen der DDR verkehrte. – 31 Goebbels (1977), S. 236. – 32 Goebbels (1977), S. 245. – 33 Goebbels (1977), S. 423. – 34 Goebbels (1977), S. 586. – 35 BArch B 198 / 228 Goebbels, Beiheft 2, Eing 10. Dez. 1957. – 36 Goebbels (1977), S. 586.

15. Carlos

1 Bassam Abu-Sharif / Uzi Mahnaimi, «Mein Feind – mein Freund. Ein Araber und ein Israeli kämpfen für eine gemeinsame Zukunft». [Original: Tried by Fire». London 1995] München 1996, S. 92. Abu-Sharif datiert den Auftritt auf 1969, das Jahr, in dem auch Baader und Meinhof vor ihm erschienen sein sollen. Es war aber 1970. – 2 Das ist der Ausgangspunkt für Claire Sterling, «The Terror Network: the Secrets of International Terrorism». London 1981. – 3 Vgl. «Dr. Schreck und die Neonazis», in: *Der Spiegel*, 37 / 1981, 7. September 1981. Ohne Namensnennung auch bei Hans-Jürgen Wischnewski, «Mit Leidenschaft und Augenmaß. In Mogadischu und anderswo. Politische Memoiren». München 1989, S. 135 f. – 4 Carlos in einem Interview mit Asim al-Jundi, das in drei Folgen zwischen dem 30. November und dem 13. Dezember 1979 in arabischer Sprache in der in Paris erscheinenden Zeitschrift *Al-Watan al-Arabi* herauskam. Die CIA ließ es ins Englische übersetzen und deklarierte es als geheim. CIA-RDP82–00 850R0 002 000 040059–1, 2007 freigegeben. Zitiert als Carlos (1979). – 5 Carlos (1979). – 6 Margrit Schiller, «‹Es war ein harter Kampf um meine Erinnerung›. Ein Lebensbericht aus der RAF». Mit einem Nachwort von Osvaldo Bayer. Herausgegeben von Jens Mecklenburg. Hamburg 1999, S. 122 f. – 7 Telefonat mit Lord Weidenfeld am 17. August 2005. – 8 Carlos (1979). – 9 Ebd. – 10 Genoud bei Péan, in: Pierre Péan, «L'extrémiste. François Genoud, de Hitler à Carlos». Paris 1996, S. 375. – 11 Lt. John Follain, «Jackal. The Complete Story of the legendary terrorist, Carlos the Jackal». New York 1998, S. 31. – 12 Lt. Follain (1988), S. 32. – 13 Johannes Weinrich (2005). Zitiert nach dem Interview in Anne Maria Siemens: «Durch die

Institutionen oder in den Terrorismus: Die Wege von Joschka Fischer, Daniel Cohn-Bendit, Hans-Joachim Klein und Johannes Weinrich». Frankfurt am Main 2006, S. 316. – 14 Siemens (2006), S. 316. – 15 Carlos (1979). – 16 Abu-Sharif / Mahnaimi (1996), S. 196 f. – 17 In Olivier Assayas' Film «Carlos» (2010) wird die Behauptung aus David Yallops Buch wiederholt, es sei der 1975 noch recht niederrangige Saddam Hussein gewesen, der das Wiener Kommando unterstützt hat. Dafür gibt es keinen Beweis. – 18 Vgl. Robert Fisk, «My friend Carlos: a hitman looks back», in: *The Independent on Sunday*, 18. März 2001. – 19 Interview von Daniel Cohn-Bendit mit Hans-Joachim Klein. «Irgendwo Januar 1985.» Zitiert nach: http://www.freilassung.de/div/texte/rz/bendit85.htm, zuletzt abgefragt am 24. August 2010. – 20 Ebd. – 21 «Den Papst einen Monat lang ausspioniert. Hans-Joachim Klein über Attentats- und Entführungspläne im internationalen Terroristen-Milieu», in: *Der Spiegel*, 32 / 1978, 7. August 1978. – 22 Abu-Sharif / Mahnaimi (1996), S. 197. – 23 Abu-Sharif / Mahnaimi (1996), S. 199. – 24 Magdalena Kopp (unter Mitarbeit von Hanne Reinhardt), «Die Terrorjahre. Mein Leben an der Seite von Carlos». München 2007, S. 100. – 25 «Carlos Caged», in: *Time*, 29. August 1994. – 26 Genoud bei Péan (1996), S. 375. – 27 Genoud bei Péan (1996), S. 374. – 28 Ebd.

16. Der Vertrauensmann

1 Vgl. David Ignatius, «In the end, CIA-PLO links weren't helpful», in: *The San Diego Union-Tribune*, November 12, 2004. – 2 Vgl. Claus Lutterbeck, «‹München›: Die Spiele, der Terror und Israels Rache», in: *Stern*, 2 / 2006. Zitiert nach: http://www.stern.de/unterhaltung/film/:München-Die-Spiele,–Terror-Israels-Rache-/552833.html?p=4&postid=4, zuletzt abgefragt am 24. August 2010. – 3 Vgl. Tim Weiner, «CIA. Die ganze Geschichte». Aus dem Amerikanischen von Elke Enderwitz, Ulrich Enderwitz, Monika Noll, Rolf Schubert. Frankfurt am Main 2008, S. 811 f. [Die amerikanische Originalausgabe erschien 2007 unter dem Titel «Legacy of Ashes. The History of the CIA» in New York.] – 4 E-Mail von David Ignatius vom 19. April 2009. – 5 Zitiert nach dem Artikel «PLO Operative, Slain Reputedly by Israelis, Had Been Helping U.S.» von David Ignatius im *Wall Street Journal*, 10 February 1983, von der CIA laut Eindruck freigegeben vom 1. Juli 2005. Die Recherchen Ignatius' bestätigt der ehemalige Beirut Bürochef der *New York Times* in einer Besprechung des Buches «The Quest for the Red Prince» von Michael Bar-Zohar und Eitan Haber, erschienen am 10. Juli 1983 in der *New York Times*. Diesen allgemein zugänglichen Text hat die CIA in ihren Unterlagen bis zum 13. Oktober 2004 geheim gehalten. – 6 Es entspricht DM 16 920. Quelle: http://www.bundesbank.de/statistik/statistik_zeitreihen.php?lang=de&open=&func=row&tr=WJ5016, zuletzt abgefragt am 24. August 2010. Das durchschnittliche Nettoeinkommen eines westdeutschen Selbständigen beträgt 1969 DM 24 576,–. Quelle: Rolf Seitenzahl, «Einkommensstatistik und Einkommensentwicklung im System der Volkswirtschaftlichen Gesamtrechnung», zitiert nach: http://library.fes.de/gmh/main/pdf-files/gmh/1970/1970–08-a-455.pdf, zuletzt abgefragt am 24. August 2010. – 7 AF, MPF, E 4320 (C) 2001/155/9, le 20 janvier 1970. – 8 Genoud erscheint in diesen Berichten als «G». – 9 CIA Message 311 017, 19 Jul 74. NARA, RG 263, 041 – 230 / 86 / 22 / 06.

Freigegeben 2006. – 10 «‹Den Papst einen Monat lang ausspioniert›. Hans-Joachim Klein über Attentats- und Entführungspläne im internationalen Terroristen-Milieu», in: *Der Spiegel*, 32 / 1978, 7. August 1978. – 11 CIA Message 704 949, 03 Oct 75. NARA, RG 263, 041 – 230 / 86 / 22 / 06. Freigegeben 2006. – 12 CIA Message 278 577, 12 Jun 74. NARA, RG 263, 041 – 230 / 86 / 22 / 06. Freigegeben 2006. – 13 CIA Message 278 577, 12 Jun 74. NARA, RG 263, 041 – 230 / 86 / 22 / 06. Freigegeben 2006. – 14 Obwohl, was weiß man schon? Auch Brandt hatte enge Kontakte zum Geheimdienst und nahm bereitwillig Geld von der CIA. Vgl. z. B. Weiner (2008), S. 400. – 15 Hans Rechenberg, z. Zt. Lausanne, am 19. Mai 1974 an Diether Posser. BArch ÖS5 – 644 153 / 1. – 16 Péan referiert hier Genoud. In: Pierre Péan, «L'extrémiste. François Genoud, de Hitler à Carlos». Paris 1996; S. 222. Else Posser wollte keinen Einblick in die Wehrmachtsakte ihres verstorbenen Mannes gewähren. – 17 E-Mail Jürgen Glückert vom 19. Juli 2005. In einem weiteren Brief vom 18. Oktober 2005 heißt es: «Die Anwaltssozietät Heinemann & Partner war – das lässt sich mit Bestimmtheit sagen – im Zeitraum von 1965 bis 1975 nicht für Herrn Genoud tätig (auch in späterer Zeit nicht).» – 18 Brief (Durchschlag) eines nicht genannten Angehörigen der Anwaltssozietät Heinemann / Posser vom 7. August 1963 an Hans Rechenberg. Archiv der sozialen Demokratie (Friedrich-Ebert-Stiftung), Nachlass Heinemann. – 19 «‹Diese Praxis ist verheerend›. NRW-Minister Diether Posser über Böll, ‹Bild› und Baader-Meinhof», in: *Der Spiegel*, 5 / 1972, 24. Januar 1972. – 20 BfV vom 13. September 73 – I1 – 037 – S – 10 018 – 62 – 2 / 73. Alles unter B 106 / 63 153 im Bundesarchiv zu finden. – 21 Vgl. Péan (1996), S. 366. – 22 «betrifft: Verfassungsschutz 1974», S. 131. Pressemitteilung des BfV 1975. – 23 Genoud am 8. August 1974 an Diether Posser. BArch ÖS5 – 644 153 / 1. – 24 Nach Genouds Festnahme und vor dessen Brief an Posser bekannte sich eine weiter nicht identifizierbare Gruppe namens «Söhne der besetzten Gebiete» zu einem Bombenanschlag, der am 29. Mai 1974 auf das JAL-Büro in Berlin verübt worden war. Es könnte sich um ein Attentat der «Revolutionären Zellen» im Auftrag der PFLP Wadi Haddads handeln. Vgl. Thomas Skelton-Robinson, «Im Netz verheddert. Die Beziehungen des bundesdeutschen Linksterrorismus zur Volksfront für die Befreiung Palästinas (1969 – 1980)», in: Wolfgang Kraushaar (Hg.), «Die RAF und der linke Terrorismus», Band II. Hamburg 2006, S. 870. – 25 Hans-Joachim Klein, «Rückkehr in die Menschlichkeit. Appell eines ausgestiegenen Terroristen». Mit einem Nachwort von Daniel Cohn-Bendit. Reinbek bei Hamburg 1979, S. 199. – 26 Eine Nachfrage bei den Japan Airlines blieb ohne Erfolg. – 27 Genoud bei Péan (1996), S. 365. – 28 Brief Possers vom 5. September 1974 an Jürgen Schmude. BArch ÖS5 – 644 153 / 1. – 29 AF, MPF, E 4320 (C) 2001 / 55 / 9, le 4 septembre 1974. Zitiert nach Isabelle von Hildebrand, «François Genoud: l'insaisissable suspect du Ministère public fédéral: 1934 – 1991». Genève 2006, S. 47. – 30 Vgl. Péan (1996), S. 365. – 31 Diether Posser hat auf wiederholte Anfragen zu diesem Komplex nicht geantwortet. Er ist am 9. Januar 2010 verstorben. Jürgen Schmude kann sich weder aus seiner politischen noch aus seiner anwaltlichen Tätigkeit an Genoud und diesen Fall erinnern. «Der Name Hans Rechenberg kommt mir irgendwie bekannt vor, aber ich weiß nicht, aus welchem Zusammenhang.» Brief vom 19. Juli 2005. – 32 AF, MPF, E 4320 (C) 2001 / 55 / 9, le 4 avril 1974. Zitiert nach: Hildebrand

(2006), S. 46. – 33 Vgl. Hildebrand (2006), S. 46f., Fußnote. – 34 Vgl. Péan (1996), Bildanhang. – 35 CIA Message 606128, 12 Jun 75. NARA, RG 263, 041–230/86/22/06. Freigegeben 2006. – 36 Vgl. Hildebrand (2006), S. 120. – 37 CIA Message 674091, 02 Sep 75. NARA, RG 263, 041–230/86/22/06. Freigegeben 2006. – 38 CIA Message 762625, 30 Oct 75. NARA, RG 263, 041–230/86/22/06. Freigegeben 2006. – 39 Genoud bei Péan (1996), S. 366.

17. Freischärler

1 Zitiert nach: Rami Ginat und Uri Bar-Noi, «Tacit Support for Terrorism: The Rapprochement between the USSR and Palestinian Guerrilla Organizations following the 1967 War», in: *The Journal of Strategic Studies*. Vol. 30, No. 2, April 2007. – 2 Vgl. Ginat/Bar-Noi (2007). – 3 Gespräch mit Willi Voss am 31. Januar 2010. – 4 Yury Winterberg mit Jan Peter, «Der Rebell. Odfried Hepp: Neonazi, Terrorist, Aussteiger». Bergisch Gladbach 2004, S. 77. – 5 «Die Carlos-Haddad-Connection. Interview mit dem ehemaligen RZ-Mitglied Gerd Schnepel», in: *Jungle World*, 29. November 2000. – 6 Zitiert nach Pierre Péan, «L'extrémiste. François Genoud, de Hitler à Carlos». Paris 1996, S. 340. – 7 CIA-RDP79–01209A000700060001–6. Freigegeben 2008. – 8 Vgl. das Interview mit H.-J. Klein in *Libération*, 3. Oktober–7./8. Oktober 1978, in deutscher Übersetzung nachgedruckt in Kleins Buch «Rückkehr in die Menschlichkeit» (1979), S. 296. – 9 Johannes Weinrich in: Anna Maria Siemens, «Durch die Institutionen oder in den Terrorismus: Die Wege von Joschka Fischer, Daniel Cohn-Bendit, Hans-Joachim Klein und Johannes Weinrich». Frankfurt am Main 2006, S. 316. – 10 Zitiert nach: William Stevenson in Zusammenarbeit mit Uri Dan, «90 Minuten in Entebbe». Übersetzt von Gudrun Schlichting und Anne Uhde. Frankfurt am Main, Berlin 1976, S. 57. – 11 Auch Hans-Joachim Klein erwähnt diesen Anschlag in seinem Buch «Rückkehr in die Menschlichkeit» (1979), S. 79. Es hat möglicherweise einen weiteren Anschlag gegeben: Im April 1976 soll die Japan Airlines erpresst worden sein. Wilfried Böse soll den Brief, in dem fünf Millionen Dollar Schutzgeld gefordert wurden, überbracht haben. Ein Koffer mit Sprengstoff sollte die Forderung bekräftigen. Vgl. Klein (1979), S. 291. – 12 Aussage Boock vor OStA beim BGH Pflieger, 1. April 1992, 1 BJs 182/83. Signatur: HIS, Bo, P/005/003, 01. 04. 92 bis 02. 04. 92. – 13 «Die Carlos-Haddad-Connection. Interview mit dem ehemaligen RZ-Mitglied Gerd Schnepel», in: *Jungle World*, 29. November 2000. – 14 Vgl. Oliver Schröm, «Im Schatten des Schakals. Carlos und die Wegbereiter des internationalen Terrorismus». Berlin 2002, S. 167. – 15 Genoud, zitiert nach Péan (1996), S. 330. – 15 Laske nennt die «Eaux de Marseille» als Auftraggeber. Karl Laske, «Ein Leben zwischen Hitler und Carlos: François Genoud». Aus dem Französischen von Maria Hoffmann-Dartevelle. Zürich 1996, S. 265. – 17 Vgl. Laske (1996), S. 267, der sich auf den nicht immer zuverlässigen David Irving beruft. – 18 Vgl. Péan (1996), S. 351. – 19 Vgl. Laske (1996), S. 268, der sich auf eine ungenannte Quelle bezieht. – 20 Klein (1977). – 21 Klein (1979), S. 88. – 22 Aussage Boock vor OStA beim BGH Pflieger, 1. April 1992, 1 BJs 182/83. HIS, Bo, P/005/003, 01. 04. 92 bis 02. 04. 92. – 23 Vgl. Eintrag zum 20. Oktober 1977, in: Akten zur Auswärtigen Politik der Bundesrepublik Deutschland 1978. Band I: 1. Januar bis 30. Juni

1978. München 2009, S. 878, Fußnote 8. «Immerhin», so die erstaunliche Notiz von Ministerialdirigent Jesser, der sich auf Informationen der amerikanischen Botschaft bezieht, «immerhin sei es der irakischen Regierung gelungen, von Haddad geplante Entführung britischer und französischer Flugzeuge zu verhindern.» Vgl. VS-Bd. 531 (014); B 150, Aktenkopien 1977. – 24 Peter Homann, «‹Aber nicht andere nur, auch uns töten wir›», in: *Der Spiegel*, 43 / 2002, 21. Oktober 2002. – 25 Vgl. «Pakt des Terrors», in: *Der Spiegel*, 44 / 2002, 28. Oktober 2002. – 26 So sieht es Johannes Weinrich, zitiert nach: Klein (1979), S. 88. – 27 Vgl. Tim Geiger, «Die ‹Landshut› in Mogadischu. Das außenpolitische Krisenmanagement der Bundesregierung angesichts der terroristischen Herausforderung 1977», in: *Vierteljahrshefte für Zeitgeschichte*, 57. Jg. (2009), Heft 3. – 28 Zitiert nach dem Faksimile in: Klaus Pflieger, «Die Aktion ‹Spindy›. Die Entführung des Arbeitgeberpräsidenten Dr. Hanns-Martin Schleyer». Baden-Baden 1997, S. 86 f. – 29 So referiert es Hans-Jürgen Wischnewski in einem Brief an Helmut Schmidt vom 25. November 1977, der sich heute unter der Signatur HWAK 863 im Archiv der sozialen Demokratie befindet. Zitiert nach: Matthias Dahlke, «Das Wischnewski-Protokoll. Zur Zusammenarbeit zwischen westeuropäischen Regierungen und transnationalen Terroristen 1977», in: *Vierteljahrshefte für Zeitgeschichte*, 57. Jg. (2009), Heft 2. – 30 BStU, MfS-HA XXII, Nr. 5537 / 3, Blatt 122. – 31 Brief Martin Broszat an François Genoud, 1. September 1977. IfZ, Hausarchiv, ID 507 / 1. – 32 Brief François Genoud an Martin Broszat, 31. August [recte: September] 1977, IfZ, Hausarchiv, ID 507 / 1. – 33 Abu Ijad, «Heimat oder Tod. Der Freiheitskampf der Palästinenser». Mit einem Vorwort und unter Mitarbeit von Eric Rouleau. Aus dem Französischen von Elke Paquier. Düsseldorf und Wien 1979, S. 284. Das französische Original, *Un Palestinien sans Patrie*, erschien ebenfalls 1979 in Paris. – 34 Es ist auffällig, dass im CIA-Report «International Terrorism In 1978» ausdrücklich betont wird, Haddad sei «eines natürlichen Todes» gestorben. – 35 Berlin, 1. 4. 1985. «Streng geheim!» BStU, MfS HA XXII 5203, DB Bl. 21. – 36 Aaron J. Klein, «Die Rächer. Wie der israelische Geheimdienst die Olympia-Mörder von München jagte». Aus dem Amerikanischen von Christiane Bergfeld, Susanne Kuhlmann-Krieg und Sigrid Langhaeuser. München 2006, S. 229 f. [Das Original erschien unter dem Titel «Striking Back. The 1972 Munich Olympics Massacre and Israel's Deadly Response» in New York.] So abenteuerlich das klingt, Klein versichert, er habe die Information von «fünf Quellen, die alle der oberen Ebene des Mossad angehört haben. Einige davon waren sogar an der Aktion beteiligt.» E-Mail vom 3. Juni 2009. – 37 E-Mail Generalbundesanwalt beim Bundesgerichtshof vom 27. April 2009. – 38 E-Mail Generalbundesanwalt beim Bundesgerichtshof vom 6. Mai 2009. – 39 Vernehmung Boock: Vernehmung / Aussage am 28. April 1992 – 2 BJs 182 / 83 – 5 u.a. HIS, Bo, P / 005 006, 28. 04. 92 bis 12. 05. 92. Es muss bereits der 29. April sein. – 40 Bruno Bréguet, «La scuola del odio» (1980), zitiert nach Laske (1996), S. 272. – 41 Genoud, wie er bei Péan (1996), S. 376, zitiert wird. – 42 Vgl. Schröm (2002), S. 225. – 43 Genoud, zitiert nach Péan (1996), S. 328. – 44 Auch das sind keine Fantasiezahlen. Vgl. Brendan O'Brien, «A Pocket History of the IRA». Dublin 1997, S. 108. – 45 Genoud, zitiert nach Péan (1996), S. 328. – 46 Vgl. Magdalena Kopp (unter Mitarbeit von Hanne Reinhardt), «Die Terrorjahre. Mein Leben an der

Seite von Carlos». München 2007, S. 143. – 47 Kopp (2007), S. 149. – 48 Kopp (2007), S. 156. – 49 Vgl. Kopp (2007), S. 153. – 50 Kopp (2007), S. 154. – 51 Zitiert nach Kopp (2007), S. 161. Gabriele Kröcher-Tiedemann sollte aus der Schweiz, wo sie 1977 verhaftet worden war, in die Bundesrepublik ausgeliefert werden. In Köln wurde sie zwar vor Gericht gestellt, doch von der Anklage, am Opec-Überfall beteiligt gewesen zu sein und dabei Morde begangen zu haben, aus Mangel an Beweisen freigesprochen. Tatsächlich war sie daran beteiligt, wie im Jahr 2000 Carlos bestätigte und wie im Jahr darauf im Frankfurter Opec-Prozess gegen Hans-Joachim Klein festgestellt wurde. Doch in den Achtzigern wollte niemand den Informanten gefährden, den das BKA in Beirut platzieren konnte und der alles aus dem Innenleben der PFLP berichtete. – 52 Genoud bei Péan (1996), S. 328. – 53 Genoud in einem Interview der *Tribune de Genève*, 18. August 1994, zitiert nach Péan (1996), S. 375.

18. Barbie kehrt heim

1 Vgl. «Helen Mirren. Why I stopped taking cocaine», in: *The Guardian*, 1. September 2008, http://www.guardian.co.uk/society/2008/sep/01/drugsandalcohol.drugstrade, zuletzt abgefragt am 8. September 2010. Barbie mag vieles angestellt haben, aber Drogenbaron war er nicht. – 2 Genoud bei Péan (1996), S. 369. – 3 Tom Bower, «Klaus Barbie. The Butcher of Lyons». New York 1984, S. 51. – 4 Heinz Höhne, «Der Schlächter von Lyon. Klaus Barbie und die französische Kollaboration (II)», in: *Der Spiegel* 20/1987, 11. Mai 1987. – 5 «Klaus Barbie and the United States Government. The Report, with Documentary Appendix, to the Attorney General of the United States». By Allan A. Ryan, Jr., U. S. Departement of Justice. Frederick, Maryland: University Publications of America 1984, S. 160, Tab 14/Doc. 3. Natürlich wurde nicht erwähnt, dass die Franzosen ihn ausgeliefert haben wollten. – 6 Monsignore Carlo Bayer sagt: «Ich erinnere mich sehr gut an Draganovic. Er war Leiter des kroatischen Komitees. Ja, es ist sehr wahrscheinlich, daß er die Unterstützung von Kardinal Siri bekam, der jetzt Erzbischof von Genua ist; genau wie anderswo, sehen Sie, man war halt einfach verpflichtet, Menschen, die Hilfe brauchten, zu helfen ...» Zitiert nach Gitta Sereny, «Am Abgrund: Gespräche mit dem Henker. Franz Stangl und die Morde von Treblinka». Überarbeitete Neuausgabe. Aus dem Englischen von Helmuth Röhrling. München, Zürich 1996, S. 366. – 7 Zitiert nach: Uki Goñi, «Odessa. Die wahre Geschichte. Fluchthilfe für NS-Kriegsverbrecher». Aus dem Englischen von Theo Bruns und Stefanie Graefe. Berlin 2006, S. 237. – 8 Vgl. Uki Goñi (2006), S. 368. – 9 Magnus Linklater, Isabel Hilton and Neal Ascherson, «The Fourth Reich. Klaus Barbie and the Neo-Fascist connection». London 1984, S. 323. – 10 Vgl. «Verzeihung, Herr Barbie!», in: *Bunte*, 20/83, 11. Mai 1983. – 11 «Hitlers politisches Testament. Die Bormann-Diktate vom Februar und April 1945». Mit einem Essay von Hugh R. Trevor-Roper und einem Nachwort von André François-Poncet. Hamburg 1981. – 12 Vertrag vom 3. März 1982. Zitiert nach: Michael Seufert, «Der Skandal um die Hitler-Tagebücher». Frankfurt am Main 2008, S. 172. – 13 Zitiert nach: Jochen von Lang, «Der Adjutant – Karl Wolff: Der Mann zwischen Hitler und Himmler». Unter Mitarbeit von Claus Sibyll. Frankfurt, Berlin 1989 [1985], S. 347. – 14 Michael Binyon, der die Geschichte

für die *Times* schrieb, durfte die Sensation nicht durch das Wort «angeblich» (*alleged*) einschränken. «We paid for these f****** diaries. They're not alleged.» Zitiert nach: «My final dispatch after 38 years. Copy ends», in: *The Times*, 28. November 2009. – 15 Ahmed Huber, «Hitler-Tagebücher: Schweizer Forscher wittert Sensation», in: *Sonntagsblick*, 1. Mai 1983. – 16 Jacques Vergès, zitiert nach Laske (1996), S. 171. – 17 Jacques Vergès, «Le Salaud Lumineux». Conversations avec Jean Louis Remillieux. Paris 1990, S. 296. – 18 E-Mail von Nils Andersson vom 26. Dezember 2009. – 19 Was auch Franz Schönhuber für möglich hält. Telefonat am 3. Juni 2005. – 20 Peter O. Chotjewitz, «Mein Freund Klaus. Roman». Berlin 2007, S. 430. – 21 Genoud bei Péan (1996), S. 370. – 22 Barbara Nolte, «‹Glauben Sie, ich würde den Fall Hitler ablehnen?›». In: *Der Tagesspiegel*, 23. Mai 2004. – 23 Vgl. Péan (1996), S. 371. – 24 Zitiert nach: Lutz Bindernagel, «‹Wenn Barbie stirbt, dann wird es Mord sein›». In: *Stern*, 2/84, 5. Januar 1984. – 25 So erzählt es Lutz Bindernagel, Telefonat am 10. Juni 2005. – 26 BStU, MfS, HV XII 19995, Reg.-Nr. XV/2833/81, «Separat». Eintrag vom 23. Mai 1985. – 27 Vgl. Oliver Schröm, «Im Schatten des Schakals. Carlos und die Wegbereiter des internationalen Terrorismus». Berlin 2002, S. 268. – 28 Genoud bei Péan (1996), S. 372. – 29 «Barbies alte Kameraden. Eine Killer-Karriere (4)». Eine Serie von Kai Hermann. In: *Stern* 23/1984, 30. Mai 1984. – 30 Telefonat mit Franz Schönhuber am 3. Juni 2005. – 31 «‹Glauben Sie, ich würde den Fall Hitler ablehnen?›». In: *Der Tagesspiegel*, 23. Mai 2004. – 32 Zitiert nach dem Bericht des Prozessbeobachters Lothar Baier in dessen Buch «Zeichen und Wunder. Kritiken und Essays». Berlin 1988, S. 49. – 33 Vgl. «Schmutzige Hände», in: *Spiegel Special* 1/1996. – 34 Zitiert nach «‹... nicht für alles allein verantwortlich›», in: *Der Spiegel*, 28/1987, 6. Juli 1987.

19. Goebbels, noch einmal

1 Mysteriöserweise schreibt ihm Hermann Weiß, der selber als Gutachter für Hitler-Gemälde auftritt, auch noch die Werknutzungsrechte für Hitlers «graphische Werke» zu. Hermann Weiß, «Vorbemerkung», in: «Wissenschaftsfreiheit und ihre rechtlichen Schranken. Ein Colloquium», herausgegeben vom Institut für Zeitgeschichte. München, Wien 1978, S. 7. – 2 Ebd., S. 45. – 3 Ebd., S. 46. – 4 Ebd., S. 57. – 5 Die Zahlen nach Peter-Ferdinand Koch (Hg.), «Die Tagebücher des Doktor Joseph Goebbels. Geschichte & Vermarktung». Hamburg 1988, S. 209, 211. Von diesem Betrag geht wiederum, nach Abzug gewisser Unkosten, die Hälfte an die Goebbels-Erben. – 6 Vgl. «Committee May Probe Interpol use of Files, Ex-Nazi Connections», in: *The Globe* (Arlington), 23. September 1975. – 7 Anhang eines Briefes an den Abgeordneten Joshua Eilberg vom 23. September 1975. NARA, CIA-RDP77M00 144R0 003 000 80007–7. Freigegeben 2002. – 8 Vertrag zwischen der Bundesrepublik Deutschland (...) und dem Hoffmann und Campe Verlag vom 13. August 1980. Zitiert nach dem Abdruck in Koch (1988), S. 312, 313. – 9 Vgl. Martin Broszat, «Goebbels-Tagebücher». In: *Vierteljahrshefte für Zeitgeschichte*, 29. Jg. (1981), Heft 1. – 10 Martin Broszat/Saul Friedländer, «Um die ‹Historisierung des Nationalsozialismus›. Ein Briefwechsel», in: *Vierteljahrshefte für Zeitgeschichte*, 36. Jg. (1988), Heft 2. – 11 Brief Martin Broszats an François Genoud vom 10. August 1960. IfZ, Archiv, ID 50–134 – 12 Brief von H. H. Marcus vom 30. März

1984. – 13 Vereinbarung zwischen 1. Stiftung zur wissenschaftlichen Erforschung der Zeitgeschichte (...) als Träger des Instituts für Zeitgeschichte, vertreten durch seinen Direktor Professor Dr. Martin Broszat (...) 2. Bundesrepublik Deutschland (Bundesarchiv), vertreten durch den Bundesminister des Innern, dieser vertreten durch den Präsidenten des Bundesarchivs Herrn Professor Dr. Booms (...) und Francois Genoud, Fontanettaz 21, CH-1201 Lausanne, München, den 10. 9. 85. – 14 Claus Heinrich Meyer, «Fragmente eines Verrohungsprozesses», in: *Süddeutsche Zeitung*, 27. August 1987. – 15 Zitiert nach dem Faksimile in Koch (1988), S. 244. – 16 Mitgliedsnummer 9 994 096. Vgl. Nicolas Berg, «Der Holocaust und die westdeutschen Historiker. Erforschung und Erinnerung». Göttingen 2003, S. 420. – 17 Martin Broszat, «Zur Edition der Goebbels-Tagebücher», in: *Vierteljahrshefte für Zeitgeschichte*, 37. Jg. (1989), Heft 1. – 18 Ebd. – 19 Siegfried Becker, «Ein Nachlaß im Streit. Anmerkungen zu den Prozessen über die Tagebücher von Joseph Goebbels», in: «Aus der Arbeit der Archive. Beiträge zum Archivwesen, zur Quellenkunde und zur Geschichte». Festschrift für Hans Booms. Herausgegeben von Friedrich P. Kahlenberg. Boppard am Rhein 1989, S. 286. – 20 Genoud bei Péan (1996), S. 206. – 21 Wilhelm Nordemann, «Die ‹Tagebücher› des Joseph Goebbels im Spannungsfeld von Besatzungs-, Persönlichkeits- und Urheberrecht», in: Festschrift für Karlheinz Quack zum 65. Geburtstag am 3. Januar 1991. Hg. von Harm Peter Westermann und Wolfgang Rosener, in Verbindung mit Friedrich Becker und Kay Jacobsen. Berlin, New York 1991, S. 87. Gemeint ist das Gesetz Nr. 52 der Militärregierung – Deutschland, Amerikanische Zone, betreffend Sperre und Kontrolle von Vermögen, am 18. September 1944 verkündet. – 22 Brief von Lord Weidenfeld vom 10. August 2005. – 23 Ralf Georg Reuth, «Goebbels. Eine Biographie». München, Zürich 2000, S. 8. – 24 E-Mail von Ernst Piper vom 30. März 2005. – 25 «Für Bundeskanzler Helmut Kohl und Bundesinnenminister Friedrich Zimmermann, die beide von diesem Magazin wenig Gutes erfahren hatten, war dies eine späte Genugtuung.» Leserbrief von Staatssekretär a. D. Wighard Härdtl, in: *Süddeutsche Zeitung*, 10./11./12. Mai 2008. – 26 Martin Broszat, «Plädoyer für eine Historisierung des Nationalsozialismus». In: *Merkur*, Nr. 435, Mai 1985. – 27 So überliefert von Claus-E. Bärsch, Telefonat am 21. April 2005. – 28 Nach Auskunft seiner Rechtsvertreterin und Urheberrechtserbin Cordula Schacht. Vgl. Alexander Hosch, «Wem gehören die Tagebücher von Goebbels?» In: *Passauer Neue Presse*, 23. Januar 1995.

20. Späte Abenteuer

1 Zitiert nach Péan (1996), S. 358. – 2 Vgl. Frank Garbely, «Der Nibelunge vom Lac Leman», in: *profil* 1/86, 30. Dezember 1985. – 3 Erna Paris, «Unhealed Wounds. France and the Klaus Barbie Affair». Toronto 1985. – 4 Horst Sielaff, MdB, «Eine Warnung vor Neonazis», in: *Sozialdemokratischer Pressedienst*, 39. Jg., Nr. 140, 24. Juli 1984. – 5 Zitiert nach dem Exemplar, das sich unter MfS-HA XXII, Nr. 19 681 in den Stasi-Unterlagen befindet. – 6 Claire Sterling, «The Terror Network: the Secrets of International Terrorism». London 1981. – 7 AF, MPF, E 4320 (C) 2001/55/10, le 9 novembre 1987. Zitiert nach Isabelle von Hildebrand, «L'insaissinable suspect du Ministère public fédéral: 1934–1991». Genève 2006, S. 65. – 8 Telefonat mit Barbara

Victor am 13. Januar 2010. – 9 AF, MPF, E 4320 (C) 2001 / 55 / 10, le 26 juin 1986. Zitiert nach Hildebrand (2006), S. 104. – 10 CIA, 13. Mai 1986. – 11 Vgl. Ernst Piper, «Alfred Rosenberg. Hitlers Chefideologe». München 2005, S. 636. – 12 Vgl. «L'ami de Carlos», in: *L'express*, 25. Januar 1996. – 13 Vgl. AF, MPF, E 4320 (C) 2001 / 55 / 10, le 7 novembre 1988. Zitiert nach Hildebrand (2006), S. 57. – 14 AF, MPF, E 4320 (C) 2001 / 55 / 10, le 7 mai 1986. Zitiert nach Hildebrand (2006), S. 53. – 15 Ebd. – 16 AF, MPF, E 4320 (C) 2001 / 55 / 10, le 5 septembre 1986. Zitiert nach Hildebrand (2006), S. 54. – 17 Vgl. «Barzan Ibrahim Al-Tikriti» (Nachruf), in: *The Independent*, 16. Januar 2007. – 18 AF, MPF, E 4320 (C) 2001 / 55 / 10, le 21 juillet 1987. Zitiert nach Hildebrand (2006), S. 55. – 19 AF, MPF, E 4320 (C) 2001 / 55 / 10, le 9 novembre 1987. Zitiert nach Hildebrand (2006), S. 56. – 20 AF, MPF, E 4320 (C) 2001 / 55 / 10, le 7 novembre 1988. Zitiert nach Hildebrand (2006), S. 57. – 21 AF, MPF, E 4320 (C) 2001 / 55 / 10, le 6 mai 1987. Zitiert nach Hildebrand (2006), S. 92. – 22 CIA Message 519 793, 23 June 1987. NARA, RG 263, 041–230 / 86 / 22 / 06. Freigegeben 2006. – 23 AF, MPF, E 4320 (C) 2001 / 55 / 10, le 20 juin 1987. Zitiert nach Hildebrand (2006), S. 62. – 24 AF, MPF, E 4320 (C) 2001 / 55 / 10, le 9 mai 1988. Zitiert nach Hildebrand (2006), S. 87. – 25 AF, MPF, E 4320 (C) 2001 / 55 / 10, le 7 novembre 1988. Zitiert nach Hildebrand (2006), S. 88. – 26 AF, MPF, E 4320 (C) 2001 / 55 / 10, le 27 juin 1988. Zitiert nach Hildebrand (2006), S. 88. – 27 CIA Message 7 157 639, 11 Dec 87. NARA, RG 263, 041–230 / 86 / 22 / 06. Freigegeben 2006. – 28 CIA Message 7 157 639, 11 Dec 87. NARA, RG 263, 041–230 / 86 / 22 / 06. Freigegeben 2006. – 29 AF, MPF, E 4320 (C) 2001 / 55 / 10, le 27 juin 1991. Zitiert nach Hildebrand (2006), S. 58. – 30 Le Pen bestritt die Vorwürfe später, nachdem er sich während des Krieges seiner Taten gerühmt hatte. Vgl. Hamid Bousselham, «Torturés par Le Pen. La guerre d'Algérie 1954–1962», Paris 2000. – 31 Telefonat mit Franz Schönhuber am 3. Juni 2005. – 32 David Irving hat das bereits im Juli 1992 behauptet und in seiner Erklärung vor Gericht am 22. Januar 1999, als über den Vorwurf verhandelt wird, er leugne den Holocaust, wiederholt. Zitiert nach: http://www.fpp.co.uk/Legal/Penguin/witness/Irving2.html, zuletzt abgefragt am 25. August 2010. Elke Fröhlich bestreitet das entschieden: «The very suggestion is grotesque. It is absurd.» Zitiert nach: *The Independent*, 11. Juli 1992. – 33 http://fpp.co.uk/Legal/Discovery/DI/summary0792.html, zuletzt abgefragt am 15. September 2010. – 34 Vgl. http://fpp.co.uk/Legal/Discovery/DI/diary1992.html, zuletzt abgefragt am 25. August 2010. – 35 Zitiert nach: *The Independent*, 11. Juli 1992. Im Mai 1992 war bekanntgeworden, dass Prince Charles sich wieder seiner alten Freundin Camilla Parker-Bowles (heute seine Ehefrau) zugewandt hatte. – 36 Lt. Ben Macintyre, «Swiss banker who worshipped Hitler commits suicide», in: *The Times*, 4. Juni 1996. Soc. Dacre 10 / 43. – 37 Vgl. *The Independent*, 11. Juli 1992. – 38 http://fpp.co.uk/Legal/Discovery/DI/summary0792.html, zuletzt am 25. August 2010 abgefragt. – 39 Angaben nach Irvings Tagebuch, wie es auf seiner Website erscheint: http://fpp.co.uk/Legal/Discovery/DI/diary1992.html, zuletzt am 25. August 2010 abgefragt. – 40 Nach Irvings eigener Aussage auf seiner Website: http://fpp.co.uk/Legal/Discovery/DI/summary0792.html, zuletzt abgefragt am 15. September 2010. – 41 Alle Zitate nach: «Paper may face legal action on copyright to Goebbels diary», in: *The Independent on Sunday*, 12. Juli 1992. – 42 http://fpp.co.uk/

Legal/Discovery/DI/summary0792.html, zuletzt abgefragt am 15. September 2010. – 43 «Irving back to anti-Nazi fury», in: *The Independent*, 5. Juli 1992. – 44 «Der Führer ist aufgekratzt», in: *Der Spiegel*, 29 / 1992, 13. Juli 1992. – 45 Hausmitteilung, in: *Der Spiegel*, 29 / 1992, 13. Juli 1992. – 46 BArch B 198 / 228, Goebbels, Beiheft 2, Eing 10. Dez. 1957. – 47 «History's dirty money», in: *The Independent*, 12. Juli 1992. – 48 Zitiert nach: «Who has the right to publish the diaries?» In: *The Independent*, 5. Juli 1992. Das Interview, in dem diese Sätze fallen, gab Genoud 1990 dem Schwesterblatt *Independent on Sunday*. – 49 Genoud bei Péan (1996), S. 48. – 50 CIA Message 6 135 245B, 04 Nov 91. NARA, RG 263, 041 – 230 / 86 / 22 / 06. Freigegeben 2006. – 51 CIA Message 6 267 071, 15 Nov 91. NARA, RG 263, 041 – 230 / 86 / 22 / 06. Freigegeben 2006. – 52 CIA Message, Nummer unleserlich, 12 Dec 91. NARA, RG 263, 041 – 230 / 86 / 22 / 06. Freigegeben 2006. – 53 Vgl. Kopp (2007), S. 231. – 54 Gespräch mit Magdalena Kopp am 30. Juni 2005. – 55 Vgl. Abu Ijad, «Heimat oder Tod. Der Freiheitskampf der Palästinenser». Mit einem Vorwort und unter Mitarbeit von Eric Rouleau. Aus dem Französischen von Elke Paquier. Düsseldorf und Wien 1979, S. 12. Das französische Original, *Un Palestinien sans Patrie*, erschien ebenfalls 1979 in Paris. – 56 Vgl. Kopp (2007), S. 232. – 57 Kopp (2007), S. 232. – 58 Mitteilung des amerikanischen Geschäftsträgers an das Außenministerium, 16 Jan 1985, NARA, RG 59, N-111. Zitiert nach: Richard Breitman with Norman J. W. Goda and Paul Brown, «The Gestapo», in: Breitman / Goda / Naftali / Wolfe, «U. S. Intelligence and the Nazis». New York 2005, S. 160. – 59 Vgl. ebd., S. 162. – 60 «Name geändert» heißt es bei Kopp (2007), S. 237, nämlich in Machmud. – 61 Der Name taucht nur in Oliver Schröms Buch auf, für das Magdalena Kopp die Informationen lieferte; in ihrem eigenen verschweigt sie den Namen. – 62 Kopp (2007), S. 239. – 63 Kopp (2007), S. 240. – 64 AF, MPF, E 4320 (C) 2001 / 55 / 10, rapport du 24 juillet 1986. Vgl. Hildebrand (2006), S. 102. – 65 Kopp (2007), S. 239. – 66 Brief von Carlos an Magdalena Kopp vom August 1994, zitiert nach Kopp (2007), S. 283. – 67 So erzählt es Ernesto Bréguet. Vgl. *Le matin* (Lausanne), 4. Februar 2001. – 68 Pierre Péan, «L'ami de Carlos», in: *L'express*, 25. Januar 1996. – 69 Genoud bei Péan (1996), S. 388. – 70 Vgl. «Chávez defends Carlos the Jackal», in: *International Herald Tribune*, 23. November 2009. – 71 Victor Ostrovsky und Claire Hoy, «Der Mossad. Ein Ex-Agent enthüllt Aktionen und Methoden des israelischen Geheimdienstes». Aus dem Amerikanischen von Einar Schlereth. Hamburg, 12., erweiterte Auflage 1992 [1991], S. 254 – 265. Das Original erschien unter dem Titel «By Way of Deception» 1990 in Toronto. – 72 Brief von Carlos an Genoud, 18. März 1995. – 73 Genoud bei Péan (1996), S. 399. – 74 Gespräch mit Magdalena Kopp am 30. Juni 2005. – 75 Kopp (2007), S. 293. – 76 Oliver Schröm, «Im Schatten des Schakals. Carlos und die Wegbereiter des internationalen Terrorismus». Berlin 2002, S. 312. – 77 Kopp (2007), S. 298. – 78 Schröm (2002), S. 315. – 79 Brief von Carlos an François Genoud, 18. März 1995. – 80 6. Oktober lt. CIA message 412 338, 08 Oct 93. NARA, RG 263, 041 – 230 / 86 / 22 / 06. Freigegeben 2006. – 81 So erzählt es Ernesto Bréguet. Vgl. *Le matin* (Lausanne), 4. Februar 2001. – 82 Vgl. Péan (1996), S. 405. – 83 Zitiert nach Laske (1996), S. 307. – 84 «‹Verräter töten wir›». Interview mit Carlos. In: *Stern*, 12. August 2010. – 85 Brief von Carlos an François Genoud, 18. März 1995.

Ein Letztes

1 Genoud bei Péan (1996), S. 399. – 2 Joseph Goebbels, «Michael. Ein deutsches Schicksal in Tagebuchblättern». München 1929, S. 158. Hier wurde das Zitat leicht modernisiert: «Viele sterben zu spät und einige zu früh. Noch klingt fremd die Lehre: stirb zur rechten Zeit!» – 3 Vgl. *Der Spiegel* 29 / 1997, 14. Juli 1997. – 4 Brief (undatiert, aber wahrscheinlich vom Juni 1996), an Wolfgang Krüger. Nachlass Christ College, Oxford, Soc. Dacre 10 / 43. – 5 *L'Autre histoire*, Oktober 1996. Zitiert nach: Roland Gaucher und Philippe Randa, «Les ‹Antisemites› de Gauche». Paris 1998, S. 280. – 6 «Carlos: ‹Je ne suis pas dupe de ma propre légende›», Interview mit Arnaud Bédat, in: *L'illustré*, 30. Mai 2001. Zitiert nach: www.ibelgique.ifrance.com/ismagasine/Carlos.html. Nicht mehr zugänglich. – 7 Brief von Ilich Ramírez Sánchez vom 6. Oktober 2010.

Auswahlbibliographie

Material über François Genoud und den Nazi-Komplex findet sich vor allem in den Akten diverser Archive. Darauf wird jeweils in den Fußnoten verwiesen. Wer will, findet im Internet jede Verschwörungstheorie und nicht besonders viel Brauchbares über Genoud. Hier können nur ein paar Buchtitel erwähnt werden.

Nichts kommt von allein, und deshalb baut mein Buch auf der Vorarbeit von zwei anderen Journalisten auf:

Karl Laske, «Ein Leben zwischen Hitler und Carlos: François Genoud». Aus dem Französischen von Maria Hoffmann-Dartevelle. Zürich 1996.

Pierre Péan, «L'extrémiste. François Genoud, de Hitler à Carlos». Paris 1996.

Hannah Arendt, «Eichmann in Jerusalem. Ein Bericht von der Banalität des Bösen». Mit einem Essay von Hans Mommsen. München 1986.

«The Bormann Letters. The Private Correspondence between Martin Bormann and his wife from January 1943 to April 1945». Edited with an introduction and notes by H. R. Trevor-Roper. London 1954.

Frantz Fanon, «Die Verdammten dieser Erde». Vorwort von Jean-Paul Sartre. Aus dem Französischen von Traugott König. Frankfurt am Main 1966.

Norbert Frei, «Vergangenheitspolitik. Die Anfänge der Bundesrepublik und die NS-Vergangenheit». München 1996.

Elke Fröhlich, «Joseph Goebbels und sein Tagebuch. Zu den handschriftlichen Aufzeichnungen von 1924 bis 1941», in: *Vierteljahrshefte für Zeitgeschichte*, 35. Jg. (1987), Heft 4.

Joseph Goebbels, «Tagebücher 1945. Die letzten Aufzeichnungen». Hamburg 1977.

«Die Tagebücher von Joseph Goebbels». Herausgegeben von Elke Fröhlich. München 1987–2008.

Christina Große, «Der Eichmann-Prozeß zwischen Recht und Politik». Frankfurt 1995.

«Hitlers politisches Testament. Die Bormann-Diktate vom Februar und April 1945». Mit einem Essay von Hugh R. Trevor-Roper und einem Nachwort von André François-Poncet. Hamburg 1981.

Hans-Joachim Klein, «Rückkehr in die Menschlichkeit. Appell eines ausgestiegenen Terroristen». Reinbek bei Hamburg 1979.

Peter-Ferdinand Koch, «Die Tagebücher des Doktor Joseph Goebbels. Geschichte & Vermarktung». Hamburg und München 1988.

Magdalena Kopp (unter Mitarbeit von Hanne Reinhardt), «Die Terrorjahre. Mein Leben an der Seite von Carlos». München 2007.

Ralf Georg Reuth, «Goebbels. Eine Biographie». München, Zürich 2000.

Dieter Schenk, «Die braunen Wurzeln des BKA». Durchgesehene Ausgabe. Frankfurt am Main 2003 [2001].

Oliver Schröm, «Im Schatten des Schakals. Carlos und die Wegbereiter des internationalen Terrorismus». Berlin 2002.
Gerald Steinacher, «Nazis auf der Flucht. Wie Kriegsverbrecher über Italien nach Übersee entkamen». Innsbruck, Wien, Bozen 2008.
Irmtrud Wojak, «Eichmanns Memoiren. Ein kritischer Essay». Frankfurt 2001.
David Yallop, «To the Ends of the Earth: The Hunt for the Jackal». London 1993.

Danksagung

Viele haben mir bei diesem Unternehmen geholfen, und begreiflicherweise konnten mich dabei nur wenige begleiten. Meine arme Familie hat diese Nazi-Jahre erstaunlich gut überstanden. Der Bundesnachrichtendienst, für den nicht nur Hans Rechenberg gearbeitet hat, zeigte sich verschlossen wie immer, ebenso das Bundesamt für Verfassungsschutz, dem ich immerhin das schöne Eingeständnis verdanke, man sei «geschichtsresistent».* Vom *Spiegel*, nicht der Geringste unter Genouds Lizenznehmern, wurde ich immerhin empfangen und mit Archivmaterial versorgt, wenn ich auch keine Auskunft über die geschäftlichen und nachrichtlichen Beziehungen erhielt, die Genoud mit dem Magazin pflegte. In der Birthler-Behörde in Berlin fand sich erstaunlich wenig, aber zuletzt doch die Akte von Theodor Schmitz, der von der Stasi erpresst wurde und deshalb über seinen Partner Genoud Mitteilung machte.

Gregor Pickro vom Bundesarchiv in Koblenz habe ich besonders für die Mühe zu danken, die er sich über die Jahre bei meinen wiederholten Anfragen gab, außerdem den Mitarbeitern folgender Institutionen, die meist mit großer Begeisterung meiner bürokratischen Neugier zu folgen bereit waren: Stadtarchiv Freiburg im Breisgau, Forschungsstelle für Zeitgeschichte in Hamburg, National Record Office in Kew in London, National Archives in College Park in Maryland, Institut für Zeitgeschichte (IfZ) in München, Politisches Archiv des Auswärtigen Amtes in Berlin, Nachlassverwaltung Lord Dacre in Cambridge, Erzbischöfliches Archiv Berlin, Deutsche Dienststelle für die Benachrichtigung der nächsten Angehörigen von Gefallenen der ehemaligen deutschen Wehrmacht, Stiftung Theodor-Heuss-Haus, Archiv der sozialen Demokratie, Archiv des Hamburger Instituts für Sozialforschung, Archiv für Christlich-Demokratische Politik der Konrad-Adenauer-Stiftung

* Anruf vom Bundesamt für Verfassungsschutz am 20. Juli 2005 um 10:32 Uhr. Da die Frist von dreißig Jahren abgelaufen sei, habe man keine Akten mehr zu dem Vorgang, sondern sie, wie es der Datenschutz vorsehe, bereits vernichtet.

(KAS), Bayerisches Staatsarchiv in München, Stadtarchiv der Stadt Bergen, Archiv der Deutschen Bundesbank und das Archiv der *Süddeutschen Zeitung*. Bettina Stangneth, institutionenfern und doch kundig wie keine, fand weiteres Material im Archiv für Zeitgeschichte der ETH in Zürich. Ein bisschen weitergeholfen haben mir auch das bayerische Finanzministerium, das Schweizer Bundesarchiv, aber nicht, *alas!*, die Bundesministerien des Innern, der Justiz oder der Finanzen.

Als unendlich nützlich erwies sich die Hilfe von Isabelle von Hildebrand, die mir ihre unveröffentlichte Lizentiatenarbeit über Genouds Zusammenarbeit mit dem Schweizer Geheimdienst zur Verfügung stellte. Bereitwillig Auskunft in vielen Details gaben Claus-E. Bärsch, Gerhart Baum, Iris Berben, Lutz Bindernagel, Martin Bormann jr., Richard Breitman, Ernst Cramer (†), Astrid M. Eckert, Ricardo Eichmann, Eva Maria Gardemin, Christina Große, Hartmut von Hentig, Horst Herold, David Irving, Aaron J. Klein, Albrecht Knaus (†), Magdalena Kopp, Stan Lauryssens, Frank Möbus, Ernst Piper, Ilich Ramírez Sánchez, Saskia Sassen, Karl Otto und K. G. Saur, Cordula Schacht, Jürgen Schmude, Franz Schönhuber (†), Oliver Schröm, Lord Weidenfeld, Blair Worden, David Yallop.

Aber ohne Annette wäre es nicht möglich gewesen.